영유아프로그램 개발과 평가

김수영 김수임 정정희 천신현 공저

양 성 원

머리말

영유아 프로그램은 유아교육기관에서 계획 · 운영할 수 있는 교육과정을 구체적으로 제시한 것으로 교육의 철학과 내용 및 방법에 따라 다양한 형태로 나타날 수 있다. 미국에서는 1960년대부터 저소득층을 대상으로 하는 Head Start와 Follow Through 같은 보상교육 프로그램들이 개발되어 왔으며 1970년대부터는 프로그램 효과와 그 효과를 가져오는 변인들을 찾기 위한 연구들이 활발하게 이루어져 왔다. 최근에는 영유아 프로그램의 질적인 요인들을 제시하고 그 실제를 평가할 수 있는 인증기준들이 개발되고 있다. 우리나라에서도 1980년대 초기부터 영유아 프로그램 개발이 적극적으로 이루어져 왔다. 최근의 사회적 변화와 취업모의 증가, 유아교육 연령의 하향화와 같은 현상들은 영유아 프로그램 개발의 필요성을 증가시킬 뿐 아니라 부모와 유아의 요구에 부응할 수 있는 다양한 형태의 프로그램 개발이 시급하다는 점을 알려 주고 있다.

이에 따라 외국의 영유아 프로그램들이 지닌 특성들을 분석하여 이들 프로그램이 유아교육 전체의 역사적 흐름 안에서 어떠한 모습으로 발전해 오고 있는가를 알아보는 것이 필요하다고 생각한다. 이는 현재 우리나라 영유아 프로그램에 영향을 미친 여러 요소들을 이해할 수 있을 뿐만 아니라 다양하고 질 높은 영유아 프로그램을 개발하는 데 중요한 기틀을 마련해 줄 수 있기 때문이다. 본 서의 특징은 영유아 프로그램 개발을 위한 이론적 기초를 제시하고 국내 · 외의 다양한 영유아 프로그램들의 최신 이론과 실제를 소개하였다는 점이다. 특히, 현대사회에서 강조되고 있는 숲 유치원을 보완하고 2012년에 공지된 누리과정과 표준보육과정을 기술하였다.

전체는 5부로 구성되어 있는데, 제1부에서는 영유아 프로그램의 이론적 기초에 관해 다루었으며 제2부에서는 외국의 영유아 프로그램을 종류별로 최신의 실제를 소개하였다. 제3부에서는 우리나라 영유아 프로그램의 종류 및 실제를 다루었으며 제4부에서는 현대 영유아 프로그램의 동향을, 제5부에서는 영유아 프로그램의 평가에 대해 기술하였다.

이를 구체적으로 설명해 보면 제1부 영유아 프로그램의 이론적 기초에서는 영유아 프로그램의 개발절차 및 이론적 배경에 대해 기술함으로써 유아교육기관에서 실행할 문서로 작성되기까지의 프로그램 개발절차와 실제 운영 시 고려할 사항 및 영유아 프로그램의 사상적, 심리학적, 사회문화적 배경에 대해서 설명하였다. 제2부의 외국 영유아 프로그램의 종류 및 실제에서는 몬테소리 프로그램, 프로젝트 접근법, 레지오 에밀리아 접근법, 발도르프 교육과정, 숲 유치원 프로그램에 대해서 각 프로그램이 지니고 있는 전반적인 교육적 가정, 교육목표, 내용, 교수 · 학습방법을 중심으로 설명함으로써 각 프로그램이 가진 개괄적 특성을 파악하도록 하였다.

제3부의 우리나라 영유아 프로그램의 종류 및 실제에서는 국가수준 프로그램, 대학운영 프로그램과 기관운영 프로그램으로 분류하여 기술하였다. 국가수준 프로그램에서는 3~5세를 위한 누리과정과 0~2세를 위한 표준보육과정을, 대학운영 프로그램에서는 이화여자대학교, 중앙대학교, 덕성여자대학교, 연세대학교와 부산대학교의 프로그램을, 기관운영 프로그램에서는 삼성어린이집과 푸르니 보육 프로그램을 기술하여 제2부에서 다루어진 외국의 경우와 비교해 보도록 하였다. 4부에서는 위에서 기술하지 못한 다양한 현대 영유아 프로그램의 동향을 다루어 보았으며, 5부에서는 영유아 프로그램의 평가에 대해 기술함으로써 영유아 프로그램의 평가의 중요성, 종류와 내용 등에 대해서 설명하였다.

또한 프로그램의 실제 부분에서는 사진을 많이 첨가하여 구체적이고 생동감 있게 표현하고자 하였다. 특히, 통합교육의 중요성에 따라 저자와 현장교사가 함께 프로젝트 접근법을 실행한 내용을 자세히 기술하였다.

본 서는 대학에서 한 학기 동안에 강의가 이루어질 수 있도록 구성하였으며 기관에서 유아를 지도하고 있는 원장 및 교사, 유아교육 분야에 관심 있거나 연구하는 대학원생 및 학부모 등 유아교육 관련 분야의 모든 사람들이 참고로 할 수 있도록 구성하였다.

처음의 의도에 비하여 부족한 면이 많이 보이고 보충할 것이 있어 차제에 보완하리라 생각하며 책을 마무리 짓게 되었다. 본 서가 출간되기까지 많은 분들의 도움이 있었다. 특별히 몬테소리 프로그램은 대구 효성유치원, 프로젝트 접근법은 구미 킹스유치원(황성복 교사), 레지오 에밀리아 접근법은 포항 하늘숲 유치원 그리고 일성유치원에서 사진자료 일부를 제공해 주셔서 감사하는 마음을 전하고 싶다. 또한 부족한 책의 출판을 도와주신 양성원 사장님과 관계자 분들께도 깊은 감사를 드린다.

2016년 8월

저자 일동

차례

제 IV 부 현대 영유아 프로그램의 동향

제 V 부 영유아 프로그램의 평가

영유아들의 건전한 성장과 발달을 위해 양질의 교육 프로그램을 개발하고 실행하는 것은 매우 중요한 문제이다. 질 높은 교육을 제공하기 위해서는 영유아들을 위한 교육에 대한 전반적이고 구체적인 계획을 세우고 운영하는 것이 필요하다.

따라서 제 I 부에서는 영유아 프로그램의 의미, 특성, 필요성 등에 대해 살펴봄으로써 영유아 프로그램의 개념적 특성을 이해하고, 프로그램 개발을 위한 이론적 기초가 되는 철학적 · 심리학적 · 사회문화적 배경을 이해하며, 영유아 프로그램을 개발하는 과정에 대해 살펴보고자 한다.

제 I 부

영유아 프로그램의 이론적 기초

1 CHAPTER 영유아 프로그램의 이해

학습 목표	1. 교육과정, 보육과정과 비교하여 영유아 프로그램의 개념을 이해하고 설명할 수 있다. 2. 영유아프로그램 개발 절차상 고려해야 할 내용에 대해 이해하고 말할 수 있다.

영유아 프로그램은 유아교육기관에서 실행 가능한 형태로 계획 · 운영되는 프로그램으로 국가수준의 교육과정을 개별 영유아들의 교육을 위해 구체화시킨 것을 의미한다.

프로그램은 교육과정에 비해 교실에서 일어나는 수업 실제와 보다 직접적으로 연관되는 것이라 볼 수 있다. 이론적으로 아무리 좋은 교육과정이라도 유아교육기관의 특성을 고려하고 개별 유아들에게 의미 있는 경험으로 조직되어 제시되지 않는다면 가치를 구체적으로 인식하기가 어렵다.

따라서 영유아 프로그램을 개발할 경우 먼저 학습자인 영유아가 생활하고 있는 사회 · 문화적 환경, 영유아의 삶에 유용한 지식, 다양한 지식 간의 통합, 영유아 발달특성과 학습양식 등에 대해 살펴보고 고려하는 것이 필요하다(박찬옥, 2000; 이기숙, 2000). 이러한 요소들은 영유아 프로그램의 모든 측면에 반드시 반영되어야 한다.

이러한 내용을 기초로 하여 본 장에서는 영유아 프로그램의 개념, 구성 시 고려할 사항, 구성요소와 절차에 대해 논의해 보고자 한다.

1 영유아 프로그램의 개념

일반적으로 '프로그램'이라는 용어는 '진행계획이나 순서, 계획표, 차례'라는 의미이다. 구체적으로는 어떤 목적이나 활동을 추진하기 위한 계획으로서 특정 목적 및 목표 달성을 위해 그 수단이 되는 내용과 활동을 일정한 원리에 의해 체계적으로 배열, 조직한 것이다(강현석, 2011). 영유아 프로그램이라 할 때도 영유아를 위해 제공되는 교육계획과 교육활동을 포함하는 교육과정과 유사한 의미와 구성체계를 갖는 것이라 볼 수 있다(박찬옥 외, 2011).

유아교육과 보육에서 교육과정은 유치원교육과정과 어린이집 표준보육과정으로 제공하다가 최근 3~5세를 위해서는 유치원과 어린이집 공통적으로 누리과정이 실행되고 0~2세를 위해서는 표준보육과정을 활용하고 있다. 누리과정과 표준보육과정은 국가수준의 교육과정과 보육과정이다. 국가수준의 교육 · 보육과정은 국가 전 지역의 영유아를 대상으로 하여 연령별로 기본적으로 경험하고 지원해야 할 내용들을 중심으로 전반적 교육과 보육 지침을 제공하는 것이다.

프로그램도 교육과정과 같이 영유아가 건전하게 성장하고 발달할 수 있도록 교육목적과 목표를 세우고 활동내용, 방법, 평가의 과정을 체계적으로 조직하고 계획한다. 영유아 프로그램을 누리과정 및 표준보육과정과 비교해 보면, 교육과정은 일반적으로 보편적이고 장기적 관점에서 구성되고 편성되는 특성을 가지는 반면 프로그램은 개별 유아교육기관의 특성과 영유아들의 발달상황을 보다 구체적으로 고려하는 특수적이고 세부적이며 단기적 성격을 갖는다는 특징을 가지고 있다.

구체적으로 살펴보면, 교육과정과 보육과정은 국가적 차원에서 개발한 영유아교육과 보육을 위한 설계도 같은 것을 말하며 주로 전체 유아들을 위한 교육의 방향과 전반적인 교육의 지침을 제공하고 있다. 이에 반해 영유아 프로그램은 영유아의 개별적 발달이 최적의 상태에 이르도록 교육활동의 내용을 보다 구체적이고 세부적으로 제시해 주는 것을 의미한다. 이러한 측면에서 영유아 프로그램은 프로그램을 개발하는 사람의 철학적 배경이나 이론적 관점에 따라 다르게 나타날 수 있어 몬테소리 프로그램이나 발도르프 프로그램, 까뮈-드브리스 프로그램 등과 같은 다양한 프로그램이 있다. 이러한 프로그램 이외에도, 유아교육 프로그램은 유치원과 어린이집 운영자의 철학적 관점 및 특정한 목적에 따라 구체적으로 만들어질 수 있으며, 생태교육 프로그램, 창의성 프로그램, 영아 프로그램, 다문화 프로그램, 장애통합 프로그램, 경제교육 프로그램 등 매우 다양하게 나타날 수 있다. 슈바르츠와 로빈슨은 유아교육과정을 5개 범주, 즉 우연히 일어난 것, 기관에서 갖게 되는 모든 경험, 교수를 위한 계획, 교수요목, 프로그램으로 분류하고 있는데, 여기에 프로그램으로서의 교육과정을 포함시키고 있다. 이들은 프로그램을 일반적 교육과정의 개념보다는 구체화되어 있고, 실제 현장에서 가르치는 교육내용을 상세하게 기술한 협의의 개념으로 정의하고 있다(지옥정 외, 2013). 이와 같이 영유아 프로그램이 교육과정과 보육과정에 비해 특수성과 개별성을 강조하고 있는 특성을 가지고 있으나 크게 구분하지 않고 혼용하는 경우가 많다(박찬옥 외, 2011).

유아교육에서 프로그램이라는 용어가 일반화되기 시작한 시점은 1965년 미국의 헤드스타트 운동이 시작되면서 다양한 교육이론이나 심리학적 이론에 기초하여 영유아들의 성장과 발달에 도움을 주기 위한 교육 프로그램을 개발하는 것에서부터이다. 유아교육 프로그램의 정의를 살펴보면 이영석(1998)은 유아교육 프로그램을 유아교육과정의 한 유형으로 보고 어떤 특정한 유아교육이론이나 사상가의 관점에 따라 유아교육활동을 체계적으로 구성한 형태라 보았다. 즉, 유아교육 프로그램은 각 유치원이나 어린이집에서 실행 가능한 총체적인 교육과정을 구성하는 것으로서 프로그램의 목적에 따라 교육계획을 수립하고 적용하며, 수정하는 일련의 순환적인 과정을 말한다(황해익 외, 1997). 현재 우리나라에서는 교육대상별, 교육시간별, 교육주제별로 다양한 형태의 프로그램이 개발되어 활용되고 있는데, 이는 학습과 발달에 관한 이론적 관점의 차이와 개별 유치원과 어린이집 환경 및 상황의 차이에서 기인하고 있다.

교육과정 구성의 단계로 살펴본다면 누리과정과 표준보육과정이 국가수준의 교육과정이고 유아교육 프로그램은 단위학교수준(유치원 및 어린이집)의 교육과정에 해당된다고 볼 수 있다. 학교수준의 교육과정은 국가가 결정한 교육목적을 실현하기 위해 국가와 지역수준의 교육과정 지침을 바탕으로 각 유치원과 어린이집의 교육이념과 운영 실정에 맞게 구성한다. 종합적으로 영유아 프로그램의 개념을 정의하면 '0~5세 영유아를 대상으로 하는 교육활동을 체계적이고 구체적으로 계획하고 실행하는 일련의 과정'으로 볼 수 있다.

유아교육 프로그램을 구성하기 위한 기본적인 방향 설정은 다음과 같다(임재택 외, 2000). 첫째, 유아교육 프로그램은 과정의 관점으로 볼 수 있다. 유아교육 프로그램은 일반적으로 프로그램의 개발과 적용 및 평가와 같은 3단계의 절차를 거쳐서 이루어지며 이들의 관계가 서로 역동적이고 유기적으로 연관되어 진행된다. 유아교육 프로그램은 교육현장에서 실제적으로 적용해 봄으로써 문제점과 개선점을 발견하는 평가의 과정을 거쳐 수정과 보완이 필요하며 또 다른 새로운 교육 프로그램을 개발할 수도 있다. 따라서 유아교육 프로그램은 완성된 문서로서가 아니라 끊임없는 수정 · 보완의 절차를 거쳐가는 과정으로 보는 것이 더욱 바람직하다.

둘째, 유아교육 프로그램은 다양성을 고려해야 한다는 점이다. 현대사회의 주요 특성의 하나인 다양성은 유아교육 프로그램에도 충분히 반영되어야 한다. 유아와 부모, 교사의 다양한 수요에 부합할 수 있어야 할 뿐 아니라 최신 유아교육 이론, 현실적 상황 및 제반 여건에 적절한 프로그램이 개발되어 적용될 필요가 있다.

2 영유아 프로그램 개발의 고려사항

유아교사는 누리과정과 표준보육과정의 지침하에 개별 유아교육기관과 영유아의 특성을 반영한 프로그램을 개발하거나 기존의 개발된 영유아 프로그램을 교육현장에서 실행할 수 있다.

영유아 프로그램을 개발한다는 것은 프로그램 구성을 위한 인적 · 물적 자원을 선발하고 배치 및 활용하여 교육 프로그램의 효율적 계획과 실행을 위하여 절차를 마련하고 전개해 나가는 활동을 의미한다. 교육과정 학자인 타일러(Tyler, 1975)는 프로그램 개발을 이론적 연구가 아닌 실제적 과업(practical enterprise)으로 보았다. 프로그램의 개발은 교육현장에서 시대적 변화에 따른 교육적 혁신에 대한 요구에 따라 교육 프로그램 개발을 위한 구성원을 선정 · 조직하고 프로그램 개발에 필요한 물리적 조건을 구비하며 참여집단이 가지고 있는 교육관과 환경적인 상황에 대한 지각을 토대로 교육내용을 준비하고 계획 및 설계하며, 마지막으로 프로그램 패키지로 산출하는 과정을 의미한다(한국교육과정학회, 2002).

이러한 영유아 프로그램을 개발할 때 중요하게 고려해야 할 것은 교육대상인 영유아의 발달적 특성과 개별 유아교육기관의 철학 및 제반 여건이라 할 수 있으며 이는 유아교육기관의 형태 및 운영 실정에 따라 다양화될 수 있다. 또한 유아교육 프로그램의 구성은 유치원 교육과정과 어린이집 표준보육과정의 기본 방향과 지침의 범위 내에서 이루어져야 하며 관계법령을 준수하는 것도 중요하게 고려되어야 한다. 따라서 영유아 프로그램을 개발할 때 고려하여야 할 사항을 구체적으로 살펴보면 다음과 같다.

1) 교육대상

유아교육 프로그램을 구성하기 위해서는 교육대상에 대한 정보가 가장 중요한 고려사항이다. 교육대상별로 프로그램을 분류해 보면 유치원은 만 3세부터 초등학교 입학 전 유아들을 대상으로 하며, 어린이집의 경우 영유아를 만 2세 미만, 만 2세, 만 3~5세로 구분하여 연령에 따라 목표와 내용을 제시하고 있다. 또한 유아교육기관에서 경증 장애아와 같은 특수 요구를 지닌 유아들을 위한 통합교육의 실시와 다문화적 배경을 가진 유아의 특성도 중요하게 고려되어야 한다. 이러한 교육대상의 발달수준, 개별적 특성 등을 파악하여 프로그램에 반영하는 것이 바람직하다.

2) 가정환경 및 부모 요구

효율적인 영유아 프로그램 개발을 위해서 부모 및 가정의 다양한 요구를 충분히 고려하고 가정과 교육기관 간의 연계성을 유지하는 일은 필수적이다. 부모의 학력, 직업, 경제적 수준, 자녀교육에 대한 관심도, 유아교육에 대한 인식, 어머니의 취업 여부 등은 유아교육기관의 운영 형태, 시간 등 프로그램 전체에 영향을 미치게 된다.

3) 지역사회 실정

영유아들이 거주하고 있는 지역의 물리적 특성뿐만 아니라 사회 · 문화적 환경은 유아들의 실제 삶과 밀접한 관련성이 있어 학습내용 선정 및 활동의 선정과 조직뿐 아니라 프로그램에 전반적으로 고려할 필요가 있다. 유아가 살아가는 지역이 도시, 농촌, 어촌 어느 곳이냐에 따라 학습내용이 달라질 수 있고 학습활동의 선정과 조직을 다르게 할 수 있다.

4) 프로그램 편성

영유아 프로그램 구성의 기본적 범위이며 기본적인 틀을 제공해 주는 프로그램 편성은 3~5세 누리과정과 0~2세 표준보육과정의 편성을 고려하여 구성할 수 있다. 누리과정의 경우 영유아에게 필요한 기본 능력과 소양을 기를 수 있는 내용을 선별하여 신체운동·건강영역, 의사소통영역, 사회관계영역, 예술경험영역, 자연탐구영역 등 5개 영역별 내용을 균형 있게 통합적으로 편성하도록 되어 있다. 누리과정 전반에 걸쳐 기본생활습관과 바른 인성지도내용을 비중 있게 포함해야 하며, 연중 전개되는 주제와 영역에서 계열성과 연속성을 가지고 반복 편성하도록 명시되어 있다(교육과학기술부, 보건복지부, 육아정책연구소, 2012). 0~2세 표준보육과정의 경우 기본생활, 신체운동, 사회관계, 의사소통, 자연탐구, 예술경험의 여섯 개 영역 중심으로 구성되어 있다(보건복지부, 2015).

5) 운영시간

운영시간은 유치원과 어린이집에 따라 차이가 있으며 개별 유아교육기관의 성격과 특성에 따라서도 다를 수 있다. 따라서 영유아 프로그램 구성 시 운영시간을 고려해야 한다. 현재 유치원과 어린이집 3~5세 유아들의 경우 일일 3~5시간 동안의 교육과정 운영을 원칙으로 하되, 유연하고 탄력적으로 편성하도록 되어 있다. 다만, 만 3, 4, 5세 유아의 발달수준과 학습특성을 고려하여 교육과 보육의 내용과 시간을 적절히 조절하여 편성하고, 1일 1시간 이상의 바깥놀이 및 신체활동 시간을 반드시 확보하여야 한다. 어린이집의 경우 공휴일을 제외하고 연중 계속 운영되어야 하며 보호자의 근로시간을 감안하여 종일제를 원칙으로 하고 있다. 유치원은 교육과정 운영 이후에 방과 후 과정(교육과정 이후에 이루어지는 그 밖의 교육활동과 돌봄활동)을 운영할 수 있다(유아교육법 제2조, 제3조, 2012).

6) 학급 편성

학급당 유아 수에 관한 정보는 프로그램을 개발할 때 교사 대 유아 비율 또는 집단의 크기에 따라 학습활동을 달리 조직하도록 해 프로그램 실행에 큰 도움을 준다. 우리나라 유치원의 학급 편성은 동일 연령으로 하되, 원장이 교육과정의 운영에 필요한 경우 혼합연령으로 학급을 편성할 수 있다. 또한 유치원의 학급 수와 학급당 최소 및 최대 유아 수는 유치원의 유형, 지역여건 등을 고려하여 관할청이 정하도록 규정되어 있다(유아교육법 시행령, 2013. 3). 한편, 어린이집 반별 정원은 연령별 반 편성을 원칙으로 하여 영유아보육법 시행규칙 제20조에 따른 기준을 적용하되 시·도지사가 관할 지역의 보육환경, 어린이집 운영여건 등을 고려하여 어린이집 총 정원 범위 내에서 지방보육정책위원회 심의를 거쳐 반별 영유아 수를 〈표 1-1〉과 같이 기준 범위 내에서 달리할 수 있다(보건복지부, 2016). 혼합반 편성의 경우에는 교사 대 아동비율을 낮은 연령의 교사 대 아동비율로 준수하도록 되어 있다.

〈표 1-1〉 공립유치원 학급당 원아 수

구분	만 3세반	만 4세반	만 5세반	혼합반			특수학급
				3~4세	3~5	4~5세	
원칙	18명	24명	28명	20명	24명	26명	4명

* 사립유치원 학급당 원아 수는 공립유치원 급당 원아 수 적용 권장

* 방과후 과정반 원아 수는 교육과정반 정원범위 내에서 지역실정, 유치원 형편을 고려하여 해당 유치원장이 자율적으로 편성

〈표 1-2〉 어린이집 반별 정원

구분	만 0세	만 1세	만 2세	만 3세	만 4세 이상
원칙	3명	5명	7명	15명	20명
탄력편성 가능인원	–	1명	2명	3명	3명

*도서 · 벽지 · 농어촌 등은 별도의 특례 규정 적용함(영유아보육법 시행규칙 제40조)

7) 유아교육기관의 시설 및 환경

유아들은 환경과의 적극적인 상호작용을 통해 학습하기 때문에 교육 프로그램에서 시설 및 환경을 고려하는 것은 중요하다. 누리과정에서도 실내 · 외 환경을 다양한 흥미영역으로 구성하여 운영하도록 명시하고 있으며 환경의 중요성에 대해 강조하고 있다. 구체적으로는 유아교육기관의 실내 · 외 환경구성, 시설 및 설비, 흥미영역의 종류와 교구 등을 충분히 고려하도록 한다.

3 영유아 프로그램 개발을 위한 절차

영유아 프로그램을 개발하기 위해서는 먼저 아동관, 학습과 발달에 관한 관점, 교육관 등과 같은 프로그램에 대한 이론적 기초와 기본 관점을 정립하는 것이 필요하다. 이러한 이론적 기초와 기본 관점에 따라 프로그램의 목적과 목표를 설정한 후 기본 요소들의 구성과 함께 여러 단계를 거쳐 영유아 프로그램이 완성되는 것이다. 프로그램 모형은 프로그램을 개발하기 위해서 프로그램의 각 요소들을 검토하고 요소 간의 상호 관련성을 살펴봄으로써 프로그램 개발이 효율적으로 이루어지도록 도와주는 역할을 한다. 일반적으로 교육과정을 개발하기 위해서 합리적 모형, 순환적 모형 그리고 역동적 혹은 상호작용적 모형이 활용되고 있는데, 교육 프로그램을 개발하기 위해서도 이러한 모형을 활용할 수 있다. 따라서 영유아 프로그램 개발을 위해 이러한 모형들의 특성을 살펴본 후 프로그램 개발의 절차를 알아보고자 한다.

1) 프로그램 개발 모형

교육과정의 구성요소는 1949년에 타일러(Tylor)가 『교육과정과 수업의 원리』를 발표한 이래로 교육목표－교육내용－교수 · 학습과정－평가의 순환적이고 상호작용적 관계를 중심으로 체계화되었다. 유아교육 프로그램도 기본적으로 이러한 구성요소들을 바탕으로 하고 있으나 유아교육의 본질적 특수성을 고려해서 기존의 구성 형식을 변화시키거나 내용적인 차이를 두는 방식을 사용하고 있다.

어떤 형태의 유아교육 프로그램을 구성하든 '교육목적 및 목표의 설정', '교육내용 및 활동의 선정'과 '교육내용 및 활동의 조직'은 반드시 포함되어야 할 요소이며 이와 함께 프로그램이 지향하는 기본적인 철학을 나타내는 '기본 가정의 설정'과 '개발과정에 대한 평가 및 피드백'이라는 요소도 고려되어야 한다. 이러한 요소들의 구성 및 단계를 거쳐서 프로그램 개발의 최종 산물인 프로그램 문서가 나타나게 된다.

프로그램 개발을 위한 교육과정 모형 활용에서 먼저 합리적 모형의 경우([그림 1-1]), 타일러의 목표 모형이라고도 하며 교육과정과 프로그램 개발의 가장 기본적이고 고전적인 모형이라 할 수 있다. 프로그램 개반을 위한 목표 설정과 목표 달성을 위한 내용 선정 및 조직, 교수학습과정을 거쳐 평가까지 4단계를 직선적인 계열에 따라 진행하는 단순하고 합리적인 모형이다. 프로그램 개발과정이 단순하고 목표 및 방향이 명확한 프로그램 개발 시 효과적으로 사용할 수 있는 장점이 있다. 그러나 의도된 목표가 달성되었는지에 초점을 맞추기 때문에 의도하지 않은 교육적 경험에 대해서는 소홀할 수 있다는 단점을 가지고 있어 영유아 프로그램에 적용하는 데는 한계가 있다.

[그림 1-1] 합리적 모형

순환적 모형의 경우([그림 1-2]) 프로그램 개발과정에서 프로그램 각 구성요소들의 상호 관련성을 강조하는 모형으로서, 교육과정의 기본요소인 목표, 내용, 과정, 평가를 거치면서 평가결과가 다시 목표에 반영되어 프로그램 개발과정이 반복되는 형태를 의미한다. 프로그램의 기본 요소들이 하나의 연속선상에 나타나며 새롭게 변화하는 상황에 끊임없이 반응하여 순환하는 특성을 갖는다(문혁준 외, 2014; 황해익 외, 2008). 그러나 합리적 모형처럼 결과 중심의 목표를 설정하고 있기 때문에 영유아 특성상 예측하지 못하는 교육적 경험이 많은데, 이에 대한 것을 다루는 데는 한계를 가지고 있으며 목표진술이 평가 가능한 진술로 제시되어 자신의 경험과 생각을 표현하는 능력이 부족한 영유아들에게 적용하기에는 어렵다고 볼 수 있다.

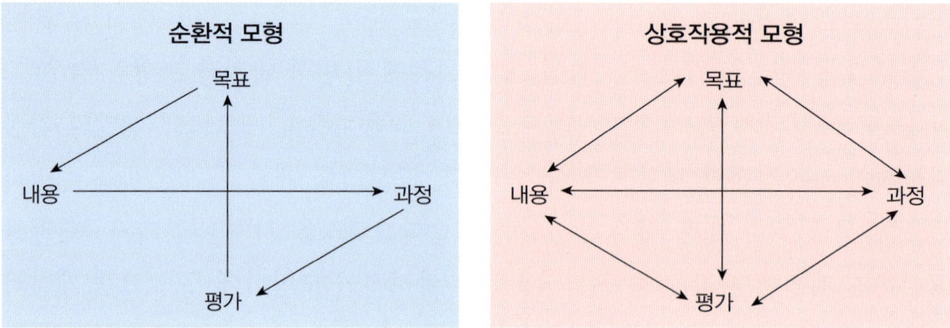

[그림 1-2] 교육과정의 구성체계

출처 : 김종서(1983).

프로그램 개발에서 상호작용적 혹은 역동적 모형은([그림 1-2]) 프로그램의 시작과 끝이 정해져 있지 않아(김대현 · 김석우, 2007) 프로그램 개발자가 프로그램 구성요소의 어떤 것으로부터 출발해도 상관이 없으며 고정된 계열이 없고 어떤 순서에 의해 진행되는 것도 가능하다. 프로그램 계획에서 가장 중요한 요소는 학습자의 요구이다. 절차에 대한 제약이 없으므로 융통적이며 효율성이 크지만 논리적 계열을 따르지 않음으로써 방향감이 없어 혼란을 겪을 가능성이 크다. 그러나 영유아의 요구에 반응하고 유아교육기관의 상황을 잘 반영할 수 있다는 점에서 바람직한 개발 모형의 하나라고 볼 수 있다.

2) 영유아 프로그램 개발 절차

영유아 프로그램의 구성 및 개발은 교육 프로그램의 관점에 따라 누가, 언제,

어떤 형태의 결과물, 즉 문서를 만드는가를 결정하는 것이 중요하며, 이 과정에서 어떤 자료를 수집하고 참고할 것인가를 효율적으로 조직화하는 활동이라고 볼 수 있다. 프로그램 개발 절차를 통해 만들어진 영유아교육 프로그램은 절대 불변적인 것이 아니라 적용과 평가과정을 거쳐 다시 수정과 보완을 하는 순환적 절차를 밟게 된다.

유아교육 프로그램의 구성요소와 절차를 살펴보면 인적자원의 선정과 조직, 상황 분석, 기본 가정의 설정, 교육목적 및 목표 설정, 교육내용 및 활동 선정, 교육내용 및 활동 조직, 개발과정에 대한 평가와 피드백, 문서 작성 등이다. 프로그램을 개발할 인적 요소의 조직으로부터 구체적인 계획을 수립, 실행, 평가하여 재구성하는 과정에 이르기까지 이러한 과정은 교육의 과정과 마찬가지로 직선적이거나 위계적인 방식으로 진행되는 것이 아니라 역동적이며 상호작용적으로 이루어질 수 있다. 교육과정이 역동적이며 상호작용적인 방식으로 개발된다는 것은 개발과정들이 서로 영향을 미칠 뿐만 아니라 따라야 할 고정된 계열이 없다는 것을 의미한다(김대현, 2002).

이러한 과정을 거쳐 개발된 프로그램을 교육현장에 실제적으로 적용해 본 후 나타나는 문제점 등을 평가하여 재구성하는 것까지 포함하여 프로그램 개발 절차라 할 수 있다. [그림 1-3]은 프로그램 구성체계 및 절차를 보여 주고 있다(강현석, 2011; 임재택, 2000; 황해익 외, 1997).

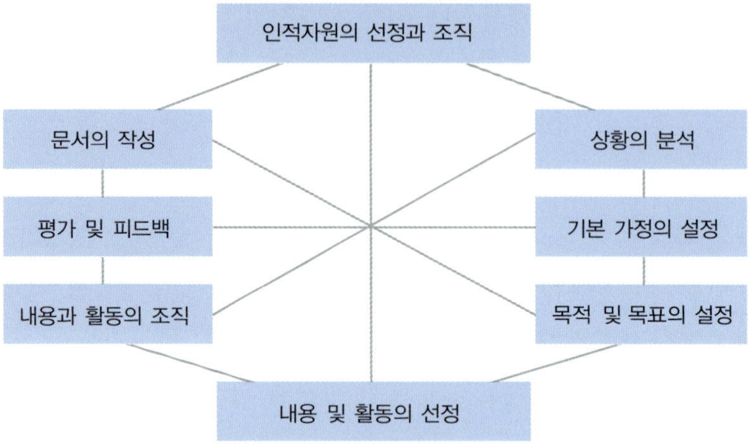

[그림 1-3] 유아교육 프로그램 구성체계

(1) 인적자원의 선정과 조직

유아교육 프로그램 개발에서 가장 우선적으로 고려되어야 할 요소는 개발을 담당할 인적자원을 선정하고 조직하는 일이다. 인적자원의 선정은 프로그램 개발에 주도적인 입장을 가지고 있는 사람이 프로그램의 필요성, 성격, 목표 등을 세심히 파악하여 이러한 성격에 부합하는 사람을 선정해야 한다. 개발 인원의 선정이 끝나면 개발과정에서 담당해야 할 역할을 중심으로 인원을 적절한 곳에 배치하는 조직활동을 하게 된다. 유아교육 프로그램에 참여하는 인적자원은 주로 유아교육 전문가, 유아교육 행정가, 장학사, 원장, 교사, 학부모, 지역사회 인사 등이 있는데, 이러한 다양한 인적자원이 프로그램 개발에 함께 참여하는 것이 바람직하다고 볼 수 있다. 그러나 현실적인 여건상 이러한 자원들이 모두 참여하기는 어려우며 유아교육기관의 운영과 계획을 담당하고 있는 원장과 교사들이 협의하여 연간 교육계획안을 마련하고 있는 실정이다.

(2) 상황의 분석

교육 프로그램 개발을 위한 인적자원이 구성되고 조직되면 개발하고자 하는 프로그램의 필요성과 개발 방향, 개발의 진행 등에 대해 여러 가지 상황을 분석하는 과정이 필요하다. 프로그램 개발의 목적이 무엇인지, 대상 학습자인 유아의 연령과 특성이 어떠하고, 개발의 여건이 어떠하며, 운영의 가능성과 제한점이 무엇인지를 바탕으로 유아교육기관 안과 밖의 상황을 분석한다. 이때 유아교육 프로그램 구성 시 고려해야 할 요소들, 즉 교육대상, 가정환경 및 부모 요구, 지역사회 실정, 편제, 교육일수, 원아 수, 환경 등을 검토해 보아야 한다. 또한 최신 유아교육 프로그램에 관한 동향 및 관련 책자 등을 통해 수집된 정보를 참고자료로 활용하는 것이 필요하다.

(3) 기본 가정의 설정

유아교육 프로그램 구성의 기본 방향이나 철학을 결정하는 것이 기본 가정의 설정이다. 이는 프로그램의 취지, 이론적 근거, 지향점, 특징 등을 이해할 수 있는 원천으로 프로그램 개발을 위한 방향을 결정해 주는 역할을 한다. 프로그램에 포함되어야 할 기본 가정은 철학적 · 사회문화적 · 발달적인 관점에 의거하여 제안될 수 있는데, 목표 설정과 내용 선정, 조직 및 평가 전반에 걸쳐 기본 가정과의 일관성을 유지하는 것이 중요하다.

(4) 목적 및 목표의 설정

목표 설정에는 개발자들이 지닌 교육에 관한 관점이 반영된다. 개발자들이 유아들의 지적 성장에 중요 관심사를 두고 있는지, 자아실현을 소중히 여기는지, 혹은 사회 적응에 주목하는지에 따라 교육 프로그램의 목표가 달라진다. 개발의 초기 단계에서 다양한 관점들을 제시하고 논의를 거쳐 합의에 도달하도록 한다. 유아교육 프로그램 목표를 설정할 때에는 유아의 발달상의 욕구나 특성, 부모 및 지역사회의 요구와 기대 등을 객관적이고 합리적인 방식으로 조사하여 일관성 있고 통합되게 구성되어야 하며 균형 잡힌 프로그램 목표를 설정하도록 한다.

(5) 내용 및 활동의 선정

교육 프로그램의 내용은 지식, 기능, 가치 등으로 분류할 수 있다. 설정한 목표를 달성하기 위해 내용과 활동을 선정할 경우 타당성, 학습 가능성, 흥미 존중, 중요성, 유용성 등과 같은 원리를 지켜야 한다(김대현, 2002). 타당성의 원리는 프로그램 내용이나 활동이 목표 달성과 관련된 것이라야 한다는 것이며, 학습 가능성의 원리는 유아들에 의하여 학습이 가능해야 한다는 것이다. 유아들이 흥미를 느낄 수 있고 친숙한 것이 적절하며, 알아야 할 필요가 있고 경험할 가치가 있는 것, 유아교육기관에서 실행 가능한 것 등이라야 한다.

(6) 내용 및 활동의 조직

프로그램의 내용과 활동을 조직하는 일, 즉 프로그램의 내용 및 활동을 언제, 어디서, 어떻게 전개할 것인가를 알기 쉽게 조직하는 작업에 해당된다. 내용 및 활동의 조직에서 염두에 두어야 할 것은 계속성, 세열싱, 통합성의 원리가 고려되어야 하며 범위(scope)와 계열성(sequence)을 중요하게 고려해야 한다. 교육내용 및 활동의 조직방법은 심리적 조직과 논리적 조직의 성격을 어떻게 조화시킬 것인가 하는 문제를 충분히 검토하여 어떤 방법이 내용 및 활동의 조직방법으로 적합한지 살펴보아야 한다.

(7) 개발과정에 대한 평가 및 피드백

개발과정에서 평가 및 피드백을 하는 것은 개발자의 선정에서부터 프로그램의 내용 및 활동을 조직하는 데 이르기까지 개발과정들을 검토하여 수정할 부분들을 발견하면 최종 문서 작성 이전에 재구성하는 단계를 말하는데, 개별 요소뿐만 아니라 과정별 일관성, 연계성에 대한 평가도 이루어져야 한다. 이러한 과정을 거치는 것은 프로그램의 실제 적용 이전에 개발 자체에 대한 평가를 함으로써 개발의 신축성과 융통성을 보장하기 위한 요소라고 할 수 있다.

(8) 문서의 작성

프로그램을 개발하고 문서를 작성하는 것은 많은 시간과 노력이 요구되는 과정이다. 최종 문서의 작성은 각 과정별 기록물들을 종합하고 체계적으로 정비하여 외관상으로도 보기 좋고 쉽게 이해할 수 있도록 편집하는 과정과 노력이 필요하다.

2 CHAPTER 영유아 프로그램의 이론적 배경

학습 목표

1. 영유아 프로그램의 이론적 배경이 되는 철학자, 사상가의 이론에 대해 설명할 수 있다.
2. 영유아 프로그램 개발의 기초가 된 심리학적 이론들을 비교하여 말할 수 있다.
3. 영유아 프로그램에서 반영하는 사회문화적 특징과 시대적 요청에 대해 분석하여 설명할 수 있다.

1 사상적 배경

이 장에서는 영유아 프로그램의 이론적 배경을 제공하는 과거의 교육자나 철학자의 사상을 살펴보고자 한다. 우리가 위대한 사상가의 이론을 살펴보아야 할 이유는 다음의 다섯 가지로 설명할 수 있을 것이다(Morrison, 2007).

첫째, 유아교육 분야에서 저명하다고 판단되는 교육자나 철학자들의 희망, 아이디어, 업적을 읽음으로써 오늘날 영유아 프로그램의 아이디어가 새로운 것이 아니라는 것을 깨닫게 된다. 좋은 영유아 프로그램의 실제는 오랜 시간 지속되고 10, 20년에 걸쳐 순환되는 경향이 있다. 예를 들어, 1960, 70년대 유행한 읽기 교육에서의 발음중심교수법(phonics), 아동중심교육, 활동적 학습은 21세기 교육 접근에서 다시 유행하고 있다.

둘째, 유명한 교육자들의 많은 아이디어는 현대 영유아교육에 공헌하였고 실제 영유아 프로그램의 이론과 실제에서 많은 진보를 이루었음에도 불구하고 여전히 꿈으로 남아 있다. 이러한 점에서 우리는 교육에 헌신한 위대한 교육자들의 후계자로서 그들의 교육적 유산을 연장하여 그 꿈을 계속 이루어 갈 의무가 있다.

셋째, 과거 교육자들의 사상을 이해함으로써 현재 영유아 교수전략의 실행방법을 알게 된다. 예를 들어, 루소와 프뢰벨, 몬테소리는 모두 아이들을 고귀하고 존경스럽게 가르쳐야 한다고 믿었다. 영유아에 대한 이러한 태도는 좋은 교육의 실제가 무엇인지 이해하는 데 기본이 되는 것은 물론 질 좋은 영유아 교수 및 프로그램에 기여하는 중요한 가치이다.

넷째, 영유아가 어떻게 자라고, 발달하고, 학습하는가에 대한 이론들은 결정적으로 영유아의 교육과 양육의 실제를 형성한다. 위대한 교육자들의 사상을 공부하는 것은 영유아의 양육과 교육현장에서 무엇을 해야 할지 명확하게 해주고 통찰력을 제공하게 된다. 따라서 위대한 사상가의 이론과 아이디어를 충분히 이해한 영유아교육자는 발달과 교육에 적절한 교육의 실제를 자신 있게 수행할 수 있는 능력을 가지게 된다.

다섯째, 영유아교육의 뿌리를 탐구하고 분석하고 발견하는 것은 유아교육자들에게 영감을 제공한다. 순환되는 재발견은 교육 실제들 간의 뚜렷한 차이를 드러내 준다. 사상의 근원을 탐구하는 것은 현재의 교육 실제를 명확하게 해주며, 다른 사람의 사상을 읽고 공부하는 것은 우리 자신의 신념과 위치를 다시 생각하게 해준다. 그래서 위대한 교육자의 사상과 지식이 현재에도 유행하게 되는 것이다.

영유아교육 프로그램은 루터나 코메니우스와 같은 초기 철학자로 거슬러 가서 그 발달을 추적할 수 있다. 그 뒤를 이어 로크, 루소, 페스탈로치, 오웬 그리고 프뢰벨 등과 같은 철학자나 교육자들의 사상과 이론들이 영유아 프로그램에 시사하는 바를 알아보고자 한다. 한편, 20세기에 들어서면서 진보주의 교육사상가인 듀이에 의해 교육은 새로운 방향을 모색하게 되는데, 듀이와 몬테소리 교육사상을 중심으로 살펴보고자 한다.

1) 루터

루터(Martin Luther, 1483~1546)는 오늘날의 교육 실제에서 매우 중요하게 다루어지는 보편적 교육과 문해(literacy)에 관해 급진적 주장을 폈다. 당시에는 가톨릭 교회의 언어인 라틴어로 읽기와 쓰기를 배우기 때문에 부자나 종교적 직업을 가진 소수의 사람들만이 읽고 쓰기를 할 수 있었다. 루터는 성경을 자국의 언어인 독일어로 번역하고 또 다른 언어로도 번역하여 보편적 교육과 문해학습에 대해 지원하고 자극하는 계기를 마련하였다. 또한 그는 유아에게는 가족이 가장 중요한 교육기관이므로 부모들에게 직업교육과 종교적 가르침을 제공하여야 한다고 주장하였다.

2) 코메니우스

코메니우스(John Amos Comenius, 1592~1670)는 교육이 국가 간의 평화를 가져오는 열쇠라고 생각했다. 따라서 그는 국제적이고 보편적인 교육을 추구하고 그런 교육은 유아기에 시작되어야 한다고 믿었다. 또한 그는 종교적 기반이 강한 교육학적 신념을 가지고 있었다. 코메니우스는 모든 인간은 신의 이미지로 태어나며 교육은 그런 이미지가 가장 잘 성장하도록 제공되어야 한다고 보았다. 즉, 인간은 신과 같은 이미지를 충족시키기 위해 자신의 능력을 최대한 발휘할 수 있는 교육을 받을 의무와 권리가 있으며 교육은 어릴 적부터 시작되어야 한다고 믿었다.

코메니우스는 엄마들이 유아학교(nursery school)를 조직하여야 한다고 가르쳤다. 이러한 유아학교는 형식적 교육을 제공하기보다는 놀이, 노래, 게임을 통해 학교생활을 준비하도록 해야 한다고 보았다. 그는 모든 학교는 사회의 거울이어야 하며 학습에 사용되는 사물을 실생활에서 사용하는 것이어야 한다고 생각하였다. 영유아 프로그램에 시사하는 코메니우스의 주장들을 정리해 보면 다음과 같다. ① 수업은 놀이로 조합되어야 한다. ② 자발적 노력은 물론 지적 · 신체적 활동을 격려해야 한다. ③ 협력적 활동과 정직한 경쟁이 격려되어야 한다. ④ 학습활동에서 추상적인 것은 제한해야 한다. ⑤ 직접적 관찰과 실물을 통한 학습을 강조한다. ⑥ 지루함을 피하기 위해 다양한 것을 제공한다. 이러한 코메니우스의 견해는 아동 중심적 학습환경에서 유아를 가장 잘 가르칠 수 있다는 것이다. 그의 아이디어는 후에 학자들의 업적에서 표면화된다.

3) 로크

역사적으로 가장 위대한 근대 철학사상가로 평가받고 있는 로크(John Locke, 1632~1704)의 교육에 관한 가장 중요한 기본사상은 백지설(tabula rasa)이다. 즉, 인간의 학습과 성격은 타고난 것이 없는 백지와 같은 것이라는 이론을 정립하여 환경론(environmentalism)의 기초를 형성하였다. 로크는 개인마다 독특한 기질을 가지고 있지만 대체로 환경이 정신을 형성한다고 생각했고 중요한 것은 유아기 학습이라고 보았다. 환경의 영향을 최우선으로 하는 이러한 그의 견해는 혜택받지 못한 환경을 보상하려는 유아교육 프로그램에 영향을 주었다. 왜냐하면 보상 프로그램에서는 모든 유아들이 동일한 일반적인 정신발달과 학습능력을 가지고 태어나며 학습과 성취에서는 차이가 있다고 가정하고, 그러한 차이는 환경적 요인인 가정, 사회경제적 상태, 조기교육 경험과 같은 환경요인에 기인한다고 보기 때문이다.

4) 루소

루소(Jean Jacques Rousseau, 1712~1778)는 자연으로의 회귀 그리고 자연주의(naturalism)라고 불리는 교육 접근법을 주장하였다. 루소가 말하는 자연주의는 사회의 인위와 허세를 버리고 제약과 간섭 없이 아이를 교육시키는 것을 의미한다. 그의 사상의 근본은 전개(unfolding)이다. 즉, 아이의 본성은 타고난 성장시간표에 따른 성숙의 결과로 전개된다는 것이다. 이러한 루소의 교육사상에 의하면 영유아 프로그램은 영유아의 성장을 잘 관찰해서 적절한 시기에 적절한 경험을 제공해야 한다는 것을 의미한다. 즉, 루소의 사상은 '발달에 적절한 실제'와 일치한다고 볼 수 있다.

루소는 『에밀』이라는 책에서 가상의 유아 에밀을 출생에서 청년기까지 양육하였다. 루소는 『에밀』에서 그 시대에서는 다소 급진적인 이론을 피력하였다. 즉, 유아는 성인의 축소판이 아니며 성장과정이 각 시기마다 완성해야 할 독자적인 세계가 따로 있는 인격적 존재이며 사회의 중요한 구성원이라는 유아관을 확립하였다. 따라서 교육적 결정은 유아의 본성에 기초하여 만들어져야 한다고 보았다. 그는 이 책에서 교육기간을 네 시기(유아기, 아동기, 소년기, 청년기)로 구분하고 각 시기에 맞는 교육적 특성을 규정하고 있다. 출생에서 5세까지 유아기에는 신체적 활동을 통해 가장 잘 배울 수 있다고 보았고, 6~12세까지 아동기는 환경에 대한 탐색과 직접적인 경험을 통해서 가장 잘 학습할 수 있다는 믿음을 기초로 발달의 단계이론을 개발하였다.

5) 페스탈로치

페스탈로치(John Heinrich Pestalozzi, 1746~1827)는 루소와 그의 책 『에밀』의 영향을 크게 받았다. 페스탈로치는 자연으로 돌아가자는 루소의 사상에 감명받아 농장을 사서 노이호프(Nuehof)라고 불리는 학교를 운영하였다. 노이호프에서 페스탈로치는 읽기와 쓰기 교육, 직업교육, 가정생활의 통합에 대한 자신의 생각을 발전시켰는데, 이러한 신념은 사물교육(object lesson)이라는 교육 실제로 이끌게 된다. 사물교육이란 개념을 배우기 위한 최선의 방법은 측정하고 세고 느끼고 만지는 등의 직접적인 조작을 통해서 배운다는 원리에 근거한 것이다.

또한 페스탈로치의 교육사상은 오늘날 가정에서 부모가 영유아를 가르치는 데 도움을 주는 가정 중심(family-centered) 프로그램에 시사하는 바가 매우 크다. 그의 두 책『게 르트루트는 어떻게 그녀의 아이를 가르치나』와『어머니들을 위한 책』은 다른 사람의 도움 없이 가정에서 어머니가 자녀를 가르칠 수 있도록 교수방법을 단순화하여 수록하였으며 어머니가 아이를 가장 잘 가르칠 수 있다는 사상을 엿볼 수 있다.

6) 오웬

영국의 사회개혁가인 오웬(Robert Owen, 1771~1858)은 환경론자로서 유아가 양육되는 환경이 유아의 신념과 행동 그리고 성취에 공헌하는 주 요인이라고 믿었다. 결과적으로 그는 유아교육을 통하여 사회개혁을 이룩하였는데, 사회개혁은 교육의 환경변화를 통해 이루어질 수 있다는 계기를 마련하였다. 그는 자신의 신념을 실천하기 위해 1816년 방직공장에 나가는 부모들의 자녀(18개월~10세) 100명을 돌보는 유아학교(Infant school)를 창시하였다. 그의 교육철학은 발달적 이론을 바탕으로 한 것은 아니지만 유아학교에서는 유아들의 읽기와 쓰기, 산수 이외에도 공예와 조작적 활동은 물론 노래와 율동 그리고 현장견학을 통한 자연학습을 강조하였다.

오웬은 자신의 사상과 루소, 페스탈로치의 것을 연합하여 전통적 학문 중심 교육은 유아들을 불행하게 만든다고 생각하여 18개월에서 5세 유아들은 책이 아닌 사물을 통해 가장 잘 배울 수 있다고 믿었다. 따라서 교사의 역할은 유아를 즐겁게 하는 것이었다. 하지만 사회적 행동을 제도화하려는 데 몰두한 나머지 그의 학교는 공장과 같은 분위기를 가지고 있었다. 오늘날 영국의 유아학교(infant school)는 오웬의 사상을 이어받아 여전히 가난한 근로자집단 지역에 위치하고 있다. 또한 영국의 유아학교는 가족형태, 즉 혼합연령으로 유아들을 구성하며 놀이를 통한 즐거움과 체험적인 학습을 강조한다. 소집단의 모래, 점토, 악기놀이를 하며, 청결을 매우 중요하게 여긴다.

오웬의 사상과 교육 실제는 조기교육의 중요성을 주장하는 오늘날의 교육자나 교육을 통해 사회개선과 좀 더 나은 세상을 구현하고자 하는 현대의 영유아 교육자들에게 영향을 미치고 있다.

7) 프뢰벨

유치원의 아버지로 알려진 프뢰벨(Friedrich Froebel, 1782~1852)은 독일에서 목사의 아들로 태어났다. 불우한 어린시절을 보내고 15세에 산림관이 되어 식물에 대해 공부하게 된다. 이러한 경험으로 인해 프뢰벨은 자연과의 질서, 조화를 개발하여 아버지로부터 이어받은 종교적 믿음과 더불어 그의 교육철학을 이루게 된다. 그는 2~6세 유아들을 대상으로 한 유치원을 시작하게 되며, 코메니우스와 페스탈로치의 영향을 받아 유아의 자연적 개화(unfolding)에 대한 생각을 하게 된다.

1837년 유치원을 창설한 후 전 생애를 유아를 위한 프로그램 개발을 위해 노력한 프뢰벨의 교육사상은 대표적 저서인 『인간교육』에 잘 나타나 있다. 교육과정에 있어 신과 인간과 자연의 관계가 필수적이라고 생각한 프뢰벨의 생각은 루소와 페스탈로치의 자연주의 사상에 영향을 받은 것이다. 그의 교육목적은 유아 속의 신성을 표현하는 것이고, 교육과정은 은물, 작업 그리고 노래로 이루어진다. 프뢰벨은 놀이를 통해 학습이 이루어져야 하는데, 단순히 유아들의 놀이를 방임하는 것이 아니라 성인이 환경을 구조화함으로써 놀이를 통한 학습을 촉진해야 한다고 믿었다. 즉, 놀이의 내용을 격려하기 위해 적절한 도구를 제공해야 한다고 보았다. 유아들은 놀이를 통해 자신의 독창성을 전개해 가며 놀이를 통해 학습한다고 주장한 프뢰벨은 놀이 중심의 유아교육 프로그램 개발에도 공헌을 하게 된다. 또한 은물과 작업을 개발하여 유아교육 프로그램의 내용과 교수방법을 체계화하는 데도 공헌하였다.

8) 듀이

듀이(John Dewey, 1859~1952)는 전통적 교육을 반대하고 사회적 상호작용, 경험적 학습, 실생활 문제해결, 아동 중심적 교육과정을 주창하였다. 그는 프뢰벨의 아동교육은 단지 교사를 모방하는 것뿐이라고 느꼈기 때문에 그의 교육사상에는 반대하였다. 듀이의 주장은 학교는 생활이며 학교에서의 경험은 단지 미래의 생활을 준비하기 위한 것이라기보다는 아동의 매일의 생활을 반영해야 한다고 주장한다. 그에 의하면 교사는 아동의 흥미를 최대화하고 학교교육은 전통적인 수업이 아닌 프로젝트, 현장학습, 문제해결로 만들어져야 한다고 보았다.

1896년 4~5세 유아를 위한 실험학교인 준 초등학교를 세워 자신의 진보주의 철학을 실천하였다. 준 초등학교에서는 옥외놀이, 견학 등이 중요한 일과이며 놀이는 매일의 경험과 밀접한 관계를 가지면서 유아 스스로 계획하고 수행하며 협동적으로 경험을 구성하였다. 이후 진보주의 교육자들은 유아들의 경험을 교육적으로 재구성하기 위해 단원, 프로젝트 교육활동을 전개하였다.

9) 몬테소리

20세기 유아교육의 부흥에 공헌한 사람을 이야기해 보라면 서슴없이 몬테소리(Maria Montessori, 1870~1952)라고 말할 수 있다. 몬테소리 교육방법은 1965년부터 시작된 유아교육에 대한 관심을 새롭게 다시 만들어 내고 영유아 프로그램의 좋은 예를 찾으려고 애쓰던 유아교육 전문가에게 하나의 모델을 보여 주는 데 공헌을 하였다.

몬테소리는 1906년 어린이집(casa dei Bambini)이라는 이름으로 자신의 교육사상을 실험할 수 있는 교육시설을 세웠다. 이 학교에서 몬테소리는 유아의 행동을 체계적으로 관찰하고 이들의 발달특징을 고려한 교육을 전개하였다. 그 결과 1909년 『과학적 교육방법』을 저술하였다. 이 책은 각국의 언어로 번역되어 『몬테소리 방법』이라는 용어로 세계에 알려지게 되었다.

몬테소리 교육사상은 유아존중, 흡수정신, 민감기, 준비된 환경 및 자동교육 등이 대표적인 것이다. 몬테소리 교육사상의 기본은 '유아에 대한 존경'이다. 유아들은 독특한 인격을 가지고 있고 교육은 각각의 유아에게 개별화되어야 한다고 생각한 몬테소리는 유아는 성인과는 다른 독립된 삶을 가지고 있다고 확신하였다. 몬테소리가 제안한 실제적 교육내용은 일상생활교육, 감각교육, 읽기와 쓰기, 수학이며 이러한 내용을 배울 수 있는 다양한 개별화된 교구도 개발하였다. 몬테소리 교구 사용방법이나 감각교육의 원리 등은 현대 영유아교육 프로그램에서 계속 활용되고 있다.

2 심리학적 배경

20세기 이후 유아의 발달을 과학적으로 연구한 심리학자들의 주장이 영유아 교육현장에 적용됨으로써 교육내용이 더욱 다양해지고 이론의 깊이도 더하게 되었다. 이러한 여러 심리학적 이론들로부터 다양한 영유아 프로그램을 개발하게 되었는데, 크게 성숙주의, 행동주의, 구성주의 그리고 그 외의 학자들로 구분하여 심리학적 배경을 살펴보고자 한다.

1) 성숙주의

성숙주의이론에 의하면 영유아의 발달은 이미 정해져 있는 내용과 순서에 따라 일어나는 과정이며 주로 생물학적, 유전적 혹은 내재적 요인에 의해 이루어진다고 본다. 따라서 교사는 최소한의 개입을 통해 영유아가 스스로 성장하고 발달하도록 도와주게 된다.

대표적인 성숙주의자인 게젤의 발달이론은 홀의 예정된 발달단계이론에 영향을 받았다. 게젤(Arnold Gesell, 1890~1961)의 이론에 따르면, 모든 유기체는 이미 유전적 요소에 의해 성장의 방향이 결정되어 있다고 보았으며 이를 바탕으로 유아의 신체적, 인지적, 사회 · 정서적 발달에서의 표준행동을 찾아 표준행동목록을 만들었다. 표준행동목록은 특정 연령수준에서 기대되는 행동이 서술되어 있어 영유아의 성장이 정상적으로 진행되고 있는지를 알 수 있도록 비교할 수 있는 기준을 제공하였는데, 그 자체가 영유아 프로그램의 내용으로 활용되기도 하였다.

2) 행동주의

20세기에 접어들면서 행동주의는 인간 행동을 이해하기 위해서는 정확한 연구방법론이 필요하다고 절감하는 심리학자들에 의해 등장하게 되었다. 초기 행동주의자는 동물의 반응을 연구하였는데, 자극-반응관계를 이해하는 동물 실험에서 시작되었다. 손다이크(Edward Thorndike, 1874~1949)는 자극과 반응을 반복하면 강화된다는 것을 관찰하였다. 만약 유아에게 조용히 앉아 있으면 사탕을 준다고 하였을 때 사탕은 유아에게 매력적인 것이 되며, 반복된 사탕의 보상은 조용히 앉아 있는 행동을 증가시킨다. 그러나 그는 영유아에게 벌을 주는 것이 좋지 않은 행동을 약화시키는 데 필요하지 않다는 것을 관찰하였다. 오히려 벌은 다른 행동을 유발하게 된다. 그래서 교실에서 뛰어다닌다고 유아를 벌준다면 뛰어다니는 것과는 다른 행동인 우는 행동을 시작하게 되고 조용히 앉아 있는 행동을 시범 보이지는 않게 되는 것이다.

행동주의이론은 스키너가 대표적 학자이며 이 이론에 의해 개발된 DISTAR 프로그램은 행동주의 원리를 잘 반영하고 있다. 손다이크와 왓슨의 후계자인 스키너(Burrhus Federic Skinner, 1904~1990)는 조작적 조건형성의 원리를 통해 자발적으로 반응을 일으키는 원리를 설명하고 있다. 조작적 조건화는 유아교육현장에서 학습을 지원하기 위해 적용되었다. 유아교육자들은 적절한 행동을 만들고 칭찬이나 유형의 보상과 같은 강화를 사용함으로써 학습의 완성을 강화하게 되었다. 따라서 교사나 부모는 유아의 적응행동의 빈도를 높이기 위해 직접적인 교수, 구체적인 보상 그리고 칭찬과 같은 사회적 인정의 방법을 활용하였다.

3) 구성주의

구성주의는 피아제나 비고츠키와 같은 학자들의 이론을 기초로 한 학습과 발달에 관한 인지적 이론이다. 구성주의자들은 유아의 발달은 유전적 요인과 환경적 요인 간의 상호작용의 결과로 이루어진다고 본다. 따라서 구성주의 관점에서의 유아는 주변 환경과의 상호작용을 통해 자발적, 능동적으로 학습한다고 본다. 피아제와 비고츠키를 중심으로 한 구성주의이론을 살펴보면 다음과 같다.

피아제(Jean Piaget, 1896~1980)의 이론은 유아와 인지발달의 본질에 대한 근본적인 변화를 가져왔다. 그 변화의 핵심은 유아가 지식과 지능 구성의 주체자라는 점이며 인간의 인지적 발달이란 지식의 단순한 축적의 결과가 아닌 유아가 환경에 작용함으로써 구성 · 변형되는 결과라는 점이다(김희연, 2001). 구성주의 프로그램은 피아제의 이론을 광범위하게 적용하고 있다. 구성주의 프로그램의 근간이 되는 학습기제는 인지적 갈등이며 경험을 통해 갈등을 유도하고 추론을 위한 학습이다. 교사는 인지적 갈등을 유도하여 추론할 기회를 마련할 수 있는 방법을 적극적으로 개발하여야 한다고 보았다. 따라서 교사의 역할은 인지적 갈등이 생길 수 있는 상황을 조성하여 주는 것이고 유아들이 갈등을 느끼게 될 때 반영적 사고(reflective thinking), 즉 자신이 생각하는 바를 재검토하도록 격려하고 도움이 되는 방법을 제공하여 지식을 재구성하도록 지원해 주는 것이다.

비고츠키(Lev Vygotsky, 1896~1934)는 피아제와 동시대의 사람으로 그의 사회적 구성주의이론은 현대의 유아교육에 많은 영향을 주고 있다. 비고츠키의 발달이론은, 특히 유아의 정신, 언어, 사회성 발달을 설명할 때 유용하다. 그에 의하면 유아의 정신, 언어, 사회성 발달은 사회적 상호작용을 통한 타인의 지지나 지원으로 이루어진다고 믿었다. 이러한 견해는 유아 스스로 자신의 지능과 언어를 발달시켜 나간다는 피아제의 이론과는 상반되는 것이다. 비고츠키에 의하면 인지적 구성은 항상 사회적으로 매개되며 현재와 과거의 사회적 상호작용에 영향을 받게 된다고 하였다. 다시 말해, 비고츠키는 지식 구성의 원천을 유아와 그 유아가 놓인 사회 · 문화적 환경과의 통합에서 찾고 맥락의존적인 지식습득 과정을 강조하였다.

'근접발달지대(zone of proximal development)'는 영유아교육자들에게 가장 중요한 비고츠키의 개념이다. 근접발달지대는 사회적 상호작용을 창조해 내는 영역으로서, 독자적 문제해결에 의해 결정되는 실제적 발달수준과 성인의 지도나 보다 능력 있는 또래들과의 협동을 통한 문제해결에 의해 결정되는 잠재적 발달수준 간의 차이로 정의할 수 있다. 근접발달지대에서 일어나는 효과적인 교수 · 학습방법은 비계설정(scaffolding)이다. 이는 성인이 도움을 줄 때 유아들의 요구에 맞게 민감하게 조절함으로써 유아에게 조력을 지원하는 하나의 체계로서 도움의 양을 조절하는 것을 의미한다. 효과적인 비계설정을 위해서는 흥미 있고 문화적으로 의미 있는 협동적 문제해결활동에 적극적으로 참여하도록 하는 것이다. 이것은 상호주관성으로서 어떤 과제를 시작할 때 서로 다르게 이해하고 있던 두 사람이 공유된 이해에 도달하는 과정을 중요시한다. 유아가 근접발달지대에 머물게 하기 위해서는 언제나 유아에게 주어진 과제가 도전적인 수준이 되도록 과제와 주변 환경들을 구성해 주는 것이 중요하며 유아의 현재 요구들과 능력에 맞도록 성인이 개입의 양을 항상 조절하는 것이 중요하다.

4) 기타 이론들

현대 영유아 프로그램에 중요한 영향을 비치고 있는 가드너의 다중지능이론과 브론펜 브레너의 생태학적 이론을 알아보고자 한다.

(1) 가드너 : 다중지능이론

가드너(Howard Gardner, 1943~)는 교육자들이 지능에 대한 개념을 다시 생각하도록 돕는 데 중요한 역할을 하고 있다. 그는 인간의 지적 능력을 개인이 속한 문화권에서 가치 있게 인정되는 문제를 해결하거나 산물을 산출해 낼 수 있는 일반적 능력으로 다원적으로 해석하였다. 가드너는 인간의 지능은 높고 낮음의 단순한 일원적 성격으로 이해하기보다는 '여러 측면의 다름'의 복수적 다양성으로 이해해야 한다고 보고, 지능의 개인차를 강조하였다. 가드너는 8가지로 지능을 파악하였는데, 그의 지능이론과 그 구성요소는 영유아 프로그램의 실제에 계속적인 영향을 주고 있다. 가드너의 각 지능에 대해 설명하면 [그림 2-1]과 같다(Forty, 1997).

가드너의 이론에 의하면 유아의 지능은 여러 형태로 나타난다. 그는 다중지능이론을 교육현장에 적용하기 위한 방법을 찾기 위해 노력 중이다. 즉, 수행중심평가, 이해를 위한 교육 그리고 개별화된 교육과정, 수업, 평가를 이룩하기 위한 다중지능의 사용에 대해 계속적인 연구를 하고 있다. 예를 들면, 미국의 세인트루이스의 뉴시티스쿨(New City School, 3세~6학년)의 프로그램은 가드너의 이론을 교육 실제에 적용하고 있다. 뉴시티스쿨은 가드너의 다중지능이론을 반영하기 위해 유아원의 기존 프로그램에서 하고 있는 흥미영역과 자유선택활동을 이용하여 탐색하고 창조해 보는 기회를 많이 제공하였다. 즉, 퍼즐영역과 미술영역은 공간적 선택을 제공하고 가상놀이는 대인 간 기회를 제공하고 게임과 조작적 놀이는 논리/수학적, 공간적 대인 간 기회를 제공하였다. 이러한 다중지능이론에 근거한 프로그램을 운영함으로써 교사나 부모들은 아이들의 모든 지능에 대해 인식하고 그 가치를 인정하게 되었다고 보고하고 있다(Morrison, 2007).

	**언어적 지능** : 읽기, 쓰기, 듣기, 말하기와 관련 있다. 구두와 문자언어 모두 명료하게 발음하고 기술적으로 의사소통한다고 확신하면 언어적 지능이 있다고 할 수 있다. 언어적 지능이 빛나는 사람들은 변호사, 상인, 시인, 정치가, 교사들이다. 언어적 지능은 유아들이 문자의 세계-그림책과 같은 문학, 뉴스에 대해 이야기 나누기 등-에 관심을 가지는 것으로 설명할 수 있다.
	**논리/수학적 지능** : 귀납적 추리능력이 남들보다 뛰어난 사람들이 논리/수학적 지능을 부여받았다고 할 수 있다. 유전과학자, 물리학자, 수학자, 철학자, 군대전략가 등이 논리/수학적 지능이 뛰어난 사람들이며, 유아들은 논리적이고 원인-결과 추론을 탐색하는 데서 잘 나타난다.
	**공간적 지능** : 예술가나 디자이너의 지능으로서 퍼즐을 즐기거나, 별자리에 흥미 있는 유아들은 공간적 지능을 가지고 있다고 할 수 있다.
	**음악적 지능** : 리듬과 음악을 좋아하며, 음악적 지능을 가진 사람들은 노래하고 콧노래 부르며 박수친다. 이들은 개인적인 방식-감상, 작곡, 연구-에 따라 음악에 몰두한다.
	**신체/감각적 지능** : 훌륭한 기술을 가진 운동가나 재주 있는 타자수는 모두 신체/감각적 지능을 가지고 있다. 이런 지능은 전화번호를 누르거나 자동차 운전, 자전거 타기, 스키 타기 등에 사용되는 운동적 기억이 포함된다.
	**개인 간 지능** : 카리스마적 지도자, 심리학자, 사회운동가, 코치, 판매, 경영자와 같은 사람들이 가진 지능이다. 개인 간 지능은 동정심이나 연민, 감정이입을 느끼게 해주어 타협하거나 협동하고 다른 사람을 돌볼 수 있게 해준다.
	**개인 내 지능** : 자기 자신 알기의 기술로서 자기인식, 자기이해, 자기반추, 자기조정, 자기평가 등이 여기에 속한다. 시인, 철학자, 상담가, 목사, 저술가 등이 이러한 지능에 강하다고 볼 수 있다.
	**자연주의자 지능** : 생태계에 대한 이해가 있는 사람으로 자연의 복잡함, 미묘함, 섬세함을 잘 알고 있는 사람이 이 지능을 가지고 있다. 도보여행자, 자연보호론자, 조류관찰자 등이 이런 유형의 지능에 빛나는 사람들이다. 이런 지능은 조개를 분류하거나 나무를 유목화하는 것과 같은 활동을 잘하게 해준다.

[그림 2-1] 가드너의 여덟 가지 지능

(2) 브론펜브레너 : 생태학적 이론

브론펜브레너(Urie Bronfenbrenner, 1917~2005)의 생태학적 이론은 환경을 형성하는 관계체계의 맥락 내에서 영유아의 발달을 바라본다. 그의 이론에 의하면, 유아는 자신을 둘러싼 여러 환경 층의 영향을 받는 복잡한 관계체계 속에서 발달한다.

브론펜브레너의 생태학적 환경은 [그림 2-2]에서와 같이 미시체계, 중간체계, 외체계, 거시체계, 시간체계 등의 동심원적 구조로 이루어져 있다. 미시체계는 영유아에게 직접적으로 영향을 미치는 근접환경으로 유아의 가족, 친구, 학교, 이웃이 이 체계에 포함된다. 중간체계는 미시체계들 간의 상호관계, 즉 부모와 교사 간의 관계, 형제관계, 이웃 간의 관계 등이다. 외체계는 유아가 직접 참여하지는 않지만 영향을 받게 되는 사회적 환경을 의미한다. 거시체계는 미시체

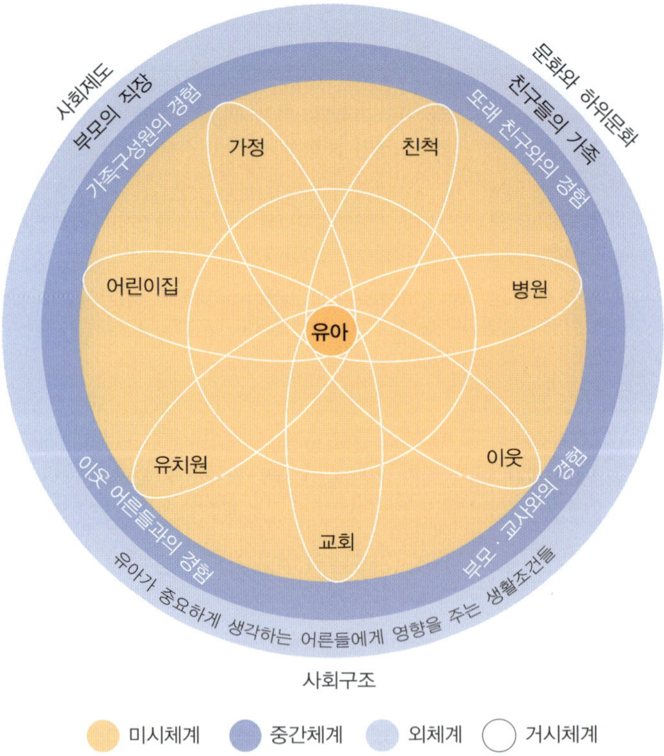

[그림 2-2] 유아에게 영향을 주는 사회 · 문화적 환경체계

출처 : Bronfenbrenner(1989).

계, 중간체계, 외체계에 포함된 모든 요소에 다 개인이 살고 있는 문화적 환경까지 포함한다. 각 문화의 가치관, 태도, 신념, 관습, 법 등이 거시체계에 해당하는데, 이런 것에 따라 부모의 양육태도가 영향을 받게 되어 영유아에게 영향을 주게 된다. 시간체계는 전 생애에 걸쳐 일어나는 변화와 사회역사적인 환경을 포함한다. 예를 들어, 이혼, 동생이 태어나는 것 등이 여기에 포함된다.

영유아의 발달에 영향을 미치는 것은 많이 있다. 현대의 영유아 프로그램은 유아의 삶에 이러한 영향들이 어떻게 형성되고 부모나 교사는 긍정적인 영향을 증진시키는 한편 부정적인 환경적 영향은 없애는 방법에 많은 관심을 가지고 개발하게 된다.

3 사회문화적 배경

유아교육을 포함한 모든 교육은 그 시대적인 사회 · 문화적 현상을 벗어나서 독자적인 위치로 논하기는 실로 어렵다. 특히, 영유아 프로그램의 경우 사회문화적 기초에 대한 고려가 미흡하게 되면 사회문화적 현실과 동떨어져 주체성과 현실성이 없는 프로그램이 되고 만다. 이러한 관점에서 영유아들의 프로그램을 위한 제반 여건들을 우리가 가지고 있는 사회문화적 특징들과 시대적인 요청을 중심으로 살펴보기로 하자.

1) 가족구조 및 기능의 변화

가족은 사회적 요구와 시대가 변화함에 따라 변화하게 된다. 21세기 가족은 다음과 같이 생각할 수 있다. 먼저, 가족의 구조에 있어 전통적 핵가족이 보다 새롭게 배열된다. 한부모가족이 있는가 하면 재혼이나 입양으로 새로운 가족이 구성되어 확대되는 가족도 있다. 또는 조부모나 사촌, 그 외 친척 또는 혈연관계가 아닌 사람과 함께 사는 형태도 있다. 가족의 구조가 변화하면서 그 구성원의 역할도 변화하게 된다. 점점 많은 부모들이 일을 하게 되고 가사나 자녀를 위한 시간이 줄어들고 있다. 조부모와 가족구성원이 아닌 사람이 새로운 양육 역할을 배워야 할 필요성이 대두되기도 한다.

이처럼 가족의 구조와 기능이 변화하면 영유아 프로그램은 그러한 가족과 유아를 위한 서비스를 제공하기 위한 창의적 방법을 개발해야 한다. 예를 들면, 다음과 같다. 증가하는 한부모가정을 위해 영유아 프로그램은 한부모와 협력할 수 있는 지식과 기술을 개발할 수 있다. 즉, 한부모가정의 어머니나 아버지는 자녀양육에 대한 어려움을 호소하고 도움을 구하게 되는데, 영유아 프로그램은 한부모가 자녀양육에 필요한 기술을 습득하도록 돕고 자녀양육과 교육에 도움을 받고 있다는 느낌을 가질 수 있도록 개발되어야 한다. 또한 현대의 아버지는 과거에 비해 기본 양육이나 애정표현에 좀 더 적극적인 역할을 하고 있으며 실제로 출산 이전부터 그 이후 아이의 양육 전 과정에 점점 더 많은 아버지들이 참여하고자 하고 있다. 하지만 대부분의 남자들은 아버지 역할에 준비가 되지 않았다고 느끼기 때문에 현대의 영유아 프로그램에서는 아버지로서의 책임이나 즐거움을 느낄 수 있는 프로그램을 준비할 필요가 있다.

2) 여성의 사회참여

현대사회의 변화 중에 두드러진 특징은 여성들의 사회참여가 증가하고 있다는 점이다. 여성의 학력이나 사회계층을 막론하고 취업모가 급격히 증가함에 따라 영유아의 보호와 교육문제는 우리 사회의 현안문제가 아닐 수 없다. 여성의 사회참여에 따른 육아 지원의 필요성과 요구의 증대에 따라 어린이집이 증가하고, 여성의 취업형태에 따라 시간제 보육, 야간 보육, 휴일보육 등 다양한 보육형태가 나타나고, 유치원에서도 종일반이 확대 운영되는 등의 노력이 이루어지고 있다. 2015년 조사된 전국보육실태조사에 따르면(보건복지통계포털, http://stat.mohw.go.kr) 취업모의 어린이집 이용시간은 평균 7.6시간(7시간 38분)으로 근로소요시간에 비해 2시간 가깝게 부족한 것으로 나타났다. 취업모의 근로시간은 2009년 8.0시간, 2012년 9.2시간, 2015년 9.4시간으로 점차 길어지고 있는 추세이다. 이러한 결과는 영유아 교육 및 보육사업의 확대뿐 아니라 실질적으로 취업모를 지원하는 보육서비스가 제대로 기능을 할 수 있는 영유아 프로그램 개발이 필요함을 보여 준다.

3) 정보화시대

정보통신의 발달과 경제교류의 증가에 따라 세계는 하나의 지구촌으로 통합되어 '세계화(globalization)'의 시대가 도래하였다. 세계화는 전 세계가 단일의 공동체로 확산되어 가는 것과 서로 정보를 공유하는 것을 의미하는 것으로 이러한 세계화의 시대에서 강조해도 지나침이 없는 것은 정보화의 기능이다.

정보화 사회의 특징은 지식의 생산 · 처리 · 전달을 맡은 지식산업이 주된 산업이 되고 정보가 사회의 중요한 바탕을 이루는 사회이다(정범모, 1996). 정보사회는 단순히 정보의 양이 늘어났다는 점에서가 아니라 핵심적인 정보의 효율적인 처리와 활용이 중요해지는 사회라고 볼 수 있다. 정보화된 사회에서 요구되는 삶은 기술적 혁신을 통한 복지사회 구현과 인간의 삶의 질 향상이라고 볼 수 있다. 따라서 정보사회에서 요구되는 인간상은 정보를 잘 활용하고 실생활에서 잘 적용하려는 정보화 마인드와 기계가 할 수 없는 창의력이나 지력을 갖춘 인간이다. 따라서 앞으로의 사회에서는 성별에 의해서 역할 구분이나 직업지위가 달라지는 경우가 점점 더 줄어들 것이므로, 남녀 모두에 있어 개인의 지력, 특히 창의력이나 사고력, 판단력이 정보사회의 자원으로 각광받게 될 것이다.

4) 다문화사회

현대를 일컬어 세계화, 다문화 공존의 시대라 규정하고 있으며, 우리나라 또한 단일문화, 단일민족국가라는 전통적 정체성으로부터 다문화라는 총체적 변화를 겪고 있다. 행정자치부(2015)에 의하면 2006년 이후 한국에 살고 있는 외국인 주민 수는 계속적으로 늘어나 10년 동안 3배 이상 증가하였으며 14.4%의 평균 증가율을 보이고 있고, 매년 약 13만 명이 증가, 2015년 7월 기준 주민등록인구 대비 3.4% 외국인 주민이 우리나라에 거주하는 것으로 나타났다. 한국사회는 국내 거주 외국인의 수가 이미 174만 명을 넘어서 빠르게 다문화사회로 전진하고 있다.

다문화사회로 접어들면서 다문화가정이 증가하게 되어 영유아 프로그램에서의 다문화교육이 대두되고 있나. 다문화가성이란 부부의 한쪽 혹은 둘 다 외국인으로 구성된 가정으로 외국인 노동자의 유입과 국제결혼의 증가로 인해 다양한 다문화가정이 늘어나고 있으며 그들의 자녀 수 또한 빠르게 증가하고 있다. 2012년 이후 연 2만 5,000건 정도의 국제결혼이 이루어지고 있으며 국제결혼을 통해 매년 태어나는 신생아는 약 2만 명에 이르고 있다. 교육부에서 발표한 다문화가정 자녀들을 위한 교육지원대책은(교육과학기술부 보도 자료, "다문화가정" 품어가는 교육지원대책, 2006) 크게 두 가지 방향에 기초하여 구성되어 있는데, 다음과 같다. 첫째, 경제 · 사회적 기반이 취약한 다문화가정 자녀가 정규교육으로부터 소외되지 않고 혜택을 받을 수 있도록 지원하는 것과, 둘째, 다문화주의, 즉 한 사회 내에 존재하는 서로 다른 문화의 존재를 인정하고 독자성을 인정하는 입장을 전파할 수 있는 환경을 조성하는 것이다.

이처럼 다문화사회로 진입함에 따라 다문화교육의 필요성이 주목을 받고 있다. 즉, 우리 사회에 언어 · 문화적 배경이 다른 구성원이 증가하고 있으며, 특히 영유아의 비율이 높아짐에 따라 인종, 성, 사회적 지위 혹은 문화적 특징에 관계없이 사람들은 평등하며 서로가 공동체의 중요한 일원임을 알게 하는 다문화교육이 영유아 프로그램의 일부가 되어야 함은 분명하다.

5) 부모교육과 부모참여

부모가 자녀의 양육과 교육에 적극적으로 참여하는 것이 자녀의 성장과 발달에 영향을 준다는 것이 입증됨에 따라 미국에서는 1960년대 이후 부모교육이 사회적 · 국가적 관심이 되었다. 헤드스타트(Head Start)가 그 대표적 예로서 초기에는 유아들을 대상으로 하는 프로그램의 일부 요소로 부모요인을 포함하였으나 점차 그 중요성을 인식하게 됨에 따라 다양한 어려움(예 : 이혼가정, 빈곤가정, 특수아가정)을 가진 다양한 계층의 부모를 대상으로 독자적인 부모교육 및 참여 프로그램이 개발되기 시작하였다. 부모를 대상으로 한 많은 프로그램들은 부모교육, 부모참여, 부모개입, 부모지원, 부모상담 등의 다양한 용어가 사용되기는 했으나 모두 부모를 통해 자녀의 발달을 최적화하고 가정과 지역사회의 기능을 정상화하려는 공통된 목적을 가지고 있다.

부모교육 프로그램의 효과를 연구한 결과, 부모교육 및 참여 프로그램은 자녀의 성장과 발달뿐만 아니라 형제자매, 부모 자신, 지역사회의 발달에도 긍정적인 영향을 미치는 것으로 나타났다. 장기적으로 보면 비용 효율성의 측면과 사회의 인재 양성 측면에서도 국가적인 이익을 산출한다. 즉, 부모교육 프로그램은 부모, 교육기관, 지역사회, 국가수준에서 긍정적인 영향을 산출하는 데 기여한 것으로 나타났다.

앞으로의 부모교육 프로그램의 개발 방향은 다음과 같이 정리할 수 있다.

첫째, 표준화된 부모교육 및 부모참여 프로그램보다는 개별화된 프로그램 개발에 더 많은 가치를 부여해야 할 것이다. 즉, 부모의 다양한 배경변인과 자녀의 연령과 성별 등 유아 및 부모가 처한 현실과 맥락을 고려하고 취업모가족, 한부모가족, 조손가족, 다문화가족 등 꾸준히 증가하고 있는 다양한 가족 유형의 상황에 적합한 개별화되고 차별화된 부모교육 프로그램 개발이 요구된다.

둘째, 부모교육 프로그램의 주요 내용이 자녀 양육방법이나 자녀교육에 대한 부모의 개인 관심사를 다룰 뿐만 아니라 교육정책 현안, 교육 현실문제 등에 대한 심도 있는 내용도 고려되어야 할 것이다.

셋째, 부모교육 및 부모 참여 프로그램은 부모를 교육의 대상이 아니라 교육의 주체, 동반자로 인식하여 교사와 부모 간 더 나아가 지역사회와의 협력관계를 바탕으로 할 때 프로그램의 효율성을 극대화시킬 수 있을 것이다.

6) 자연친화적 환경교육

과학기술의 급격한 발전으로 인한 자연파괴는 인류의 생존을 위협하고 있다. 이처럼 인간과 자연이 서로 조화를 이루지 못하여 모순과 갈등을 일으키게 되면 인간다운 삶에 지장을 주는 상태를 초래하게 된다. 따라서 환경교육은 21세기의 가장 필요하고 중요한 교육 중 하나로 대두되고 있다. 특히, 미래세계를 살아갈 유아들에게 자연을 이해하고 사랑하는 가치관을 형성하도록 하는 자연친화적 환경교육은 영유아 프로그램에 적절히 반영되어야 할 것이다.

자연환경에 대한 보호와 관심이 반영된 교육, 즉 바람직한 환경교육은 유아의 인지적 상태와 생태학적 교육과정이 적절히 조화를 이룬 교육이 되어야 함을 의미한다. 생태학적 관점에 의하면 자연 속의 모든 생명체들은 서로 밀접하게 관련되어 있으며 나름대로 질서 속에서 다양성과 융통성을 가지고 생성하고, 성장하고, 소멸하는 과정을 반복해 나간다. 인간과 자연은 이처럼 분리할 수 없는 공생적인 관계에 있다. 자연을 접하고 경험한 유아에게 있어서의 자연은 하나의 생명이며, 자연과 인간은 하나라는 의식을 갖게 되고 이는 훗날 자연에 대한 태도와 실천력을 결정짓게 된다(엄성은, 2003).

유아기의 자연친화적 환경교육이 중요한 이유는 유아기에 획득한 자연에 대한 태도가 중요한 영향을 주기 때문이다. 즉, 유아기의 자연과의 경험은 삶의 질을 높이며 유아기 동안뿐만 아니라 성인으로까지 연장되어 지속되며 인간으로서의 삶 전체에 영향을 미치게 된다. 또한 자연환경에 대한 긍정적 태도와 가치는 한 번 획득하면 오랫동안 지속되므로 이러한 교육은 유아기부터 시작되어야 하고 가능하면 이후에도 계속적이고 정기적으로 교육을 통하여 강화되어야 한다(곽은복, 2005).

직무능력 평가

1. 2012년 유아교육법 개정 이후 이름을 바꾸어 현재까지 시행되는 것으로 교육과정 이후에 이루어지는 그 밖의 교육활동과 돌봄 활동을 말하며 종일제 운영을 활성화한 프로그램으로 볼 수 있는 이것은 무엇인가? (　　　)

※ 2~5번 문항을 잘 읽은 후 잘못된 내용을 아래 표에 찾아 적고 이를 바르게 수정하시오.

구분	잘못된 내용	수정한 내용
2		
3		
4		
5		

2. 몬테소리는 유아존중, 흡수정신을 강조하면서 자연스러운 환경 속에서 교구활동을 통한 자동교육이 이루어지는 것을 중요시하였다.

3. 영국의 사회개혁가인 오웬은 방직공장에 나가는 부모들의 자녀들을 돌보는 '어린이집'을 창시하여 유아들의 읽기와 쓰기, 산수, 공예, 노래, 율동, 현장견학을 통한 자연학습을 강조하였다.

4. 코메니우스는 루소의 사상에 감명받아 농장을 사서 '노이호프'라고 불리는 학교를 운영하면서 '사물교육'이라는 교육 실제를 이끌게 되었다.

5. 스키너의 이론에 따르면 모든 유기체는 이미 유전적 요소에 의해 성장의 방향이 결정되어 있다고 보았으며 이를 바탕으로 신체 · 인지 · 사회 · 정서발달에서의 표준행동을 찾아 표준행동목록을 만들었다.

6. 다음 중 듀이가 강조한 유아교육방법은? ( )
① 모방놀이 ② 실생활 문제해결
③ 상징적 교구 사용 ④ 행동관찰 및 분석

7. 브론펜브레너의 생태학적 이론에 대한 설명 중 잘못된 것은? ( )
① 시간체계는 이혼이나 동생의 탄생과 같은 전 생애를 걸쳐 일어나는 변화나 사회역사적 환경을 포함한다.
② 중간체계는 영유아에게 직접적으로 영향을 미치는 근접환경으로 가족, 이웃, 학교가 포함된다.
③ 유아는 자신을 둘러싼 여러 환경 층의 영향을 받는 복잡한 관계체계 속에서 발달한다.
④ 거시체계는 미시체계, 중간체계, 외체계에 포함된 모든 요소에다 개인이 살고 있는 문화적 환경까지 포함한다.

8. 다음의 내용과 관련이 깊은 학자는 누구인가? ( )

- 상징적 교구를 고안하였다.
- 20세기 초 진보주의 학자들과 이론적 갈등을 빚었다.
- 그의 사상의 근본은 전개(unfolding)이다.

9. 다음의 내용과 관련이 깊은 심리학적 이론은 무엇인가? ( )

DISTAR 프로그램, 직접적인 교수, 구체적인 보상

10. 비고츠키이론에 의하면 성인이 도움을 줄 때 유아들의 요구에 맞게 민감하게 지원하는 하나의 체계로서 도움의 양을 조절하는 것을 의미하는 것으로 근접발달지대에서 일어나는 효과적인 교수방법인 이것은 무엇인가? (　　　)

11. 영유아 프로그램의 사회문화적 기초에 대한 설명으로 바람직하지 않은 것은? (　　)

① 시대가 변화함에 따라 가족의 구조와 역할도 변화하게 된다.

② 맞벌이부모의 요구에 부응할 수 있는 영유아 프로그램 개발이 필요한다.

③ 부모교육 프로그램은 표준화된 프로그램 개발에 더 많은 가치를 부여해야 한다.

④ 다문화교육이 영유아 프로그램의 일부가 되어야 한다.

〈정답〉

1. 방과후 과정

2~5.

구분	잘못된 내용	수정한 내용
2	자연스러운 환경	준비된 환경
3	어린이집	유아학교
4	코메니우스	페스탈로치
5	스키너	게젤

6. ②　7. ②　8. 프뢰벨
9. 행동주의　10. 비계설정　11. ③

다양한 외국의 영유아 프로그램은 영유아들의 발달에 적합하고 의미 있는 경험을 제공한다는 점에서 공통적 교육목표를 가지고 있다. 그러나 각 영유아 프로그램은 그 나라의 사회, 문화, 역사적 상황을 반영하여 다양한 요구와 필요에 의해 개발되고 발전되어 왔다. 따라서 이러한 맥락을 고려한 가운데 외국의 영유아 프로그램들을 이해하고 적용하는 것이 필요하다. 제Ⅱ부에서는 여러 국외 영유아 프로그램 가운데 그동안 우리나라 유아교육현장에 활발하게 적용되어 온 대표적인 프로그램들을 선정하여 프로그램의 개발 배경과 목적, 교육내용과 운영상의 특징을 살펴보고자 한다.

제 II 부

외국 영유아 프로그램의 종류 및 실제

제1장 몬테소리 프로그램

제2장 프로젝트 접근법

제3장 레지오 에밀리아 접근법

제4장 발도르프 교육과정

제5장 숲유치원 프로그램

1
CHAPTER

몬테소리 프로그램

학습 목표
1. 몬테소리 프로그램의 교육내용을 이해하고 주요내용을 설명할 수 있다.
2. 몬테소리 교구의 특징을 설명할 수 있다.

1 이론

1) 성립 배경

▲ 몬테소리

몬테소리(Maria Montessori, 1879~1952)는 이탈리아 최초의 여성 의사로서, 어렸을 때부터 수학과 과학에 탁월한 능력을 나타내어 그 당시 여성에게 금기시되었던 의과대학에 도전하여 로마대학 의학부에서 공부하였다. 우수한 성적으로 의과대학을 졸업한 후 로마의 한 정신병원에 근무하게 되고, 거기에서 정신지체 유아를 치료하면서 유아교육에 관심을 가지게 되었다.

몬테소리는 정신지체 유아들을 세심히 관찰하고 연구하여 이들에게 필요한 것은 통제나 치료보다 교육이라는 결론을 내리고 정신지체 유아를 위한 교육방법을 개발하였다. 그녀는 정신지체아들을 위한 의학적이고 교육적인 치료법을 연구한 세갱(Edouard Seguin)과 이타르(Jean Itard)의 영향을 받아 정신지체 유아들에게 감각을 활용한 교육방법과 교구를 개발하여 사용하였다.

몬테소리의 감각교육방법은 당시 정신지체 유아들을 정신에 문제가 있는 환자로 여겨 병적인 치료 측면에서만 접근했던 관점을 과감히 탈피하였고, 이들의 입장을 고려하여 눈높이를 맞춘 새로운 시각에서의 교육방법을 고안했다는 점에서 새로운 시도였다. 따라서 몬테소리의 감각을 활용한 교육방법은 정신지체 유아의 특성을 제대로 이해하고 이들의 특성에 맞게 고안된 것이었기 때문에, 몬테소리 교육방법을 통해 많은 정신지체 유아들의 지적 능력에 놀라운 변화가 일어났을 뿐 아니라 글을 읽고 쓰는 것까지 가능하게 되었다(이순형 외, 2005).

정신지체 유아들은 사물을 직접 만지거나 느끼는 과정에서 가장 잘 학습한다는 기본 원리에 기초하여 나무로 글자를 만들어서 주었고, 유아들은 손으로 나무 글자를 만지면서 일반 유아들처럼 글을 읽고 쓰게 되었다.

몬테소리는 자신이 개발한 교육방법이 정신지체 유아들에게 긍정적 효과를 가져오자 이를 일반 유아에게도 적용하였다. 1907년에는 자신의 교육신념을 현장에 적용하기 위해 로마의 빈민지역인 산 로렌츠에 어린이집(Casa Dei Bambini: The Children's House)'을 세워 유아들을 교육하기 시작했다. 몬테소리는 자신의 교육방법을 실천해 가는 과정에서 지속적으로 유아들을 관찰하여 영유아들은 성인이 가르치는 내용을 일방적으로 받아들인다는 그 당시 교육계의 주류적 사상에 반대하고 아동들이 자유로운 환경에서 스스로 발달해 가는 잠재능력을 가지고 있음을 주장하였다(Montessori, 1995).

이와 같이 몬테소리는 유아 개별성을 존중하면서 이를 토대로 유아인지발달에 대한 확고한 이론적 입장을 제시하였다. 이후 자신의 교육적 경험을 바탕으로 1909년 최초의 저서 『어린이집 유아를 위한 과학적 교육방법(Scientific Pedagogy as Applied to Child Education in the Children's House)』을 출간하였으며, 이후 『몬테소리 교육방법(Montessori Method)』과 같은 책을 출간하여 세계 각국에 몬테소리 교육사상을 전파하였다.

2) 기본 개념

몬테소리의 교육철학은 루소, 페스탈로치, 프뢰벨의 철학과 같은 맥을 이어갔지만, 유아기 자체가 자주적 실제로서 존재한다는 점과 유아가 스스로 자아를 형성해 갈 수 있다는 점을 강조한 것에서 차이를 나타낸다(이순형 외, 2005; Standing, 1959). 몬테소리는 유아가 자신의 성숙기제에 따라서 스스로 학습한다는 자동교육(auto education)의 개념과 준비된 환경(prepared environment) 개념을 제시하였으며, '민감기(sensitive periods)', '흡수정신(absorbent mind)', 그리고 '정상화(normalization)'와 같은 중심 개념들을 통해 자신의 이론을 핵심적으로 설명하고 있다.

(1) 민감기

민감기는 원래 생물학적 용어로서 모든 생물이 어린 시기에 그 생물 고유의 능력을 갖추기 위해 환경 가운데 특정 요소에 대해 특별히 예민한 감수성을 일정 기간 동안 나타내는 것을 말한다. 즉, 유아가 특정 기능을 배우고자 하는 욕구가 강하며 쉽게 배울 수 있도록 유전적으로 계획되어 있는 시기를 의미하는 것이다(이순형 외, 2005; 황해익 외, 2008). 민감기는 인간 본능에 속하는 과정이며, 성숙과 관련된 모든 활동에 작용하여 성숙의 단계를 연속적으로 이끌어 내게 된다. 이 시기의 유아는 특정 분야의 잠재력이 폭발적으로 나타나 매우 강력한 방식으로 외부 세계와 상호작용하게 된다.

유아가 각 민감기에 발달시켜야 할 부분에 대해 관심을 추구할 수 없게 되는 경우, 대상에 대한 민감성을 잃게 될 뿐 아니라 이후에 다시 기회가 오지 않아 발달과 성숙에 지장을 초래하게 된다(Montessori, 1949). 따라서 부모나 교사들은 지속적 관찰을 통해 유아들의 민감기를 파악하여 충분히 발달할 수 있도록 최적의 교육환경을 제공해 주어야 한다. 몬테소리는 유아들이 각 발달시기에 민감기를 거치면서 질서, 언어, 감각, 걷기, 운동 등에 대한 능력들을 길러간다고 하였다.

(2) 흡수정신

흡수정신은 유아가 민감기를 거치면서 자신을 둘러싸고 있는 주위 환경이나 정보, 사건에 대해 별다른 노력 없이 지식을 획득하는 능력을 말하며 출생에서 6세까지 지속된다. 몬테소리(1949)는 성인은 두뇌를 사용함으로써 지식을 획득하지만 유아는 자신의 정신적 생활에서 직접적으로 지식을 흡수한다고 하였다.

흡수정신은 크게 2단계로 나눌 수 있다(신화식, 2006; 조옥희 외, 2001; Lillard, 1972). 첫 번째 단계는 무의식적인 흡수 단계로서 출생에서 3세까지의 유아가 포함된다. 이때의 유아들은 환경을 무의식적으로 흡수하는 과정을 통해서 환경에 대한 지식을 자신의 정신세계로 통합하게 된다. 3~6세의 유아들은 두 번째 단계인 의식적 흡수 단계에 해당되며 흡수정신 기능이 지속되지만, 유아가 환경과의 상호작용을 통해 직접적으로 경험하고자 하는 의지가 강하게 나타난다. 이 시기에는 의식이 무의식의 뒤를 이어 정신을 형성함으로써 기억력, 이해력, 논리적 사고력이 발달하게 된다. 무의식적 흡수 단계에서 정신적 기능 발달이라는 새로운 과업이 시작되어 의식적 흡수 단계 이후 더욱 발달하게 된다고 볼 수 있다.

(3) 정상화

정상화란 유아가 작업에 진정한 흥미를 가지고 집중함으로써 내적 훈련을 발달시키고, 목적지향적인 작업을 선택하여 지금까지 표현되어 왔던 비정상적인 것이 사라지고 유아 내면에 잠재되어 있던 정상적 성질이 나타나는 것을 의미한다(이영숙, 2000). 즉, 유아가 자신의 의욕에 대한 주위의 방해, 신체적 결함, 퇴행행동 등 정신적 장애로 인한 일탈된 행동에서 내면적 안정을 이루어 유아 본래의 정신, 본성으로 돌아가고자 하는 것을 말한다.

몬테소리 프로그램은 유아들이 정상화에 이르도록 하는 데 목적이 있다. 정상화는 유아가 독립적으로 행동할 수 있고, 행동과 선택의 자유가 있으며, 내적 욕구를 충족시키는 활동에 몰입할 수 있도록 유도될 때 촉진될 수 있다(유재봉, 2005; 황해익 외, 2005). 이러한 정상화는 유아에 대한 사랑과 존중, 그리고 유아의 '민감기'에 따른 적절한 과제가 충분히 제공되었을 때 이루어질 수 있다. 따라서 교사는 유아에 대한 존중과 그들에게 적합한 환경, 즉 구체적인 작업과 교구를 제공하고 유아의 정상화를 위한 목적과 방향에 적합한 교육과정을 제공해야 할 것이다.

(4) 준비된 환경

몬테소리는 유아가 준비된 환경 속에서 가장 잘 학습한다고 보았다. 준비된 환경은 유아의 발달 단계와 개별 유아의 민감기 영역에 적합한 교재 · 교구를 갖춘 교육환경을 말한다. 몬테소리 프로그램에서 제공하는 교실환경은 몬테소리 교구가 중심이 되며 주로 감각적 교구들과 개념적 교구로 구분된다.

(5) 자동교육

몬테소리는 유아의 학습이 스스로에 의해 주도된다고 보는 자동교육을 강조하였다. 유아가 준비된 환경에서 자유롭게 선택한 활동에 참여하는 과정에서 자연스러운 학습이 일어난다고 보았으며 이를 자동교육이라고 하였다.

유아가 가진 알고자 하는 본능적 욕구는 유아들로 하여금 작업에 몰두하게 만들고 이러한 작업은 스스로 만족할 때까지 반복적으로 수행된다. 스스로 성취하고자 하는 유아들은 자기교정적인 교구를 통해 자신의 발달과 학습 속도에 맞추어 자동적으로 교육이 이루어진다.

몬테소리 교육에서는 자동교육이 이루어지도록 순서적이고 다양한 교재 · 교구를 제공하여 유아 스스로 이해될 때까지 실험기회를 제공한다. 교사는 기본적 과정만 알려주고 유아의 학습적 요구를 존중하여 방해하지 않는다.

3) 운영

(1) 교육목표

몬테소리 교육의 목적은 유아의 정상화에 있다. 정상적 인간은 자연의 질서에 순응하며 신체와 정신, 인지와 정서, 사회성과 개성이 조화롭게 발달된다고 본다. 몬테소리는 각 민감기에 해당되는 적절한 교재와 교구를 갖춘 환경을 제공한다면, 유아들은 그 교구 활용을 통해 배울 수 있는 기능을 완전히 습득하기까지 놀라운 집중력을 나타낸다는 것을 발견하였다. 작업에 집중하여 과제를 완수하는 과정을 거치면 즐겁고 편안한 상태에 도달하게 되는데, 이를 정상화라고 보았다(Lillard, 1994).

(2) 교육내용 및 활동

몬테소리 교육 프로그램의 내용은 준비된 환경에서 일상생활 연습, 감각교육, 언어교육, 수교육, 문화교육을 하는 것이 기본적 과정이며, 이외에도 음악,

미술, 동작, 연극, 정원 가꾸기 등의 영역들이 추가될 수 있다.

① 일상생활영역

유아들은 태어나면서부터 주변의 생활양식과 문화에 반복적으로 반응하고 적응하는 연습과정을 통해서 인격을 형성해 간다(신화식 외, 2004). 몬테소리의 일상생활영역은 유아의 일상적 삶 가운데 매일 접하게 되는 작업을 수행함으로써 기본적인 습관 및 사회적 기술을 습득해 독립심과 자립심을 키우는 것뿐 아니라 더 높은 차원의 문화와 인격을 창조하도록 돕는다. 몬테소리 프로그램에 다니기 시작하면 먼저 일상 생활도구를 사용하면서 집중력과 독립성을 기르게 되며, 문화적으로 요구되는 예절을 배운다. 일상생활영역의 교육내용은 크게 활동을 위한 준비, 예의범절, 운동의 조정과 분석, 자신에 대한 배려, 환경에 대한 배려 등으로 구성된다. 일상생활영역에서의 활동은 〈표 1-1〉과 같다.

[그림 1-1] 일상생활영역 교구장

[그림 1-2] 단추 & 리본 옷틀 교구

〈표 1-1〉 일상생활영역에서의 활동

영역	교육내용	교육활동 및 교구
일상생활	기본동작	걷기, 운반하기(의자, 책상, 매트, 물건), 붓기, 옮기기, 열고 닫기, 걸고 벗기기, 매트 말고 펴기, 스펀지 짜기
	환경에 대한 배려	먼지 털기, 매트 손질하기, 쓸기, 거울 닦기, 책상 닦기, 천 빨기, 다림질하기, 껍질 벗기기, 나사 돌리기, 동 · 식물 돌보기, 꽃 물갈아주기, 스펀지 사용하기, 종이 접기, 붙이기, 자르기, 꿰매기
	자기 자신에 대한 배려	머리 빗기, 옷틀(단추, 지퍼, 혁대고리, 구두끈, 리본), 코풀기, 구두닦기, 머리 땋기
	사회에의 적응	인사하기, 물건 주고받기, 도움 요청하기, 사과하기
	운동의 분석과 조정	선상 걷기

② 감각교육영역

유아들은 태어날 때부터 신체발달과 더불어 시각, 청각, 촉각, 후각, 미각 등의 여러 가지 감각기능을 수행할 수 있는 능력이 활발하게 발달한다. 몬테소리는 감각교구들을 통해 유아들의 발달된 감각기능을 더욱 정교하고 예민하게 개발하도록 힌다. 또한 감각교구를 통해 작업에 몰누하도록 함으로써 지적 능력을 향상시키고, 일상생활에 적응하며, 질서감과 도덕성과 같은 내면의 힘도 키워 나간다. 몬테소리 감각교육에서 다루고 있는 교육활동과 교구는 〈표 1-2〉와 같다.

〈표 1-2〉 감각교육영역에서의 활동

영역	교육내용	교육활동 및 교구
감각	시각	꼭지원기둥, 분홍탑, 갈색계단, 빨간막대, 색판, 기하서랍과 카드, 잎의 서랍과 카드, 기하도형, 색원기둥, 구성삼각형 상자, 2항식, 3항식, 10항식
	촉각	촉각판, 중량판, 온각판, 비밀주머니, 기하입체바구니
	미각	미각병
	후각	후각통
	청각	소리통, 음감벨

[그림 1-3] 몬테소리 교구(감각)

[그림 1-4] 몬테소리 교구(언어)

③ 언어교육영역

몬테소리 교육 프로그램에서는 자유로운 의사소통을 통해 언어발달이 촉진되도록 격려한다. 유아들의 언어 민감기에 언어발달을 촉진할 수 있는 환경 제공이 중요하다고 보아 다양한 자극을 제공하도록 한다.

언어교육은 음성언어와 문자언어영역으로 구성되며 언어교육의 목적은 언어의 기본 능력을 길러 모국어를 정확히 이해하고 표현하도록 하며, 문화의 전승과 창조의 힘을 발달시키고 사고력과 이해력을 증진시켜 논리적이고 과학적 사고를 갖도록 하는 데 있다.

사물의 어휘를 익히기 위해 자신을 둘러싼 환경의 모든 사물의 정확한 명칭을 부르도록 하고, 다양한 사물 그림카드 맞추기와 같이 어휘력을 확장하기 위한 게임 등의 작업을 통해 언어 능력을 스스로 향상시키도록 도와준다. 언어교육의 활동과 교구는 〈표 1-3〉과 같다.

〈표 1-3〉 언어교육영역에서의 활동

영역	교육내용	교육활동 및 교구
언어	듣기 · 말하기	환경의 물건이름, 감각교육에 의한 언어, 사진홀더, 그림 맞추기 카드, 말 놀이(말 전달하기, 문답놀이, 수수께끼, 끝말잇기 등)
	읽기	실물의 첫 글자와 첫 소리, 물건과 이름, 작은책, 행동놀이, 분류한 그림 맞추기
	쓰기	모래 문자판, 철제 도형, 자 · 모음 나열하기, 이동문자, 작은 칠판
	품사와 문법	말놀이, 미니추어, 필기도구, 여러 가지 물건, 한 세트 물건, 이름 있는 카드

④ 수학교육영역

유아들은 어릴 때부터 일상생활 가운데 수학의 개념들을 경험하게 된다. 몬테소리는 수교육을 통해 유아들의 개인발달수준에 맞게 수학적 사고를 길러갈 수 있도록 하고 있다. 유아들은 몬테소리 교구를 사용하여 십진법을 이해하는 데 필요한 기초를 형성하여 0의 기능과 1~100만 단위까지의 위계를 이해할 수 있다. 또한 연산의 기조를 습득하고 다양한 교구를 감각적으로 탐색함으로써 기하에 대한 기초를 다지며, 제곱근 구하기나 분수로 가감승제하기 등의 개념을 익힐 수 있다(이순형 외, 2005). 〈표 1-4〉는 수교육에서의 활동과 교구이다.

〈표 1-4〉 수학교육영역에서의 활동

영역	교육내용	교육활동 및 교구
수	수의 소개	수막대, 모래 숫자판, 수막대와 숫자카드, 셈막대와 셈막대 상자, 숫자와 바둑알

영역	교육내용	교육활동 및 교구
수	십진법	비즈와 숫자카드, 우표놀이, 점 놀이
	연속수	세강판 1, 2, 100, 1,000의 사슬, 평방과 입방의 수사슬
	암산 (덧셈, 뺄셈, 곱셈, 나눗셈)	덧셈의 뱀놀이, 뺄셈의 뱀놀이, 점놀이, 덧셈판, 뺄셈판, 곱셈판, 나눗셈판, 색비즈 주판
	분수	분수봉, 분수철판, 분수카드
	시계	시계, 카드, 색비즈, 시계카드

⑤ 문화교육영역

문화는 함께 살아가는 사회의 구성원들이 공유하는 생활양식, 습관 등을 말하는 것으로 유아들은 성장하면서 자연스럽게 문화의 영향을 받아 행동양식을 습득하게 된다. 문화교육의 목적은 유아들에게 다양한 경험의 기회를 제공하여 주어진 문화를 이해하고 이에 적응하며 호기심을 갖도록 해 더 큰 자아를 성취하도록 하는 것이다. 몬테소리는 유아기를 문화를 쉽게 습득할 수 있는 문화의 민감기로 보고 지적 발달뿐 아니라 유아기부터 문화를 인식하고 습득할 수 있는 환경을 중시하였다.

몬테소리 문화교육의 주 내용은 크게 지리, 역사학, 동 · 식물학, 음악과 미술 교육으로 나눌 수 있다. 문화교육의 활동과 교구는 〈표 1-5〉와 같다.

〈표 1-5〉 문화교육영역에서의 활동

영역	교육내용	교육활동 및 교구
문화	지리	지구본, 세계지도, 지형틀, 대륙퍼즐, 지도서랍, 방향판, 별자리판, 태양계판, 사계절상자, 세계국기와 의상
	역사	해시계, 천시계, 시계책, 달력틀, 시간으로 하루 일과 짝맞추기, 가족의 역사, 나의 역사, 도구의 역사, 땅, 공기, 물 사진이나 그림자료

영역	교육내용	교육활동 및 교구
문화	생물	생물과 무생물 사물분류, 식물과 동물 분류, 식물의 성장, 나무퍼즐, 꽃 퍼즐, 나뭇잎 모양분류, 나뭇잎 서랍장, 동물부분 맞추기, 척추동물 모형, 무척추동물 짝 맞추기, 동물원 견학
	미술	자르기, 붙이기, 그림물감, 크레용, 조각, 점토
	음악	음표카드놀이, 침묵게임, 소리상자, 노래 부르기, 리듬악기

[그림 1-5] 몬테소리 교구(수)

[그림 1-6] 몬테소리 교구(문화)

(3) 환경구성

① 환경의 중요성

몬테소리는 유아가 환경에 의해 형성되고 완전해진다고 보았기 때문에, 몬테소리 프로그램은 유아들이 전력을 다해 노력할 수 있는 최적의 환경을 조성해 주는 것을 교육의 주요한 목표로 삼고 환경을 매우 중요시한다.

유아는 내재적으로 성장과 발달의 잠재성을 가지고 태어나지만 이러한 가능성이 발휘되기 위해서는 교육적인 환경이 제공되는 것이 필요하다. 따라서 부모나 교사가 개별 유아들의 발달적 요구를 살펴 적절한 환경을 준비해야 한다. 이러한 의미에서 몬테소리는 준비된 환경의 개념을 소개하였다. 준비된 환경이란 유아가 올바르게 성장, 발달할 수 있도록 마련된 교육적 환경으로 유아의 내면적 발달에 맞추어 자발적으로 학습할 수 있도록 배려해 주는 환경을 말한다. 또한 준비된 환경은 기본적으로 개인의 능력과 학습속도에 의한 개별화된 교육을 실시하고, 유아의 발달에 방해가 되는 장애요소들을 제거하거나 유아 스스로 장애를 제거하고 방어력을 발달시킬 수 있도록 도와준다(신화식, 2006; 이영숙, 2000; Montessori, 1981). 이를 통해 유아는 개인의 발달뿐 아니라 집단의 구성원으로서 협동심, 자유와 규율의 조화, 자기정체성, 순종과 봉사정신을 기를 수 있다.

몬테소리 교육 프로그램에서 준비된 환경을 구성할 때 다음과 같은 점을 고려하는 것이 필요하다.

첫째, 교실환경은 단순하며 정돈된 세계를 보여주어야 한다.

둘째, 환경은 모두 유아의 신체와 눈높이를 맞추어 적절하게 해야 하고 이용하기 불편하지 않도록 한다.

셋째, 유아들의 민감기에 적합한 풍부한 교육내용 및 자료들이 구비되어야 한다.

넷째, 유아는 준비된 환경 가운데 자유롭게 선택하고 활동할 수 있어야 한다.

② 환경의 기본 요소

몬테소리 프로그램의 환경구성에서 갖추어야 할 기본 요소는 자유와 자율, 구조와 질서, 현실과 자연에 대한 이해, 그리고 아름다움이다(이순형 외, 2005; 황해익 외, 2008).

●● 자유와 규율

자유는 유아의 내적 가능성이 발휘되도록 도와준다. 몬테소리가 의미하는 자유는 모든 유아가 거칠거나 무례한 행동을 하지 않고 의미 있고 지적이며, 자발적으로 행동하는 상황이다. 몬테소리는 유아에게 필요한 참 자유를 알기 위해 자유로운 활동이 보장된 상태에서 작업에 열중하고 있는 유아를 관찰하고 연구하는 것이 필요함을 강조했다(신화식, 2006). 유아는 주어진 교육적 환경 가운데 스스로의 내적 생명력을 발산해 자발적으로 활동을 전개해 나가고자 한다. 따라서 유아에게 활동에 대한 자유를 주고, 이러한 자유를 구속하는 장애요소를 제거해 주는 것이 중요하다. 유아들이 누릴 수 있는 자유에는 활동을 스스로 선택할 수 있는 자유, 활동을 반복할 수 있는 시간의 자유, 습득한 것을 생활에 적용해 볼 수 있는 자유, 다른 사람과의 관계에서의 자유 등이 있다. 유아는 자유가 보장된 환경에서 자신의 행동을 돌아보고, 자신의 행동이 다른 사람에게 미치는 영향을 확인하며 충족감과 함께 자신의 한계도 알게 된다.

그러나 자유는 규칙이나 규율이 없는 방임과는 다른 것이며 질서를 지니고 참된 규율을 바탕으로 하는 것이다. 몬테소리는 유아들에게 자유를 허용하였을 때 교실에 자발성과 질서, 활발한 움직임과 동시에 차분함이 유지되고, 유아는 이성과 의지에 의한 억제와 전체 질서를 존중하는 것에서 기쁨과 안정감, 만족감을 얻을 수 있게 된다고 하였으며 이를 '자율적 규율'이라고 명명했다(조옥희, 권영자, 2001).

●● 구조와 질서

몬테소리 프로그램에서 교실환경은 기본적 구조와 질서가 반영되어 있는 준비된 환경이며, 이러한 환경을 통해 유아가 내면의 정신적 질서와 지적 능력을 구축할 수 있도록 한다. 환경에 질서가 있으면 유아는 자신이 사용하려는 교구를 쉽게 찾을 수 있으며 유아의 발달과 관심에 따라 교구 분류와 배열이 이루어진다. 유아는 교구를 가져다 사용하고 스스로 제자리에 정리하는 규율을 터득하도록 한다.

●● 현실과 자연에 대한 이해

몬테소리는 유아가 현실생활과 자연을 접촉하는 것을 매우 중시했다. 현실생활 경험을 통해 유아는 세상과 자신에 대한 통찰력을 가지게 되며 현실에 대한 한계를 인식할 수 있다. 따라서 교실환경에는 유아가 일상생활에서 접하는 다양한 사물이 배치되어 실제적으로 경험할 수 있도록 하는 것이 바람직하다. 몬테소리 프로그램에서 제공하는 현실생활과 밀접한 활동들은 채소 썰기, 설거지하기, 청소하기, 다림질하기, 주스 마시기 등이 있다.

또한 몬테소리 프로그램에서는 실제로 자연을 접하며 자연의 질서와 아름다움을 느끼도록 하는 것을 강조한다. 교실과 실외 공간에 유아가 돌보는 동·식물이 있어야 하며 돋보기나 현미경을 갖추어 유아 스스로 다양한 실험을 시도해 보게 한다.

●● 아름다움

환경의 아름다움은 유아들이 일과 생활을 하는 동안 자연스럽게 배어나올 수 있도록 하는 것이 바람직하다. 몬테소리 프로그램에서 교실환경은 밝고 따뜻하며 질서가 있고 화려하지는 않지만 유아가 편안함과 심미감을 느낄 수 있도록 해야 한다. 이를 통해 유아들은 환경에 대해 긍정적으로 반응하고 상호작용하게 된다.

③ 몬테소리 교구

몬테소리 프로그램에서 교구는 중요한 구성요소이다. 몬테소리가 교구를 사용하도록 하는 주요한 목적은 유아에게 지식과 기술을 가르치고자 하는 것이 아니라, 유아의 자아 형성과 정신적 발달을 돕기 위한 것이다.

몬테소리 교구는 유아의 주의를 끌 수 있고 집중하게 할 수 있는 자극을 제공하여 유아의 성장을 돕도록 고안되었다(Torrence & Chattin-McNichols, 2000).

몬테소리 교구는 다음과 같은 특징을 가지고 있다.

첫째, 몬테소리 교구를 사용하는 동안 교구 자체가 어느 한 측면에서 오류를 가지고 있으며 유아가 문제를 쉽게 파악할 수 있도록 되어 있다. 따라서 유아 스스로 오류를 찾아내어 교정할 수 있는 자동교육이 이루어질 수 있다.

둘째, 몬테소리 교구들은 사용방법이 단순한 것에서부터 복잡한 것으로, 구체적인 데서 추상적인 것으로 진행되도록 구성되어 있다. 수 개념을 위한 교구를 예로 들면, 처음에는 길이만 다른 나무막대 세트를 사용하고 다음에는 색깔도 다른 나무막대 세트를 사용하여 숫자와 길이를 연관시키도록 한다. 또한 삼각형을 학습할 때 맨 처음에는 나무 삼각형을 감각적으로 탐색한 후 점차적으로 밑면과 옆면을 탐색하는 방식이다.

셋째, 교구는 유아가 앞으로 학습할 내용에 대해 간접적으로 준비하도록 되어 있다.

예를 들면, 교구에 있는 손잡이는 손가락 협응을 훈련하여 글쓰기를 하는 데 도움이 되도록 한다.

넷째, 몬테소리 교구는 다양한 색깔, 크기, 형태를 지녀 아름답고 매력적이어서 유아들의 학습 흥미를 유발한다. 또한 교구를 한 번 사용하면 반복적으로 사용하고자 하는 학습동기를 가지도록 한다.

몬테소리 교사는 교구에 대한 기본적 지식을 바탕으로 유아들에게 정확한 시범을 제공해야 하며, 유아가 교구활동을 반복적으로 잘 수행하고 있는지 지속적으로 관찰해야 한다. 일정 기간 반복한 이후에는 서로 다른 교구들을 연결하거나 비교하면서 창의적인 활동을 진행할 수 있다.

(4) 교사의 역할

몬테소리 프로그램에서 교사의 역할은 유아의 발달 단계에 맞추어서 이들이 자유롭고 활발하게 자신의 내면을 발현시킬 수 있도록 발달 단계를 이해하고,

교재 · 교구를 적절한 시기에 적절한 방법으로 제시하는 방법을 익히는 것이 중요하다. 이를 위해 교사는 개별 유아를 관찰하는 방법을 배우고, 교재 · 교구에 대한 지식과 제시방법을 학습하도록 한다(신화식 외, 2004).

① 관찰자

교사가 유아에게 준비된 환경을 제공해 주기 위해서는 먼저 유아들의 행동을 상당한 시간 동안 관찰하는 것이 필요하다. 유아의 행동을 관찰하는 동안 교사는 수동적인 자세를 취해야 하며 각 유아가 필요로 하는 것을 파악하고 새로운 교재 · 교구로 과제를 시작할 만큼 준비되었는지 살펴보아야 한다.

② 환경 제공자

몬테소리 교실에서 교사는 유아의 행동을 어떤 방향으로 이끌거나 가르치는 것 등의 역할보다는 유아가 독립적으로 과제를 수행하고 새로운 기능을 완전히 익힐 수 있도록 기회를 제공해 주는 것이 바람직하다. 이를 위해서는 유아의 각 민감기에 적합한 교재 · 교구를 갖춘 환경 제공이 중요하다. 이러한 준비된 환경하에서 유아는 교사의 감독 없이도 적극적으로 교구를 활용하여 학습하는 것이 가능하다. 교사의 역할은 유아의 관심에 주목하여 그 관심사를 추구할 수 있는 환경을 조성해 주는 것이다.

③ 안내자

교사는 유아에게 자유롭게 활동을 선택하도록 하지만 때로는 유아가 수행할 수 있다고 생각되는 새로운 과제를 제시해 줄 수 있다. 교사가 새로운 교구에 대해 간단하고 분명하게 소개하고 뒤로 물러나 유아의 행동을 관찰한다. 교사는 유아가 교구를 수행하는 정도를 살펴보고 유아가 충분히 준비가 되지 않았을 경우 그 과제를 다음 기회로 미룬다. 유아가 새로운 교구에 몰두하여 활동할 경우 교사는 유아가 독립적으로 학습하도록 뒤로 물러나 있어야 한다.

2 실제

몬테소리 프로그램은 유아의 발달수준과 개인차 및 각 유아교육기관의 사정 등을 고려하여 운영될 수 있다. 다음은 몬테소리 프로그램의 교육영역에 따른 활동의 예를 소개한 것이다.

1) 일상생활교육

(1) 매트 말고 펴기

- 교구 : 유아의 사이즈에 맞는 매트(100cm × 60cm)
- 매트 펴기 활동방법
  ① 매트가 있는 곳에 가서 양손으로 매트 한 개를 꺼낸다.
  ② 매트의 중앙부분을 양손으로 잡고 가져온다.
  ③ 매트의 끝을 바닥에 붙인다.
  ④ 양손을 매트의 양 끝 말린 구멍을 잡고 손목을 움직이며 천천히 뒤로 물러나면서 편다.
- 매트 말기 활동방법
  ① 매트 위에 무릎이 올라가게 앉는다.
  ② 맞은편 매트 끝을 자기 앞쪽으로 반쯤 뒤집어 끌어올린다.
  ③ 매트의 바닥부분의 끝단을 시작으로 자기 앞쪽으로 말기 시작한다.

* 본 활동은 대구 효성유치원에서 제공한 내용이다.

④ 거의 다 말았을 때 조금 들어 올려서 만다.

⑤ 양손으로 꼭 잡고 세로로 운반한다.

- 활동의 전개 : 타월 말고 펴기, 천 접기, 비닐 매트 말고 펴기
- 교육목적 : 매트 말고 펴기, 운동의 조정, 집중력, 의식적 운동

(2) 옷 틀(단추 끼우기)

- 교구 : 단추 끼우기 틀

- 열기 활동방법

① 유아에게 "이것은 단추 끼우기입니다."라고 말해준다.

② 틀의 윗단을 오른쪽으로 놓는다.

③ 왼손으로 천을 잡고 오른손으로 단추를 밀어 넣는다.

④ 왼손으로 잡아서 뺀다.

⑤ 같은 방법으로 위에서 아래 단추까지 끼운다.

- 잠그기 활동방법

① 오른손으로 천을 잡고 왼손으로 단추를 구멍에 넣는다.

② 오른손으로 잡아당긴다.

- 교육목적 : 스스로 옷의 단추를 열고 잠금, 눈과 손의 협응력 조정

2) 감각교육

(1) 꼭지 원기둥

- 교구 : 꼭지가 달린 10개의 원기둥 4쌍, 원기둥의 크기에 맞는 구멍이 있는 틀 4개
  - 블록 1 : 높이가 같고 직경이 점감해 가는 원기둥
  - 블록 2 : 직경과 높이가 같이 점감해 가는 원기둥
  - 블록 3 : 높이가 점증하고 직경이 점감해 가는 원기둥
  - 블록 4 : 같은 직경을 가지고 있지만 높이가 점감하는 원기둥

- 활동방법

① 제일 먼저 높이가 같고 직경만 변하는 블록 1부터 제공한다.

② 오른손의 엄지, 검지, 중지로 원기둥의 꼭지를 잡는 법을 보여준다.

③ 원기둥을 왼쪽에서 오른쪽으로 한 개씩 차례로 꺼내 틀 앞에 놓는다.

④ 원기둥을 제 구멍에 맞게 천천히 넣는다.

⑤ 같은 방법으로 원기둥을 꺼내어 틀 앞에 무순위로 섞어 놓는다.

⑥ 왼손으로 꼭지원기둥을 잡고 오른손 세 손가락으로 시계 방향으로 돌리면서 만져본다.

⑦ 틀의 구멍도 시계반대방향으로 한 바퀴 돌려가며 만진 후 원기둥을 제자리에 넣는다.

⑧ 가장 가는 것을 먼저 넣는다(넘어지기 쉽기 때문).

⑨ 남은 것을 제자리에 넣는다.

- **활동의 전개 :** 2개 블록 조합, 3개 블록 조합, 4개 블록 조합
- **교육목적 :** 시각에 의한 크기의 차이 식별, 쓰기 위한 준비, 집중력, 1 : 1 대응 개념

(2) 분홍탑

- **교구 :** 분홍색 목재 10개의 입방체로 각 변의 길이가 1~10cm까지 점점 증가함
- **활동방법**

① 제일 작은 것부터 엄지, 검지, 중지로 한 개씩 집어 매트 위에 옮겨 놓는다.

② 제일 큰 입방체를 무릎 앞에 놓는다.

③ 다음으로 큰 것을 골라 아래 분홍탑의 중앙에 주의 깊게 쌓는다.

④ 항상 남아 있는 가운데에서 그 다음 큰 것을 고른다.

⑤ 일정한 크기의 차이를 느끼도록 두 손으로 아래에서 위로 측면을 만져본다.

⑥ 한 개씩 내려 매트 위에 섞어 놓고 가장 큰 입방체부터 제자리에 갖다 놓는다.

- **활동의 전개 :** 한쪽 모서리만 맞추어서 쌓음, 제일 작은 입방체 차이를 재어 봄
- **응용 :** 매트의 옆으로 나열하기, 두 개의 탑 쌓기, 경사지게 쌓기, 달팽이처럼 쌓기, 다른 모양으로 쌓기
- **교육목적 :** 크기의 점차성 식별하기, 손과 팔의 근육운동 조정하기

3) 수교육

(1) 수 막대와 숫자카드

- 교구 : 10~100cm까지의 막대 10개(빨간색과 파란색이 10cm씩 교대로 칠해져 있음), 1~10까지의 숫자를 표시한 10장의 카드, 매트 2장
- 활동방법 : 1~9까지의 양과 숫자를 이해한 후 제공한다.
  ① 수 막대를 매트 위에 10부터 1까지 순서대로 놓는다.
  ② 숫자카드를 하나씩 꺼내 소개한 후 매트에 숫자카드를 펼쳐놓는다.
  ③ 1의 숫자카드를 보이고 그 숫자에 해당하는 수 막대를 찾아오게 한다.
  ④ 찾아온 수 막대를 한 칸씩 세어 숫자카드와 맞는지 확인한 다음 수 막대 끝에 숫자카드를 놓는다.
  ⑤ 1~10까지의 수 막대와 숫자카드를 맞추어 나란히 놓고 숫자를 읽는다.
  ⑥ 직업이 끝나면 매드와 교구를 하나씩 제자리에 정리한다.
- 활동전개 : 수막대와 빨간막대 일치하기, 주변사물 길이재기
- 교육목적 : 1~10까지의 수와 양의 개념 익히기, 덧셈, 뺄셈, 곱셈, 나눗셈의 개념 익히기

(2) 세강판 1

- 교구 : 5칸으로 된 2개의 나무판으로 각 칸에는 10의 숫자가 적혀 있으나 아래 5칸에는 위로부터 4칸에만 쓰여 있고 맨 아래 칸은 숫자가 쓰여 있지 않음. 1~9까지 나무 숫자카드, 10의 비스 9개, 1~9까지의 색비즈, 매트
- 활동방법 : 유아가 11~19까지의 양을 알고 나서 제공한다.

① 매트에 세강판 2개를 세로로 놓고 숫자카드를 펼쳐 놓는다.

② 카드는 오른쪽 위에 놓고 10의 비즈와 색비즈는 모아서 왼쪽 위에 놓는다.

③ 교사는 세강판의 첫 번째 숫자를 가리키며 유아에게 "이 숫자는 몇입니까? 하고 물으면 유아는 "10입니다."라고 대답한다.

④ 교사는 세강판의 왼쪽에 10의 비즈와 1의 비즈를 세로로 놓고 "이제 구슬은 몇 개가 됩니까?"라고 물으면 유아는 "11개"라고 대답한다.

⑤ 세강판 우측에서부터 1의 카드를 밀어서 0의 위치에 멈추어 '11'을 맞춘다.

⑥ 11~19까지 이와 같이 제공한다.

⑦ 유아 스스로 수를 만들어 읽는다.

- 활동의 전개 : 숫자판을 세강판에 순서 없이 넣고 숫자에 맞는 비즈를 놓음
- 교육목적 : 11~19까지의 수와 양의 명칭과 개념 익히기

4) 언어교육

(1) 이동문자 2

- 교구 : 그림카드, 이동문자 세트(자음은 빨간색, 모음은 파란색)
- 활동방법
  ① 빨간색 자음은 왼쪽, 파란색 모음은 오른쪽에 놓는다.
  ② 그림카드를 보고 자음과 모음으로 이름을 만들고 읽어본다.
  ③ 그림을 보면서 이야기를 들은 후 그림과 관련된 글자를 만들고 읽어본다.
- 활동의 전개 : 긴 말 만들기, 사전에서 글자 찾기
- 교육목적 : 읽기, 쓰기를 위한 준비

(2) 분류한 그림카드 맞추기(나무)

- 교구: 나무그림 맞추기 카드(이름 있는 카드, 이름 없는 카드, 이름 카드), 작은 책(정정용), 설명문 카드
- 활동방법
  ① 나무의 부분이 색으로 분류되어 있는 그림카드로 부분 이름이 있는 카드 밑에 이름이 없는 카드를 맞춰 놓는다.
  ② 이름 없는 카드에 이름 있는 카드로 정정을 한다.

③ 이름 없는 그림카드 1장을 나열한 후 그 밑에 한 개의 이름 없는 설명문과 이름카드를 놓고, 설명문을 잘 읽고 고른다.
④ 이름 없는 그림카드를 나열한 후 그 밑에 설명문 조각을 맞추어 놓는다.
⑤ 이름 없는 그림카드를 나열하고 밑에 3, 4조각으로 된 설명문을 읽으면서 찾아놓는다.

- 활동의 전개 : 다른 그림카드 맞추기
- 교육목적 : 읽기, 쓰기를 위한 준비, 문법준비

5) 문화교육

(1) 대조지형

- 교구 : 대조지형 모양판(섬, 호수, 만, 반도, 해협, 지협), 물, 물병, 스펀지
- 활동방법

① 유아에게 대조지형을 소개한다.
② 대조지형 모양판의 볼록한 부분과 오목한 부분을 가리키며 땅 모양이 서로 다르다는 것을 말한다.
③ "이곳에 비가 온다면 어떻게 될까?" 말하며 오목한 부분에 물을 붓는다.
"사면이 물로 둘러싸여 있는 땅을 섬이라고 합니다."라고 말한다.
"사면이 땅이고 중간에 물이 있는 것을 호수라고 합니다."라고 말한다.

④ 같은 방법으로 만, 반도, 해협, 지협 모양판 활동을 할 수 있다.
- 만 : 삼면이 땅으로 둘러싸여 있는 물
- 반도 : 사면이 땅으로 둘러싸여 있는 물
- 해협 : 양면이 땅으로 둘러싸여 있는 물
- 지협 : 양면이 물로 둘러싸여 있는 땅

⑤ 종이에 '호수', '섬' 글자를 적어서 대조지형과 매칭한다.
⑥ 스펀지로 그릇의 물을 찍어 빈그릇에 옮겨놓는다.
⑦ 교구를 제자리에 정리한다.

- 활동의 전개 : 지점토로 땅모양 만들어 활동, 대조지형 책 만들기, 세계지도를 활용한 지형 찾기, 지구본에서 지형 찾기
- 교육목적 : 다양한 땅 모양 인식

(2) 대륙지도 퍼즐

- 교구: 지구본, 대륙지도 퍼즐, 매트
- 활동방법

① 먼저 지구본을 소개한다.
② 우리가 살고 있는 지구는 땅과 물로 이루어져 있음을 알아본다.
③ 대륙지도 퍼즐을 소개한다.
④ 먼저 아시아를 가리키며 오른손으로 손잡이를 잡고 "이것은 아시아입니다."라고 말한다.
⑤ 왼손으로 퍼즐을 잡고 오른손 검지와 중지로 모양을 만져보며 "아시아를 만져보자."라고

말한다.

⑥ 아시아를 가리키며 “이것은 무엇입니까?”라고 말하며 3단계 교수법을 제공한다.

⑦ 같은 방법으로 다른 대륙도 알아본다.

⑧ 대륙의 모양을 지구본에서 찾아본다.

- 활동의 전개 : 동서남북 명칭카드 및 대륙 이름카드 활용하기
- 교육목적 : 지구에는 5대양과 6대주가 있음을 앎. 각 대륙의 이름을 앎

2 CHAPTER 프로젝트 접근법

학습 목표

1. 프로젝트 접근법에 대한 내용을 이해하고 실제 적용면을 모색한다.
2. 프로젝트 접근법의 진행과정을 설명할 수 있다.

1 이론

유아교육의 질과 효과 높은 유아교육 프로그램 개발에 대한 관심이 증가하면서 프로젝트 중심의 교수·학습방법이 많은 주목을 받고 있다. 캐츠와 차드(Katz & Chard)는 프로젝트 접근법이 유아들의 지적·사회적 발달에 긍정적인 영향을 미친다고 주장하며 기존의 프로젝트법을 유아교육 현실에 적절하게 재구성하였다.

프로젝트 접근법은 교사와 유아들이 학습할 가치가 있는 특정한 주제에 대해 깊이 있게 탐구하는 방법으로 유아들의 정신(mind) 계발을 목적으로 하며 학습의 전 영역, 즉 지식, 기능, 성향의 계발과 느낌의 발달을 통한 전체적인 유아발달에 강조점을 두고 있다. 소집단 중심의 프로젝트 진행과정에서 유아들은 개인적인 능력을 발휘하고 또래들로부터 배울 수 있는 기회를 가질 수 있다.

프로젝트 접근법은 실제적인 수업과 학습방식 모두를 포함하고 있으며

NAEYC에서 제시한 발달에 적합한 실제와 같은 맥락에서 유아 주도적인 교육과정과 적극적으로 주변 환경과 상호작용하는 바람직한 학습형태의 예로서 제시되고 있다. 프로젝트를 통한 교육과정 통합은 발달영역의 상호 관련성을 강조한다는 점에서 유아들에게 보다 적합한 교수 · 학습방법이라고 볼 수 있다. 교사들은 프로젝트 접근법을 놀이와 활동 중심의 유아교육과정과 병행하여 사용할 뿐만 아니라 교육과정의 핵심으로 프로젝트를 활용하고 있다. 이는 프로젝트 접근법이 교육과정의 부분으로서 체계적 교수와 자발적 놀이학습 간의 균형을 이루는 데 도움을 주기 때문이다. 프로젝트 접근법을 현장에 적용해 온 많은 교사들은 유치원 교육과정의 목표를 성취하고 통합교육을 실시하는 데 효과적인 교수 · 학습방법으로 평가하고 있다(지옥정, 1996; Helm & Katz, 2001).

1) 역사적 배경

'프로젝트에 의한 학습'을 의미하는 프로젝트 접근법은 교육의 역사에서 유아들을 가르치기 위한 전혀 새로운 방법을 의미하는 것은 아니다. 1919년 킬패트릭(Kilpatrick)이 'The Project Method'라는 제목의 논문을 발표하기 이전부터 살펴볼 수 있다. 1830년대의 코벳(Cobbet)은 학교에서 실생활에 필요한 활동을 통한 교육방법을 시도하여 오늘날의 프로젝트 학습과 유사한 방법으로 교육하였다. 'Project'란 용어는 1900년 콜롬비아 대학의 교육학부 교수인 리차드(Richard)가 학생들의 공작학습에 프로젝트를 활용한 데서부터 시작하여 일반화되었다. 생활 중심의 교육을 강조하는 진보주의 교육운동에서 듀이는 프로젝트에 의한 학습을 교수의 중심활동으로 삼았으며 듀이의 이론에 영향을 받은 킬패트릭(1918)은 프로젝트를 '목적을 가지고 하는 일련의 활동들'로 규정하고 프로젝트에 의한 학습활동을 더욱 구체적으로 체계화하여 실행하였다.

킬패트릭 이후 콜링스(Collings, 1923)는 프로젝트를 실제에 적용하여 그 효과를 검증하였다. 4년간의 연구를 수행한 결과에서 프로젝트 과정을 통해 학습한 유아들이 전통적인 교과 위주로 구성된 교육과정에 의해 교육받은 유아들보다 전국적인 학업성취도 검사에서 더 높은 점수를 얻었을 뿐 아니라 유아와 부모 모두 학교에 대한 긍정적 태도를 형성하였음을 밝혀내었다. 그는 유아를 위한 교육과정은 생활의 필요나 문제에 기초하여 전적으로 프로젝트 중심으로 구성될 수 있다고 주장하여 프로젝트가 단순한 교수방법으로서의 의미를 넘어서서 교육과정 구성이론으로서의 의미를 가지게 되는 계기를 형성하였다. 영국의 경우 아동 중심 교육운동의 활성화로 1960~1970년대까지 유아학교(British Infant Schools)와 초등학교에서 프로젝트 학습이 활발하게 운영되어 왔다.

이러한 프로젝트 접근법의 가치는 1989년 『Engaging Children's Minds: The Project Approach』를 펴낸 캐츠와 차드에 의해 재조명되기 시작했다. 이들은 종전의 프로젝트 학습방법을 프로젝트 접근법이라는 용어로 사용함으로써 다양한 방법과 상황에 따른 변화의 가능성을 인정하여 미국 내의 교육현장에서뿐만 아니라 국외로까지 확장되어 널리 실행되는 데 공헌하였다. 프로젝트 접근법은 1990년대부터 더욱 활발하게 실행되고 있는데, 이는 아동발달에 관한 최근의 연구결과와 교육과정 통합의 경향 등에 영향을 받은 것으로 볼 수 있다(김대현, 1999). 최근의 레지오 에밀리아 유아교육을 통해 알려지는 유아들의 작품과 인상 깊은 연구 발표들을 통해서도 프로젝트 학습활동에 대한 관심이 더욱 고조되고 있음을 알 수 있다.

우리나라에서도 열린 교육의 실시로 인해 프로젝트 접근법이 도입되어 실행되어 왔으며 우리 교육현장에 적합한 방식으로 수정하여 실시하고 있다. 예를 들면, 지옥정(1998)은 캐츠와 차드가 제시한 프로젝트의 절차에 '기본 어휘 및 중심개념 선정'과 '학습내용/활동예상안 구성' 과정들을 첨가시켜 국가수준의 유치원 교육과정과의 조화문제를 고려하였다. 최근에 지식 · 정보화시대의 변화에 부응하기 위해 창의적 사고와 문제해결능력의 신장이 강조되면서 프로젝트 접근법에 대한 관심과 기대는 더욱 확장될 전망이다.

2) 의미

'프로젝트'가 다양한 의미를 지니지만 프로젝트 접근법에서는 다음과 같은 특별한 의미로 사용된다.

프로젝트는 학습할 가치가 있는 주제에 대한 깊이 있는 탐색이다. 탐구방법은 주로 소집단(전체 또는 개인)에 의해 수행되며 유아, 교사 또는 유아와 교사가 함께 제기한 문제들을 교사의 지도와 안내를 받으며 공동으로 연구하는 활동이다(Katz, 1994).

간디니(Gandini, 1997)는 '프로젝트'가 유아와 교사 양자 모두의 학습경험에 중요한 기틀을 제공해 준다고 보고 있다. 그는 프로젝트와 같이 직접적 활동에 의한 학습과 그룹토론을 통해 기존의 사고와 경험들을 재점검하는 것이 바람직한 학습방법임을 강조한다. 다중지능이론을 주장한 가드너(Gardner, 1993)는 각 개인은 누구나 한두 가지 영역에서 다른 사람보다 우수한 면을 가지고 있으므로 이런 강점에 기초하여 각자의 독특한 방식대로 학습하도록 할 때 가장 효과적인 학습이 가능하다고 주장한다. 따라서 프로젝트에서의 공동 연구를 통해 각 유아들이 특정 분야에 지닌 능력들을 발휘할 수 있는 기회를 제공해 줄 때 모두에게 의미 있는 학습활동이 될 수 있다.

프로젝트 학습은 유아들이 체계적 수업에서 얻은 지식을 극놀이, 구성하기, 색칠하기, 그리기 등과 같은 다양한 표현방법을 통해 응용할 수 있는 기회를 제공하며 내적인 동기부여, 학습과정의 의사결정에 직접 참여하는 기회를 제공해 준다. 프로젝트의 탐구주제들은 교과서적인 자원을 통해서라기보다 유아들이 직접적으로 활동할 수 있는 실제적인 현상들을 주로 하고 있다. 이러한 주제탐구활동은 유아들에게 보다 익숙한 이전의 경험들과 연관지어 주며 주변 환경과 적극적으로 상호작용할 수 있는 기회를 제공해 주어 학습의 장기적 효과를 가져올 수 있도록 도와준다. 유아들은 또래들과 공동의 문제를 함께 해결해 가면서 소속감과 협동심을 기를 뿐 아니라 보다 유능한 또래들에게 배울 수 있는 기회를 가질 수 있다(Vygotsky, 1978). 프로젝트가 진행되는 동안 교사는 유아들에게 적절하고 민감한 비계설정을 할 수 있어 사고를 육성해 줄 수 있다(Berk & Winser, 1995).

캐츠와 차드는 이러한 프로젝트의 상섬들에도 불구하고 하니의 프로그램으로서 교육과정 전체에 핵심적으로 적용하기보다는 체계적인 수업을 보완하고 기존의 유아교육과정에 통합적으로 운영되는 것을 추천하고 있다. 이는 프로젝트 접근법이 체계적인 수업을 통해 획득한 지식들을 의미 있고 적절한 방식으로 활용하는 기회를 제공함으로써 유아들의 학업기능을 강화시켜 줄 수 있을 뿐 아니라 학교와 학업에 대한 태도 형성 및 전반적인 사고능력 향상에 큰 도움을 줄 수 있다는 것이 밝혀지고 있기 때문이다.

NAEYC에 따르면, 교육과정은 지식, 이해, 기술의 발달뿐만 아니라 기술을 사용하고 적용하며 계속적으로 학습하고자 하는 성향까지도 향상시켜야 한다(Bredekamp & Copple, 1997)고 기술하고 있다. 프로젝트를 통해서 주제에 관한 깊이 있는 학습을 하는 경우 전통적인 분과형 교육과정을 통해 학습할 때보다 통합된 방식으로 제시할 수 있다. 한 가지 주제를 선택히여 다양한 질문들을 탐색, 발견한 것을 표현하고 타인과 나누기 위해 다양한 기능과 지식들을 연습하고 적용하는 기회를 가질 수 있다(Helm, Beneke, & Steinheimer, 1998; Katz & Chard, 1989). 이러한 학습과정을 통해 개별적인 학습목표들을 성취함으로써 기술을 습득할 수 있다.

3) 목적 및 특징

(1) 목적과 목표

프로젝트 접근법의 주목적은 '아동의 정신(mind)을 계발'하는 데 있다. 캐츠와 차드(1989)는 프로젝트를 통해 지식과 기술뿐만 아니라 정서적 · 도덕적 · 미적 감각들을 배양하는 것을 주요 목적으로 보았으며 발달의 전 영역에 관심을 두고 유아들에게 더 나은 학습경험을 제시해야 한다고 보았다. 이와 같은 목적을 다섯 가지로 나누어 살펴보면 다음과 같다(김숙자, 2001; 석춘희, 1995; 이기숙 외, 2002; 이윤경 · 지옥정, 1998).

첫째, 유아들의 주변 세계에 대한 더 나은 이해를 증진시키고 학습하고자 하는 성향을 발전시키는 것이다. 학습하고자 하는 성향은 외부의 보상보다는 학습과정에서 생기는 만족감이나 학습결과로 얻게 되는 성취감으로 일어나게 된다. 프로젝트 활동의 주제는 학습자의 흥미나 관심에 부합되어 주변의 세계에 대한 이해를 돕고 학습하고자 하는 성향을 강화시킬 수 있어 지적인 목표를 달성하게 된다.

둘째, 체계적인 교수와 놀이를 통한 학습, 프로젝트 활동 간의 조화를 도모하여 균형 잡힌 교육과정을 제시하는 것이다. 프로젝트 접근법은 현재 실시되고 있는 교육과정 속에 다양한 방법으로 통합될 수 있으며 놀이와 체계적 교수를 통해 이루어지는 학습을 보완하고 향상시킨다.

셋째, 학교에서의 학습경험과 유아들의 실제적인 삶이 분리되지 않도록 한다. 프로젝트 학습의 과제는 대개 실세계 속에서 일어나는 현상이나 문제, 쟁점 등을 탐구의 대상으로 하는 경우가 많다. 프로젝트를 통해 일상생활에서 요구되는 도전과 참여 등을 경험함으로써 학교에서 이루어지는 활동들이 생활의 한 부분으로 인식하게 하는 것이다.

넷째, 프로젝트 학습은 유아들에게 공동체의식과 함께 집단에 대한 소속감을 길러준다. 프로젝트는 개별적으로 이루어지기도 하지만 주로 소집단으로 추진되는 경우가 많다. 이러한 학습과정은 같은 주제의 연구에 함께 참여하고 상호작용함으로써 교실을 하나의 공동체로 경험하게 될 뿐 아니라 협동적인 분위기가 형성될 수 있는 기회를 제공할 수 있다.

다섯째, 교사들에게 도전적이고 새로운 교수경험을 제공한다. 프로젝트 활동을 계획하고 진행해 보는 가운데 기존의 수업방식의 한계를 인식하게 된다. 프로젝트 가운데 일어나는 다양한 상황에 대처하기 위해 창의적이고 건설적인 해결방법들을 찾아내고자 하는 노력들을 통해 도전적인 자세로 자신의 일을 수행하도록 한다.

이러한 프로젝트 학습의 목적을 성취하기 위한 구체적인 학습목표는 지식, 기술, 성향, 감정의 4가지 유형으로 구분되어 있다. 첫 번째 목표는 새로운 지식의 획득이다. 지식은 사실, 개념, 정보, 아이디어, 도식(schemata)들과 관계된 것들이며 유아들이 조사, 토론, 구성, 극놀이 등을 통해 접하게 되는 새로운 정보와 개념들을 이해하고 명료화하는 것을 포함한다. 두 번째 목표는 인지적, 사회적, 의사소통 및 신체적 능력발달에 필요한 기술의 습득이다. 기술(skill)은 다른 기능들에 비해 쉽게 관찰될 수 있거나 짧은 시간 내에 실행되는 행동의 단위를 말한다. 프로젝트 학습환경은 이러한 다양한 기술들을 습득하고 적용해 볼 수 있는 기회를 제공한다. 세 번째 목표는 성향을 계발하는 것이다. 성향(disposition)은 여러 가지 종류의 경험에 대해 지속적으로 반응하는 행동 패턴과 태도, 습관을 의미하며 과제에 대한 도전정신, 문제 제기를 위한 관찰력, 호기심, 지구력, 모험심 등을 포함한다. 네 번째 목표는 긍정적 감정을 키워가는 것이다. 감정은 유아들의 정서적 상태를 의미하며 유아들이 자신의 능력에 대해 가지는 긍정적인 감정은 성취감과 자아존중감 형성에 중요한 영향을 미치게 된다. 프로젝트 활동은 구성원 각자가 가지고 있는 학습 스타일과 강점에 따라 다양하게 공헌할 수 있기 때문에 자신감과 함께 긍정적 자아개념을 형성할 수 있도록 한다.

(2) 특성

프로젝트 접근법에 관한 연구들과 현장 적용사례들은 프로젝트를 통한 학습활동이 과거의 교육방식과 비교할 때 다음과 같은 새로운 특성들이 있음을 밝혀주고 있다(김대현 외, 1999; 지옥정, 1998; Trepanier-Street, 1993).

첫째, 학습내용 선정과 학습의 전 과정에 유아들이 교사와 함께 능동적이고 주도적으로 참여하게 된다. 이는 유아가 학습의 의사결정권을 행사할 수 있는 기회를 가지며 학습에 대한 책임도 동시에 가진다는 것을 의미한다. 둘째, 프로젝트 학습은 발현적 교육과정(emergent curriculum)의 특성을 지니고 있다. 이는 유아가 교사와 함께 계획하며 운영하고, 탐구와 표현활동에 다양한 방식이 있기 때문에 수업의 진행방향이 계속적으로 변화해 간다는 것이다. 셋째, 다양한 탐구활동과 표현활동을 통해 교사와 유아, 유아와 유아, 유아와 환경 간의 적극적인 상호작용이 일어나게 된다. 탐구활동이란 문헌조사, 현장조사, 실험, 자원인사 면담 등의 방법들을 활용하고 그 결과를 토의, 분류, 정리하는 활동을 말하며, 표현활동은 언어, 수, 그림, 신체 등의 표상 형식을 통해 구성물, 그림, 책 만들기, 멀티미디어 등의 자료들을 제작하여 발표하기, 전시하기, 극화활동 등의 다양한 방법으로 제시하는 활동을 말한다.

4) 절차

(1) 단계와 구조

프로젝트 접근법은 시작, 전개, 마무리의 3단계 과정으로 구분된다. 각 단계마다 중심 사건과 과정, 그리고 유아들의 활동내용이 달라지며 상호 유기적인 관계 속에서 이루어진다. 이 단계를 진행해 가는 동안 교사들은 유아들의 경험, 필요한 교재 · 교구의 이용 가능성, 현장견학 계획과 전문가 초청 및 시범 등과 주제와의 관련성에 대해 평가하고 각 단계에 맞게 유아의 활동을 촉진시키는 역할을 수행할 수 있다. 프로젝트 전반에 걸친 기록화(documentation) 작업은 교사들이 문제해결을 위한 기회나 개념과 기능들을 적용할 수 있는 기회를 찾아 적절한 학습경험들이 발생할 수 있도록 이끌어 주는 데 중요한 역할을 한다 (Helm & Katz, 2001).

프로젝트의 구조는 프로젝트 전반적인 과정을 안내하고 프로젝트 실행을 돕기 위해 제공된다(Katz & Chard, 1989). 프로젝트 접근법의 구조적 특성이란 프로젝트 각 단계를 프로젝트 활동의 전형적인 요소들인 집단토의, 현장활동, 표현, 조사, 전시라는 다섯 가지 요소들로 구조화한 것이다(〈표 2-1〉). 이러한 다섯 가지 특성 또는 기본 요소는 유아들의 다양한 흥미와 학습요구를 충족시킬 수 있는 융통성 있는 프로젝트 체계를 개발하기 위한 수단을 제공해 준다.

〈표 2-1〉 프로젝트 구조

구분	1단계 : 프로젝트 도입	2단계 : 프로젝트 전개	3단계 : 프로젝트 마무리
토의	주제에 대한 이전 경험과 현재 지식을 상호 공유하기	• 현장활동과 면담을 위한 준비 • 현장활동 검토 • 이차적 자원으로부터의 학습	• 프로젝트 전 과정을 주변 사람들과 나누기 위한 준비 • 프로젝트 검토와 평가
현장활동	주제에 대해 부모와 함께 이야기 나누기	• 현장조사를 위해 교실 밖으로 나가기 • 전문가와의 면담	외부 사람에 의한 프로젝트 평가
표현	이전 경험과 지식을 나누기 위해 그리기, 쓰기, 구성하기, 극놀이 등	• 간단한 현장 스케치와 노트 • 새로운 학습을 표현하기 위해 그림 그리기, 색칠하기, 쓰기, 도표, 지도	다른 사람들과 프로젝트를 나누기 위해 전 과정을 요약, 정리
조사	현재 지식에 기초하여 질문 만들기	• 처음의 질문들을 조사하기 • 현장활동과 문헌조사, 보다 발전되고 심화된 질문 구성	새로운 질문에 관한 고찰
전시	주제에 대한 개인 경험을 표현한 것 나누기	• 새로운 경험과 지식에 대해 표현한 것 상호 공유 • 프로젝트 활동에 대한 계속적인 보고	프로젝트 전 과정에 걸친 학습 요약

① 프로젝트 활동을 위한 준비과정

준비하기

〈교사의 활동〉

- 전문가와의 협의 : 프로젝트 관련 전문가나 프로젝트 경험이 많은 교사와 논의를 통해 프로젝트 방향과 전체 계획 수립
- 프로젝트 관련 자료 탐색 : 참고문헌, 인터넷 자료 등을 통해 주제에 대한 이해
- 주제 선정 : 주제선정기준과 교육과정과의 관련성 고려
- 예비 주제망 구성 : 주제에 대한 지식, 개념, 아이디어를 인식하는 과정
- 활동 예상안 구성 : 교육과정의 영역별 학습내용의 유형별 활동 구성
- 자원목록표 작성 : 프로젝트 진행에 필요한 자원 파악
- 가정통신문 발송 : 프로젝트에 대한 이해와 협조 요청
- 환경 구성 : 주제와 관련된 화보 전시, 그림책 제공

가. 주제 선정

프로젝트 주제는 활동을 시작하게 하는 출발점인 동시에 성취하고자 하는 활동의 질을 결정하는 데 중요한 역할을 한다. 주제를 선정하기 위해서는 다양한 요소들을 고려해야 한다. 프로젝트 주제는 유아들의 흥미를 중심으로 한 것이 되어야 하지만 유아들의 모든 흥미들이 똑같은 교육적 가치를 가지는 것은 아니다. 따라서 바람직한 주제의 선정은 유아의 흥미와 교사의 가치판단을 기반으로 해서 이루어져야 한다. 캐츠와 차드(1997)는 프로젝트 활동을 위한 주제 선정 시 다음과 같은 기준을 제시하고 있다.

첫째, 유아들의 세계에서 직접적으로 관찰 가능한 것이라야 한다. 추상적인 개념보다는 구체적인 주제와 주위에서 흔히 볼 수 있는 자료들과 관련된 주제가 바람직하다. 예를 들어, ‘소방안전’, ‘소방활동’보다는 ‘소방차’와 같은 주제가 유아들의 일상생활과 관련되고 직접 관찰할 수 있어 적합한 주제라고 볼 수 있다.

둘째, 유아들의 이전 경험과 관련된 것이라야 한다. 유아가 경험한 것이나 경

험의 일부와 관련되지 않은 주제인 경우 적극적이고 주도적인 자세로 프로젝트 활동에 몰두하기 어렵다. 유아에게 친숙한 주제로 활동할 경우 두뇌의 기능에서 정보를 판별, 분석, 비교하기가 빠르고 장기기억으로 저장하기가 용이해 이해도를 높여 줄 수 있다(이기숙, 2000; Thomas, 1985).

셋째, 주제와 관련된 실물이나 자원인사 등을 주변에서 쉽게 찾을 수 있어야 한다. 프로젝트가 전개되어 가는 과정에서 현장에서 직접 조사하는 것이 유아들의 탐색활동을 촉진시키고 다양한 질문들을 도출할 수 있다는 점에서 유리하다.

넷째, 유아들이 가지고 있는 지식과 기술들을 사용하여 다양한 표상활동을 전개할 수 있는 주제라야 한다. 언어, 수, 음악, 미술, 극, 동작 등과 같은 여러 가지 표상 형식들을 사용할 경우 표상 형식들 간의 상호작용이 이루어져 정보에 대한 이해와 조직화에 도움이 되고 정보, 개념, 기술들이 더욱 심화될 수 있다(Eisner, 1994).

다섯째, 유아와 가족들이 살고 있는 지역문화에도 적절해야 한다. 이는 부모들이 프로젝트 활동에 쉽게 참여하고 공헌할 수 있도록 하며 유아와 부모 간의 긴밀한 상호작용을 촉진할 수 있다.

여섯째, 학교와 지역사회의 교육과정 목표와 연관이 있어야 한다. 교육과정 목표들, 특히 읽기, 쓰기, 셈하기, 과학탐구와 같은 기술들을 유아가 주도적인 학습방식으로 프로젝트에 통합할 수 있다. 프로젝트 활동은 의미 있는 맥락(authentic context)에서 이러한 기초기술들을 적용하고 연습할 수 있는 많은 기회들을 제공해 준다.

이러한 다양한 주제 선정기준 이외에도 여러 학문영역을 통합적으로 다룰 수 있는 주제, 탐구와 조사활동, 문제해결을 위한 아이디어를 제공해 주는 주제, 교사 입장에서도 관심과 흥미가 느껴지는 주제 등과 같은 요인들은 교사가 주제에 대한 활동 가능성을 탐색해 보면서 점검해 보아야 할 준거들이라 볼 수 있다. 그러나 어떤 기준에 속하는 주제이든 간에 기본적인 전제는 유아들의 생활과의 관련성과 실제 경험이 가능한 현상, 그리고 필요한 자료나 자원에 쉽게 접근할 수 있는지 여부가 우선적으로 고려되어야 한다는 점이 중요하다(지옥정, 1999; Helm & Katz, 2001). 또한 차드는 연령이 어린 유아일수록 프로젝트 주제는 보다 구체적이고 현재에 관한 것, 소규모의 것이 되어야 한다고 강조하였다.

나. 교사들의 예비 주제망 구성

탐구할 적절한 주제가 선정되면 교사는 프로젝트 활동단계에 들어가기 전에 예비 주제망을 구성할 수 있다. 주제망은 교사가 그 주제에 관련된 지식, 개념, 중심 아이디어들을 망의 형태로 나타내는 것이다. 주제망 구성은 프로젝트 계획을 위한 출발점으로서 유아들 수준에 맞춰 작성하기보다는 교사들이 가지고 있는 일반적인 지식을 활용하여 구성하게 된다(김숙자, 2000). 예비 주제망 구성을 통해 교사는 자신이 그 주제에 대해 어느 정도의 지식과 개념을 가지고 있는지 인식하게 된다. 또한 프로젝트 시작 단계에서 유아와 함께 주제망을 구성할 때 유아들의 브레인스토밍 과정을 효과적으로 지원할 수 있으며 실제 프로젝트 활동이 이루어지기 전에 학습내용의 기본적인 윤곽이나 방향을 예상할 수 있게 된다. 이러한 과정은 프로젝트 활동을 진행하는 데 필수적 요소인 자원 목록을 작성하는 데 중요한 기초자료가 되므로 신중한 구성이 필요하다.

교사의 예비 주제망 구성 절차는 다음과 같다. 먼저 선택된 주제에서 떠오르는 아이디어들을 자유롭게 생각하여 부전지(post-it)에 적는 브레인스토밍하기이다. 이 과정에서 나타난 단어들을 유사성과 차이점에 따라 몇 개의 그룹으로 분류하고 각 그룹의 제목을 정한다. 소주제별로 이러한 유목화가 이루어지고 나면 주제를 중심으로 해서 망의 형태로 재배치한다.

다. 활동예상안 구성

활동예상안은 주제망을 기초로하여 프로젝트 진행과정에서 유아들이 할 수 있는 관련 활동을 구성하는 것이다. 활동은 교육과정의 영역별 학습내용에 기초하여 활동 유형별로 재구성하거나 주제와 관련된 각종 교육자료집의 활동을 참고하여 교사가 창안한 활동들로 작성된다. 활동예상안은 프로젝트 활동이 시작되기 전에 교사가 미리 구성해보는 활동으로 실제 이루어지는 활동과는 어느 정도 차이가 있을 수 있다. 이는 프로젝트 활동과정 중에 유아들의 흥미, 이해 정도, 프로젝트 흐름에 따라 예상활동이 이루어지지 않을 수도 있고 새로운 활동이 유발될 수도 있기 때문이다. 교사는 활동예상안을 바탕으로 프로젝트 활동에 필요한 자원 준비를 보다 구체적으로 작성할 수 있다.

라. 자원목록표 작성

자원목록표는 프로젝트 진행과정에서 필요한 자원을 조사하여 목록으로 작성한 것이다. 자원은 크게 1차적 자원과 2차적 자원으로 구분된다. 1차적 자원은 주제와 관련된 실물, 전문가, 견학 장소 등 유아가 실제적, 감각적으로 직접 경험할 수 있는 자원이며, 2차적 자원은 주제에 관한 책, 그림이나 사진, 멀티미디어 자료 등 간접적인 경험을 주는 자원을 말한다. 자원 목록을 작성하기 위해 교사는 교육과정 관련 문헌과 활동 자료집을 검토하고 동료교사나 전문가에게 자문을 구하여 가능한 풍부한 인적 · 물적 자원을 파악해야 한다. 작성된 자원목록에 근거하여 교사는 프로젝트 시작하기 전과 진행 중에 지속적으로 자원을 모으고 또 적절한 시기에 유아들에게 제공해 주는 역할을 하게 된다. 교사가 작성한 자원목록은 프로젝트 진행과정에서 새로운 자원이 첨가되거나 예상한 자원이 삭제되기도 하므로 교사는 항상 적절한 자원을 충원해 주려는 노력을 기울여야 한다.

마. 가정통신문 발송 및 환경구성

교사는 프로젝트가 시작되기 전 프로젝트 안내문, 주제망, 활동예상안과 자원목록을 가정통신문으로 보내서 어떤 주제가 다루어지며 어떤 자원들이 필요한지를 부모들이 전체적으로 파악하도록 한다. 이때 특별히 필요한 자원을 통지하여 도움을 받기도 하고, 부모들이 자기의 취미나 직업을 살려 전문가로서 유아들과 함께 활동할 수도 있으며, 전시회 및 발표회에 참여하여 의견을 제시할 수도 있다.

가정통신문 준비까지의 모든 과정을 마치면 교사는 교실 환경을 구성한다. 유아들이 프로젝트 주제에 보다 흥미를 느끼고 활동을 활발하게 진행할 수 있도록 여러 가지 자원을 영역별로 적절하게 배치하거나 벽면, 천장 등을 이용하여 게시하는 등의 일을 말한다. 처음부터 자원을 모두 제공해주는 것보다는 프로젝트 진행 추이를 살펴보면서 적절한 자원들을 계속적으로 공급해주면 프로젝트가 효과적으로 활성화될 수 있다.

② 프로젝트의 실행

프로젝트 실행은 3단계, 즉 계획 및 시작, 탐색과 표상, 마무리와 평가로 구성되어 있다.

가. 1단계 : 시작 단계

〈표 2-2〉 프로젝트 시작 단계의 활동내용

중심사건	교사의 관심 및 활동	유아활동
• 주제에 관한 토의 및 사전 경험 나누기 • 주제망 구성(브레인스토밍, 유목화) • 질문목록 작성하기	• 프로젝트 주제와 관련된 유아들의 사전지식과 경험은 무엇인가? • 주제에 관해 유아가 알고 싶어 하는 것은 무엇인가? • 주제망 작성활동 지원 • 부모들이 참여할 수 있는 방법은 무엇일까?	• 주제 관련 이전 경험 회상 및 표현 • 교사와 친구들과 함께 주제 관련 경험과 생각 공유하기 • 질문거리 찾기

프로젝트의 1단계인 시작 단계에서는 주제에 관한 최초의 토론 및 사전 경험 표현, 주제망 구성(브레인스토밍과 유목화), 질문목록 만들기의 세 가지 활동을 하게 된다. 먼저, 교사는 이야기, 비디오테이프, 실물 등 다양한 자료를 통해 유아들에게 주제에 관한 흥미를 유발할 수 있도록 한다. 유아들로 하여금 여러 가지 표현방법을 사용하여 주제에 관한 사전 경험들을 나누도록 함으로써 교사와 유아 간에 주제에 관한 경험이나 지식을 공유하고 유아들의 개념에 대한 이해 정도를 파악할 수 있게 된다. 주제망 구성은 교사의 예비 주제망 구성과 같은 절차로 교사와 유아가 함께 구성한다. 교사는 유아들의 발달수준에 맞게 효율적인 방법으로 주제에 대해 토의하고 의견을 수렴하여 보다 확장된 프로젝트망으로 이끌 수 있는 방법들을 고안하는 것이 필요하다. 질문목록 만들기는 프로젝트 과정에서 유아들이 알고 싶어 하는 것에 대한 질문들을 모으는 것이다. 이 활동은 유아들의 탐색과정을 더욱 촉진해 줄 수 있기 때문에 프로젝트가 시작되면서부터 여러 번에 걸쳐 이루어질 수 있도록 하고 교사가 유아들의 질문을 장려하고 활동으로 전환시켜 주는 역할을 하는 것이 중요하다.

나. 2단계 : 전개 단계–탐색과 표상활동

2단계의 주요 활동은 시작 단계에서 작성한 질문목록과 계속적으로 생기는 새로운 질문이나 문제점에 대한 조사활동과 탐구활동, 그리고 경험을 표현하는 활동으로 이루어진다.

〈표 2-3〉 전개 단계에서의 활동내용

중심사건	교사의 관심 및 활동	유아활동
• 조사탐구 및 목표달성 활동 • 현장견학 • 견학 후 활동	• 활동에 필요한 자원 및 자극 제공 • 유아들의 이해를 도울 수 있고 교육과정 목표달성에 도움을 줄 수 있는 활동은 무엇일까?	• 질문에 대한 조사 탐구활동 • 현장견학활동 : 스케치, 질문하기, 관찰하기 등 • 현장견학 후 활동 : 토의, 그리기, 책 찾아보기, 글로 표현하기, 역할놀이하기, 만들기 등

조사 탐구활동은 지역의 특정 장소, 사건 등을 현장견학하는 것을 통해 이루어지기도 하며 전문가와의 면담 및 활동을 통해 이루어질 수도 있다. 이 과정은 교사의 계획에 의한 활동과 즉시적인 유아들의 주도성에 따라 활동이 전개되기도 하므로 전체적인 프로젝트를 활성화하도록 융통성 있게 운영할 수 있다.

전개 단계에서 교사는 다양한 활동을 통해 유아들이 주제와 관련된 많은 경험을 할 수 있도록 도와주는 역할이 필요하다. 제기된 질문과 새로이 첨가되는 질문들을 수렴하여 활동과 연관지어 주며 토론을 통해 문제해결을 할 수 있도록 한다.

조사 탐구활동은 주로 현장견학, 자원인사 초청, 책, 비디오, 실물 등을 통한 조사를 포함하고 있다. 학습한 경험들을 표현하는 활동으로는 그림 그리기, 쓰기, 구성하기, 역할놀이하기 등이 있다. 유아들이 알고 싶어 하는 질문들에 해답을 찾아가는 과정 중에 위와 같은 다양한 매체와 방법들을 활용하여 자신들의 지식과 이해 정도를 표현할 때 프로젝트 진행과정 중에 주제에 대한 흥미가 지속되고 새로워질 수 있다.

프로젝트 전개 단계에서 활동을 활성화시키는 중요한 계기는 현장견학과 자원인사와 함께 하는 활동을 통해서이다. 현장견학은 사전 준비활동, 현장견학, 현장견학 후 활동으로 이루어진다. 이 과정이 진행되는 중 가장 적절한 때에 전문가와의 활동이 이루어지는 것이 효과적이다.

현장견학을 위한 준비에서 유아들은 자신들이 보고 싶은 것이 무엇인지, 누구에게 물어볼 수 있는지, 조사하기 위한 질문들은 무엇인지, 그리고 돌아올 때 무엇을 교실에 가져올 것인가에 대해 생각해 보고 토의하며 기록할 수 있다. 현장견학은 반드시 학교를 떠나야 하는 것을 의미하는 것은 아니며 주제와 관련된 측면을 상세히 조사하기 위해서 교실을 벗어나 학교 울타리 안이나 학교 밖에서 체험학습을 해보도록 하는 것이다.

현장견학활동을 통해 유아들은 프로젝트에 관련된 사건, 동 · 식물, 사람, 장비 등을 직접 관찰하고 탐색함으로써 지적 호기심을 자극할 수 있다. 현장활동을 통해 면담한 내용들, 흥미로웠던 일, 교실에 돌아와서 더 알아보고 싶은 내용들을 기록하거나 스케치해 둔다. 현장견학에서 돌아온 후 토의시간을 갖고 견학한 내용들에 대해 이야기를 나눈다. 그곳에서 무엇을 보았고, 누구와 이야기를 나누었는지, 또 무엇을 보고 배웠는지를 재확인하게 된다. 현장에서 그린 스케치는 상세한 그림으로 완성시키거나 모형을 구성하는 기초가 되기도 한다. 관찰, 발견한 것에 대하여 도표 만들기, 글로 적기, 극놀이로 표현하기 또는 관련된 내용들에 대해 참고서적들을 조사하여 새로운 질문을 제기하기도 한다.

자원인사 초청활동은 주제와 관련된 경험이 풍부한 전문가를 교실에 초빙하여 유아들과 대화하고 질문에 답하거나 토론에 참여하기, 그리고 직접 시범 보여주기 등을 할 수 있다.

다. 3단계 : 마무리, 전시 및 평가

마지막 단계는 프로젝트를 마무리하고, 최종 결과물들을 전시, 발표하며 활동에 대한 평가를 하는 단계이다. 마무리하기에서는 유아들이 프로젝트 전 과정을 통해 이루어 온 학습의 결과물, 즉 주제에 대해 조사한 내용과 표현활동의 결과들을 다른 교실의 유아들, 원장 선생님, 학부모 및 기타 사람들에게 보여주고 설명하는 전시회 및 발표회와 같은 기회를 가질 수 있다. 전시회를 준비하면서 교사와 유아들은 그동안의 활동에 대한 재검토와 평가를 하게 되고 새로운 차원에서 주제에 관한 경험을 할 수 있는 기회가 될 수 있다는 점에서 프로젝트의 절정을 이루는 단계로 볼 수 있다.

〈표 2-4〉 마무리 단계에서의 활동내용

중심사건	교사의 관심 및 활동	유아활동
• 학습결과 정리 • 전시회 준비 • 전시회 • 프로젝트에 대한 평가	• 프로젝트를 통해 배운 지식을 내면화할 수 있는 활동인가? • 초기에 제기된 문제가 해결되었는가? • 프로젝트 결과를 어떤 형식을 통해 주위 사람들과 공유할 수 있는가? • 전시회 준비 지원 • 전시회 • 프로젝트 마무리	• 프로젝트 활동과정의 모든 결과물 재검토 • 프로젝트 전시회 준비 : 자료 정리하기, 초대장, 장소 정리 • 전시회 : 안내와 설명 • 전시 후 마무리 : 전시되었던 작품 정리와 프로젝트 활동 평가

(2) 학습결과의 정리

프로젝트 마무리 단계에서 교사는 유아들이 그동안 조사 탐구한 결과나 표현물들을 정리하고 재구성하도록 이끌어야 한다. 그동안의 작품들을 도표화하거나 책으로 묶는 등 재조직하는 과정은 전시회 준비를 도와주는 효과도 있다. 뿐만 아니라 이러한 학습결과에 대한 정리과정은 유아들에게 이제까지 프로젝트 활동을 통해 알게 된 지식과 경험을 내면화하고 또 재구성하도록 함으로써 프로젝트 전 과정을 회상하면서 전체적인 구조화를 가능하게 해준다.

(3) 전시회 및 발표회의 의의

프로젝트 진행과정에서 전시회 및 발표회는 유아와 교사는 물론 학부모 및 참여한 모든 사람들에게 바람직한 영향을 미칠 수 있는 기회가 된다. 유아들에게는 준비하고 발표하는 과정을 통해 협동의식과 공동체의식, 책임감, 자신감을 길러줄 수 있으며 이제까지 배운 지식들을 더욱 확장해 보는 경험을 갖게 된다. 교사들은 프로젝트 준비 단계에서 계획한 것에 비추어 전 과정이 효율적으로 이루어졌는지 정리하고 다음 프로젝트에 참고자료로 활용할 수 있다. 또한 유아의 활동결과물들을 정리하면서 각 유아를 더 깊이 이해하고 평가하는 데 도움이 된다. 부모나 참여하는 관계자들에게는 유아들이 유치원에서 하고 있는 학습내용 및 과정에 대한 이해 정도를 심화시킬 뿐 아니라 자신들이 교육에 참여하여 영향을 미칠 수 있다는 것을 깨닫게 한다.

(4) 프로젝트에 대한 평가

전시회를 마치고 난 후 프로젝트 전 과정과 전시회에 대해 회상하면서 평가하는 시간을 갖게 된다. 재미있었던 점, 기억에 남는 장면, 고쳐야 할 점 등을 토의하고 결과물에 대한 뒷정리를 하는 것도 마무리 단계의 중요 활동에 포함된다.

5) 평가

평가는 유아들이 프로젝트를 경험함으로써 어떻게 변화되었는가를 알아보는 과정으로서 개별 유아는 물론 전체 유아들을 위한 교육계획을 수립하는 데 중요한 자료가 되며 부모 면담자료로 활용될 수도 있다. 교사들에게는 프로젝트 준비과정에서부터 교재, 교구, 환경 구성 및 교수 · 학습활동에 이르기까지 교육과정 운영 전반을 점검해 보는 기회가 될 수 있다.

프로젝트를 통한 평가는 체계적 교수에서 이루어지는 분리되고 단편적인 방식의 평가와 달리 유아들에게 의미 있는 맥락하에서 이루어지기 때문에 진정한 의미의 평가가 이루어질 수 있다고 본다. 또한 프로젝트 활동과정은 유아들이 독립적이거나 또는 소집단 학습과 같은 다양한 상황에서 이전에 학습한 기술들을 적용할 수 있어 교사가 유아들의 능력을 평가할 수 있는 풍부한 기회를 제공해 준다. 헬름과 슈타인하이머(Helm & Steinheimer, 1997)는 프로젝트 활동 중에 이루어질 수 있는 기록의 유형들을 제시하면서 〈표 2-5〉 '기록화(documentation)'가 갖는 가치를 강조하고 있다.

〈표 2-5〉 기록화 유형

기록화 유형	수집내용 및 방법
1. 개인별 포트폴리오 : 유아들의 능력 파악하기	• 일정한 간격으로 각 학습영역에 관한 구체적 항목 수집 – 핵심 항목 모으기 – 개별 항목 모으기
2. 활동결과물(개별적 또는 그룹별 작품 수집)	• 유아들이 만든 작품 – 언어로 된 활동 결과물 : 쓰기 작품, 가설이나 의견, 이야기, 토론, 질문 등의 기록 – 구성물 : 조각, 블록이나 레고, 놀이환경 – 그림들 – 음악/동작 표현
3. 유아발달의 관찰 : 유아 지켜보기	• 교사에 의한 관찰과 기록 – 발달적 체크리스트 – 일화기록 – 성향기록
4. 유아의 자기반성 : 생각한 것에 대해 다시 생각하기	• 유아들이 자신의 지식이나 감정을 돌아봄 – 활동에 대한 선호도 – 학습내용에 대한 흥미 정도, 관심 – 성취감
5. 프로젝트 경험에 대한 회고담 : 이야기하기	• 개별 · 집단별 프로젝트 학습경험에 대해 이야기하기 – 교사의 저널 – 책과 편지를 통한 부모를 위한 회고담 – 전시를 위한 회고담 – 유아를 위한 회고담

출처 : Helm & Steinheimer(1998).

이와 같이 프로젝트의 진행상황을 기록하는 것은 프로젝트를 수행해 가면서 각 유아들이 어떻게 진보하고 있는가에 대한 정보를 제공해 줄 수 있기 때문에 중요하다고 볼 수 있다. 녹음, 사진 및 비디오, 일화기록, 완성품이 나오기까지의 여러 단계에 걸친 유아들의 작품 수집 및 전시 등 다양한 형태의 기록 및 해석, 평가의 과정은 질 높은 유아교육과정의 구성 및 운영, 자발적이고 주체적인 학습자로서의 유아, 전문직으로서의 교사의식 함양, 부모의 적극적 참여의 기틀을 형성하는 중요 요인이 될 수 있다.

6) 논의점

(1) 부모참여 및 지역사회와의 연계

프로젝트 준비에서부터 마무리에 이르기까지 부모와의 협조관계는 매우 중요한 요소이다. 프로젝트가 성공적으로 이루어지기 위해서는 부모와의 원활한 의사소통이 필수적인데, 이러한 의사소통을 통해 필요한 자원의 공급부터 전문가로서 활동을 돕는 일, 사진 및 비디오 촬영, 전시회에 대한 의견 나누기, 평가에 이르기까지 프로젝트 활동 전반에 걸쳐 부모들의 직 · 간접적인 도움을 받을 수 있다.

부모들의 도움을 효과적으로 얻기 위해 교사는 가정통신문, 면담, 부모모임 등과 같은 방법들을 통해 프로젝트에 대한 부모교육을 실시해야 한다. 이는 프로젝트 접근법에 대한 기본 이해가 전제되지 않고는 유아의 프로젝트 활동 수행을 위해 부모가 무엇을 도와야 할지 알 수 없기 때문이다. 프로젝트를 통한 부모들의 적극적 참여는 교사의 의욕을 고취시킬 뿐 아니라 부모-유아와의 상호작용을 촉진시켜 유아들의 학습에도 긍정적인 영향을 미쳐 질 높은 교육을 제공하도록 한다(지옥정, 1997; Helm & Katz, 2001).

또한 효과적인 프로젝트를 이루기 위해서는 지역사회와의 긴밀한 연계가 매우 중요하다. 지역사회 교류는 지역사회의 인적자원, 자연자원 등을 활용하여 자원인사 초청, 현장견학, 자원봉사자 활동 등과 같은 방법들로 지역사회와 협력하여 프로젝트 활동을 활성화하는 데 기여할 수 있다. 예를 들면, 도서관, 박물관, 미술관 등과 같은 교육 관련 지역사회 기관들은 아동들이 쉽고 유용하게 교수 · 학습자원을 활용할 수 있도록 비치, 대여, 개발하는 데 적극적인 노력을 해야 할 것이다. 이탈리아 레지오 에밀리아 시의 재활용센터에서는 재활용 자료들을 수집하여 유아들의 교육자료에 활용되도록 돕고 있다(김은희, 2000). 이는 자원의 재활용이라는 측면에서 환경 개선에 도움이 될 뿐 아니라 유아들의 창의적인 표현활동에도 크게 기여할 수 있어 효과적이다. 지역사회와의 연계는 지역사회 전체가 유아교육에 동참하도록 하여 교육에 관한 지역사회의 인식을 증진시키고 교육의 질을 향상시키는 데 중요한 역할을 할 수 있다.

(2) 프로젝트와 기존 교육과정과의 관계

캐츠와 차드(1989)는 기존 교육과정을 프로젝트로 대치하기보다 상호 보완적인 관계로 인식하기를 권장한다. 교사들이 '현재 교육과정안에서 프로젝트를 실험해 보고 그것을 자신의 목적과 철학, 환경에 적용시켜(Katz & Chard, 1989)' 봄으로써 유아들이 기존의 교육과정을 통해 배운 것을 보완하고 향상시킬 수 있다는 것이다. 프로젝트 활동은 놀이 중심의 활동과는 차이가 있다. 프로젝트 활동은 교사와 유아가 적극적으로 활동을 계획하고 일정 기간 동안 지속적으로 몰입하여 활동에 참여한다는 점에서 자발적 놀이와 다르지만 유아들이 흥미를 보이는 주제와 연계된 놀이에 몰입할 수 있도록 도와준다면 놀이와 프로젝트 활동을 밀접하게 관련시켜 병행할 수 있는 것이다.

또한 프로젝트 활동은 체계적 교수(systematic instruction)와 같은 형식적 교수를 보완해 주고 지원해 주는 역할을 할 수 있다. 체계적 교수란 유아들의 기본 기술을 습득하도록 도와주려는 목적으로 이루어지는 교사 중심의 교수활동을 의미한다. 이미 습득한 기술들을 의미 있는 활동에 적용할 때 유아들은 더 많은 자신감을 가지고 스스로 활동할 수 있으며 문제해결과 의사결정이 가능하고 창의적인 활동에까지 연결될 수 있는 것이다. 따라서 프로젝트 활동은 체계적 교수를 통해 획득된 기술들을 실제 사용할 수 있도록 함으로써 체계적 교수를 보완할 수 있으며 유아들은 폭넓은 프로젝트 경험에서 기존의 읽고 쓰는 능력과 수학적 기술을 사용할 수 있으므로 배운 기술들이 더 발전되고 숙달될 수 있다. 이러한 과정에서 교사는 체계적 교수에서와 달리 유아들의 활동을 안내하고 다양한 아이디어를 산출할 수 있도록 격려하는 역할을 수행한다. 이러한 점에서 체계적 교수와 프로젝트 활동은 보완적인 관계를 지니며 유아들의 학습과 발달은 주제에 대한 프로젝트 활동과 기초적 기술에 대한 체계적 교수가 병행하여 제공될 때 균형 있게 이루어질 수 있다. 체계적 교수와 프로젝트 활동이 지니는 특성을 구체적으로 살펴보면 〈표 2-6〉과 같다.

〈표 2-6〉 체계적 교수와 프로젝트 활동의 특성

내용 유형	체계적 교수	프로젝트 활동
목적	기술(skill)의 습득 강조	기술의 적용
활동수준	교수적 수준에서 활동, 고정된 단계	독립적 수준에서 활동, 탐구적이고 개방적인 단계
교사 역할	유아들의 활동 지시, 지식 전달	유아들의 활동 안내, 대안 제시, 질문 장려
유아 역할	유아들은 학습에서 부족한 존재로 인식, 지시에 따름	능력 있는 존재로 자발적 활동을 통해 다양한 대안들 중 선택
동기	외적 동기 유발	내적 동기 유발
학습의 주안점	교사는 유아의 부족한 점에 유의함	교사는 유아의 숙달을 기대
예	시간 말해 보기 막대 그래프	변화 조사하기 조사해 보고 결과 제시하기

출처: Katz & Chard(1989).

또한 프로젝트 접근법은 우리나라 국가수준의 교육과정인 누리과정과 표준보육과정과도 상호 보완적이고 통합적 관계로 실행할 필요가 있다. 누리과정과 표준보육과정에 나타난 생활주제와 함께 유아들의 생활과 관심사를 반영하는 여러 가지 프로젝트 주제를 병행한다면 전체 교육과정의 질을 높이는 효과를 가져올 수 있다(이기숙, 2000).

2 실제

■ 프로젝트 활동주제 : 사마귀

■ 주제 선정의 이유

유아들이 유치원 주변을 산책하면서 사마귀를 발견하고 호기심을 갖게 되었다. "이상한 벌레가 있어요", "징그럽게 생겼어요", "귀뚜라미예요", "메뚜기예요", "나쁜 벌레니까 죽여야 되지요?" 하며 호기심을 가졌고 산책 때 가지고 다니던 곤충도감을 펼쳐서 사마귀의 이름을 알게 되었다. '사마귀'를 프로젝트 주제로 선정하여 다양한 활동을 진행한다면 유아들의 내적 호기심이 자연스럽게 이루어져 많은 관심과 적극적인 활동으로 전개되리라 생각되었다. 이에 사마귀의 특징, 생김새 등의 구체적인 탐구활동과 사람과 곤충에 대한 관계를 이해할 수 있는 계기를 마련하고자 '사마귀'를 주제로 선정하였다.

주제 선정 준거를 정리해 보면 다음과 같다.

첫째, '사마귀'는 유치원 주변 풀밭에서 쉽게 볼 수 있으므로 직접 경험의 기회가 많고 친숙한 주제이다.

* 본 프로젝트 실제는 구미 소재 킹스유치원(지도교사 : 황성복)에서 이루어진 활동이다.

둘째, 교육과정의 신체운동건강 · 의사소통 · 사회관계 · 예술경험 · 자연탐구 영역들을 통합적으로 다룰 수 있는 주제로 판단된다.

셋째, 주제 '사마귀'와 관련된 실물, 책, 그림자료 등의 자원수집 및 현장견학이 용이하다.

넷째, 대 · 소집단활동을 통해 유아들 간에 서로를 더 잘 이해하고 도와주는 상호 협동의 기회를 제공할 것이다.

다섯째, '사마귀'는 탐구, 조사활동, 문제해결의 기회가 많이 생길 수 있는 주제로 판단된다.

여섯째, 그리기, 만들기, 쓰기, 구성하기, 극화활동, 음률활동 등 다양한 표현활동을 위한 아이디어를 제공하는 주제일 것이다.

여덟째, 가정과 연관하여 부모들과의 의사소통을 촉진할 수 있는 주제이다.

아홉째, '사마귀'는 교사 입장에서도 흥미가 느껴지는 주제이다.

1) 준비 단계

교사가 '사마귀' 프로젝트를 위해 준비한 시간은 3일 정도였으며, 유아들이 귀가한 이후 시간을 이용하였다. 이 단계에서는 주제망 구성, 자원목록 작성, 교육과정 영역별 내용 및 활동계획인, 환경구싱안 등을 작성하고 사원목록에서 실물 중심의 1차적 자료와 2차적 자료, 새롭게 준비되어야 할 자료를 구분하였다.

(1) 주제망 구성

주제망 구성을 위해 교사들이 개별적으로 브레인스토밍을 한 결과물을 모아 유목화를 하였다. 비슷한 항목들끼리 모아 적절한 소제목을 붙이고 항목 수가 너무 적은 경우는 보완하고 항목 수가 많은 경우는 재분류하는 작업을 하였다.

작성된 주제망은 다음과 같다.

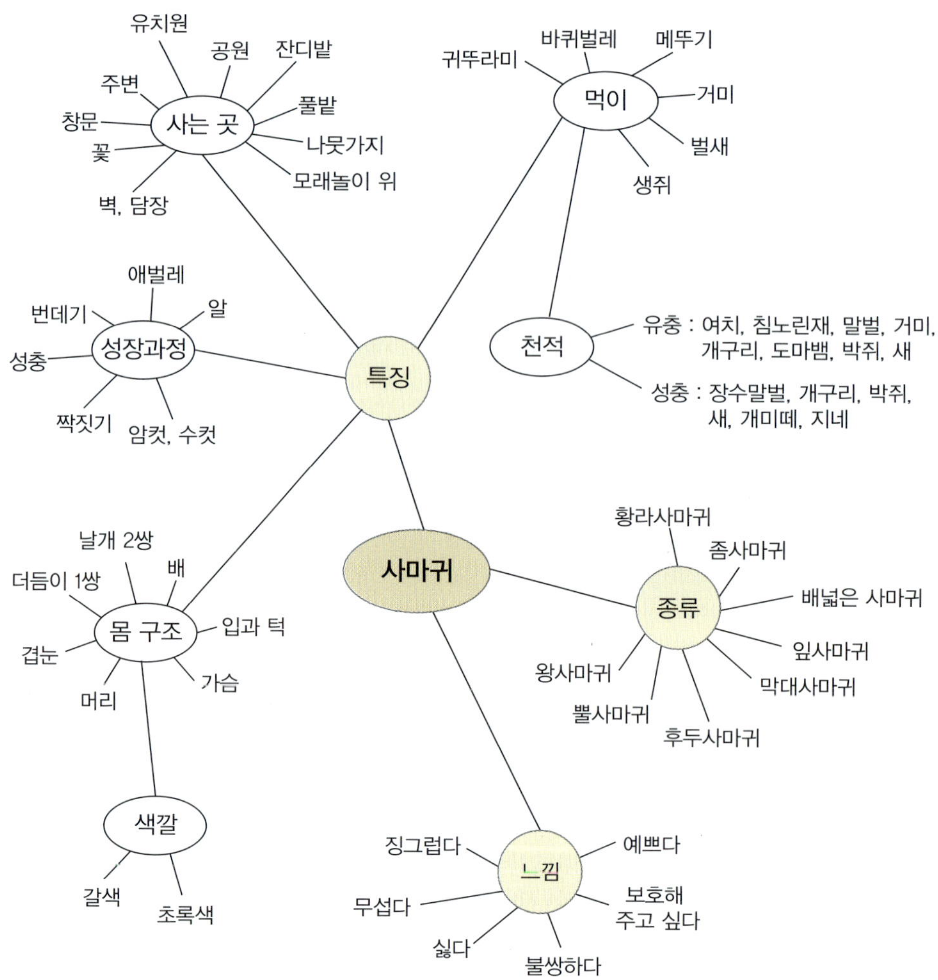

[그림 2-1] '사마귀' 주제망

(2) 3~5세 누리과정 영역별 활동내용 예상안 구성

〈표 2-7〉 '사마귀' 활동내용 예상안

영역	내용범주	활동내용
신체운동·건강	신체인식하기	• 사마귀 몸의 각 부분의 특성을 이해하고 활용하여 움직이기 • 여러 종류의 사마귀 차이 인식하기
	신체조절과 기본운동하기	• 풀밭 걷기, 신체활동에 적극적으로 참여하기 • 자기 주변 깨끗이 하기
	신체활동에 참여하기	• 친구들과 함께 사마귀 게임하기 • 바깥에서 신체활동하기
	건강하게 생활하기	• 사마귀 관찰한 후 손 씻기 • 하루일과 즐겁게 참여하기 · 산책하기
	안전하게 생활하기	• 이로운 곤충과 해로운 곤충 찾아보기 • 현장견학 시 안전규칙 지키기
의사소통	듣기	• 사마귀에 관련된 동화, 동시 듣고 이해하기 • 친구들이 조사해온 이야기 듣고 뜻을 이해하기
	말하기	• 사마귀에 대한 이전경험 말하기 · 사마귀 동화 지어 말하기 • 사마귀에 대한 느낌, 생각 말하기
	읽기	• 사마귀와 관련된 동화책에 관심 가지기 • 사마귀에 대해 궁금한 것 책에서 찾아보기
	쓰기	• 사마귀에 대한 느낌, 생각, 경험을 글자 및 비슷한 형태로 표현하기 • 사마귀 이름 써보기
사회관계	나를 알고 존중하기	• 내가하고 싶은 활동 선택해 보기 • 사마귀에 대한 질문을 해결할 수 있는 방법 알아보기
	나와 다른 사람 감정 알고 조절하기	• 사마귀에 대한 느낌, 생각 공유하기 • 다른 친구의 생각에 관심 갖기
	가족을 소중히 여기기	• 가족과 함께 사마귀에 대해 궁금한 점 알아보기 • 수컷사마귀, 암컷사마귀의 특성 알아보기
	다른 사람과 더불어 생활하기	• 친구와 협동하며 놀이하기 • 사마귀에 대해 궁금한 것 친구와 함께 알아보기 • 약속과 규칙 지키기
	사회에 관심 갖기	• 생물과의 공존에 대해 관심 가지기 • 사마귀에 관한 정보자료에 관심 가지기

영역	내용범주	활동내용
예술 경험	아름다움 찾아보기	• 사마귀의 색, 모양에 관심을 가지기 • 사마귀의 움직임, 질감 등을 탐색하기
	예술적 표현하기	• 사마귀 노래 부르며 리듬악기로 리듬을 표현해보기 • 사마귀 동화 지어보기와 동극으로 표현하기 • 다양한 미술활동으로 사마귀 표현하기
	예술 감상하기	• 사마귀에 대한 활동결과물 보고 즐기기 • 다른 친구의 활동결과물 소중히 여기기
자연 탐구	탐구하는 태도 기르기	• 주변 곤충에 대해 호기심을 갖고 알아보기 • 사마귀에 대해 궁금한 점을 알아보는 탐구과정에 참여하고 즐기기
	수학적 탐구하기	• 사마귀 몸의 부분 수 세어보고 수량 알아보기 • 사마귀 그림 가지고 더하기 빼는 경험 해보기
	과학적 탐구하기	• 사마귀의 특성과 성장과정 알아보기 • 생명체를 소중히 여기는 마음 가지기

사마귀

이야기 나누기 · 토의

- 사마귀 몸 구조
- 내가 만약 사마귀라면
- 사마귀가 우리에게 주는 이로움과 해로움
- 사마귀는 어떻게 자랄까요?
- 사마귀 먹이
- 사마귀 천적
- 사마귀에 대한 생각 모으기
- 사마귀를 본 경험 나누기
- 사마귀의 암컷과 수컷
- 사마귀를 본 느낌
- 내가 좋아하는 사마귀
- 사마귀 이름 지어주기
- 전시회 및 발표회 토의
- 질문목록 만들기

동화 · 동시 · 동극

〈듣기〉
- 사마귀 동화 듣기
- 사마귀 동시 듣기
- 수수께끼

〈짓기〉
- 사마귀 동시 짓기
- 사마귀 동화 짓기
- 동극 대본 짓기
- 사마귀 삼행시

미술

〈그리기〉
- 사마귀 이전경험 표현하기
- 사마귀 1차, 2차, 3차 표상하기
- 내가 좋아하는 사마귀 그리기

〈꾸미기〉
- 사마귀 모자이크하기
- 슈퍼사마귀 디자인하기
- 결과물 전시하기
- 전시회 교실 꾸미기

〈만들기〉
- 점토로 사마귀 만들기
- 자연물로 사마귀 만들기
- 초대장 만들기
- 사마귀 책 만들기
- 동극 가면 만들기
- 전시회 안내표지 만들기

관찰 · 실험

- 사마귀 실물관찰
- 여러 종류의 사마귀 이름, 모양, 색 비교
- 사마귀 암컷과 수컷 비교
- 사마귀 먹이관찰
- 사마귀 움직임 관찰

음률

〈노래〉
- 개사한 사마귀 노래 부르기

〈손유희〉
- 사마귀 손유희

〈신체표현〉
- 사마귀 움직임 몸으로 표현하기
- 사마귀 흉내 내기
- 사마귀 성장과정 몸으로 표현하기

수 · 조작

- 사마귀 퍼즐 맞추기
- 사마귀 몸 부분 수세기
- 사마귀와 먹이 1 : 1 대응
- 내가 좋아하는 사마귀 그래프
- 사마귀 크기 비교
- 카프라 블록으로 사마귀 구성하기

게임

- 사마귀 그림 붙이고 돌아오기
- 사마귀 먹이 찾기
- 사마귀 빙고 게임
- 사마귀 골든벨

현장견학 · 조사

- 유치원 주변 풀밭견학
- 공원 견학
- 사마귀 먹이 가정에서 조사해오기
- 사마귀 몸 구조 조사

[그림 2-2] '사마귀' 활동 유형별 예상안

(3) 기본 어휘 및 중심 개념 선정

교사에 의해 선정된 어휘 및 중심 개념을 살펴보면 다음과 같다.

① 기본 어휘

- 곤충 : 대체로 몸에 마디가 많고 머리, 가슴, 배와 세 쌍의 발, 두 쌍의 날개를 가지고 있으며, 개미, 메뚜기, 벌, 파리 등
- 천적 : 먹이사슬에서 잡아먹히는 생물에 상대하여 잡아먹는 생물을 이르는 말
- 암컷사마귀 : 여자사마귀
- 수컷사마귀 : 남자사마귀
- 더듬이 : 후각과 촉각 따위를 맡아보는 감각기관
- 번데기 : 곤충이 애벌레로부터 엄지벌레가 되는 과정에서 한동안 아무것도 먹지 않고 고치 속에 들어 있는 몸
- 보호색 : 다른 동물로부터 위치나 정체, 동작 따위를 숨기기 위하여 몸의 빛깔을 주위의 빛깔과 비슷하게 만드는 색

② 중심 개념

- 사마귀는 머리, 가슴, 배가 있다.
- 사마귀는 풀숲에서 볼 수 있다.
- 사마귀는 알, 애벌레, 번데기로 자라면 사마귀가 된다.
- 사마귀는 메뚜기, 나비, 매미, 파리, 모기, 달팽이 등을 먹고 산다.
- 사마귀는 참사마귀, 넓적배 사마귀, 좀사마귀, 왕사마귀, 항라사마귀, 등배 사마귀가 있다.
- 사마귀는 해로운 곤충을 잡아먹으며 우리에게 이로움을 준다.

(4) 자원목록 작성

교사들은 유치원에서 구할 수 있는 사마귀에 관한 자원들, 즉 모형, 관찰통, 돋보기, 동화, 정보책 등을 모으고, 보충자료는 가정통신문을 통해 학부모들이나 교사들이 구해올 수 있도록 하고, 사마귀를 관찰할 수 있는 장소 등을 확인하였다.

〈표 2-8〉 자원목록표

<table>
<tr><th colspan="2">구분</th><th>내용</th></tr>
<tr><td rowspan="3">1차적 자원</td><td>실물</td><td>• 사마귀 먹이
• 사마귀 실물
• 사마귀 관찰통
• 사마귀 모형
• 다양한 곤충 모형
• 사마귀 관찰 시 필요한 것 : 집게, 돋보기, 관찰통</td></tr>
<tr><td>사람</td><td>• 사마귀를 기르는 분
• 동물나라 사육사 선생님
• 대학에서 곤충을 연구하는 사람</td></tr>
<tr><td>현장 견학</td><td>• 유치원 주변 풀밭과 잔디밭, 숲</td></tr>
<tr><td rowspan="2">2차적 자원</td><td>책</td><td>• 토익백과 2
• 꿈틀꿈틀 자연관찰-겁주기 대장 사마귀(공동구매북)
• 곤충도감, 곤충은 왜 모습이 바뀔까요? (자신만만원리과학)
• 사마귀야 사마귀야 뭐하고 있니?(이수)
• 으악 사마귀나, 앞나리를 휙휙사마귀(기탄동화)
• 왕사마귀 톡톡이(한국루벤스)
• 싸움대장 황라사마귀(파랑새어린이)
• 아빠를 잡아먹은 사마귀(푸른나무)
• 사마귀 한살이(길벗어린이)
• 처음 만나는 곤충이야기 – 신기한 자연의 발견 시리즈(김진 지음)
• 무서운 사냥꾼 사마귀(을파소)</td></tr>
<tr><td>사진 및 그림자료</td><td>• 사마귀의 생김새에 관련된 그림
• 여러 종류의 사마귀 사진
• 여러 종류의 곤충 그림
• 사마귀의 성장과정 그림</td></tr>
</table>

구분		내용
2차적 자원	인터넷 사이트	• 곤충나라 식물나라(http://cafe.naver.com/lovessym/ 사마귀 종류 정보 제공) • 곤충 키우기(http://cafe.naver.com/insectmaster/사마귀 키우는 정보 제공) • 호박잎으로 도망간 넓적배사마귀(https://www.youtube.com/watch) • 좀사마귀(https://www.youtube.com/watch) 국립환경과학원 • 왕사마귀(https://www.youtube.com/watch) • 여치와 사마귀(https://www.youtube.com/watch)
	동영상	• 가을 곤충을 찾아서(https://www.kidkids.net)

(5) 부모들에게 알리기

다음 프로젝트 주제는 '사마귀'입니다.

〈표 2-9〉 가정통신문

학습 예상 시기	10월 27일~11월 21일
주제 선정 이유	사마귀는 유아들이 유치원 주변에서 요즘 자주 볼 수 있는 곤충입니다. '사마귀' 주제를 통하여 사마귀의 생김새, 종류, 먹이, 특성 등을 조사 · 탐구하고 다양한 활동으로 표현하게 됩니다. 아울러 자연에 대한 소중함도 학습하게 되리라 여겨집니다.
사마귀에 관한 중심개념	• 사마귀는 머리, 가슴, 배가 있다. • 사마귀는 풀숲에서 볼 수 있다. • 사마귀는 알, 애벌레, 번데기로 자라면 사마귀가 된다. • 사마귀는 메뚜기, 나비, 매미, 파리, 모기, 달팽이 등을 먹고 산다. • 사마귀는 참사마귀, 넓적배 사마귀, 좀사마귀, 왕사마귀, 항라사마귀, 등배사마귀가 있다. • 사마귀는 해로운 곤충을 잡아먹으며 우리에게 이로움을 준다.
가정에서 도와주세요	• 사마귀가 나오는 책(동화책, 곤충도감 등), 영상물, 사진, 그림 등 • 사마귀, 다른 곤충 모형 • 곤충인형, 가면, 곤충박물관 안내물 등 • 곤충에 대해 잘 알고 계시는 분을 초대합니다. • 곤충을 볼 수 있는 곳을 알려주십시오.
유아와 함께 해주세요	• 사마귀에 관심을 갖도록 도와주세요(사마귀 경험 이야기 나누기, 사마귀 보러가기, 사마귀 책 함께 보기 등) • 사마귀에 관한 질문을 할 때 함께 생각하고 이야기해주세요. • 유아가 하고자 하는 활동을 도와주세요(사진이나 그림 찾기, 만들기, 글자 쓰기 등)

(6) 환경 구성

교사는 '사마귀' 프로젝트 활동을 전개하기 위해 흥미영역별로 기본 환경을 구성하였고, 프로젝트가 전개되면서 유아들의 참여로 영역별로 결과물의 종류 및 자료가 확충되었다.

〈표 2-10〉 흥미영역별 활동자료

영역	활동자료	영역	활동자료
언어	동화, 언어활동교구 동시, 토의자료 곤충이름, 수수께끼 카드, 사마귀 몸 부분 그림, 곤충인형, 사마귀 동화 막대인형, 곤충도감	수 · 과학	표본 사마귀관찰도구 막대그래프(내가 좋아하는 사마귀) 사마귀 먹이주기 도미노카드 관찰일지
조작	곤충퍼즐, 사마귀 사진, 사마귀 그림, 사마귀퍼즐	미술	사마귀 만들기, 자연물, 종이접기, 모자이크작업, 점토로 사마귀 만들기, 한지그림액자, 사마귀가면, 동극 준비물

2) 시작 단계

시작 단계는 이전경험 표현하기, 교사와 유아가 공동 주제망 구성하기, 질문거리 작성이 1주일에 걸쳐 진행되었고 교사가 계획한 '여치와 사마귀' 노래 배우기, 사마귀 그려보기 등의 활동들이 함께 진행되었다.

(1) 이전 경험 표현 및 결과물 공유

① 유아의 이전 경험 표현

교사는 유아들과 유치원 주변을 산책하면서 발견한 '사마귀'에 관한 유아들의 생각과 경험을 표현하기로 하였다. 사마귀에 대한 이야기가 시작될 때부터 유아들은 자신의 경험에 대해 친구들과 이야기를 나누었고 자연스럽게 사마귀에 대한 경험을 서로 공유할 수 있게 되었다.

유아 : 산책할 때 사마귀 봤어요.
교사 : 그랬구나, 선생님도 유치원 놀이터에서 사마귀를 봤는데 또 다른 곳에서 본 적 있니?
유아 : 산에 올라갈 때 우리 아빠가 잡아줬어요.
교사 : 사마귀는 어떻게 생겼어요?
유아 : 무섭게 생겼어요.
유아 : 징그러워요. 메뚜기 비슷하게 생겼어요.
유아 : 사람을 물어요.
교사 : 그럼 내가 알고 있는 사마귀나 보았던 일을 그림으로 그려보면 어떨까?

교사와 유아들이 이전 경험을 말로 표현해 본 후 유아들은 그림으로 그리기, 글로 쓰기 등을 통해 '사마귀'에 대한 자신의 경험과 생각 등을 표현하였다.

② 표현 결과물 공유

유아들이 사마귀에 대한 이전 경험을 말해본 후 그림 그리기, 글로 쓰기를 통해 '사마귀'에 대한 경험들을 다양하게 표현한 다음 표현 결과물들을 가지고 함께 모였다. 이 시간에 유아들은 자신의 결과물에 대해 간단히 소개하는 시간을 가졌다. 서로 결과물에 대해 소개하는 과정 중에 유아들 간에 활발한 의견 교환이 이루어지기도 하고 질문거리가 생기기도 하였다. 다음 [그림 2-2]는 유아들이 '사마귀'에 대한 이전 경험을 그림으로 표현한 것이다.

"풀잎 위에 앉아 있었어요."

"유치원 벽에 붙어 있는 것을 봤어요."

[그림 2-3] 이전경험 그림

(2) 교사와 유아의 공동 주제망 구성하기

① 생각 모으기

교사는 생각 모으기에 대해 간단히 설명을 하고 나서 '사마귀'와 관련하여 제일 먼저 생각나는 것을 이야기해 보도록 하였다.

교사 : 우리 생각 모으기 게임을 해보자. '사마귀'하면 생각나는 것을 말해 보는 거야. 선생님은 사마귀 머리에 있는 더듬이가 생각나는구나.
유아 : 무서운 사마귀가 생각나요.
유아 : 징그러워요.
유아 : 메뚜기, 거미도 잡아먹어요.
유아 : 초록색 사마귀도 있어요.
유아 : 갈색도 있어.
유아 : 알도 낳아요.
교사 : 사마귀에 대한 생각들이 참 많구나. 이 생각들을 그림으로 그려볼 수 있겠니? 선생님이 준비한 종이에 그림을 그리거나 글자를 적으면 돼요. 사마귀에 대한 생각을 많이 들려주세요.

'사마귀' 하면 생각나는 말

유치원 창문, 머리, 입, 몸통, 날개, 먹이, 더듬이, 무섭다, 징그럽다, 곤충, 힘세다, 왕사마귀, 가슴, 날씬하다, 가늘다, 구부러지다, 알, 곤충, 인터넷, 잡아먹어요, 소풍, 털, 눈, 막대사마귀, 노란색, 연두색, 갈색, 초록색, 잘 붙어 있다, 흙, 풀밭, 여름, 가을, 남자사마귀, 여자사마귀, 아기사마귀, 보살펴 준다, 죽이면 안돼요, 벌레, 기어다녀요, 방울벌레, 날아다녀요.

[그림 2-4] '사마귀'에 대한 생각 모으기

② 유목화하기(친구 찾기)

생각 모으기가 이루어진 다음 날 교사는 유아들과 모여앉아 친구 찾기를 하였다.

교사 : 오늘은 친구 찾기를 해보도록 해요. 친구 찾기는 서로 비슷한 친구끼리 모으는 거예요.
유아 : '사마귀'가 들어가는 것끼리 모으면 돼요.
교사 : '사마귀' 글자가 들어가는 것은 어떤 것들이 있을까요?
유아들 : 여자사마귀, 왕사마귀, 아기사마귀, 남자사마귀….
유아 : 막대사마귀도 있어요.

교사 : 그래, 맞아요. 여자사마귀, 아기사마귀, 남자사마귀도 있지만 사마귀 모양이 서로 다른 왕사마귀, 막대사마귀도 있으니 '사마귀 종류'라고 하면 어떨까요?

유아들 : 좋아요.

유아들의 친구 찾기 결과 '사마귀 종류', '먹이', '몸 구조', '사는 곳', '느낌' 등의 부제목으로 구분되었다.

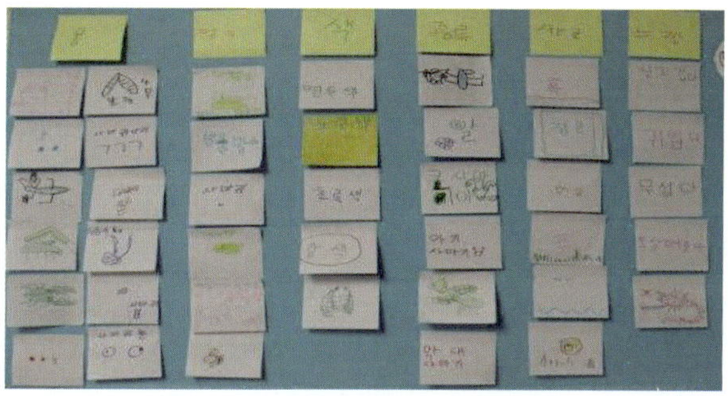

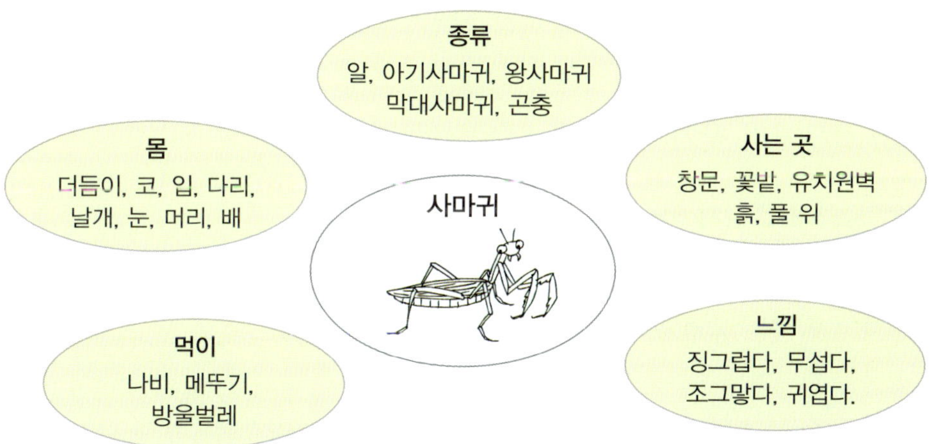

[그림 2-5] '사마귀'에 대한 친구 찾기

③ 주제망으로 그리기

다음 날 자유선택활동시간에 교사는 유목화된 결과물을 가지고 교사-유아 전체 주제망으로 완성시켰다. 유아들이 생각한 친구 찾기 내용에서 교사가 제시한 '사마귀 천적', '성장과정' 등의 내용이 보충되었고 '사는 곳', '먹이', '몸 구조'는 모두 '사마귀 특징'으로 각각의 제목을 정하게 되었다. 해당되는 주제망은 가운데 사마귀 그림을 오려붙이고 글씨를 쓸 수 있는 유아들이 함께 주제망을 구성하였다.

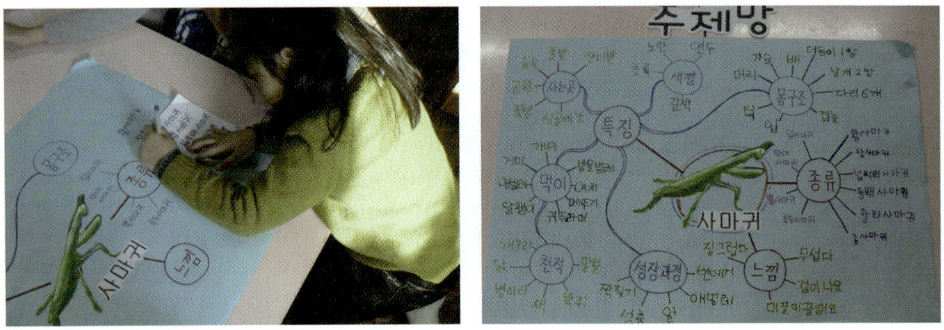

[그림 2-6] '시마귀' 주제망

(3) 질문거리 찾기

① '궁금해요' 상자 이용

'궁금해요 상자'를 만들어 유아들에게 보여주고 유아들이 궁금한 내용에 대해 질문하고자 하는 동기를 유발하였다.

교사 : 오늘은 '궁금해요 상자'를 소개할게요. 이 상자는 무엇이든지 궁금해 하기 때문에 '궁금해요 상자'라고 해요. 그래서 너희들이 궁금한 것을 적어서 입에다 넣어주면 좋아한단다. 그럼 '사마귀'에 대해 무엇이든 궁금한 것이 있으면 넣

어주세요.
유아 : 사마귀 날개가 있는지 없는지 궁금해요.
유아 : 사마귀 날개가 2개 있잖아요.
유아 : 저는 사마귀가 무엇을 먹는지 궁금해요.

유아들은 궁금해 하는 질문들을 글로 쓰기도 하고, 글씨를 쓰지 못하는 유아들은 교사가 글씨를 적어주었다.

[그림 2-7] '궁금해요' 상자

② 사마귀 모양의 질문종이 이용

질문종이를 '사마귀' 주제 모양으로 만들고 다양한 색깔의 종이를 준비해주어 질문 적는 활동을 더 흥미 있게 하였다.

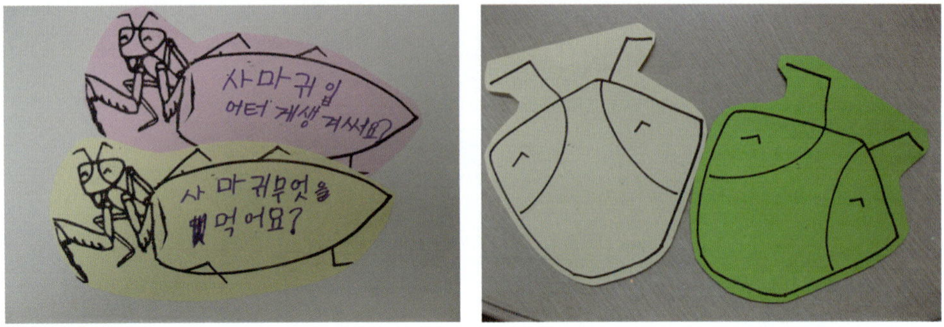

- 사마귀의 몸은 어떻게 생겼나요?
- 사마귀 눈은 몇 개 있어요?
- 사마귀의 머리에는 무엇이 있나요?
- 사마귀는 날개가 있어요? 어떻게 생겼어요?
- 사마귀의 다리는 몇 개 있어요?
- 사마귀 몸은 어떤 색이에요?
- 사마귀는 어떻게 자라요?
- 사마귀도 똥을 누나요?
- 사마귀 입은 어떻게 생겼나요?
- 사마귀 여자, 남자는 무엇이라 불러요?
- 먹이를 어떻게 잡아먹어요?
- 사마귀는 어떻게 몸을 보호해요?
- 사마귀는 어디에서 살아요?
- 사마귀는 무엇을 먹고 살아요?
- 입은 어떻게 생겼어요?
- 사마귀는 어떻게 움직여요?
- 사마귀는 누가 잡아먹어요?
- 사마귀도 엄마, 아빠가 있어요?
- 새끼사마귀는 무엇을 먹고 살아요?
- 엄마사마귀는 왜 알을 낳고 죽어요?
- 사마귀에게 물리면 어떻게 되나요?
- 사마귀를 잘 키우려면 어떻게 하나요?
- 사마귀와 거미가 싸우면 누가 이겨요?
- 사마귀의 적은 누구예요?

[그림 2-8] 질문종이와 질문목록

③ 어떻게 해결할까요?

유아들이 궁금한 것들을 모아 질문목록을 만들고 집에서 알아오고 싶은 것들을 따로 적어 알아보기로 하였다.

궁금해요	어떻게 알아볼까요?
사마귀는 날개가 있어요?	책조사, 관찰
먹이를 어떻게 잡아먹어요?	CD 동영상, 백과사전
사마귀는 어디서 살아요?	견학, 책조사
사마귀를 잘 키우려면?	토의, 관찰
사마귀는 무엇을 먹고 살아요?	과제, 다른 사람에게 물어보기

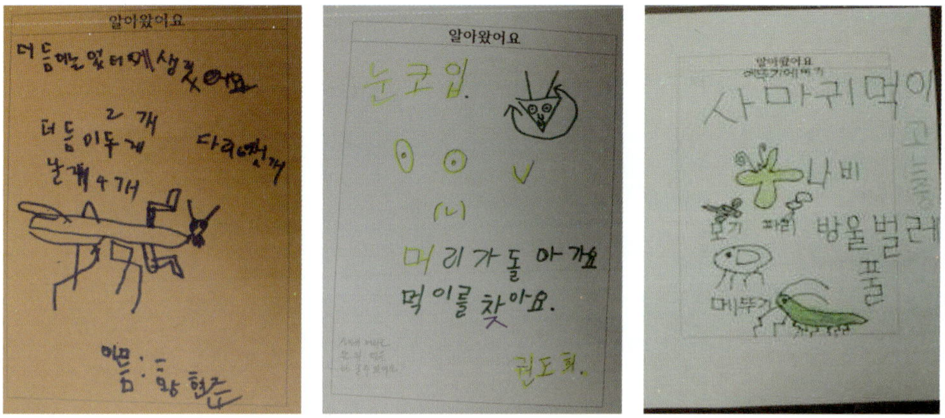

[그림 2-9] 유아들이 조사해온 자료들

3) 전개 단계

시작 단계에서 나온 궁금한 질문들을 중심으로 현장견학, 조사, 관찰, 수 · 언어 · 음악 · 미술 등의 다양한 표현활동을 전개하였다. 단순한 질문들은 쉽게 해결되기도 하였고, 어떤 질문은 활동으로 연결되면서 더 심화되고 확장된 활동으로 전개되기도 하였다.

(1) 현장견학

① 견학 전 준비

견학 전 활동으로 사마귀에 대해 궁금한 것을 목록표로 만들었다. 궁금한 것을 현장에 가서 직접 알아보기로 하였다.

사마귀가 궁금해요

- 사마귀는 어디에서 살아요?
- 사마귀 몸은 어떤 색이에요?
- 사마귀의 몸은 어떻게 생겼나요?
- 사마귀는 어떻게 움직여요?
- 사마귀는 날개가 있어요? 어떻게 생겼어요?

다음은 유아들이 알고 있는 사마귀 그림이다.

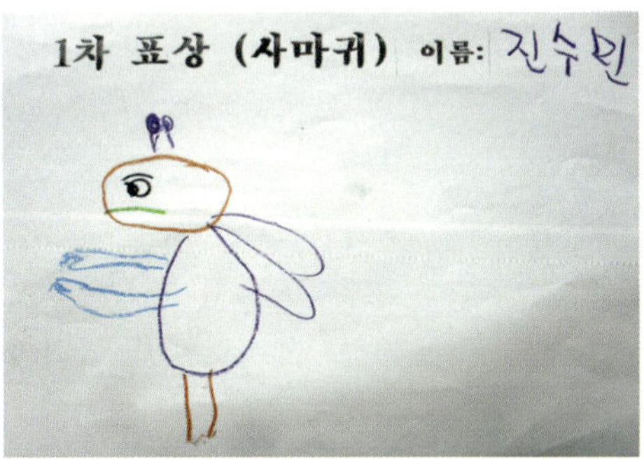

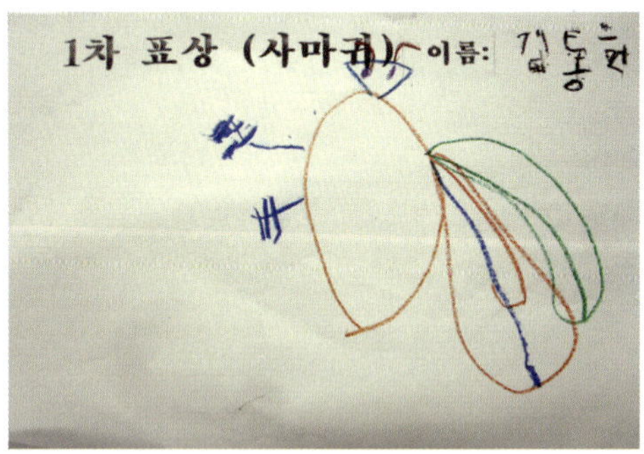

[그림 2-10] 유아들이 그린 1차 표상 그림

② 현장견학

견학 장소는 유치원 건물 주변 풀밭과 인근 공원을 둘러보고 사마귀를 찾아 궁금한 것을 알아보기로 하였다. 풀밭에서 사마귀 두 마리를 발견하고 사마귀가 사는 곳과 몸 색깔이 풀색과 비슷하여 찾기 힘들다는 것을 구체적으로 알 수 있었다. 직접 만져보고 관찰하면서 사마귀의 생김새를 알 수 있었고 유아들이 더 자세히 살펴보기를 원해 사마귀를 교실로 가져와서 관찰해 보기로 하였다.

[그림 2-11] 현장견학

③ 견학 후 활동

현장 견학을 가기 전 사마귀에 대해 미리 예상한 것을 그려보고, 사마귀 실물을 관찰한 후 비교해서 그림을 그려보았다.

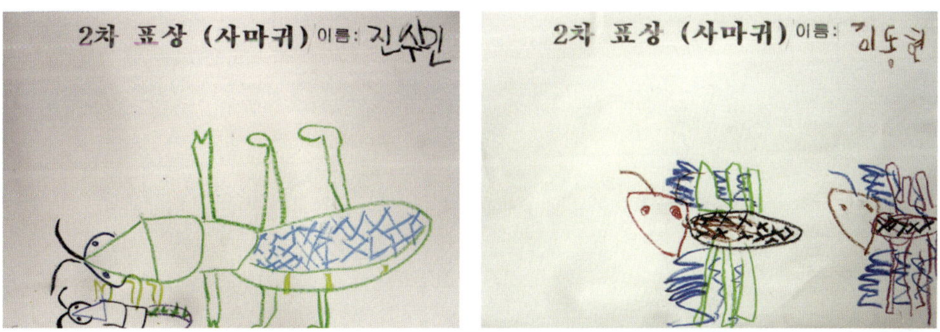

[그림 2-12] 유아들이 그린 2차 표상 그림

(2) 조사하기

① 사마귀의 생김새 찾아보기

[그림 2-13] 사마귀의 생김새에 대해 이야기 나누는 유아들

교사 : 사마귀는 어떻게 생겼는지 이야기해 볼까요?

유아 : 사마귀는요. 다리가 길고요, 많아요.

교사 : 그럼 다리는 몇 개 있나요?

유아 : 4개

유아 : 아니 6개예요.

교사 : 다리는 어떻게 생겼을까요?

유아 : 날씬하고요. 길어요.

유아 : 길이가 다 달라요.

유아 : 앞다리하고 뒷다리가 중간 다리보다 길어요.

유아 : 자로 재보면 정확할 것 같아요.

유아 : 어떻게 잴 수 있어? 사마귀는 자꾸 움직이는데….

교사 : 사마귀 몸에는 어떤 부분이 있는지 어떻게 알아볼까요?

유아 : 책을 보면 돼요. 사마귀 그림책에 있어요.

유아들이 궁금한 사마귀 몸의 생김새와 부분이름에 대해 책을 통해 자세하게 알아보았다.

[그림 2-14] '사마귀' 관련 책

② 사마귀 몸의 이름 알기

실물과 사마귀 책을 통해 사마귀는 머리, 가슴, 더듬이, 눈, 앞다리, 뒷다리, 배 등이 있다는 것을 알게 되었고 소집단으로 모여 몸 부분의 이름을 써보았다.

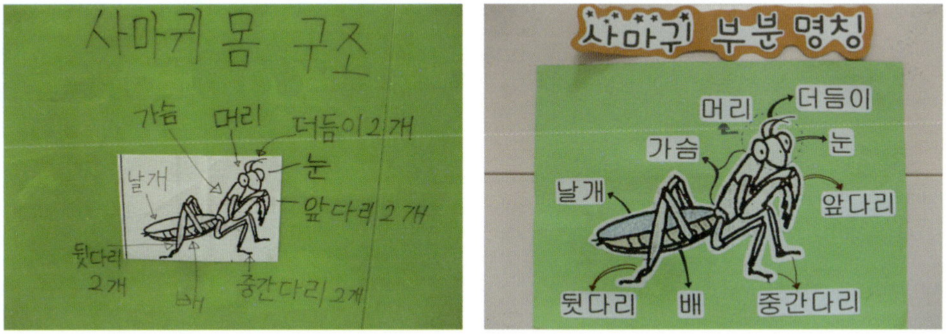

[그림 2-15] '사마귀' 몸의 구조와 이름

③ 사마귀의 먹이 조사하기

사마귀의 먹이에 대해 조사해 온 내용에 대해 함께 모여 이야기를 나누었다.

유아 : 사마귀가 사마귀를 잡아먹어요.
유아 : 뭐?
유아 : 사마귀가 사마귀를 먹는다고?
유아 : 징그러워요.
유아 : 선생님, 아니지요?
교사 : 그럼 여기 사마귀가 어떻게 살아가는지 동영상을 보며 알아봐요.
(교사는 미리 준비한 '사마귀의 일생' 영상물을 보여준다. 먹이가 풍부할 때는 수컷, 암컷 성충 사마귀는 먹이로 내어주지 않지만 주변에 마땅한 먹이가 없을 때는 스스로를 희생하여 종족을 번식시킨다는 내용이다)

다음은 영상물을 보고 난 후 유아들과의 대화 내용이다.

유아 : 불쌍하다. 수컷사마귀.
유아 : 그래 암컷사마귀도 불쌍하다.
유아 : 선생님 새끼들이 나빠요.
교사 : 왜 나쁘다고 생각하니?
유아 : 아빠, 엄마를 잡아먹잖아요.
교사 : 사마귀는 먹이가 없을 때 새끼 사마귀를 잘 키우기 위해 먹이로 주는 거예요.

[그림 2-16] '사마귀'의 먹이

사마귀 먹이에 대해 유아들이 가정에서 조사해온 내용과 멀티미디어 자료를 시청한 후 사마귀 먹이가 되는 곤충 그림을 붙이거나 그림을 그리며 구성하였다.

④ 사마귀의 종류에 대해 조사하기

사마귀의 종류에 대해 각 가정에서 부모님과 함께 알아보기로 하였다. 가정에서 알아온 조사내용을 공유하면서 여러 종류의 사마귀가 있다는 것을 알게 되었다.

[그림 2-17] '사마귀'의 종류

(3) 관찰

① 사마귀를 관찰했어요

현장견학에서 수집해온 사마귀를 관찰통에 넣어서 사마귀의 몸 구조, 움직임, 색깔 등을 관찰하게 된 유아들은 실제 사마귀를 진지하게 관찰하였다. 유아들은 좀 더 자세히 보기 위해 돋보기를 가지고 와서 관찰하기도 하였다.

유아 : 선생님, 이 사마귀는 초록색이에요.
유아 : 풀잎 색깔하고 비슷해요.
교사 : 그렇구나. 색깔이 비슷해서 잘 보이지 않는구나.
유아 : 숨어 있어요. 가만히 있어요. 잠자는가 봐요.
교사 : 사마귀의 몸은 어떻게 생겼니?
유아 : 다리가 있어요.
유아 : 얼굴이 이상해요. 조금 길쭉해요.

[그림 2-18] 사마귀를 관찰하고 있는 유아들

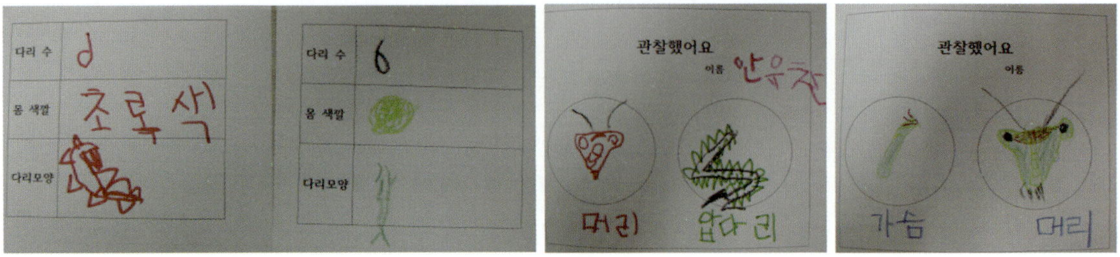

[그림 2-19] '사마귀' 관찰 기록카드

② 사마귀를 잘 키워요

유아 : 사마귀는 살살 만져야 되지요?

교사 : 어떻게 만져야 되는지 보여줄래요?

유아 : 이렇게요. 손가락으로 몸을 살살 잡아야 돼요.

교사 : 그러면 사마귀를 잘 키우려면 어떻게 해야 할까요?

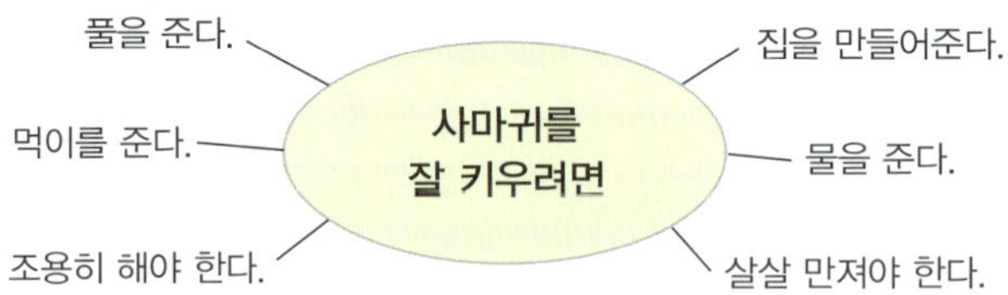

[그림 2-20]은 현장견학과 조사, 관찰을 통해 유아들이 그린 사마귀의 그림이다.

[그림 2-20] 유아들이 그린 3차 표상 그림

(4) 표현활동

① 암컷과 수컷의 차이점 (벤다이어그램)

사마귀의 종류와 관련된 영상물을 시청한 후 사마귀의 암컷과 수컷의 같은 점과 차이점에 대해 이야기하고 벤다이어그램으로 표현하였다.

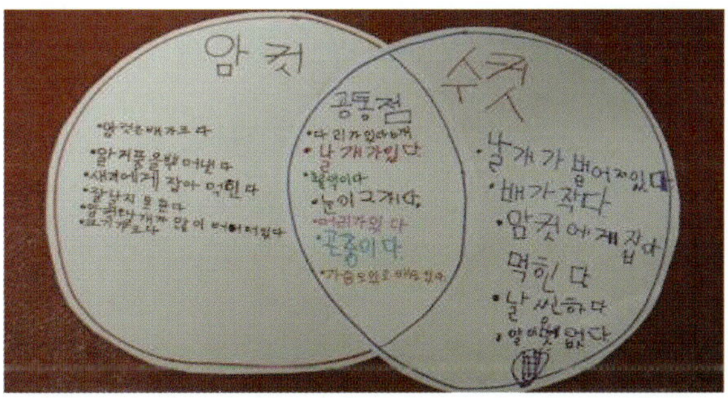

[그림 2-21] '사마귀' 벤다이어그램

② 내가 좋아하는 사마귀 그래프 그리기

활동이 진행되면서 유아들은 사마귀에는 서로 모양과 크기가 다른 여러 종류의 사마귀가 있다는 것을 알게 되었고 이를 계기로 하여 왕 마사귀, 좀사마귀, 넓적배사마귀, 등배사마귀, 항라사마귀, 참사마귀 중에서 내가 제일 좋아하는 사마귀는 어떤 사마귀인지 알아보기로 하고 그래프를 만들었다. 비교해 본 결과 유아들이 가장 좋아하는 사마귀는 왕사마귀로 나타났다. 이후 이 활동은 여러 종류의 사마귀에 새로운 이름을 지어주는 활동으로 이어지게 되었다.

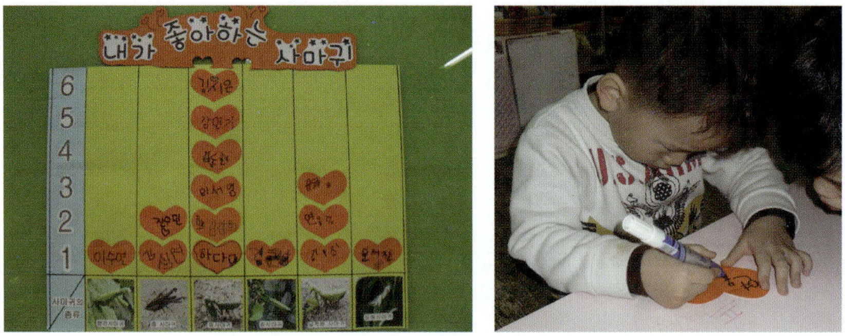

[그림 2-22] '내가 좋아하는 사마귀' 비교 그래프

③ 사마귀 새 이름을 지어주어요

유아들이 사마귀 종류의 이름을 알고 사마귀에게 새로운 이름을 지어주기로 하였다.

유아 : 선생님 '배 넓은 사마귀' 너무 어렵고 이름이 길어요.
교사 : 그럼 어떤 이름을 지어주면 좋을까?
유아 : 우리처럼 이름을 예쁘게 다시 지어주면 좋겠어요.

(활동 후 사마귀는 색이 초록색이라고 '초록이', 배가 뚱뚱하다고 '뚱뚱이', 곤충들 중에 크고 힘이 세다고 '힘센 사마귀', 새끼를 사랑한다고 '사랑이'라고 각각 지어졌다)

[그림 2-23] '사마귀' 이름 짓기

④ 사마귀의 느낌을 말로 표현해보기

교사 : 사마귀에 대해 알아보니 어떤 생각이 나요?

유아 : 선생님, 저는 사마귀를 보면 무서워요.

교사 : 왜 무서운 생각이 들어요?

유아 : 사마귀가 메뚜기를 잡아먹었어요.

유아 : 전 앞다리가 크고 까칠까칠했어요.

유아 : 나는 사마귀를 보면 힘이 센 것 같아요.

교사 : 사마귀를 생각하니 여러 가지 생각이 나는구나. 그럼 사마귀를 보면 생각나는 느낌을 말하고 동시로 지어 볼 수 있겠니?

사마귀의 느낌

하늘을 날 수 있어서 멋져요.
앞다리를 들고 있어서 무서워요.
곤충의 왕이에요.
메뚜기를 잡아먹어서 무서워요.
앞다리가 날카로워요.
날개가 까칠까칠해요.

[그림 2-24] '사마귀' 느낌 알아보기

⑤ 동시 짓기

사마귀에 대한 느낌을 표현하면서 동시를 지어 보았다. 글을 쓰지 못하는 유아는 교사가 유아가 부르는 대로 글로 적어 주었다.

[그림 2-25] '사마귀' 동시 짓기

⑥ 삼행시 짓기

사마귀로 삼행시 짓기를 해보았다.

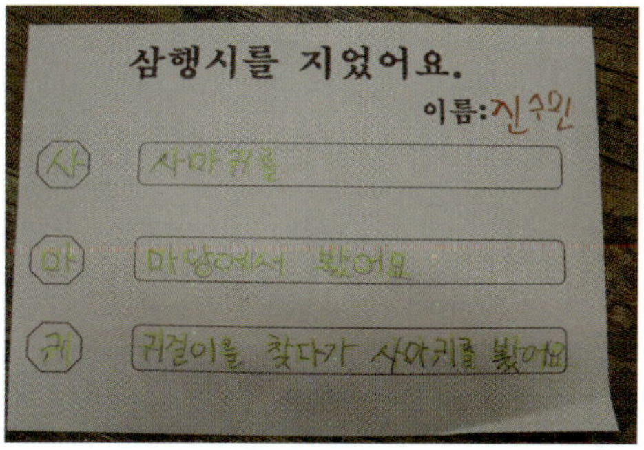

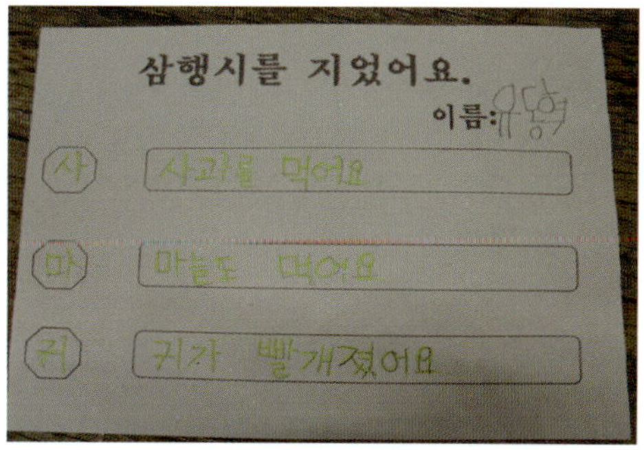

사 : 사마귀를
마 : 마당에서 봤어요
귀 : 귀걸이를 찾다가 사마귀를 봤어요

사 : 사과를 먹어요
마 : 마늘도 먹어요
귀 : 귀가 빨개졌어요

[그림 2-26] 삼행시 짓기

⑦ 끝말잇기

사마귀로 끝말잇기를 해보았다.

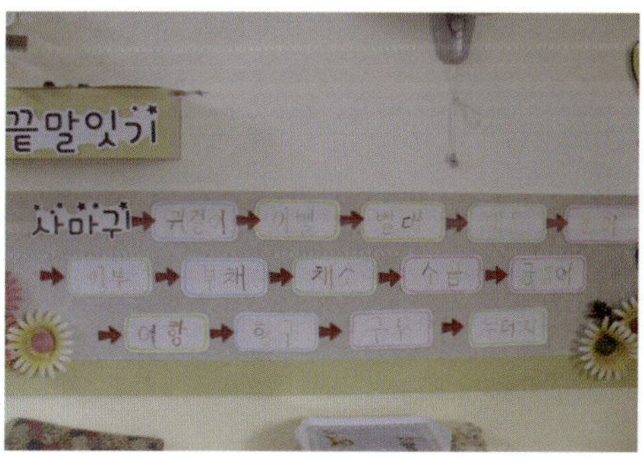

끝말잇기

사마귀–귀걸이–이빨–빨대–대문–문어–어부–부채–채소–소금–금붕어–어항–항구–구두–두더지–지갑

[그림 2-27] 끝말잇기

⑧ 사마귀 노래 만들기

'나비' 가사를 '사마귀'로 개사하여 노래를 불러보았다.

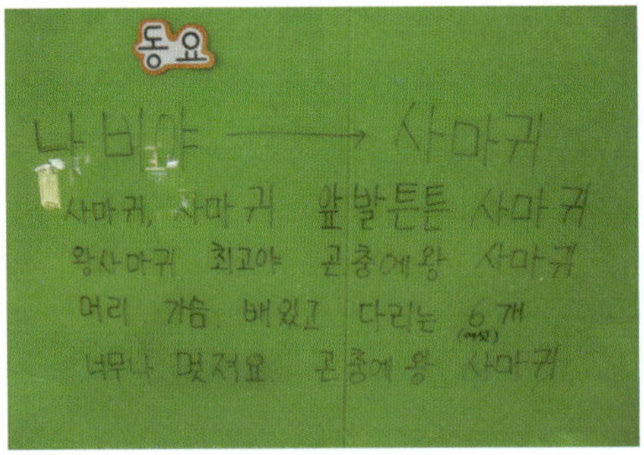

사마귀

사마귀 사마귀 앞발튼튼 사마귀
왕사마귀 최고야 곤충의 왕 사마귀
머리 가슴 배 있고 다리는 여섯 개
너무나 멋져요 곤충의 왕 사마귀

[그림 2-28] '사마귀' 노래

⑨ 악기 연주와 신체표현

'사마귀' 노래를 리듬악기에 맞추어 연주해 보고, 사마귀의 움직임을 신체로 표현해 보았다.

[그림 2-29] 악기 연주와 신체표현

⑩ 내가 만약 사마귀라면

교사 : 선생님이 여기 비밀 주머니에 변신하는 더듬이를 가져 왔어요. 이 더듬이를 쓰면 사마귀로 변신할거예요. 그러면 우리 친구들이 사마귀가 되었다 생각하고 '내가 만약 사마귀가 된다면' 어떻게 할 것인지 이야기해 주세요.

유아 : 내가 만약 사마귀가 된다면 얼굴이 날씬하니까 미스코리아에 나가고 싶어요.

유아 : 내가 만약 사마귀라면 훨훨 날아서 여행을 하고 싶어요.

유아 : 내가 만약 사마귀라면 곤충대왕이 되고 싶어요.

교사 : 재미있는 이야기들이 많네요. 그럼 그림으로 그려볼 수 있을까요?

[그림 2-30] 유아들이 그린 '내가 만약 사마귀라면' 그림

⑪ 사마귀가 우리에게 주는 이로움과 해로움 알아보기

동화 '왕사마귀 톡톡이'를 감상하고 사마귀가 우리에게 주는 이로운 점에 대해 알아보기로 하였다.

교사 : 사마귀가 우리에게 어떤 도움을 줄까요?

유아 : 우리에게 해로운 바퀴벌레를 잡아먹어요.

유아 : 바퀴벌레도 잡아먹어요.

유아 : 하루살이도 먹어요.
유아 : 메뚜기도 잡아먹잖아요. 그래서 벼를 보호해줘요.
교사 : 그렇군요. 그럼 우리들에게 해로운 점은 무엇일까요?
유아 : 노래 잘하는 귀뚜라미를 잡아먹어서 별로예요.
유아 : 또 사람을 물기도 해요.
유아 : 맞아요. 사람이 물리면 사마귀가 난다고 우리 엄마가 그랬어요.

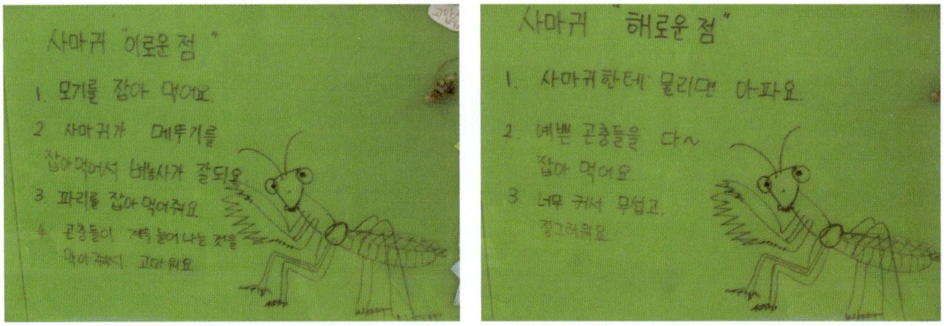

[그림 2-31] '사마귀'의 이로운 점과 해로운 점

⑫ 동화 만들기

사마귀를 주제로 창작동화 만들기를 하였다. 4~5명의 소집단으로 나누어 순서를 정하고 이야기를 이어가며 글로 적도록 하였고 이야기 내용과 연관된 그림을 그렸다. 각 부분의 내용을 적은 종이에 페이지번호를 적어서 한 권으로 만들고 제목과 지은 동화를 동극으로 해보기로 하였다.

[그림 2-32] 동화책을 만들고 있는 유아들

[그림 2-33] 유아들이 만든 창작동화

⑬ 점토로 사마귀 구성하기

사마귀에 대한 조사와 탐구를 통해 알게 된 사마귀의 특징에 대해 점토를 이용하여 사마귀를 구성하였다.

[그림 2-34] 점토로 '사마귀' 구성하기

⑭ 풀잎, 돌, 나뭇잎으로 왕사마귀 구성하기

[그림 2-35] 자연물로 '사마귀' 구성하기

⑮ 블록으로 사마귀 몸 구성하기

[그림 2-36] 블록으로 '사마귀' 구성하기

4) 마무리 단계

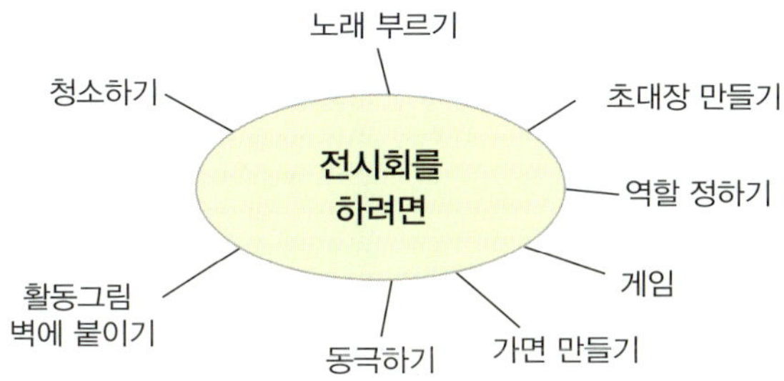

교사와 유아들은 그동안 진행해온 프로젝트 전체 과정을 전시 및 발표를 하기로 결정하고 언제, 누구를 초대할 것인지를 다함께 의논하였다. 먼저 전시할 것은 이제까지 시작 단계에서 마무리 단계까지 나온 결과물들은 순서대로 책상 위와 벽면에 전시하기로 하였는데, 벽에는 1단계에서 나온 주제망과 이전 경험 표현 결과물, 2단계에서 나온 사마귀 벤다이어그램, 사마귀 몸 구조 그림, 사마귀 종류 그래프, 견학사진, 활동사진 등을 붙이고, 책상에는 이야기 기록 자료, 개별 그림과 활동자료, 점토 조형물, 왕사마귀 공동작품 등을 전시하기로 하였다. 교실 배치는 책상과 의자, 전시물 게재 위치를 칠판에 그리면서 전시회에 대한 계획을 의논하였다. 다음으로 발표할 것은 나비 노래를 개사한 사마귀 노래 부르기와 사마귀를 주제로 창작한 동회를 동극으로 만들어 발표하자는 창의적인 의견에 모두 동의하고 발표에 필요한 소품을 만들고 동극 대본과 등장인물에 대해 구체적으로 논의하였다. 또한 사마귀에 대해 알고 있는 내용을 골든벨 퀴즈 게임도 새롭게 제안되었다. 초대장 보내기는 언제, 어디서, 무엇을 하는지를 적어서 부모님께 보내기로 결정하였다.

(1) 초대장 만들기

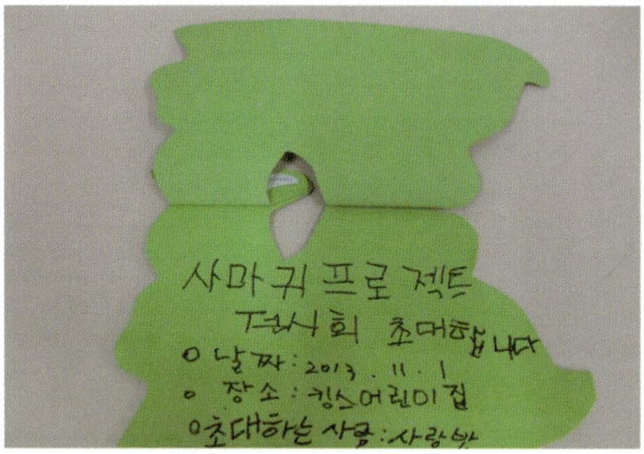

(2) 전시물

(3) 게임 및 악기 연주

(4) 동극하기

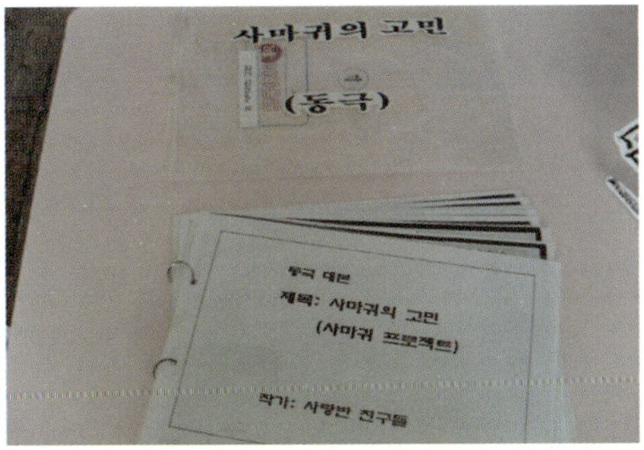

5) 평가

(1) 프로젝트를 마치며

유아들이 유치원 주변 산책을 하면서 자주 볼 수 있었던 사마귀에 많은 관심을 갖게 되었고 그 결과 사마귀를 주제로 프로젝트를 시작하게 되었다. 사마귀에 대해 먼저 예비 주제망을 구성하였고 유아들과 함께 만든 주제망에서 사마귀의 종류, 먹이, 몸, 색깔, 사는 곳, 성장과정, 느낌으로 생각이 모아졌다.

사마귀에 대한 흥미는 사마귀를 실제로 관찰하면서 구체적 활동으로 접근해 나갈 수 있었다. 처음에는 사마귀의 생김새를 관찰하고, 그려보는 활동에서 사마귀의 종류와 이름, 사는 곳, 먹이 등에 대한 궁금증을 해결해 나갈 수 있었다. 그리고 궁금한 점을 해결할 수 있는 방법을 토의하여 책, 영상자료, 현장학습, 관찰을 통하여 조사하기, 그리기, 만들기, 짓기, 동작하기, 구성하기 등 다양한 표상활동을 하였다. 궁금증을 가지고 다양한 방법으로 찾아보는 과정이 흥미로웠고 사마귀 관찰하기, 사마귀 만들기, 동극활동에 매우 적극적인 유아들의 모습도 관찰할 수 있었다. 특히, 교사가 제공한 활동 외에도 유아들이 직접 창안한 활동에 관심을 보이며 프로젝트 활동 내내 사마귀 노래를 부르며 즐거워하였고, 블록으로 사마귀 구성하기 활동은 여러 종류의 사마귀를 만들기도 하였다. 또한 가정통신문을 통해 부모들에게 프로젝트 주제를 알리고 가정에서 알아오는 조사활동을 통해 부모들도 함께 관심을 가졌으며, 사마귀 책, 그림자료, 곤충모형 등을 보내주기도 하였다. 다만, 유아들이 흥미를 가진 다양한 사마귀를 실제로 관찰할 수 없고 그림자료를 활용했던 아쉬운 점도 있었지만 사마귀의 주제를 진행하면서 유아들은 사마귀를 비롯하여 다른 곤충에도 관심을 가지게 되었고 더 나아가 자연과 생명의 소중함에 대해서도 관심을 가지는 좋은 계기가 된 것 같다.

(2) 프로젝트 전체 실행과정

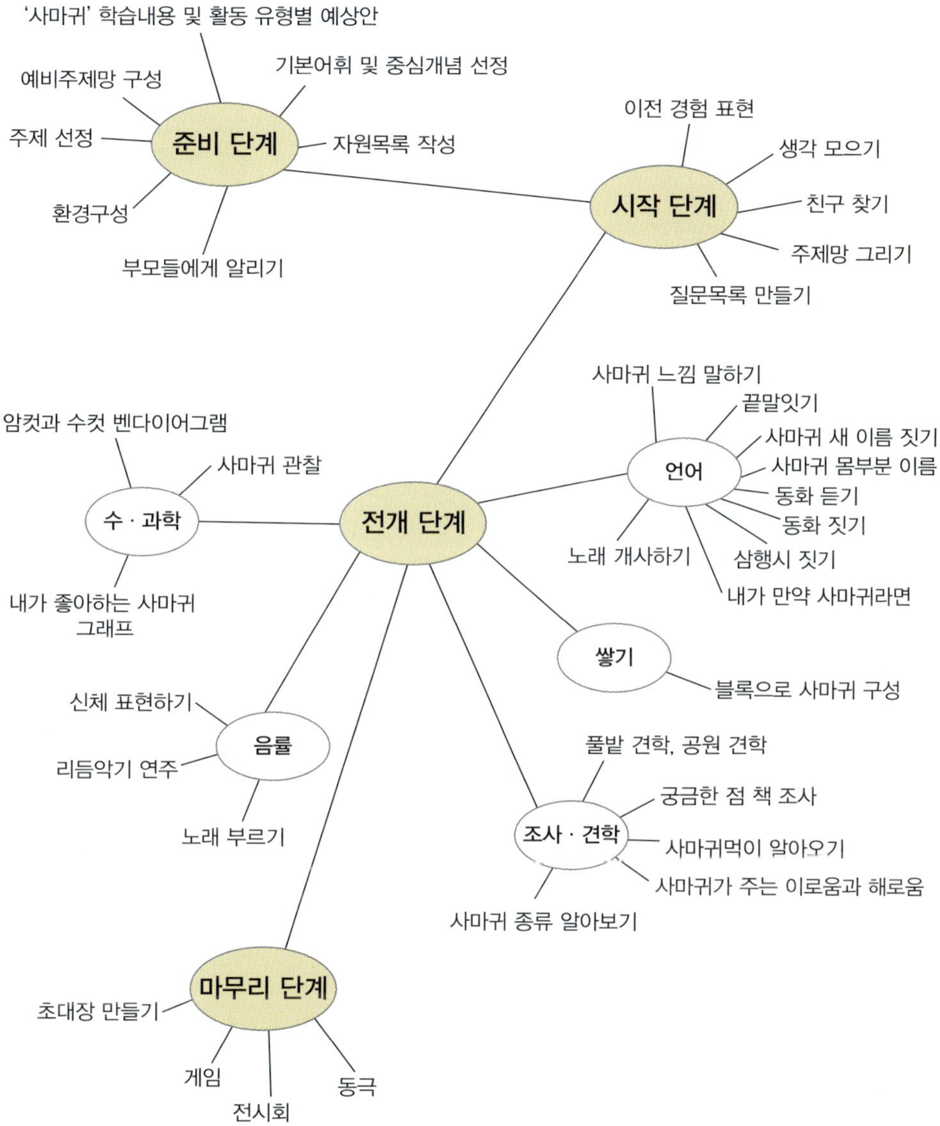

[그림 2-37] '사마귀' 프로젝트 실행과정

3 CHAPTER 레지오 에밀리아 접근법

학습 목표

1. 레지오 에밀리아 접근법에 영향을 미친 학자들의 사상을 설명할 수 있다.
2. 레지오 에밀리아 접근법의 프로제타지오네의 특성을 이해할 수 있다.
3. 레지오 에밀리아 접근법의 교직원의 종류 및 역할과 환경의 특성을 이해하고 말할 수 있다.

1 이론

이탈리아 북쪽에 위치한 인구 약 15만 명이 살고 있는 레지오 에밀리아 로마냐 지역은 농업과 산업도시뿐만 아니라 예술의 도시로 부유한 지역 중 하나이다. 오랫동안 유아교육의 패러다임을 개발하였으며 이러한 경향은 미국의 유아교육에 실제적인 지침을 제공하기도 하였다. 1991년 미국 뉴스위크지 잡지에 세계에서 가장 훌륭한 유아교육 프로그램으로 언급된 이후 전 세계적으로 알려지기 시작하였다(Firlik, 1994). 레지오 에밀리아 접근법은 교사, 부모, 지역사회가 모두 한 그룹을 이루어 유아를 위한 총체적 교육을 이루어온 것이라고 평가받고 있으며 장·단기 프로젝트 실시, 다상징적 접근법, 발현적 교육과정 운영 및 기록작업(documentation) 등으로 유아교육계에 관심을 모으고 있다.

레지오 에밀리아 접근법은 철학적·심리학적 기초 위에서 이론과 실제를 연결함으로써 유아교육 실제의 질을 향상시켰으며 아동 중심적인 방법을 지향하여 유아들로 하여금 다양한 시각으로 환경을 관찰하도록 하였다. 캐츠와 차드(1996)는 레지오 에밀리아 접근법이 프로젝트 접근법을 실천하고 있는 프로그램으로서 유아들의 경험을 다양한 상징적 방법을 통해 도식화하여 유아들의 능력을 일깨워 주고 또한 유아 교수-학습방법의 새로운 방법을 모색하게 해준 것으로 평가하고 있다.

레지오 에밀리아에서는 유아를 위한 교육기관으로 교회에서 운영하는 사립기관, 국가에서 운영하는 국립기관과 시에서 운영하는 시립기관(New, 2000)의 세 가지 형태가 있다. 시에서 운영하는 프로그램은 좀 더 부유한 이탈리아 북쪽지방과 중심지방에서 사용되고 있으며, 발전 중에 있는 남쪽지방에서는 자기 도시에 맞는 프로그램을 만들기 위해 나라와 주에서 제공하는 자금을 혼용하여 이용하고 있다.

1) 역사적 배경

레지오 에밀리아 학교의 역사적 배경을 살펴보면 다음과 같다. 1820년대에 자선단체를 중심으로 영유아센터의 전신이라 할 수 있는 탁아소가 설립되었고 1830년대에는 2~6세 유아를 위한 기관인 유아학교가 설립되었다. 1831년 크레모나 지역에 유아교육기관이 생겨 남아에게는 공예를, 여아에게는 가사교육을 강조하였다. 1867년 이후에는 프뢰벨(Froebel)의 유치원교육이 영향을 미치기 시작하였다. 1900년대에는 공공기관의 보조가 시작되었으며 20세기 초 이탈리아의 산업화가 시작되면서 진보주의 교육자들이 유아교육에 참여하게 되었고 일하는 여성들을 위한 복지적 차원의 탁아와 교육에 대한 관심이 높아지게 되었다. 이를 좀 더 구체적으로 설명해 보면 다음과 같다.

(1) 1900~1945년

역사적으로 이탈리아의 유아교육은 교회와 국가 사이에서 복잡한 관계를 유지하였다. 실제 이탈리아는 제2차 세계대전 전 파시스트 정부 치하의 20여 년간 천주교회가 취학 전 교육을 거의 독점하고 있었다(1933년 유아교육기관의 60% 이상을 종교재단에서 운영).

1900년대와 1910년대를 유아교육의 성장기로 볼 수 있는데, 먼저 유아교사 훈련학교가 국가법으로 설립되었다. 또한 가이나(Gaida)학교, 아가치(Agazzi) 자매의 유아학교와 몬테소리(Montessori)의 어린이집이 설립되었다.

그러나 1922년 이후 파시스트 정부는 몬테소리 방법을 금지시키고 교회의 독점과 양립할 수 있는 학교개혁만 지지하여 천주교회가 선호한 아가치 방법만을 나라에서 인정하는 유아교육방법으로 공포하였다.

레지오 에밀리아 성립과 발전과정에서 빼놓을 수 없는 인물은 말라구치(Malaguzzi)이다. 그는 1920년에 레지오 에밀리아 코레지오(Correggio)에서 태어났으며 교육학 학위를 받은 후 중학교 교사를 하였고 로마에서 심리학 공부를 하였다. 말라구치는 유아들은 계발되지 않는 무한한 능력을 가지고 있으며 가정과 학교의 관계가 효율적이어야 하고, 교사는 유아에 대해서 학습해야 한다는 등의 견해를 주장하였다.

▲ 말라구치

(2) 1945~1966년

제2차 세계대전 종결 직후 주정부가 재조직되고 천주교회의 영향이 약화되면서 국민들은 직접 많은 주도권을 갖고 변화를 추구하게 되었다. 이 시기에 지방

도시에서 부모공동조합 형태의 학교를 설립하고자 하는 자발적 시도가 이루어져 레지오 부근의 빌라 셀라(Villa Cella)라는 마을에서 독일군이 후퇴하면서 남겨 놓은 트럭, 탱크, 말을 팔아서 나온 돈으로 부모협동학교를 세웠다. 이때 세워진 학교를 탱크학교(school of tank)라고 하였으며 NLC(National Liberation Committee)의 도움을 받아 인근 도시의 빈민 지역에 7개의 유치원이 더 세워졌다.

1950~1960년대 이탈리아는 농업경제사회에서 현대 산업사회로의 근본적인 변화를 가져오게 되었다. 유아교육에서는 듀이(Dewey)의 진보주의 교육철학, 피아제(Piaget)와 비고츠키(Vygotsky)의 인식론 등 미국과 유럽의 이론을 받아들여 유아교육에 대한 새로운 인식이 출현하게 되었다. 1960년 말라구치는 장애아 유아들을 위한 학교(Radice)를 비롯하여 레지오 에밀리아 로마냐 지방의 자치 유치원을 세우는 데 큰 힘을 발휘하였다.

1963년 3~6세 유아를 위한 최초의 시립유치원인 '로빈슨(Robinson) 유치원'이 세워짐으로써 이탈리아 최초로 비종교적인 유치원을 설립할 수 있는 권리가 인정되었다. 로빈슨 유치원은 파시스트의 고립을 벗어나 자선적인 경향이나 보호적인 측면만을 강조하지 않고 신교육, 즉 질적으로 우수한 기관이 되도록 노력하였다.

(3) 1967~1979년

1967년에는 부모가 운영하는 모든 유치원이 시당국의 행정력 안에 들어가게 되는데, 이와 같은 공공지원을 받기까지는 약 8년에 걸친 학부모와 시민의 긴 투쟁이 있었으며 이탈리아 여성연합(UDI), 교사, 부모, 시민, 의회 그리고 학교협의회는 유치원을 발전시키기 위해 시당국과 함께 일하기 시작하였다.

1968년에 3~6세를 위한 '공립유아학교법'이 제정되었고 1972년에는 4개월~3세 유아를 대상으로 시가 지원하는 영유아센터를 설립하기 위한 법이 제정·

공포되었다. 1970년에 3개월~3세 사이의 영유아들을 위한 첫 영유아센터를 열었다.

1971년에는 교사들을 위한 국가조직이 결성되었고 부모, 교사, 시민대표로 구성된 자문위원회를 주축으로 해당지역 교육부와 정부에 영향력을 행사하는 지역사회 중심의 운영이 합법적으로 공식화되었다. 또한 이때부터 레지오 자체의 출판물이 나오기 시작하였으며 말라구치의 첫 번째 저서인『유치원 지역사회 중심』이 출판되었다. 1972~1976년 이탈리아 국가는 천주교와의 대립과 갈등의 시기였으며 1976년 의회 투표를 통해 이탈리아의 교육을 독점했던 천주교에서부터 교육이 시민들에게 이양되었다.

(4) 1980~1989년

1980년 레지오 에밀리아에서 교사, 학교관계자, 교육전문가, 연구자 그리고 대학교수들로 구성된 전국유아연구단체(Geuppo Nazionale Asili Nido)가 결성되었으며 그 목적은 유아교육에 관련된 주제를 깊게 이해하고 토론하는 것이었다. 1980년 최초의 전시회가 스웨덴에서 '시선이 벽을 뛰어넘을 때(when the eye jumps over the wall)'라는 제목으로 개최되었다. 전시회는 성공을 거두었으며『어린이들의 수많은 언어(the Hundred Languages of Children)』라는 책으로 출판되었다. 이때부터 레지오에서 이룩한 업직들이 이탈리아의 다른 지역과 외국에 알려지기 시작하였다.

1980년 중반 지방자치 교육체제는 최고의 양적 발전을 가져왔는데, 21개의 유치원과 13개의 영유아센터로서 지방 유아들의 50% 이상이 유치원에 다니고 30% 이상이 영유아센터에 참여할 수 있었다.

(5) 1990~현재

레지오에 대한 관심이 세계적으로 증대되어 1991년 뉴스위크지에 레지오 에밀리아의 '다이애나(Diana) 유치원'이 세계 10대 우수한 기관으로 선정되었다. 1992년 레지오 교육의 창시자인 말라구치가 유아교육에서 업적을 기리는 덴마크의 LEGO상을 수상하였다. 1993~1994년 사이에 레지오 기관들이 몇 개의 국제적인 상을 받았다. 이러한 국제적인 인정으로 인해서 외국으로부터 레지오 경험에 대해 관심이 증가하게 되었다.

1994년 레지오 에밀리아의 유아교육 프로그램을 지원하기 위해 '레지오 어린이(Reggio Children)'라는 조직이 결성되었는데, 이 단체는 비영리적인 민간회사로 감독 위원회와 주주들이 운영하였다. 이 회사의 주요 영업에는 시립 영유아센터와 유아학교에서 발달시킨 이론적이며 실제적인 경험을 알리고 전파하는 업무(레지오에 대한 세미나와 훈련과정, 책과 시청각 자료의 출판을 조직하고 감독)와 레지오에서 영감을 얻어서 유아들의 잠재력에 적절한 교육기관을 만들고자 하는 사람을 지원하는 업무 등이 포함된다.

1994년 '레지오 어린이의 친구들(Friends of Reggio Children)'이 결성되었으며 이 단체는 외부에게 개방된 비영리 국제적인 조직으로 레지오의 철학과 원리를 연구하는 학생들에게 재정을 지원하였다. 1995년 브루너(Bruner)와 이탈리아 교육부 장관의 만남이 있었으며, 레지오 에밀리아 유치원을 방문한 후 깊은 감명을 받았으며 국제적인 교육체계를 증가시키고자 협동조합관계를 설립하였다.

2) 이론적 배경

레지오 에밀리아 접근법이란 30여 년간 부모와 지역사회를 근간으로 발달시켜 온 레지오 에밀리아 시립 유아서비스체제의 철학, 아동관, 교수 · 학습이론, 환경, 교사의 역할, 부모와 지역사회의 관계, 행정체계 등을 모두 포괄적으로 지칭하는 총체적인 명칭이라고 할 수 있다(김은희, 2001; 오문자, 2000).

레지오 접근법은 유아들이 다른 사람과 협력하고 사고하고 계획하고 평가하면서 학습하는 탐색능력을 존중하고 지원하는 학습의 대명사로 불리며 학교의 선구자적인 역할을 하고 있다.

듀이(Dewey), 피아제(Piaget), 브론펜브레너(Bronfenbrenner), 비고츠키(Vygotsky), 가드너(Gardner), 아이작(Issacs), 브루너(Bruner) 등의 이론이 영향을 미쳤다.

(1) 듀이

듀이는 미국의 교육에 영향을 많이 미친 철학자로서 레지오의 교실 어디에서나 그의 이론을 찾아볼 수 있다. 그의 저서인 『학교와 사회(the School and Socity)』에서 레지오 학교에서 볼 수 있는 학교문화에 대한 기초를 제공하였다(Firlik, 1994). 가드너(1993)는 진보주의 철학과 실천이 레지오 학교만큼 일치되어 실천되는 곳은 어디에도 없다고 하였다.

모든 학습의 중심은 유아로서 교육의 목적은 교육의 주체인 유아를 이해하고 유아의 개인적인 성장을 도와주는 것이다. 유아의 삶은 통합적이고 전체적이며 개인적이고 사회적 관심의 통합 속에서 함께 생활한다. 레지오의 유아학교는 개인에게 관심을 가지며 각 유아의 개인적인 경향에 영향을 주는 관계 형성을 중요시한다.

유아를 둘러싸고 있는 사회는 유아에게 직접 · 간접으로 영향을 준다. 교사, 부모, 지역사회 멤버 등 모든 사람들은 아동 중심체제에 중요한 역할을 하며, 특히 부모는 교육환경과 학교 내에서 중요한 기능을 한다. 레지오 학교에서는 유아를 사회에서 영향을 주고 공헌하는 멤버로 생각한다. 의미 만들기는 직접 경험을 통해 유아가 환경에 적극 참여함으로써 구성된다. 유아의 현재 경험의 계속적인 재구성, 소집단활동의 강조 등도 듀이이론에서 출발한다.

(2) 피아제

레지오의 철학적 토대를 이야기할 때, 피아제의 이론이 많이 인용되어 왔고 실제로 말라구치는 피아제연구소와 제네바의 '어린이를 위한 학교'를 다녀와서 그곳에서 받은 감명으로 수, 수학, 지각 등의 피아제이론과 발달에 도움이 되는 환경을 제공해야 한다는 피아제의 주장을 직접 도입하였다고 밝히고 있다(Gandini, 1994).

원래 피아제는 심리학자라기보다는 인식론자이다. 인식론(epistemology)이란 '지식이란 무엇인가', '지식은 어떻게 얻어지는가'에 관한 학문이다. 피아제의 인식론적 입장은 구성주의에 속하는데, 이 학파에 따르면 지식이나 논리구조는 학습자가 머릿속에서 여러 가지 현상과 사실을 토대로 능동적 상호작용을 통해 구성(construct)하는 것이다(오문자, 1998).

드브리스 등(DeVries et al., 1987)은 피아제의 이론이 유아와 인지발달의 본질에 대한 근본적인 변화를 가져왔으며 그 변화의 핵심은 유아가 지식과 지능의 구성에 있어 능동적인 주체자라는 관점과 인간의 인지적 발달이란 지식의 단순한 축적의 결과가 아닌 유아가 환경에 작용함으로써 구성 · 변형되는 결과라는 것이다.

구성주의의 근간이 되는 학습기제는 인지적 갈등(cognitive conflict)이며, 경험을 통한 학습(learning by doing)이 아니라 추론을 위한 학습(learning by infer)이다. 교사는 인지적 갈등을 유도하여 추론할 기회를 마련할 수 있는 방법을 적극적으로 개발하여야 한다고 보았다. 따라서 교사의 역할은 인지적 갈등이 생길 수 있는 상황을 조성하여 주는 것이고 유아들이 갈등을 느끼게 될 때, 반영적 사고(reflective thinking), 즉 자신이 생각하는 바를 재검토하도록 격려하고 도움이 되는 방법을 제공하여 지식의 재구성을 지원해 주는 것이다.

그러나 말라구치는 피아제이론이 성인 역할의 평가 절하, 사회적 상호작용과 기억에 대한 관심 부족, 사고와 언어를 분리시킨 점, 구성주의 발달단계에 의한 고정관념, 인지 · 정서 · 도덕발달 단계의 한계점, 유아들의 사고능력을 과소평가한 점, 유아 사고의 일관성에 대한 지나친 일반화 등은 비판되어야 한다(Firlik, 1994; Gandini, 1994; Reggio Children, 1997)고 하였다.

레지오 접근법은 인식론 측면에서 지식은 객관적인 자료 안에서 발견되는 것이기보다는 자신만의 가설을 갖고 사회적 맥락 안에서 타인의 지원을 받기도 하고 갈등을 해결하면서 반영적 사고를 통해 함께 구성하는 것이라는 사회적 구성주의의 입장을 띠고 있다. 사회적 구성주의는 피아제의 구성주의이론과 비고츠키의 사회문화적 관점을 통합하여 주로 유럽 제네바 학파를 중심으로 하는 후기 피아제 학파의 연구와 학습과 발달에 대한 시각이다(오문자, 2000).

후기 피아제 학파란 피아제의 이론적 전제를 무너뜨리지 않으면서 피아제의 구성주의를 사회적 상호작용의 세계로 끌어낸 사회적 상호작용자들이다. 이들은 인지적 갈등을 도출할 수 있는 가능성을 극대화시키는 사회적 상황을 구체화하고자 하였다. 따라서 후기 피아제 학파는 개인의 인지적 갈등을 통한 학습보다는 사회적 상호작용을 통한 개인 간 인지적 구성의 중요성을 강조하여 유아를 사회적 구성주의자로 본다.

(3) 비고츠키

비고츠키는 피아세와 마찬가지로 유아들은 그들 자신의 이해를 구성해 가며 그들에게 주어지는 것을 수동적으로 재생산하지 않는다고 믿었다. 하지만 피아제의 관점에서 인지적 구성은 기본적으로 물리적 대상들과의 상호작용에서 생겨난 것이며 사람은 환경을 계획하거나 인지적 불일치를 만들어 내는 데 간접적 역할을 할 뿐이다. 반면에 비고츠키 관점에서 인지적 구성은 항상 사회적으로 매개되며 현재와 과거의 사회적 상호작용에 영향을 받게 된다(김억환 외, 1998; 이기숙, 2000; Katz, 1994).

다시 말해서, 비고츠키는 지식 구성의 원천을 유아와 그 유아가 놓인 사회문화적 환경과의 통합에서 찾고 맥락의존적인 지식 습득의 과정을 강조하였다. 따라서 사회적 구성주의에서는 유아의 능동적 역할 수행과 통합된 환경적 매개(사회적 상호작용)를 통한 학습과 교사와 또래에 의한 적극적 개입전략이 지지되며 학습자가 보장하는 지식 습득의 보편성이란 없으므로 학습자의 근접발달지대에 따른 의도적인 교육내용의 조직이 권장된다.

근접발달지대(Zone of Proximal Development : ZPD)란 학습과 인지발달이 일어나는 역동적 민감성 지역으로서 '독자적인 문제해결에 의해 결정되는 실제적 발달수준과 성인의 지도하에 또는 보다 능력 있는 또래들과의 협동을 통한 문제해결에 의해 결정되는 잠재적 발달수준과의 차이'로 정의한다.

ZPD에서 효과적인 교수·학습을 위해서 사용되는 방법이 비계설정(scaffolding)이다. 이는 성인들이 도움을 줄 때 유아들의 요구에 맞게 민감하게 조절함으로써 유아들의 조력을 지원하는 하나의 체계를 의미한다. 즉, ZPD에서 과제를 더 쉽게 하는 것이 아니라 도움의 양을 조절하는 것이고 수행에 대한 책임은 교사에게서 유아에게로 전이된다.

효과적인 비계설정을 위해서는 유아가 흥미 있고 문화적으로 의미 있는 협동적 문제해결 활동에 대하여 적극적으로 참여하도록 하는 것이다. 상호주관성(intersubjectivity)은 어떤 과제를 시작할 때는 서로 다르게 이해하고 있던 두 사람이 공유된 이해에 도달하는 과정을 중요시한다. 상호주관성은 상호 간에 다른 사람들이 마음에 담고 있는 바를 알아내는 것을 의미하며 상호주관성을 키워 내려면 상호 존중과 지원의 분위기가 필요하다(Reggio Children, 1997).

비고츠키는 유아가 개념을 형성하고 조작하는 사회적 맥락에 관심을 두었으며 상징적 도구를 통한 사회적 상호작용과 의사소통 기능에 연구의 초점을 맞추었다. 인간은 사회적으로 의미를 갖고 사용되는 다양한 상징들(예를 들면, 언어)을 통한 커뮤니케이션으로 공유 의미를 공동 구성해 가는 과정 중에 개념들을 습득하게 되고 특정 문제를 해결할 수 있다.

(4) 가드너

가드너는 인간의 지적 능력을 개인이 속한 문화권에서 가치 있게 인정되는 문제를 해결하거나 산물을 산출해 낼 수 있는 일반적 능력으로 보아 지능을 다원적으로 해석하였다. 따라서 다양한 상징매체의 활용을 강조하는 가드너의 다원적 지능은 다양한 문화환경에서 문제를 발견하고 해결할 수 있는 능력이다.

가드너는 인간의 지능을 '높고 낮음'의 단순한 일원적 성격으로 이해하기보다는 '여러 측면에서의 서로 다름'의 복수적 다양성으로 이해해야 한다는 것(신명희, 2000)으로 지능의 개인차를 강조하였다. 가드너의 다중지능이론은 언어적 지능, 논리/수학적 지능, 공간적 지능, 음악적 지능, 신체운동적 지능, 개인 간 지능, 개인 내 지능, 자연주의자 지능이다.

유아는 다양한 방법으로 창의성, 지능, 무한한 잠재력을 표현하도록 능력을 부여받았기 때문에 '어린이들의 수많은 언어'를 강조한다. 레지오의 프로젝트는 유아의 흥미에 근거하며 적극적인 참여를 통해 유아의 삶의 경험에 적절하고 의미 있는 것에 기초한다. 유아가 주도하고 교사의 도움을 받아 프로젝트에 참여함으로써 8가지 지능의 기초 안에서 장점을 촉진시킬 수 있으며 실험과 참여를 통해 다양한 지능이 개발된다.

인간의 지능은 각기 독립적으로 발달하는 영역들별로 다르게 나타날 수 있으며 유아들의 경우, 다양한 종류의 지능을 감지할 수 있는 기회와 통로를 제공받지 못하면 자신들의 잠재력이 충분히 개발될 수 있는 기회를 잃게 되는 것이다. 따라서 레지오에서는 가드너의 견해에 영향을 받아 첫째, 프로젝트 학습을 통해 유아들의 서로 다른 잠재능력이 충분히 신장될 수 있도록 하며, 둘째, 심화된 학습을 위해 다양한 표상매체를 활용한다는 점을 강조한다.

3) 특징

레지오에서는 현재 3개월~3세 영유아들을 위한 14개의 영유아센터(asili nido)와 3~6세 유아를 위한 23개의 유아학교(scuole dell'infanzia)가 운영되고 있다.

레지오의 기본 원리는 강하고 능동적인 유아의 이미지, 상호 협력의 가치, 프로젝트 중심의 발현적 교육과정, 제3의 교사로서의 환경, 관계에 기초한 교육, 다양한 매체, 표상, 의사소통, 기록과 전시작업의 가치 등을 들 수 있다.

(1) 아동관

이탈리아 문화권에서 유아는 언제나 존중받아야 하며 특별한 권리를 가졌으며 지역사회의 동등한 일원으로 이해되어야 한다. 레지오에서는 전인아동의 이미지에 따라 '행복한 유아', '유능한 유아', '사회적 의사소통의 권리와 능력을 가진 유아'를 강조한다. 유아들은 이 세상에 태어날 때부터 사회적이고 능동적이며 경험을 이해하고 다른 사람을 배려할 수 있으며 물리적 · 문화적 환경에 적응할 수 있다. 적절한 환경이 주어진다면 태어날 때부터의 이러한 성향이 유지되고 강화될 수 있다.

유아들을 단순히 욕구를 가진 존재로 보기보다는 권리를 가진 독특한 개체로 본다. 유아는 강하고 풍부한 잠재력을 가지고 있으며 탐구심과 호기심이 많고 학습을 능동적으로 주도할 능력이 있다고 본다. 유아의 지능은 유연하고 직관적이며 호기심에 가득 차 있으면서 그 자신을 탈중심화할 수 있고, 새로운 상호작용 규칙을 받아들이고 행동을 조절하며 타인과 의사소통하고 생산적인 제안과 해결방법을 찾을 수 있다.

또한 유아들은 어른이 생각하는 것보다 훨씬 더 다양하게 잘 표현할 수 있다. 유아는 다양한 상징언어를 통해 자신을 표현하려고 열심히 노력한다. 그러므로 레지오에서는 유아들이 단순히 문자언어만이 아니라 다양한 언어로 자신의 감정과 생각을 탐색하고 표현하도록 허용하는 것을 중요하게 여긴다. 따라서 유아들을 위계적이고 직선적인 발달 단계로 묶어 두거나 유아들의 사고방식을 자기중심성, 물활론, 또는 가치가 격하된 마술의 특성을 가지고 있다고 주장하는 것은 잘못이라고 본다.

(2) 교육과정의 운영

① 프로젝트 중심의 발현적 교육과정

가. 발현적 교육과정

레지오 에밀리아 접근법에서는 계획된 교육과정이 아니라 발현적 교육과정(emergent curriculum)을 전개하고 있다. 발현적 교육과정이란 교사가 유아의 과거 경험을 기초로 하여 일반적인 교육목표를 융통성 있게 세워 두지만, 각 프로젝트나 활동의 세부 목표는 미리 세우지 않는 것으로 활동을 진행해 가면서 유아가 표현하는 흥미와 욕구, 교사가 유추해 내거나 유발시킨 흥미와 욕구가 반영되도록 하는 교육과정이다. 결과적으로 매년 교육과정을 구상하기는 하지만 이것은 하나의 뼈대 역할을 하는 것이며 교사의 경험 및 관찰에 따른 판단과 유아의 학습 진전 상태와의 연속적인 협상 및 조정에 의해 교육과정이 발현된다.

발현적 교육과정이란 유아들의 학습을 자극하기 위해 교사가 행하는 계획에 대한 책임을 완전히 포기하는 것이 아니라 오히려 경직된 프로그램과 과도하게 계획되는 목표들을 버리는 것을 의미하는 것으로 나침반처럼 계획을 사용할 것을 강조한다(김지연, 2007; Saltz, 1997). 말라구치(1996)는 레지오에서 발현적 교육과정을 중요한 요소로 삼는 이유는 유아들이 학습하는 과정에서 발달의 단계적이고 직선적인 학습과정이 나타나지 않기 때문이라고 하였다.

따라서 발현적 교육과정은 유아의 흥미를 유도하여 상호 협동을 중요시하고 다양한 학습자들을 위하여 복합적인 기회를 주는 학습활동에 가치를 두고 있으며 과정을 강조하는 프로젝트 활동과 관계의 원리를 통해 확장된다. 발현적 교육과정은 예상하지 않은 학습의 기회를 강조하며 지역사회와 가족의 상황을 연결하여 발전시킨다.

나. 학습의 도구로서 프로젝트

레지오의 프로젝트 활동은 발현적 교육과정의 특성을 잘 보여주며 발현적 교육과정을 가능하게 하는 것이 프로젝트 활동이기도 하다. 프로젝트 접근법은 앞부분에서 다루었기 때문에 여기에서는 레지오식 프로젝트 방법을 중심으로 설명하고자 한다.

레지오식 프로젝트 학습방법이 통합적 접근의 진보주의식 접근법과 다른 점은 유아가 구성주의 학습이론에서 강조하는 인지적 갈등을 경험하고 스스로 문제를 해결하도록 하는 학습원리와 상징적 표상을 학습수단으로 활용하는 데 있다(김은희, 2001; Forman, 1994).

레지오에서는 그들의 활동방식을 프로제타지오네(progettazione)라는 명칭을 통해 프로젝트 활동법과 차별화된 활동법이라 설명하고 있다. 프로제타지오네는 학습의 맥락을 고안해 내는 과정으로서 교사와 관심 있는 한 집단의 유아들이 토의의 과정을 통해 공동으로 계획하는 장 · 단기적인 집단활동을 말하는 것으로 이러한 프로젝트 활동은 어떠한 시간제약도 없으며 하나의 하위 목표를 성취하면 새로운 목표로 나아간다(김지연, 2007).

프로젝트 접근법이 다양한 관찰과 직접 경험을 강조하여 프로젝트 주제에 대한 유아들의 '이해의 폭을 넓히는 데' 초점을 둔다면, 레지오에서는 다양한 매체를 사용하여 주제에 대한 '이해의 깊이를 심화시키면서 재탐색 · 재방문하여 경험하는 순환과정'을 거치는 나선형적 프로젝트 전개방식을 활용한다.

따라서 프로젝트[1] 활동은 전통적인 주제 중심 교육과정과 다르다. 주제 중심 교육과정은 한 가지 주제를 중심으로 다양한 학습활동이 이루어진다는 점에서는 프로젝트와 유사하다. 그러나 유아에게 적합한 주제를 중심으로 미리 정해진 일련의 활동이나 학습순서를 따라 진행하는 것이므로 유아에게 선택권이 거의 없다. 레지오에서 프로젝트를 실시할 때는 보통 5명 이하로 3~4명의 소집단형태가 가장 적절하다. 모든 프로젝트에는 핵심 그룹이 있으나 주제의 탐색과 표현이 진행되어 가면서 점차 더 많은 유아, 심지어 기관의 전 유아가 참여하는 형태로 전개되기도 한다. 프로젝트는 유아를 중심으로 하여 교사, 부모, 지역사회가 모두 적극적으로 참여한다.

프로젝트의 주제 선정은 교사와 유아의 상호 협상(negotiation)에 의해서 이루어지며 세 가지 형태가 있다. 유아가 환경을 접하는 자연스러운 과정에서 흥미가 있어 제안하는 주제, 유아와 성인이 함께 흥미를 가진 주제와 교사가 제안하는 경우도 있다. 유아가 주제를 제시하는 경우에는 교사가 교사회의에서 검토하여 프로젝트의 주제로 적합한지 여부를 판단하여 결정을 한다. 반대로 교사의 경험이나 유아의 관찰에 근거하여 주제를 선정한 경우에는 유아들에게 잠정적 주제를 제시하여 유아의 흥미 유발 정도를 보고 계속할 것인지 어떤지를 결정한다.

프로젝트 주제의 내용은 유아의 호기심이나 흥미에서 비롯하여 프로젝트를 운영하면서 유아에게 중요한 논리 · 개념 등에 관한 학습의 기회가 내포될 만한 잠재력이 있는 주제인가를 보고 판단한다. 매일 경험하는 친숙한 주제일 수도

1) 여기서의 프로젝트란 레지오의 프로젝트활동을 지칭한다.

있고 유아에게 익숙하지 않고 직접 경험하지 않은 새로운 주제일 수도 있다. 공룡과 같은 일상적인 것뿐만 아니라 로봇, 죽음이나 닌자 거북 같은 교육자들이 다루기 어려워하는 주제도 탐구되며 주제의 범위도 죽음이나 우주 같은 광범위한 것부터 군중 같은 작은 규모까지 다양하다.

프로젝트의 시작이나 주제가 어떠하든 프로젝트가 성공적으로 진행되기 위해서는 유아의 창의적인 사고와 문제해결력을 불러일으키도록 충분한 흥미를 유발시켜야 한다. 유아의 창의적인 사고를 하기 위한 방법 중의 하나는 다양한 매체를 이용한 상징적 표상을 통해서 가능하다.

② 다양한 표상활동

한 가지 주제나 개념의 이해를 위해 다양한 매체를 사용하여 다양하게 표상·재표상한다면 각 매체의 서로 다른 인지조직적 특성이 통합·축적되어서 결국 주제에 대한 학습이 심화될 수 있을 것이다. 레지오에서 유아는 다양한 표상방법을 통해 자신을 창조하고 표현할 수 있다고 생각한다. 따라서 레지오를 소개하는 '어린이들의 수많은 언어'는 다양한 상징체계를 사용함으로써 지식을 심화시킬 수 있으며 가장 잘 학습할 수 있음을 의미한다.

1981년 스웨덴 스톡홀름에서 '시선이 벽을 뛰어넘을 때'라는 타이틀로 전시회가 열렸다. 레지오 유아학교의 작업들로서 이 전시회는 한해 전에 레지오 지역에서 개막되었던 것이다. 이 제목의 의미는 눈(마음, 교육, 유아교육)이 '벽', 즉 진부함 및 말치레의 벽, 획일성과 무력감 및 침묵의 벽을 뛰어넘을 수 있는 정도만큼 진실로 보고 판단하고 계속해서 새로워질 수 있다는 뜻이다.

그러나 스웨덴에서 전시회가 열려 제목을 그 나라의 언어로 번역하였을 때, 원래의 의미가 잘 전달되지 않음을 느꼈다. 그래서 전시회는 새 이름을 얻게 되었는데, 그것이 바로 지금의 이름인 '어린이들의 수많은 언어'이다. 이 전시회는 지난 15년 동안 유아들과 함께 유아들의 권리와 잠재력에 대한 희망이라는 메시지를 담고 전 세계를 돌고 있다(오문자 외, 2002; Reggio Children, 1997).

표상(representation)이란 유아들이 자신들의 생각과 느낌을 외부로 드러내는 표현행위로 그 종류로는 언어적 표상, 도식적 표상(2차원적 혹은 3차원적), 신체적 표상, 극화적 표상 등이 있다(오문자, 1998). 레지오에서는 표상을 학습의 수단으로 활용한다. 이에 대해서 포만(Forman, 1994)은 '학습하기 위해서 그리기(drawing to learn)'를 강조한다. 즉, 그림을 통해 사고를 가시화(可視化)함으로써 자신의 사고를 고찰 · 재고찰하고 반영적 사고를 하도록 격려한다. 레지오에서 표상 형식은 유아들이 다른 어느 매체보다 특정한 예술적 언어 또는 색채, 음조, 단어의 질적인 것을 더 친숙하고 심도 있게 다루는 능력을 의미한다.

포만(1994)은 다양한 상징적 표상활동을 위하여 매체를 사용한 학습원리를 다음과 같이 설명하면서 서로 다른 매체의 사용은 유아들이 서로 다른 질문을 갖도록 하는 역할을 함으로써 유아들이 더 깊이 배우도록 한다고 제안하였다.

첫째, 하나의 개념을 이해하기 위해 다양한 매체를 사용하여 표상하게 함으로써 학습을 심화시킬 수 있다. 유아들은 몸짓과 함께 말로 표현한 내용을 그림으로 그리고 그것을 다시 입체적으로 만드는 등 매체를 바꾸어 가며 유아의 사고를 순환적으로 표상 · 재표상한다.

둘째, 매체의 속성에 따라 다양하게 문제를 해결할 수 있으며 어떤 매체는 물리적 속성 때문에 어떤 의미의 상징을 어렵게 하기도 한다. 예를 들어, 찰흙과 금속을 비교해 보면, 찰흙은 쉽게 변형이 되어 유동적으로 표현이 되지만 금속은 쉽게 변하는 것이 아니므로 유동성을 표현하는 데는 한계점이 있다.

셋째, 매체의 제시순서는 학습에 영향을 줄 수 있다. 일반적으로 주제에 대하여 유아가 아는 것이나 경험한 것 혹은 기억나는 것을 언어로 말하게 한 후에 다른 사람과 의사 소통하기 위해 그림으로 표현한다. 그 다음에 3차원적인 매체를 이용하여 모형을 제작한다.

넷째, 다양한 매체를 활용하여 이전에 표상한 것을 수정하거나 재표상활동을 하도록 격려한다. 예를 들어, 자전거에 대한 프로젝트에서 브레이크 작동에 관해 2차원적으로 표상할 때는 몰랐던 내용을 3차원적으로 표상할 때 그 문제점을 알고 그 작동에 관해 진전된 이해수준을 나타낸다.

다섯째, 어떤 매체는 이론을 세우는 데 도움이 되고 어떤 매체는 이론을 검증하는 데 도움이 된다. 위의 자전거 프로젝트의 예에서 알 수 있듯이 언어적인 표상과 2차원적인 그리기는 유아의 이론을 세우는 데 도움이 된다. 찰흙이나 철사 등과 같은 3차원적인 재료들은 유아의 이론을 검증하는 데 유용하게 사용된다. 적절한 시기에 적절한 매체를 활용하여 유아의 기억을 돕고 사고의 재고찰을 촉진하도록 격려해 주는 것이 중요하다.

③ 의사소통을 통한 상호 협력

레지오 교사들이 강조하는 개념은 상호 협력, 대화, 교류 등이다(서영숙 외, 2002; 오문자, 2000; New, 2000). 레지오에서의 상호 협력은 성인과 유아 간의 협력, 교사 간의 협력, 페다고지스타 간의 협력, 학교와 부모 간의 협력, 학교 자문위원회 위원들과 부모들 간의 협력, 그리고 프로젝트 활동을 통해 유아, 교사, 재료, 환경 간의 다양한 협력 등으로 나타난다.

상호 협력이란 유아와 교육자의 힘과 자원을 공유하며 모든 참여자들이 함께 공동의 계획과 실천과정에 참여하는 것이다. 작업의 분담을 통한 단순협동이 아니라 아이디어와 책임을 공유하는 협력, 의견의 일방적 제시 및 보고가 아니라 상호 교류적 대화를 통한 지식의 공동 구성, 지식을 전달하고 질문하는 교사로서의 역할이 아니라 지식의 공동 탐구자로서의 교사의 역할 등을 중요시한다. 의사소통과정 안에서 일어나는 협력이란 레지오 교육자들에게는 사고방식이면서 동시에 지식 구성에 관한 이론이기도 하다.

④ 기록과 전시작업

레지오 교육의 실제를 접할 수 있는 가장 시각적인 방법은 '어린이들의 수많은 언어'라는 타이틀의 전시회라고 할 수 있다. 이 전시회를 통해서 레지오 교육자들은 외부와의 교류와 공감대를 얻어내고 대화를 도모하고 있는데, 이 전시회의 내용들은 레지오의 독특한 특징인 기록작업에 의해 이루어진 것이다.

기록작업 안에 포함되는 내용으로는 유아들 말의 전사내용, 그림과 조형물 등의 유아들의 작업물, 활동과정의 사진과 비디오, 활동에 대한 교사나 성인들의 해석과 주석 등이 포함된다(오문자, 2000). 유아들이 활동을 시작해서 끝내기까지 여러 단계를 거치는 동안 만들어 낸 작품, 진행되고 있는 활동을 관찰하거나 찍은 사진, 유아들과 함께 활동을 한 교사나 다른 성인 혹은 부모들이 한 충고, 유아들이 자신들이 하고 있는 활동에 대해 한 토론 · 설명 및 그것을 녹음해서 글로 옮긴 것 등이 포함된다.

기록된 것은 교실이나 복도에 전시되는데, 기록작업을 통해 유아들이 전시된 작품을 어떻게 계획하고 실행에 옮기고 완성했는지를 보여준다. 따라서 기록작업은 학습의 과정이며 결과이다(New, 2000).

기록작업은 몇 가지 교육적인 중요성이 있다.

첫째, 프로젝트 과정에서 기록작업은 유아들에게 자신들이 말하고 행하였던 것에 대한 구체적이고 가시적인 기억을 제공함으로써 자신과 다른 사람의 느낌, 지각, 관찰, 반성을 재방문하고 돌이켜보며 해석해 보고 무엇보다도 자신들의 정신적 과정에 대해서 생각해 보는 소중한 기회를 준다. 기록작업은 자기평가와 자신의 생각을 확인하고 수정하며 무엇보다도 자기의 아이디어를 타인의 것과 비교하여 상호 대화하고 지식의 공동 구성이 일어나도록 한다.

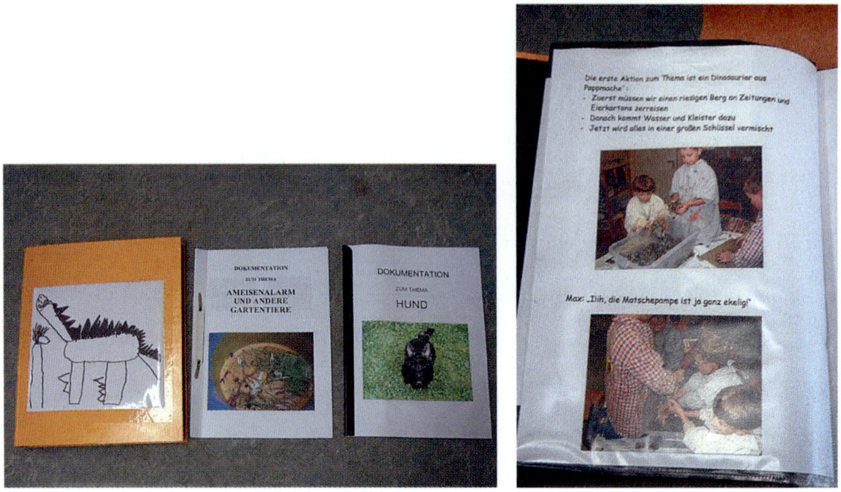

[그림 3-1] 기록한 것을 파일로 묶은 것[2)]

둘째, 교육자들에게 연구를 위한 도구로서 기록작업을 토대로 유아들의 기초 지식을 이해할 수 있고 동료 교사, 페다고지스타, 아틀리에스타 등 다른 교사들과 함께 프로젝트의 방향을 확장 · 설정하기 위한 방안을 분석 · 논의한다. 또한 유아들의 경험을 새로운 시각에서 다시 해석함으로써 다음 활동을 마련하는 근거로 다양한 시각을 갖게 된다.

셋째, 부모들은 자녀들의 사고과정을 위해 주어지는 경험내용들을 관찰할 수 있는 정보를 접하게 됨으로써 유아들이 갖는 경험을 공유하며 프로젝트 활동뿐만 아니라 교육과정 형성에 참여할 수 있는 기회를 갖게 된다.

넷째, 지역사회 차원에서는 학교의 교육내용을 알리고 연계하는 효율적 연계 방안이 될 뿐 아니라 작업내용이 가시화되고 공개되면서 공적으로 정당성을 얻게 된다. 또한 외부의 학자 및 교육자들에게 레지오 접근법을 알리고 피드백을 받을 수 있는 의견교환의 방법이 되기도 한다.

2) 이 사진은 레지오를 실시하고 있는 독일의 유치원에서 찍은 것임

레지오의 수석 페다고지스타인 리날디(Rinaldi, 1994)는 "기록작업은 유아와 성인 모두에게 민주주의의 진정한 순간을 제공해 준다. 대화를 통해서 밝혀진 서로의 차이점을 인식하고 가시화하는 것에서 바로 민주주의의 근원을 찾을 수 있다. 이것은 가치와 윤리의 문제이다."라고 하면서 그 중요성을 궁극적인 교육의 본질과도 연결시키고 있다.

따라서 기록작업은 활동이 진행되는 과정 및 경험에 대한 반영물인 동시에 그것에 대한 해석적 성찰이 이루어지는 근거이자 차기 활동의 준비를 방향지어 주는 나침반 역할을 하는 중요한 요소이다(유혜령, 2005).

(3) 교직원 구성과 역할

레지오의 학교에 근무하는 교직원은 교사, 아틀리에스타(atelierista), 파트타임 교사, 종일제 보조자, 파트타임 보조자, 요리사 등이 있으며 몇 개의 학교를 맡아 지원하는 페다고지스타(pedagogista)가 있다(〈표 3-1〉, 〈표 3-2〉).

여기에서는 레지오 접근법의 특성이 두드러진 페다고지스타, 아틀리에스타, 교사에 대해서 설명해 보기로 하겠다(김은희, 2001; 서영숙, 2002; 안영주, 1997; Gandini, 1994).

〈표 3-1〉 레지오 에밀리아 영유아센터 교직원 구성

구분	교직원 수
교사	11
연장시간 담당교사(파트타임)	1
요리사	1
종일제 보조자	3
파트타임 보조자	3

*등록한 유아 수에 따라 파트타임 교사를 추가할 수 있다.

*이것은 한 시설의 교직원 구성이며 영유아 69명이 재원하고 있다.

〈표 3-2〉 레지오 유아학교 인적 구성

구분	2학급	3학급	4학급
유아	50	75	100
교사	4	6	8
연장시간 담당교사(파트타임)*	1	1	1
아틀리에스타	1	1	1
요리사	1	1	1
종일제 보조자	2	2	3
파트타임 보조자	1	3	3

*등록한 유아 수에 따라 두 번째 파트타임 교사 추가

*출처 : Reggio Children(1999). The municipal infant-todder centers and preschools of Reggio Emila.

① 페다고지스타

페다고지스타는 4년제 대학에서 교육학이나 심리학의 학위를 가진 사람으로 긴 훈련과정을 거쳐 4~5개의 학교나 센터를 맡아 지원하고 함께 일한다. 각 학교에는 원장이 없으며 페다고지스타의 도움을 받아 교사와 직원들과 상호작용하여 운영한다. 페다고지스타의 역할을 설명해 보면 다음과 같다.

첫째, 교육에 대한 전문적인 상담 · 조정가로서의 역할이다. 페다고지스타는 4~5개 기관을 담당하는데, 1주일에 한 번씩 센터의 교직원과 함께 모여서 유치원과 영유아센터 전반에 관련된 정책이나 문제를 토론한다. 직원 스케줄 짜기, 임무 배정, 작업시간 조정, 물리적 환경 조성 등 교사의 자율성과 전문성 향상을 지원하는 등의 역할을 한다.

교사를 위해 문제를 해결해 주기보다는 교사들의 자율성을 촉진함으로써 문제를 해결할 수 있도록 지원하는 데 있다.

둘째, 현직교사를 지원하고 훈련 담당자로서의 역할이다. 교사들이 현장경험과 현직 교육을 통해 높은 수준으로 교육될 수 있다고 보고 교육이론, 교수전략, 건전한 사회적 관계와 의사소통 등의 내용과 유아 관찰, 유아의 말을 듣는 기술, 프로젝트를 기록하는 기술 등에 관한 교육을 한다. 예를 들어, 페다고지스타는 4~5개의 기관과 정기적으로 만나서 그곳에서 이루어지고 있는 유아의 활동을 참관하고 활동과정에 대한 소개를 받으며 유아의 프로젝트 진행에 대해 깊이 있는 조언을 해주기도 한다. 그러므로 각 기관들이 프로젝트를 이끌어 가는 방법은 비슷하며 같은 주제에 대한 프로젝트를 하기도 한다.

셋째, 부모, 교사, 시민 등 모든 성인을 대상으로 워크숍이나 공개토론회, 공청회 개최자로서의 역할이다. 교사와 부모와의 의미 있는 상호작용 조성, 교사와 협력하여 각 유아와 가족의 권리와 욕구 분석, 레지오를 외부에 알리고 외부와 상호 교환하는 일, 시 전체를 위하여 유아교육 기본 방침을 세우기 위한 지원망을 창조하는 등의 기능을 담당한다.

② 아틀리에스타

아틀리에스타는 시각예술을 전공한 사람으로 담임교사와 협력하여 교육과정을 개발하고 유아들의 학습과 창의적인 활동과정을 관찰하고 지원하며 기록 및 전시작업도 한다. 아틀리에스타의 역할을 설명해 보면 다음과 같다.

첫째, 교사와 유아를 돕고 조언자로서의 역할을 한다. 아틀리에스타는 대규모로 진행되고 있는 프로젝트나 소규모의 개인적 활동이 어떻게 되어 가고 있는지 알아보고 교사들과 무엇을 어떻게 유아에게 소개할지, 어떤 일이 일어날지 의논하고 특정 자료나 기술을 권하기도 한다. 유아의 프로젝트 활동에도 직접 참여해서 유아가 하는 질문이나 유아가 참여하는 프로젝트 활동에 대해 방향을 의논하기도 한다.

둘째, 기록 및 전시작업과 분석자의 역할을 한다. 카메라, 녹음기, 슬라이드, 비디오 등의 도구를 이용하여 유아들의 상징적 표상을 기록하고 프로젝트 과정을 기록하며 전시하는 데 참여한다. 교사와 유아들에게 시각적인 가능성과 아이디어를 제공하여 예술적인 표현이 가능하도록 하며 일반 교사들이 보지 못하는 미적 표현, 색을 섞는 방법 등을 지도한다.

따라서 시각예술의 경험과 훈련을 받은 아틀리에스타를 각 기관마다 두고 유아들의 구술적 · 문어적 · 언어 이외의 그림, 조형, 극놀이, 철사, 신체, 음악 등의 다양한 언어를 통한 표현 및 탐색을 지원하는데, 이는 유아들이 실험정신을 갖도록 고무하고 정형화된 사고를 벗어나서 주변 세계를 민감하게 지각하도록 지원하고자 하는 의도이다(김희연 외, 2005).

③ 교사

레지오의 교사는 보통 고등학교를 졸업하면 되고 현직훈련을 중요시한다. 한 반에 2명의 교사가 한 팀이 되어 3년간 담당한다. 따라서 교사와 유아들 사이에는 상호 신뢰와 협동의 관계를 이루고 있으며 다른 교사나 가족들 또는 전문가들과의 토론을 통해 아이디어를 확장시키고 현직교육에 참여한다. 말라구치는 교사의 직업적 · 문화적 고립으로 잠재력과 자원이 고갈되어 양질의 교육이 불가능한 교사담임제의 단점을 벗어나고자 협력교사제를 채택하였다.

뉴(New, 2000)는 교사가 유아를 가르치기 위해서는 유아에 대해 학습해야 하며 바르게 이해해야 한다고 하였다. 유아 스스로 배우도록 유아의 의견을 경청하면서 스스로 논쟁을 해결해 나갈 수 있도록 기회를 제공할 수 있어야 한다. 레지오 교사는 끊임없이 연구하고 변화할 수 있도록 노력해야 하며 유아들과 대화하고 공동활동과 지식의 공동구축을 위해 노력해야 한다. 또한 레지오 교사들은 대상을 만났을 때 정보가 이입되는 과정, 읽고 해석하는 능력, 의식 혹은 무의식 끝에 존재할지도 모르는 다루어지지 않았을 미적 심상을 끄집어 내고 비교 · 분석하고 변형하고 조합하는 능력이 매우 뛰어나며 아름다움을 이끌고 창조한다.

피페(Fyfe, 1994)는 레지오 교사가 되기 위해 주의할 점을 다음과 같이 설명하고 있다.

첫째, 이전에 해왔던 교육과정을 바람직한 방향으로 점진적으로 재구조화하는 것, 즉 그 전의 교수방법을 모두 없애지 말고 변화시키고 적용(새로운 제도, 접근, 실제를 어떤 조건이나 새로운 요구에 보다 적합하도록 만드는 것)할 필요가 있다.

둘째, 유아들의 다양한 언어를 탐색하는 것이다. 성인과 유아는 여러 가지 표상 매개체의 물리적 속성에 익숙해야 할 필요가 있다. 특히, 여러 가지 표상 매개체를 이용한 창의적인 표현은 지식 구성의 본질적 요소이기 때문에 교사는 유아의 창의적인 발달을 촉진하도록 격려해 주어야 한다. 창의성은 독립된 정신활동이 아니라 사고하고 이해하고 선택하는 독특한 방법이다(New, 2000). 말라구치는 잠재적인 창의성 발달이 전체적인 교육계획과 분리될 수 없다고 하였다. 창의성은 특히 아틀리에스타의 역할과 관계되므로 아틀리에스타는 유아가 다양한 상징언어를 개발하도록 환경을 제공해 주어야 한다. 창의적인 사고를 하기 위한 방법 중의 하나는 다양한 형태의 매개체를 이용하여 상징적 표상을 나타내도록 도와주는 것이다.

셋째, 발현적 교육과정을 계획한다. 어떤 교사는 레지오에서 교육과정이 미리 정해지지 않는다는 이야기를 듣고 미리 계획을 하지 않는 것으로 생각한다. 그렇게 된다면 프로젝트의 방향을 가정하고 일반적인 목표를 표현하며 유아들의 흥미를 자극하고 지속시키는 면에서 교사가 유아를 지도하는 데 어려운 점이 있다. 교사들은 유아의 언어, 그림 등의 표상활동을 통해 나타나는 아이디어를 연구해야 한다. 또한 유아들과 대화하면서 적절하게 비계설정을 해야 하고 프로젝트의 가능한 경향을 가정하는 것 등에 대해서 알아야 한다.

넷째, 더 많은 시간이 필요하며 시간을 효율적으로 사용할 필요가 있다. 유아들이 천천히 학습하도록 도와주어서 유아의 사고, 이론, 문제, 의견을 탐색하는 과정을 존중해 주어야 한다. 또한 교사들 간의 협동을 위해서 집단계획을 한다든지 공유하고 반영적 사고를 하는 데도 많은 시간이 필요하다.

다섯째, 협력을 해야 한다. 교사와 유아의 협력, 교사와 다른 교사나 가족들과의 협력이 중요하다. 같이 토론하고 비판하면서 공유하고 반성하는 과정이 중요하다. 따라서 독립성과 상호 존중에 근거한 관계 형성이 중요하다.

여섯째, 부모 및 가족을 참여시킨다. 교사들은 가족의 참여를 증진시키고 개방성과 양방향의 커뮤니케이션을 확립해야 한다. 그리하여 교사 조직체제의 모임에 부모를 끌어들여 학습과정의 동반자로 만들어야 한다.

이상에서 볼 수 있는 바와 같이 레지오 교사는 유아와 함께 참여하고 주의집중하면서 예술적으로 조화를 이루는 역할을 수행해야 한다. 교사는 주의 깊게 듣고 관찰하며 기록하고 다른 사람과 교류하면서 자원의 근거로서의 역할을 하며 유아들을 지도해야 한다.

협력교사제를 하면서 서로 협동하고 멘토링하면서 시각예술을 전공한 아틀리에스타와 함께 다양한 매체와 상징체제를 통해 표현하도록 한다(Edwards, 2002). 따라서 교사는 지식전달자가 아니라 능동적인 학습집단이 탐구하고 연구해 나가는 과정을 지원하는 지식구성과정의 파트너라고 본다.

교사들은 1주일에 36시간 근무한다. 그중 30시간은 유아들과 지낸 시간이며 나머지 6시간은 교육계획, 기록과 전시작업, 부모면담 및 가족과의 모임, 다른 교사와 협의, 지역사회 관리, 전문적 발전을 위한 활동에 관한 업무를 한다. 따라서 교사들은 학급에서 유아들과 활동하는 시간 외에 1년에 190시간을 더 일하는데, 97시간은 현직교육에, 43시간은 부모나 위원회를 만나는데, 40시간은 세미나, 워크숍 등에 참여한다.

(4) 환경의 중요성

레지오 학교를 방문하는 사람들은 물리적 환경의 아름다움 때문에 감탄한다. 레지오에서의 환경은 사회적 상호작용과 탐구 · 건설적 학습, 창의적인 활동을 자극하는 유용한 '그릇'인 동시에 교육적 메시지를 담고 있다(New, 2000). 말라구치는 환경은 그 안에서 살아가는 사람들의 아이디어, 윤리, 태도와 문화를 반영해 주는 수족관과 같은 역할을 해야 한다고 하였다. 따라서 학교는 자신들의 독특한 환경, 그들만의 건축, 공간과 형태 그리고 기능에 대한 그들만의 개념과 활용할 수 있는 권리를 가져야 한다는 것은 논의의 여지가 없이 분명하다. 교육은 복합적인 상호작용의 산물로 인식되어야 하며 그중 많은 상호작용은 환경이 전적으로 참여하는 요소일 때만 실현될 수 있다(Reggio Children, 1997).

레지오의 환경은 전반적으로 정교하게 정돈되어 있고 유아 개개인에게 의미가 있도록 구성되어 있는데, 환경을 제3의 교사라고 간주하며 유아의 호기심을 자극하고 있다. 레지오 학교의 건물과 공간의 구성요소를 분석해 볼 때 기본적인 심미적 요소들(선, 형, 색채, 빛, 움직임, 냄새 등)이 매우 강하게 내재한다는 점이다. 우선 색채는 원색보다는 자연의 배색, 다양하게 혼합된 채색을 사용하여 안정된 느낌과 동시에 역동적이고 신비한 느낌을 표현하고 선과 형은 일직선의 단조로움이나 반복되는 형태를 벗어나 중앙에서 뻗어나가는 방사선의 원형을 통해 다원화된 형태를 강조한다. 소리와 빛, 냄새 등에서 다양한 감각작용의 통합을 시도하였고 더 나아가 미학에서 매우 중요하게 다루는 비언어적 표현, 즉 느낌과 분위기를 의식적으로 고려하였으며 모든 재료와 작품은 심미적으로 전시되어 있다. 이러한 심미적 요소는 레지오 학교의 공간을 분석하고 설명하는 기본적 틀이 되고 있다(임부연, 2005).

이러한 레지오의 물리적 환경의 특징을 순환성과 투명성이라는 두 개념으로 잘 표현될 수 있다(이기숙, 2000). 순환성이란 모든 공간이 자연적으로 연결되어 있어서 막힘이 없이 어느 곳이나 통할 수 있다는 의미로 유아-유아, 유아-교사, 유아-환경 간의 상호작용을 최대한 장려하는 레지오의 정신을 잘 반영하고 있는 개념이다. 따라서 레지오 학교의 환경은 공통적으로 건물의 어느 곳에서나 직접 연결되는 중앙 공용공간인 피아자가 자리 잡고 있으며, 네 면을 따라 아틀리에, 활동실, 각 학급별 미니 아틀리에, 그리고 화장실이나 부엌 같은 부대시

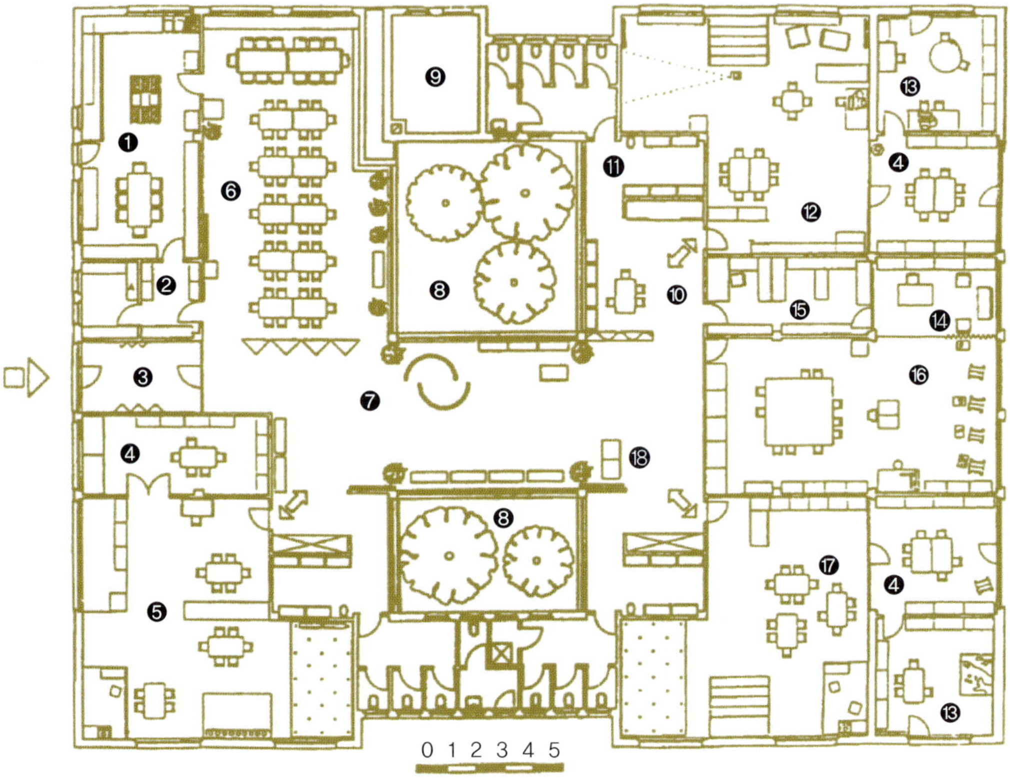

❶ 부엌(Cucina: Kitchen) ❷ 음식배급소(Dispesa Larder) ❸ 현관
❹ 미니-아틀리에(Mini-Atelier) ❺ 3세아 교실 ❻ 식당
❼ 피아자(Piazza-Square) ❽ 작은 정원 ❾ 중앙난방실
❿ 도서영역(Lettura) ⓫ 극장(Theatrea) ⓬ 5세아 교실
⓭ 음악실(Musica) ⓮ 교직원 도서관 ⓯ 기록보관소(Archives)
⓰ 아틀리에(Atelier) ⓱ 4세아 교실 ⓲ 만화경(Kaleidoscope)

[그림 3-2] 다이애나 유치원 평면도

설이 배치되어 있으며 문을 통해 모두 연결되어 있어 역동적인 움직임과 동선을 만들어 내는 리듬이 있는 공간이다. 또한 교실과 교실을 잇는 PVC파이프 선은 유아들이 다른 집단과 상호작용할 수 있도록 한다.

투명성은 같은 공간에 있지 않아도 서로의 존재를 보고 느낄 수 있는 가능성을 의미하는 것으로서 모든 문과 창에 유리 및 거울을 사용하여 서로 볼 수 있도록 하였다. 또한 가능한 자연색과 모든 종류의 빛(예 : 자연채광, 형광등, 백열등 등)과 빛을 활용하는 기구(예 : 투시물 환등기, 슬라이드 프로젝트, 라이트 테이블, 손전등 등)를 활용하고 있다.

레지오 학교의 현관에 들어서면 초대받은 느낌, 환영받고 있다는 느낌을 받을 수가 있다. 투명성의 원리에 따라 레지오 학교는 흰색의 벽, 유리벽을 통해 들어오는 자연의 빛과 형광등 빛(낮에도 형광등을 켜 놓음), 산뜻하고 기능적인 가구, 건강한 초록 식물 등 때문에 전반적으로 환하고 심미적이다.

현관 입구에는 놀이하고 있는 유아의 사진, 회의를 하고 있는 부모 및 교직원들의 사진이 전시되어 있다. 현관에 들어서면 피아자라는 중앙 공용 공간이 보인다.

① 피아자

피아자(Piazza)는 이탈리아 시의 중앙에 위치하고 있는 커다란 광장(piazza grande)이라는 말에서 유래되었다. 이 광장은 시의 대표적인 것으로서 시민생활과 종교적인 행사에서 중요한 기능을 담당해 왔다. 고대시대 때는 반대 당파 사이에 전쟁을 하는 장소였으며 평화로운 시대에는 시장과 오락의 장소가 되었다. 레지오 학교에서도 중앙 광장에 있는 것과 같은 공간이 건물 중앙에 위치하고 있다.

이 장소는 학교 전체 유아들이 공동으로 사용하는 공간으로 다른 반 유아들과 함께 어울리고 즐기는 만남의 장소이다. 피아자는 관계 형성을 지원하며 소집단활동, 이야기하기, 사회적 관계 형성을 하는 공간이다. 여기에는 가게놀이영역, 극놀이영역, 소규모의 노천극장(유아들이 그룹으로 모여서 커뮤니케이션을 지원하기 위함), 삼각거울 등이 있다. 또한 부모들이 유아들을 위해 만든 놀잇감(모빌, 조개로 만든 장식물, 마룻바닥에 거울 등)이 있어 유아와 가족을 존경하는 메시지를 볼 수 있다(New, 2000).

학교 안의 내부 공간은 이 공용 공간인 피아자를 향해 개방되어 있다. 성인과 유아들은 하루의 활동을 하면서 반드시 이 공간을 한 번씩 지나감으로써 상호작용이 이루어지는 곳이다.

[그림 3-3] 삼각 거울[3)]

② 아틀리에

레지오의 모든 학교에는 교실과 별도의 공간인 아틀리에가 있다. 아틀리에에는 유아들이 프로젝트 관련 활동이나 여러 가지 활동에 사용할 수 있도록 다양한 미술 재료나 자원 등이 구비되어 있으며 유아들이 작업한 프로젝트나 경험에 대한 기록을 비치하고 있다. 따라서 아틀리에는 유아들의 지적 호기심과 탐구심을 유발시키며 교사들에게는 연구를 위한 장소가 되고 부모와 학교의 커뮤니케

3) 여기에 나오는 사진은 포항 하늘숲유치원, 독일과 이탈리아(르미다)에서 찍은 것이다.

이션을 도와주는 공간이기도 하다.

아틀리에는 유아들이 아틀리에스타의 도움을 받아 프로젝트 관련 활동을 하는 곳으로 직접 경험하는 장소가 되며 관찰과 기록작업을 위한 중심이 되는 장소이기도 하다. 유아들의 창의적인 다양한 표상활동을 격려하기 위하여 다양한 재료, 즉 주위에서 볼 수 있는 자연물이나 폐품 등이 비치되어 있다. 종이, 도구, 단추, 돌멩이, 조개 껍데기, 구슬, 씨앗, 말린 꽃, 물들인 꽃, 털실, 구리 조각, 곡식, 철사, 리본 등이 있다. 이러한 재료들은 그 자체로 미적 요소(선, 색채, 형태)들이 뛰어나고 인위적으로 제한된 용도를 가지지 않는 것이어서 매우 열려지고 창의적인 재료들이다(임부연, 2005). 이 외에도 아틀리에에는 카메라, 녹음기, 촬영기, 복사기, 컴퓨터 등과 같은 시청각 기자재가 있어 유아들의 기록작업을 도와준다. 아틀리에에서 유아들은 칠하기, 그리기, 진흙으로 만들기 등 유아들이 모든 종류의 상징적 기술을 완성해 가며 유아들이 어떻게 학습하는지를 성인이 이해할 수 있도록 도와준다.

각 교실에는 미니 아틀리에가 있어 찰흙, 종이, 철사 등의 재료를 탐색하며 기록작업을 하는 것 외에도 소집단 상호작용 및 프로젝트를 지원해 주기도 한다(Sassalos, 1999).

[그림 3-4] 아틀리에

③ 교실

레지오의 교실은 따뜻함과 친밀감을 주는 집과 같은 분위기를 제공해 주며 유아들의 소집단활동을 통한 커뮤니케이션을 지원해 주기 위한 공간이 마련되어 있다. 유아와 교사가 아이디어와 감정을 탐색하고 표현하기 위해 사용될 다양한 재료가 갖추어진 선반, 개인 소지품을 보관할 수 있는 플라스틱 사물함, 의자, 테이블, 전신거울, 극놀이 영역, 책, 게임 종류, 편지함, 라이트 테이블, 미니 아틀리에 등이 있다.

교실마다 각 유아들의 개개인의 편지함이 있다. 이 편지함에는 개인 유아들의 사진과 이름이 있어서 자기 상자와 다른 친구의 상자도 구분해서 찾을 수 있게 되어 있다. 유아들이 아침에 등원하자마자 제일 먼저 하는 일은 자신들의 편지함인 상자 속에 무엇이 들어 있나 확인하는 것이다. 어린 유아의 편지함은 바깥에서 볼 수 있게 투명한 종이에, 연령이 높아짐에 따라 안이 보이지 않는 상자이다. 유아들은 상자 안에 작은 물건을 넣기도 하고 그림이나 편지를 넣어 교사의 개입이 없이도 친구와 상호 교환을 하며 읽기 · 쓰기 능력이 자극되기도 한다. 이러한 편지함은 교사, 아틀리에스타, 요리사의 것도 있다(Reggio Children, 1996).

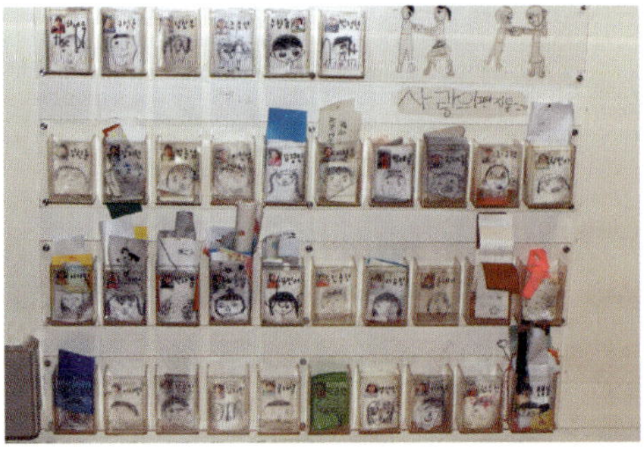

[그림 3-5] 편지함

라이트 테이블은 각 교실마다 하나씩 구비되어 있는데, 일상적인 사물을 이 테이블 위에 놓고 보면 밝은 빛 때문에 환상적이고 아름다운 분위기를 느낄 수 있으며 자료의 색깔과 짜임새를 탐색할 수 있다. 예를 들어, 나뭇잎을 라이트 테이블 위에 놓고 보면 잎맥까지도 상세하게 볼 수 있어 유아들이 표상활동을 하는 데 도움을 줄 수 있다.

또 하나 특이한 것은 천장에 달린 도르래를 이용하여 선반을 매달아 놓고 그 위에 여러 가지 재료를 담아 놓기도 하고 유아의 작품을 얹어 놓아 높이를 조정하면서 사용하고 있다. 이 외에도 레지오 학교의 시설로는 교사용 회의실, 부엌과 식당, 실외놀이영역이 있다.

[그림 3-6] 라이트 테이블

(5) 지역사회와의 관계

레지오의 교육은 출발부터 부모와 지역사회가 세우고 운영해온 시민 참여의 역사를 가지고 있으며 부모와 학교가 유아교육의 책임을 공유한다고 보고 협력하여 운영된다. 특히, 1970년대부터 지역사회가 교육에 참여하는 지역사회 중심의 운영체제가 공식화되었다.

지역사회 중심의 운영은 부모, 교사, 시민, 지역사회로 하여금 교육기관의 운영에 필수적인 요소로 참여, 민주주의, 집단 책임감, 문제해결, 의사결정의 과정을 강조함으로써 교육기관을 혁신하고 과도한 관료주의에서 벗어나게 해준다고 하였다.

뉴(New, 2000)는 학교의 교육과정 내용에 유아들이 지역사회와 학교문화에 참여함으로써 학습할 수 있도록 도와주어야 하며, 지역사회에 살아가기 위해서 기술, 성향, 지식을 획득하도록 도와주는 것이 필요하다고 하였다. 따라서 레지오 학교에서는 관계 발달, 협력하는 방법 학습하기, 관념과 표현의 다양성을 중요시한다. 또한 교육의 3가지 요소인 유아, 교육자, 가족은 동등한 자격을 가지고 있으며 서로 분리될 수 없으므로 협동과 참여의 의미가 중요하다.

특히, 자원재활용센터인 르미다(remida)를 보면 학교와 지역사회와의 관계를 잘 알 수 있다. 르미다는 레지오 시의 각종 교육 및 사회활동기관의 활동을 지원하기 위해 세워진 기관이다. 레지오 학교의 아틀리에에 전시된 폐품인 각종 재료들은 르미다를 통해 구입할 수 있다. 레지오 학교의 힘만으로는 재활용센터를 설치하고 운영하는 것은 어려울 것이며 지역사회 시민들과 행정기관의 적극적인 협력이 요청된다.

[그림 3-7] 르미다 입구

[그림 3-8] 르미다 내부

2 실제

1) 새들을 위한 놀이공원

'무엇을 할 것인가'에 대한 아이디어가 학급회의에서 나온다. 이 아이디어가 어떻게 발전될 것인지, 유아들이 과연 그것을 하자고 할 것이며, 언제 하자고 할 것인지 등 백 가지의 아이디어들로 토의를 한 후에 결정된다.

유아들이 각자 자신의 아이디어를 내놓을 수 있다. 이 아이디어들이 다른 유아들에게 어떻게 받아들여질 것인지는 수많은 토의를 통해 협의해 나간다. 제안된 아이디어 중 하나가 전체 유아에 의해 채택될 때까지 끊임없이 많은 토의가 이루어진다. 아이디어를 판정하고 선정하는 과정에는 유아와 교사가 함께 참여한다.

본 프로젝트의 아이디어는 학교 마당에 살고 있는 목마른 새들에게 호수를 만들어 주자는 것이었다. 만약 새들이 목마르다면 배도 고플 것이다. 만약 배가 고프고 목마르다면 새들은 피곤하기도 할 것이다. 새로운 아이디어들이 계속 생겨나서 원래 아이디어에 보태진다(김은희, 2001; 오문자 외, 2002; 이연섭 외, 2002).

(1) 새들을 위한 놀이공원이라는 아이디어

유아들은 나무 위에 집과 둥지를 지어 주고 아기 새가 놀 그네와 나이든 새를 위한 승강기를 만들자는 제안이 나온다. 그리고 페리스휠(놀이공원의 작은 의자들이 돌아가며 달려 있는 탈 것)과 음악이 나오는 탈 것들이 제안된다. 또한 새들이 수상스키를 타도록 작은 나무 조각으로 스키를 만든다. 그리고 분수대 이야기가 나오는데, 정말 크고 진짜여야 하며 아주 높이 물을 뿌릴 수 있어야 한다.

이 프로젝트는 이제 대강의 윤곽이 잡혀간다. 빠진 것은 없는지. 아마도 더 좀 더 명확하고 흥미로운 이름을 정하는 것이 필요할 것 같다. "아 알았다! 우리는 새들을 위한 놀이공원을 만들 거야!" 이 아이디어를 좀 더 구체화하기 위해 여러 차례의 다음 모임을 가졌다.

"얘들아, 우리 새들을 위한 놀이공원을 만들면 어떨까?"
"좋은 생각이야! 자 어서 하자! 우리 새들의 놀이공원을 만들자!"

(2) 놀이공원을 만들기 위한 디자인들

"놀이공원은 유아들과 새들이 모두 재미있어야 할 거야. 아마 벌써 재미있을 걸. 우리가 자기들에 대해 이야기하는 것을 듣고 그 애들은 "와 정말 멋진 생각이야!"라고 했어."

유아들은 다음과 같은 흥미 있는 아이디어를 제안하고 디자인하였다.

- 새들을 위한 분수대
- 나이 든 새들을 위한 엘리베이터
- 아기 새들을 위한 그네
- 새들이 타고 놀 수 있는 물레방아
- 음악이 나오는 탈 것들
- 새들을 위한 공중전화
- 새들이 탈 수 있는 스키
- 입장하고 싶은 새들을 위한 매표소

(3) 분수대에 대한 이야기

"그리고 분수대 같은 것은 어때? 그러면 새들이 목욕을 할 수 있잖아. 분수대를 만들려면 우리는 파이프를 좀 설치해야 돼. 그러면 물이 모터에 밀려 올라가".

(4) 실제 분수대 관찰

"분수를 많이 만들자. 그래야 새들이 싸우지 않고 사이 좋게 지낼 거야."
"분수라… 나는 내 분수를 만들 테니 너는 네 분수를 만들어."
"그렇지만 분수는 만들기 힘들어. 그림으로 그리는 것은 싫어. 진짜로 만든다면 좋아."
"지오반니 선생님과 다른 선생님들도 도와주실 거야. 나 혼자서 다 만들어 볼 거야."

유아들은 학교 주변의 공원에 있는 엔젤 분수대와 극장 앞에 있는 분수대를 관찰하기로 하였다. 공원과 극장 앞에서 각각 분수대의 사진을 찍고 현장 스케치를 하였다.

"가장 좋은 것은 극장 옆에 있는 것이야. 물을 높이 뿜어 주고 옆에 있는 꽃들에게도 물을 주고 있어."

(5) 분수대 디자인하기

이틀에 걸쳐 현장견학을 하였으며 모든 것을 학급에 돌아와서 보고하였다.

"천사분수가 공원에 있어. 어제 우리가 그걸 그렸어. 나는 4장이나 그렸어."
"광장에도 하나가 있었어. 그 분수는 두 개의 얼굴이 있었는데, 입 속에 있는 작은 파이프 속에서 물이 나왔어."

"시내에 가면 언제나 마실 수 있는 분수가 있어."
"그것은 '샘'이라고 불러. 산속에 있는 샘 같은 것 말이야."
"아마 산에 있는 것은 샘이라고 부르고 시내에 있는 것은 분수라고 부를지도 몰라."
"분수는 보고 있으면 정말 멋지다. 나는 어제 시내에서 새들이 분수에 들어가서 다이빙하는 것도 보았어."

관찰을 토대로 유아들은 만들고 싶은 분수대를 그림으로 디자인하거나 점토로 모형을 만들었다. 어떤 유아는 '사랑의 분수대'라고 명명하면서 점토로 분수대를 만들었다.

(6) 분수대가 어떻게 작동하는지에 대한 이론들

"내 분수는 아주 커. '천사분수'야. 천사모습 조각이 분수에 만들어져 있기 때문이야. 내가 꼭대기에 두 개의 천사를 만들었어. 막대 위에… 저기 물이 나오는 큰 파이프 위에 말이야. 그리고 작은 천사도 만들었는데, 밑에 있는 연못에 물고기랑 거북이랑 함께 넣어 주었지. 물탱크가 유리로 만들어졌어. 그래서 물이 밖으로 나오지 않아. 그리고 안을 들여다볼 수도 있어. 유리가 깨끗하니까. 연못 아래에는 이것 전체를 받쳐 줄 기둥을 만들었어."

교사는 분수대가 어떻게 작동하는지에 대한 나름의 이론을 유아가 쉽게 표상할 수 있도록 분수대 사진 위에 아세테이트지를 올려놓고 그려 보도록 하였다. 또한 아크릴 이젤을 사용하여 이면에서 분수대 배경을 슬라이드 프로젝트로 투사하고 이젤 위에 투사된 분수대에 '어떻게 분수가 뿜어져 나오는가'에 대한 자신의 생각을 나타내기만 하면 되도록 과제조건을 적절히 지원하였다.

"이건 천사 분수대야. 내 생각에 이 안에 물을 날라 주는 파이프가 있어. 그 파이프들이 물탱크에서 물을 가져오는데, 파이프가 기울어지면 빨리 가기 시작해서 분수대로 가. 분수대의 밑바닥에 있는 풀에는 물이 좀 있는데, 아마 사람들이 일 년에 한 번 정도 물을 바꾸어 줄 거야."

"물은 하늘에서 내려오는데, 그건 비야. 비가 산으로 가서 산의 구멍으로 들어가서는 산기슭에 있는 호수로 들어가. 그러고 나면 경사진 운하가 있는데 그것은 물을 먼저 호수로 가져가고 다음에는 저수지로 가져가. 땅 밑에는 많은 통로가 있는데, 생쥐들도 물을 조금 마셔. 생쥐들은 아주 조금만 마시고 나머지는 분수대로 가서 분수대의 돌로 올라가고… 그런데 그 돌이 미끄럼 같아서 물이 다시 아래로 내려가."

"내 생각에는 물이 가득찬 정말로 커다란 탱크가 있을 것 같아 그렇지? 우리가 두 개를 만들었는데 한쪽에 하나 그리고 다른 한쪽에 하나. 맨 꼭대기에 탱크에 물이 있는지를 가르쳐 주는 저울 같은 것이 있어. 예를 들어, 만일 저울이 평형을 이루면 탱크 안에 물이 있다는 것이고 만약 그것이 기울어져 있으면 물이 조금밖에 없다는 것이니까 물을 가득 채우려면 스위치 안에 있는 단추를 눌러야 해."

(7) 물레방아에 대한 이야기

"있잖아, 나한테 다른 생각이 있어. 물속에서 항상 돌아가는 바퀴를 하나 넣자. 마치 물레방아처럼. 그래서 새들이 그 톱니를 계단처럼 쓰면서 놀도록 하자."

"톱니가 움직이게 하려면 톱니 위로 폭포처럼 떨어지는 물이 필요해. 내 그림에 나는 진짜 수로를 그려 넣었는데 그것은 만약 물이 없으면 산에서 물을 가져다가 그 물이 톱니 위로 가도록 만들어서 새들이 계속 놀 수 있도록 해줘."

(8) 물레방아 그리기

물레방아를 그림으로 그려 보았을 때 물레방아의 바퀴는 그 톱니의 위치가 잘못되어 있음을 보여준다. 물레방아의 바퀴는 떨어지는 물의 힘을 받을 수 있는 측면 위치가 아니라 정면을 향해 그려져 있었다. 이런 위치에 있으면 톱니는 물의 미는 힘을 사용할 수가 없어서 바퀴가 움직일 수가 없다. 교사들은 개입을 하지 않기로 결정한다.

(9) 종이로 물레방아 만들기

두꺼운 종이로 삼차원의 물레방아를 구성하였다. 종이로 만든 물레방아에서도 톱니는 그림을 참조하여 정면으로 면하도록 붙여졌다. 이러한 위치의 톱니는 물을 밀 수도 없고 물레방아를 움직일 수도 없다. 종이로 만든 물레방아는 물에 담구어 볼 수도 없지만 돌려 볼 수는 있다. 종이 물레방아를 돌려본 후 유아는 물레방아에 회전축이 있어야 함을 인식하고 그림에 회전축을 그려 넣어 수정하였다.

(10) 점토로 물레방아 만들기

"선생님 있잖아요. 친구하고 내가 생각을 했는데 톱니가 이렇게 되면…. 물이 톱니에 충분히 힘을 주지 않아서 바퀴가 멈추어요. 수도꼭지에서 나오는 물을 써서 해봤어요. 우리는 톱니의 위치를 바꾸어야 해요."

유아들은 여러 가지 표상매체를 이용하여 물레방아를 만드는 과정에서 사용매체에 따라 서로 다른 관점에서 고찰 · 재고찰할 수 있었다.

(11) 다양한 매체를 사용한 물레방아 만들기

물레방아의 작동에 대한 이해를 토대로 유아들은 금속, 뚜껑, 나무, 종이접시, 컵, 숟가락 등의 일상용품을 가져다 실외에 설치할 물레방아를 만들었다.

"내 물레방아 바퀴에 바람개비를 붙여서 물이 바퀴를 밀고 바람이 그것을 도와줘."

(12) 물레방아와 분수대의 실제 작동을 위한 연구와 실험

아틀리에스타는 아틀리에에 유아들이 물레방아의 작동과 분수대의 원리를 실험해 볼 수 있도록 수로를 장치해 주었다.

"우린 친구하고 멋진 기계를 만들었어. 이제 우리는 물로 모든 실험을 해볼 수가 있어. 천천히 흐르는 물, 빨리 흐르는 물, 뿌리는 물, 물레방아 바퀴를 돌도록 하는 물, 고무 호스와 많은 꼭지로 분수대를 만드는 물."

"만일 분수대를 만들고 싶다면 친구가 한 것처럼 할 수 있어…. 파이프가 있는데, 하나, 둘, 그리고 셋, 넷… 그 파이프들이 뿜어내는 분수대를 만들어. 물줄기를 많이 만들어 정말 센 비처럼 말이야."

(13) 다양한 매체를 사용한 분수대 만들기

"난 바퀴 분수대를 만들었는데, 새들을 위한 페리스휠이야. 색깔이 있는 나무로 만든 의자도 몇 개 있고 다른 막대기들을 받쳐 주는 막대기가 있어. 의자들은 모든 새들을 위한 것으로 크고 작고 중간 사이즈야. 물은 파이프에서 이 바퀴 위로 올라가서 바퀴가 돌게 만들어."

"내 분수대는 전날 물탱크에서 빨대로 만들었던 거야. 거기에 바람개비하고 물이 나오는 빨대를 붙였어. 물이 빨대에서 나오면 그다음에는 바람개비로 가서 바람개비가 돌아."

"우리가 분수를 만들려면 쇠, 나무, 또는 시멘트로 만들어야 해. 내 말은 단단한 것이라는 뜻이야."

(14) 새들을 위한 놀이공원 개막식

물레방아, 분수대, 새들이 타는 보트 등 프로젝트 과정에서 유아들이 만든 여러 가지 놀이시설들을 실외에 설치하고 부모와 시민들이 참석한 새들을 위한 놀이공원 개막식을 가졌다.

이 행사의 특별 초대 손님은 어린이들이 집에서 가지고 온 애완동물이었다.

동물 친구들을 위해 호화로운 뷔페를 준비하였다. 그리고 어린이들을 위해서 학교 요리사들과 부모들이 이 행사를 축하하는 분수 모양의 커다란 케이크를 만들어 주었다.

"야, 얘들아! 우리가 굉장한 놀이공원을 만들어 냈어!"
"새들이 틀임없이 분수와 물레방아에서 노는 것을 정말 재미있어 할 거야…. 새들이 놀이기구들을 찾을 수 있을까?"
"아마 새들이 물소리를 듣고 이리로 오게 될 거야!"
"새들이 서로서로 말할 거야. '짹짹짹' 나는 마당에서 새소리를 들었어."

2) 나의 코는 세상처럼 꽉 차 있다(-예기치 못한 도시- 중에서)[4)]

발도치 학교에서 일어났던 '유아와 도시와의 대화'에 대한 프로젝트로 세부적인 주제는 '나의 코는 세상처럼 꽉 차 있다'이다. 이 용어는 유아가 사용한 문장이며 2001~2002년 3~6세 유아들이 수행한 프로젝트로 전개과정은 다음과 같다.

'예기치 못한 도시'는 1972년 레지오 에밀리아에서 태어난 쟌니 로다리(Gianni Rodari)의 창작예술에 관한『환상의 문법』이라는 책에서 인용되었다.

(1) 시내 느끼기

학교는 도시와의 대화를 나누어야 한다고 생각하였으며 프로젝트는 유아들과의 대화에서 시작해야 하기 때문에 유아들이 함께하는 대화나 토론을 통해 유아들이 가지고 있는 지식을 함께 나누어야 한다고 생각하였다. 도시에서 느끼는

4) 이 프로젝트는 2008년 한국레지오교육협회에서 다니엘라 란지(Daniela Lanzi, 레지오 에밀리아 시립 유아교육체제 페다고지스타)가 강의한 부분을 통역자를 통해 전사한 것이다.

경험이 유아교육에서 중요하기 때문에 시내 중심에 있는 파리니 가에 나가서 여러 가지를 느끼게 하였다.

유아 : 일요일날 나는 산책하러 갈 거야. 그러면 빵을 살 수 있어. 빵이 없을 때는 성당에 있는 광장에 가면 깐젤리노(이탈리아의 디저트 종류의 하나)를 살 수가 있어.

(2) 길을 그려 보고 조사해 보기

대화한다는 것은 그곳과 친근감을 갖는 것이며 어떤 정치적 이념을 갖는 것이라고 생각하였다.

유아 : 어떤 길들은 똑바르고 어떤 길들은 각이 있어.
교사 : 길이 무엇이지? 길은 무엇에 필요할까? 이름이 무엇이지?[5)]
유아 : 길은 이름이 있는 것이야. 길은 이름이 필요해. 어떤 건지 알기 위해서. 그리고 그 이름은 정말 유명하고, 나이 많은 사람들이 주는 거야. 이미 죽어버린. 아니면 정말 유명하고 유명한 발명가들이나. 길은 작고 좁은 거야. 그곳에는 길이 있고 배움이 있어. 가끔 아주 길이 필요해.
교사 : 파리니 가의 길을 아니? 왜 그런 이름일까?
유아 : 우리 엄마는 항상 파리니 가에 가서 커피 마시는 거 알아? 나는 파리니 가를 금방 알아봤어. 왜냐하면 나는 그 길을 정말 많이 지나갔거든, 우리 엄마랑 그곳에 갈 때….

유아들과 작업을 할 때 관찰이나 기록을 많이 해야 이후에 어떤 식으로 작업할지에 대해 기본이 되고 바탕이 된다. 따라서 프로젝트를 실시하는 데 있어 기

5) 이렇게 전개하고 작업하는 것이 의미가 있다는 정확한 정답은 없지만 교사는 유아들과 작업을 시작할 때 어떻게 시작하는가가 중요하며 교사가 작업에 대해서 미리 생각해 보아야 한다.

록작업은 분명히 필요하며 교사양성에서 중요한 부분이고 동료 교사들과 의사소통의 과정에서 서로 지식을 공유하는 데 있어서도 필요하다.

(3) 길을 관찰하기

유아들이 길을 어떻게 쳐다보고 어떻게 생각하는지 기록하였으며 유아들은 여러 가지 감각을 이용하여 도시에 대해서 알아가도록 하였는데, 그 능력은 대단하였다.

> 유아 : 이것봐. 이게 바로 파리니 가야. 줄도 있고, 전선도 있고 집도 있고 저기에 닭도 있어.

유아들이 길이 무엇인지 대화하는 과정에서 어른들은 유아들의 상상세계를 이해해야 한다. 이러한 과정을 통해 유아들이 무엇을 기준으로 도시를 알아가고 있는지 알 수 있다.

> 유아 : 저기 돌아가면 비둘기 광장이 있어.

이 길을 알아가는 과정에서 유아들이 기준을 삼았던 몇 가지가 있었고 길에 대한 지식도 가지고 있었다. 어른들이 가지고 있는 배경에 비해서 유아들은 새로운 것을 가지고 있었다. 특히, 유아들은 길바닥에 관심이 많았으며 길거리를 예전과는 다르게 특별하게 장난치며 걸었다. 길의 색깔이라든지 냄새 등 환경에 대해서 관심이 많았다.

> 유아 : 저기에 파리니 가라고 쓰여 있어. 그리고 창문이 있어. 그런데 그 안엔 아무도 없어. 그리고 쇠로 만들어졌어. 그리고 거미 냄새가 나고 거미줄 냄새가

나. 지독한 변 냄새. 아주 더러워. 좀 쓰레기 냄새도 나는 거 같아.

길바닥은 단순히 유아들이 걸어다니고 뛰어다닐 수 있는 길이 아니라 유아들이 탐구하고 발견해야 하는 표면 같았다.

유아 : 우아 반짝여! 거기엔 금도 있고 은도 있어. 그리고 정말 특이하게 생긴 돌도 벽돌도 있어. 여기는 아주 딱딱한 돌이 붙어 있어.

유아들이 길 하나하나를 살펴보는 것이 정말 중요한 부분이다. 왜냐하면 어른들은 무엇을 보든지 이렇게 구체적으로 세밀한 부분은 보지 못하기 때문이다. 유아들은 몸을 이용하여 정말 재미있게 놀 수 있다.

유아 : 이건 인도야. 그리고 돌로 만들어졌어. 발을 기대지. 여기서 행진을 해. 돌격! 두 발로. 아니면 한 발로. 그리고 손으로 행진을 하려면 발을 거꾸로 놔야 해. 그리고 색깔이 되게 많아. 빨간색도 있고 주황색도 있어.

도시를 여러 가지 색깔로 칠하고 싶었다.

유아 : 음~ 맡아봐. 정말 좋은 냄새야. 바가 있네. 음. 커피냄새 좀 맡아봐.

커피 냄새는 나라마다 다양하며 유아들은 어떤 냄새를 좀 더 부각시킬지 궁금했다.

유아 : 나는 거품 같은 냄새가 나는 거 같아. 캔 냄새도 나. 그리고 잼이 들어 있는 빵 냄새도 나는것 같아. 카푸치노 냄새도 나. 냄새를 맡으니까 배가 고파지는 거 같아. 나는 트럭 냄새를 맡았어. 좀 지독한 냄새야. 나는 좋은 냄새를 맡아. 레몬 냄새. 그리고 카모마일 냄새도 나.

유아들이 발견을 할 수 있도록 많은 가능성을 열어두었다. 교사들은 유아들이 발견한 것 중에서 어떤 것을 어떻게 프로젝트로 진행시킬지 많은 생각을 하였다. 이러한 상황은 레지오의 프로젝트를 진행시키는 것에만 해당되는 것이 아니고 모든 유아교사들이 현장에서 고민하는 부분일 것이다. 이러한 상황에서 선택은 불가피하고 책임을 가져오는 부분이므로 교사들은 신중하게 고민하여 '냄새'를 선택하기로 결정하였다. 두 가지 이유가 있는데, 먼저 유아들이 냄새에 대해 많이 조사하였으며 또 다른 이유는 교사들도 이 주제에 대해서 처음이기 때문이다(교사들도 새로운 것을 발견하고 싶기 때문이다). 이러한 이유 이외에도 인간은 태어날 때부터 냄새라든지 향기를 가지고 태어났기 때문이다. 교사들은 사전작업으로 인터넷, 책 등을 찾아보면서 기록하였다. 유아들과 함께 작업하면서 어른들의 지식도 매우 중요하다. 『내 생각에는 향기가 아주 좋은 거야』라는 제목의 책을 찾았다.

"처음에 코로 깨어났다. 작은 코가 움직였다. 냄새를 맡았다. 마치 아이들이 콧구멍으로 보는 것과 같았다. 눈으로 보는 것보다 더 자세히 보는 것처럼 보였다. 마치 코로 무언가를 잡아 먹는 것과도 같았다. 그 자신에서부터 나오는 것이었다. 냄새를 맡았다." 마치 책에 나오는 이러한 감각을 유아들이 항상 어릴 때부터 가지고 있었지만 이탈리아 문화에서는 별로 다루지 않는 것으로 보였다. 그래서 이러한 생각을 바탕으로 아이들과 함께 냄새라는 것이 무엇인지에 대해 알아보았다.

(4) 냄새에 대해 알아보기

유아 : 냄새는 절대로 보이지 않아. 가벼워. 그리고 공기가 그것을 옮겨가. 냄새는 보이지 않아. 맡는거야. 내 코는 세상처럼 꽉 차 있어. 모든 것은 각자 자기의 냄새가 있지. 빛과 유리는 냄새를 가질 수가 없어. 아무런 냄새가 나지 않아.

유아들의 지식과 아이디어를 통해 현실에 대해 생각할 수 있으며 냄새가 사람, 사물과 장소의 아이덴티티를 주었다.

> 유아 : 리칼도는 좀달라. 왜냐하면 자기 살의 냄새가 있기 때문이야. 자기 냄새로 알 수가 있어. 멀리서도 그 냄새가 나거든. 코는 숨을 쉬기 위해 있어. 그 안으로 향기하고 냄새가 들어가. 그리고 그게 배로 가. 그리고 배꼽으로 나와. 입으로도 들어갔다 나왔다 해. 여기저기로 막 가. 나는 내 안에서 무슨 냄새가 나는 것 같이. 근데 피부가 있어서 밖으로 못 나와. 그래서 뼈 사이로 가둬 놓고 있지. 향기는 코로 들어가. 그리고 맞는 답을 할 수 있게 해줘. 코로 빨아 먹어야 해. 만약에 우리가 파리니 가로 가서 그 냄새를 모두 잡아온다면….

이와 같이 유아들이 파리니 가에 가서 냄새를 잡아오자고 말하는 대화는 교사들의 입장에서 볼 때 굉장히 흥미 있게 보였다. 따라서 유아들에게 냄새를 잡아오는 게 가능한지 어떻게 잡아올 수 있는지에 대해 조사를 해보았다.

> 유아 : 냄새를 잡아오기 위해 주머니를 만들자. 아주 각별한 투명 렌즈가 필요해. 냄새를 맡아! 가짜로 된 부드러운 코가 있어야 해. 그래야 냄새들을 잡을 수 있어. 아니면 병을 가지고 냄새나는 곳에 갖다놓고 나중에 그 병을 코르크 마개로 막아. 그렇지만 그렇게 안 돼! 손잡이가 달린 투명한 도구들을 위로 높이 던져서 냄새를 잡아야 해. 긴 손잡이가 달린 투명한 삽이야. 아니야, 진공 청소기가 필요해. 아니면 냄새 잡는 기계를 만들자.

이 말들에서 유아들과 다시 얻은 기회를 통해 그들의 심화되는 학습 경로를 눈에 보이고 만져지며 구체적인 형태를 갖도록 만드는 것에 한 발 다가가도록 해줄 수 있는 가능성을 포착한다. 냄새 잡는 기계를 디자인한다는 것은 독특하면서도 흥미로운 감각여행을 눈에 보이도록 만들고자 하는 시도로서 도시 속 장소들과의 만남에서 시작된 것이다. 많은 유아들이 이미 알고 있는 장소지만 이

번에는 다른 코를 가지고 그곳을 통과해서 지나간 것이다.[6)]

유아들의 대화는 자신의 이론을 말하기 때문에 중요하다. 유아들과 어른들 혹은 교사들과 대화가 항상 중요한 것은 아니고 유아들끼리만의 대화도 매우 중요하다. 유아들 각자의 서로 다른 이야기도 존중해 주고 집단의 생각이나 방향을 위해서 개인의 생각을 포기할 수 있는 유아들이다. 따라서 '냄새 맡는 기계'를 만드는 생각은 유아들과 교사들을 모두 만족시켰다.

(5) 냄새 맡는 기계 만들기

유아 : "그러면 냄새 맡는 기계를 만들자."

"그런 말도 안 되는 생각을 하면 안 돼. 우리는 냄새를 잡아올 수는 없을 거야."

"아니야, 빨아 먹는 기계만 있으면 돼."

"그렇지만 그 안에 냄새가 가득차면 기계가 폭발할지도 몰라."

"아니야, 크니까 괜찮아."

"그렇지만 네가 너무 크게 만들면 길이 망가지잖아. 길에 사는 사람들이 냄새가 다 없어지면 화낼 걸."

유아들이 만든 냄새 맡는 기계 한 개만 소개하면 다음과 같다.

"나는 이것을 트럭 모양으로 만들 거야. 따라오는 피부가 달린 것으로. 크림 같은 피부야. 그리고 안테나가 있어. 그리고 소리와 소통하는 거야. 삐빅. 그건 뭐냐면 냄새를 맡는다는 뜻이야. 그리고 따라 온다는 뜻이지. 피부가 2개가 있어. 좋은 냄새를 위한 것과 나쁜 냄새를 위한 거야. 냄새를 맡으면 그것은 다른 도시에 버려. 그렇지만 좋은 냄새만 이 도시에 버려. 나는 바퀴를 만들었으면 좋겠어. 도시에 가기 위해서. 그리고 안으로 들어가는 의자도 만들어. 그리고 운전을 해. 그리고 배 안

6) 어린이들의 수많은 언어(2008). 2008 레지오 에밀리아 한국 전시회 패널 텍스트.

에는 감옥을 하나 만들어 그래서 그 안에 냄새를 다 집어넣을 거야."

이와 같이 또래들과 작업한 프로젝트는 발도치 학교에 전시가 되어 있고 파리니 길에도 특별한 날에 전시가 되고 있다. 냄새를 가두어 두는 부분에 대해서도 유아들과 시도해 보았으며 이러한 작업들은 매일매일 학교에서 할 수 있었다. 레지오에서는 주로 소그룹으로 활동하고 있으며 전체적인 과정 안에서 학급 내의 연결이 끊이지 않도록 노력하였다. 학교에서 이루어지고 있는 프로젝트가 어떤 프로젝트인지 가족을 포함하는 모두가 참여하도록 하였다.

(6) 냄새 그리기

냄새에 다가가는 방법으로 유아들에게 직접 그림을 그리게 하였다. 형태가 없는 냄새를 그림으로서 형태가 있는 것으로 만들어 간다. "유아들이 그리고 싶어하는 파리니 가의 냄새는 무엇일까? 냄새를 그릴 수 있을까?" 어른들에게는 매우 어려운 일이지만 항상 그렇듯이 유아들은 우리를 놀라게 하였다. 유아들이 우리들에게 하는 제안들, 즉 엉뚱해 보일 수 있는 제안들에 어른들은 걱정할 필요가 없다. 왜냐하면 유아들은 항상 앞서가기 때문이다. 레지오에서 프로젝트를 진행할 수 있었던 것은 유아들의 용기 있는 제안 때문이며 결국에는 하나의 선택을 하였다.

유아들이 선택한 것은 길에서 가장 많이 맡을 수 있는 냄새는 커피, 담배, 쿠키, 꽃의 향기였다. 유아들이 커피에 대해서 사용한 형용사는 '딱딱한, 진한, 쓴, 센, 얇은, 뜨거운, 조금 찬, 맛있는, 좀 멀리 나는, 좀 특별한' 등이었다. 이 상황에서 또 다른 의문점은 '유아들의 이론과 생각에 어떻게 형태를 줄 수 있을까' 교사들은 유아들에게 다양한 재료를 제공하면서 냄새를 형태화시키도록 격려하였다. 유아들은 '냄새 측정하는 기계'를 만들자고 제안하였다.

(7) 냄새 측정하는 기계 만들기

도시에서 냄새 측정 기계를 설치해서 냄새에 대한 생각을 모아오기로 하였다. 유아들이 '냄새를 잡아올 수 있다', '그것을 기술할 수 있다', '그것을 볼 수 있다'라는 가정하에서 유아들이 생각하는 가장 중요한 것을 적어 보도록 하였다.

냄새의 특징을 종이에 적어보기도 하고 냄새와 형용사를 연결해 보기도 하면서 조화될 만한 재료와도 연결시켜 보게 하였다. 예를 들어, 냄새 측정 기계 안에 커피 알갱이를 넣는다고 하였다. 다른 유아들과 비교했을 때 중심점을 찾을 수 있는지도 알아보고 다른 친구들에게 유용한 생각인지 물어보았다. 모든 유아들은 이 프로젝트를 인정하였다. 왜냐하면 '냄새는 느낄 수 있고 볼 수 있고 이야기할 수 있기 때문'이다.

(8) 전시하기

2002년 5월 12일에 '예기치 못한 도시'라는 제목으로 전시하였다. 이것은 두 가지 의미가 있는데, 하나는 도시가 유아들이 준비하기까지 기다리고 있다는 것이고 다른 하나는 어떤 일이 일어나는지 전혀 예상하지 못했다는 의미이다. '냄새 측정 기계' 앞에서 유아들의 발화를 적어 보면 다음과 같다.

> "이 길에는 튜브 같은 것들이 있었어. 그리고 그 주위에는 코가 그려져 있었어. 한쪽 안에는 담배가 있었지. 다른 한쪽 안에는 커피가 있었어. 쿠키도 있었고 꽃도 있었어. 나는 그 쿠키를 먹고 싶다는 생각이 들었어. 파리니 가를 지나갈 때 커피 냄새를 맡았어. 거기에는 코가 그려져 있었고 구멍이 뚫려져 있었어. 그래서 아이들은 그 안에 코를 넣으면서 재미있게 보냈지. 냄새를 맡으면서 재미있을 것 같아서 만든 거 같아. 왜냐하면 그 안에서 한 번도 맡아 보지 못한 냄새를 맡았거든. 담배 냄새 같은 거. 그 냄새들을 알게 되었어. 냄새를 맡으면서…."

4 CHAPTER 발도르프 교육과정

학습 목표

1. 발도르프 교육과정의 이론적 근거가 되는 슈타이너의 교육사상을 설명할 수 있다.
2. 발도르프 교육과정의 목적 및 목표에 대해서 이해하고 말할 수 있다.
3. 발도르프 교육과정의 환경특성을 말할 수 있다.

1 이론

▲ 슈타이너

독일 슈투트가르트의 '발도르프-아스토리아' 담배 공장의 사장인 몰트(E. Molt, 1876~1936)는 사회문제에 깊은 관심을 가졌으며 그의 고용인들로부터 높이 평가받고 있었다. 그는 제1차 세계대전과 같은 재앙은 잘못된 교육 탓이라고 하였다. 몰트는 고용인들의 자녀교육을 위하여 학교를 설립하여 슈타이너(R. Steiner)에게 교육적인 지도를 맡아 달라고 부탁하였다. 그리하여 1919년 9월 7일 공장의 이름을 딴 자유 발도르프 학교(Freie Waldorfschule)를 열었다. 개교 연설에서 슈타이너는 "만일 인간성이 미래 사회에 옳은 삶의 방식이라면 인간성이야말로 어린이를 교육하는 올바른 사회적 방법이며 슈투트가르트의 자유 발도르프 학교가 이런 방향을 제시하는 데 작은 공헌을 할 것이다. 그래서 공정하고 평화로운 사회를 만들 수 있는 인간을 교육할 것이다."라고 하였다.

발도르프 학교가 설립된 이듬해인 1920년 슈타이너는 유치원의 유아들도 교육을 하였으면 좋겠다는 의견을 내놓았으며, 슈타이너 제자인 그루넬리우스(Grunelius)를 중심으로 유치원 설립을 준비하였다. 그러나 자신의 과중한 업무와 경제적인 문제 등으로 슈타이너가 사망한 다음 해인 1926년 슈투트가르트에서 유아를 위한 발도르프 교육을 지향하며 최초로 발도르프 유치원이 설립되었다. 발도르프 학교는 남녀공학으로 교실에 남아와 여아가 함께 생활하고, 입학시험 없이 어떠한 배경의 유아에도 개방되어 있고, 유치원 시기부터 고등학교까지 포괄적이며 자치적으로 운영하여 외적 통제가 없는 등 그 시대의 관습에 도전하여 설립되었다. 따라서 오늘날 행정적으로 독립된 모든 학교에 잘 정의된 모델이 되었다.

1) 이론적 배경

(1) 슈타이너의 인간관

발도르프 교육학은 성장하는 인간에 대한 통찰, 인간발달의 조건과 법칙에 대한 통찰 위에서 세워진 것이다. 교육의 기초는 세 가지 방향에 근거해서 인간을 육체적 · 정신적 · 영혼적 존재로 보는 슈타이너의 인지적 인간학이다. 따라서 발도르프 유치원 교육도 인지적 인간학에 기초하고 있다. 슈타이너는 참된 교육은 참된 인간에 대한 이해를 토대로 이루어져야 한다는 생각에서 인간 탐구에 많은 노력을 기울였고 그것을 인지학(人智學, anthroposophy)이라고 명명하였다.

인지학은 인간을 의미하는 anthropos와 지혜 혹은 지식을 뜻하는 sophia로 이루어진 말이다. anthropos의 어원은 '위로 향한다(turning upwards)'는 뜻을 가지고 있으며 하늘을 탐구하는 사람이다. 따라서 anthropos는 '삶의 근원을 하늘에서 찾는 사람이 가지고 있는 지혜와 지식'을 뜻한다. 인지학은 인간이 자신의 인간성을 의식하고 그 삶의 본질을 탐구하며 학문적인 방법으로 인간의 인식능력을 최대한 발전시킬 수 있도록 인간 영혼에게 지혜를 부여하는 것을 의미하는 역동성을 지닌 개념이다.

슈타이너는 인지학적 세계 인식을 토대로 인지학적 인간관을 전개하였으며 인지학적 인간관의 특징을 정리해 보면 다음과 같다.

첫째, 슈타이너는 인간을 신체(물질계), 영혼(주관)과 정신(초감각)의 통합체로 본다. 신체는 주위의 사물이 그것에 의해 인간에게 자신을 나타내는 것을 의미하고 영혼은 인간이 사물을 자기 자신의 상태와 연결시켜 사물로부터 느끼는 것으로 해석할 수 있으며 정신은 인간이 사물을 보았을 때 그 사물에게서 나타내는 무언가를 의미한다. 신체를 통하여 그는 신체가 지각하는 세계에 속하고 영혼을 통하여 그 자신의 세계를 구축하며 정신을 통하여 앞의 두 세계가 이르지 못하는 세계가 그에게 계시된다.

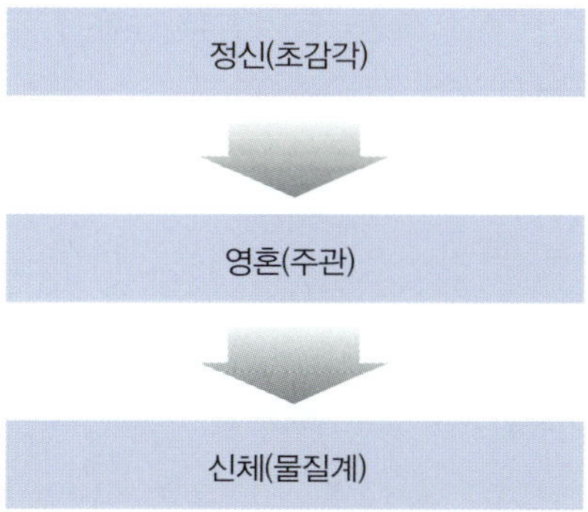

[그림 4-1] 슈타이너의 삼분법적 인간 인식

따라서 인간은 이중적인 존재로서 신체로부터 이성과 감성을 분리시켜 생각할 수 없다. 정신의 작용에 의하여 신체와 영혼의 연결이 가능하고 신체와 영혼과 정신이 통합되어 하나의 전체로 작용할 때 참다운 의미의 인간존재가 가능하다. 영혼과 정신은 육체가 생기기 이전부터 존재했고 육체가 소멸한 후에도 존재하므로 변화하고 성장하는 인간에 대한 이해는 결국 육체 · 영혼 · 정신의 통합적인 발달을 의미한다.

둘째, 슈타이너는 유아를 우주형(cosmic type)과 지구형(earthly type)으로 분류하였으며 '머리의 인간'과 '팔다리의 인간'으로 표현되기도 한다. 인간의 머리는 오직 내적 과정(사고작용, 개념화 등)과 관련되어 있으며, 인간의 팔다리는 인간의 의지과정의 수행에 의하여 외부 세계에 직접 작용하는 수단이 된다. 우주형의 유아는 사고와 관념영역에서 유능하며, 지구형의 유아는 음악이나 '오이리트미'와 같은 율동적 활동에 참여시켜야 한다. 따라서 유아의 정신적 속성과 육체적 속성이 어느 한쪽에 편중되지 않고 조화롭게 발전되도록 해야 한다.

셋째, 인간은 네 가지 구성체로 형성되어 있으며 성장에 따라 네 차례의 과정을 거쳐서 자아가 형성된 개체로 완성된다고 본다. 육체(body), 에테르체 혹은 생명체(etheric body), 아스트랄체 혹은 성기체(astral body), 자아체(ego)가 그것이다. 네 개의 구성요소 중 첫 번째는 육체로 10개월 동안 태내에서 자라나 모체에서 탄생하고 에테르체는 7세, 아스트랄체는 14세, 그리고 자아체는 21세가 되어 탄생함으로써 인간의 탄생이 완료되는 것이다.

육체는 물질체라고도 하며 정신을 뺀 신체를 의미하고 중력의 법칙에 지배된다. 육체는 광물적인 물질로 형성되어 있어 광물계에 속하는 것으로 눈에 보이는 몸, 육감으로 직접 인식할 수 있고 해부학적으로 확인할 수 있는 인간존재의 모든 것이다.

에테르체는 중력의 법칙에 저항하여 번식이나 유전 등과 같이 생명현상을 담당한다. 육체 안에 존재하는 광물적인 존재와 힘으로 일정한 형태와 모습을 부여하고 있는 것을 의미한다. 생명을 가지고 있는 인간이 시체와 다른 점은 에테르체의 존재에서 찾을 수 있다. 슈타이너는 에테르체를 육체의 설계자이며 조각가라고 말한다. 에테르체는 식물계와 공유하며 인간의 생명력, 기질, 양심 등이 영향을 받아 성장, 생식, 체액의 활동을 담당한다. 에테르체가 존재함으로써 육체는 단순한 광물 이상의 임무를 수행하나 에테르체 스스로는 의식의 빛을 발할 수는 없다. 인간에게 육체와 에테르체만 존재한다면 식물인간과 같은 식물적인 존재로밖에 살아가지 못한다.

아스트랄체는 에테르체보다 고차원적이며 인격의 표현으로 본다. 아스트랄체는 인간을 식물인간의 상태로부터 탈출시키는 초감각적인 힘이라고 본다. 이것은 감정이나 욕망을 표출시키는 요소로 '감정체' 혹은 '느낌체'라고도 하며 인간과 동물의 공통점이다. 인간의 내적인 활동의 형태로서 감각적 지각, 의식과 관련이 있으며 내적 체험, 즉 고통과 기쁨, 충동과 탐욕, 열정 등을 포함하는 감정이다.

자아체는 제4의 요소로서 동물과 구별되며 인간은 자아가 있으므로 자연의 모든 것을 향상시킬 수 있다. 자아는 에테르체와 에스트랄체의 충동을 지시하고 통제하여 자기 행동을 통제하게 해준다. 자아는 인간만이 가지고 있는 독특한 것으로 '나'라는 의식을 가지며 다른 모든 것의 명칭으로부터 자신을 구별하여 개인으로서 경험하게 하는 것이다.

이렇게 인간의 네 가지 구성요소는 육체를 제외하고 눈에 보이지 않는 것으로 인간의 구성이 육체뿐 아니라 정신적인 것과도 깊이 관련되어 있다는 것을 알 수 있다. 에테르체에는 생명, 아스트랄체에는 의식, 자아체에서는 기억이라는 특징과 같다. 따라서 에테르체가 없으면 생명이 없어서 육체는 썩게 되고 아스트랄체의 특징인 인식이 없으면 에테르체는 무의식의 상태가 되며 자아가 없으면 기억할 수 없으므로 아스트랄체는 망각상태가 된다. 슈타이너는 각 구성요소들의 성장기에는 그 성장을 도와줄 수 있는 교육을 할 필요가 있다고 하였다.

넷째, 인간의 다양성을 설명하기 위해 4가지 기본 유형으로 나눈다. 이 기본 유형에 따라 유아의 기질을 이해하는 것이 중요하다. 기질은 일반적으로 다혈질(sanguine temperament), 담즙질(choleric temperament), 우울질(melancholic temperament), 점액질(phlegmatic temperament)로 분류하고 있다. 기질론을 우주의 진화와 관련지어 불, 공기, 흙, 물의 네 요소와 관련짓고 있다. 이러한 생각에 따라 다혈질은 영혼에 있어서는 바람의 요소로, 담즙질은 불의 요소로, 점액질은 물, 즉 액체의 요소로, 우울질은 흙, 고체의 요소라고 생각하였고 슈타이너는 인간의 존재와 우주존재와의 공통성을 기질론이라는 형태로 나타내었다.

각 기질의 장점만 간략하게 설명해 보면 다음과 같다. 담즙질의 인간은 모험을 좋아하고 확고한 목표를 향하여 의지적으로 활동한다. 기분이 강하여 무엇을 할 것인지 결단하고 반응할 수 있으며 확신에 차 있다. 점액질은 인간의 내적 조화와 안정감이 강하여 기분에 영향받지 않고 조용하며, 인내심이 많아 모든 것을 침착하게 받아들인다. 우울질의 인간은 감상적이고 자아중심적이며 자신의 운명과는 전혀 상관없는 비극적인 일에 동화되어 여러 가지 현상을 자기에게 관련시켜 생각한다. 다혈질의 인간은 낙천적이고 개방적이며 사회적 성공에 대한 욕구가 강하고 표현력이 강하며 우유부단하다.

슈타이너의 기질론은 그의 다른 사상에 속하는 인간의 구성요소인 물질체, 에테르체, 아스트랄체, 자아체와도 관련을 가지고 있는데, 다혈질은 아스트랄체와, 담즙질은 자아체와, 우울질은 육체와, 점액질은 에테르체와 관련이 있다. 따라서 교사는 유아들의 기질에 따른 성격, 행동특성 및 신체적 관련성을 이해하여 다양한 방법으로 지도를 하는 것이 중요하다.

(2) 발달단계

슈타이너는 유아나 청소년의 발달에 관하여 말할 때 '성숙'이나 '발전'이란 단어를 사용하지 않으며 '탄생'으로 말한다. '성숙'이나 '발전'이란 말은 식물 분야에서 끌어온 은유로서 성장이라는 관념을 불러일으키고 비교적 빠르고 질적인 변화들의 특징을 충분히 그려내지 못한다고 하였다. 슈타이너는 인간의 성장발달이 7년마다 커다란 변화를 보인다고 하면서 7년 단위의 3시기로 구분하였다. 출생에서 이갈이 시기인 7세까지는 유아기로서 물리적 신체의 탄생, 7세에서 성(性)적 성숙기인 14세까지는 아동기로서 표상력체(表象力體)의 탄생, 14세 이후 21세까지는 청년기로서 감정체의 탄생으로 분류하였다.

① 제1단계

1단계에서 가장 두드러진 발달을 보이는 것은 물질체로서 신장, 몸무게 등이 눈에 띄게 증가한다. 슈타이너가 1단계를 구분짓는 근거로 삼는 것은 유치에서 영구치를 가는 이갈이이다. 7년 동안 유아 안에서 일어나는 발달이 정점에 이르는 현상이 눈에 보이는 이갈이로 나타난다. 육체에서 이를 나게 했던 힘은 7세가 되면서 점차 육체로부터 자유로워지면서 영혼의 활동과 관련을 갖게 된다. 영혼의 기능 중에서도 특히 사고하는 힘으로 바뀌게 된다. 슈타이너는 이 영구치를 나게 하는 힘이 곧 사고할 수 있는 힘이라고 말한다. 따라서 이 시기에 유아가 배우는 세 가지 능력은 걷기, 말하기, 생각하기로서 인간의 사고능력과 육체의 움직임 간의 긴밀한 관련이 있음을 알 수 있다.

이 시기 동안 두뇌와 신경계통이 완성되지만 유아 내의 영혼과 정신이 아직 내적인 자의식상태에 이르지 않는다. 그래서 유아의 경험과 의식은 물리적인 주변 환경에서 자신의 신체감각들을 통해 받아들인 인상에 의존하므로 이 기간을 '모방연령'으로 본다.

유아는 보고 듣는 것을 감각적으로 받아들여서 직접 행동한다. 즉, 감각인상들을 받아들여서 모방이 곧 표출된다. 유아는 자신의 주변에서 일어나는 가시적인 행동들뿐만 아니라 인간의 신념도 또한 모방을 통해 자신의 고유한 삶과 행동의 한 요소로 만들어 버린다.

따라서 7세까지 연령에서의 의사소통과 대화는 직접적인 감각인상을 통한 방법을 따르고 유아는 직접적인 감각체험을 통하여 모방함으로써 배운다. 이때 어른은 유아의 직접적인 모방의 대상이 되고 있다. 유아에게 의미 있는 행동을 실천하여 시범을 보이는 일, 유아에게 다면적인 자극을 주는 것 등이 건강한 신체-영혼의 발달을 위해 매우 중요하다.

② 제2단계

제1단계에서 하나의 통일체였던 육체 · 영혼 · 정신이 제2단계부터 분리되기 시작한다. 그러나 세 요소가 각각 분리되는 것이 아니고 세 요소 중 둘씩 분리한다. 육체적 · 영혼적 부분과 영혼적 · 정신적 부분으로 나뉘어진다. 슈타이너는 육체적 · 영혼적 특성의 부분을 에테르체, 영혼적 · 정신적 부분을 아스트랄체와 자아체라고 부른다. 7세 이전까지의 감각기관의 형태를 벗어나 완전한 영혼의 상태가 된다. 이때 물론 육체와 정신도 발달하지만 무엇보다도 영혼의 발달이 두드러진다. 이 시기에 활발한 발달을 보이는 것은 영혼 중에서도 감정과 관련된 것들이다. 감정은 육체 중에서도 특히 리듬체계와 관련이 있다. 리듬체계란 호흡과 순환을 담당하는 기관으로 가슴 부위에 해당한다.

따라서 이 시기의 교육은 머리와 관련된 교육이 아닌 가슴과 관련 있는 교육이며 또한 감정과 관련된 교육이라고 할 수 있다. 이 시기의 감정과 관련된 특징을 고려해 보면 상상력의 단계라고 할 수 있다. 이 시기의 유아들은 추상적인 개념이나 논리 형태로 배우는 것이 아니라 상상력을 통해 세계를 표상하고 인식한다.

상징들을 창조해 내는 상상의 능력, 즉 자유로운 표상능력이 획득 · 발달되는 시기로서 수업을 예술적 · 회화적으로 구성하는 것이 좋다. 슈타이너에 의하면, 유아들은 대략 6~10세에 최고점에 도달하는 일종의 그림사고를 가지고 있다고 하였다. 이 시기에 유아는 그림으로 세계를 지각하고 이해하는 것을 배울 수 있다. 유아는 외적인 자극을 받을 필요도 없이 스스로 자신이 원하는 것을 기억해 낼 수 있으므로 자신의 고유한 자유로운 상상력을 형성한다. 회화적 수업은 학생들을 공동체험으로 이끌고 정서세계를 확장시키며 기억력의 형성을 위해서도 필요하다. 또한 더 나아가 유아에게 다양한 예술적인 체험을 시키는 것이 중요하다.

또한 이 시기에 중요한 교육의 원리는 교사의 권위와 제자로서의 자세이다. 영구치가 나는 7세가 넘어서면서부터 유아들은 외부의 것을 그대로 모방하는 단계에서 벗어나서 내적 지각을 통해 본 것을 권위를 갖는 사람과 관련시킨다. 이때 권위란 힘이나 강압에 의한 것이 아니라 자연스럽게 우러나오는 존경심과도 같은 것을 말한다. 권위를 통해 유아들은 자신의 의식 · 습관 · 성향을 형성해 나간다. 태어나서 7년간 육체 안에서 이를 나게 한 것과 같이 14세경에 접어들면서 영혼의 영역 중 또 다른 활동이 자유롭게 되는 것이다. 그것이 바로 감정의 영역이다.

슈타이너는 교사들의 헌신과 존경을 통해 교사에 대한 애정이 유아 안에서 자라도록 하는 것이 중요하다고 하였다. 학교의 법적인 규정에 있어서 하는 강요된 헌신은 인간의 발달에 아무런 가치가 없다. 따라서 발도르프 학교의 유아들은 학급 공동체 내에서 담임교사의 '애정어린 권위'의 보호를 받으며 유아가 올바른 '영혼의 자양분'을 얻고 관심 속에서 독립적으로 사춘기로의 전환을 준비할 수 있도록 배려한다.

③ 제3단계

사춘기를 지나면서 육체 · 영혼 · 정신의 세 요소가 보다 더 정교하게 분리된다. 서로 분리되어 발달하기는 하지만 그 내면에는 유기적으로 결합되어 있는 통일체이다. 이 시기에 이르면 점차 사고의 능력이 발달하여 상상력과 권위에 기초하여 받아들여진 그 이전의 지식이 자신의 논리로 확신을 가지고 말할 수 있게 되어야 한다. 그리하여 교육은 자아를 초월하여 객관적 영역의 지식과 경험으로 이끌어 가는 개인적 발견의 과정이 된다는 사실을 느끼게 된다. 또한 세계와 인간에 대한 더 깊은 인식욕구가 나타나고 추상적 사고능력이 생기며 자신의 영혼의 힘, 즉 감정과 의지로 환경과 상호작용한다.

21세경에 이르면 인간은 한 시민으로서 독립적이고 자율적인 사회의 성원으로서 스스로 책임을 질 수 있는 나이에 도달한다. 슈타이너에 의하면, 21세 무렵에 인간은 마지막으로 태어난다. 자아의 탄생과 더불어 교육은 자기 교육이 되며 인간은 새로운 방법으로 자기 자신이 된다. 발달과정에 나타난 세 가지 기본적인 능력, 즉 의지, 감정, 사고는 이제 자아에게 유용한 것이 되고 남은 성인생활은 그것을 이해하고 통제하기 위한 자아학습의 과정이다. 이러한 것들을 가능하게 하기 위해서는 비권위적으로 그리고 서로 간의 좋은 영혼적 유대관계 속에서 인식과 활동으로의 길을 안내해 주는 사람이 필요하다.

요약하면, 탄생에서 7세까지는 의지본능(원하기), 14세까지는 감정(느끼기), 14세 이후에는 사고(생각하기)를 중점적으로 육성해야 한다. 따라서 7세까지는 예술과 언어를, 14세까지는 예술과 연령에 따른 지적인 내용을, 마지막으로 21세까지는 보다 학문적인 내용과 실제적인 기술을 특히 중시하는데, 이러한 과정을 거쳐 슈타이너가 형성하려고 했던 '자유로운 인간'을 양성할 수 있다.

2) 목적 및 특징

슈타이너 교육의 근본적인 목적은 인간 본질에 관한 이해로 인지학을 통한 세심한 관찰과 인간 내면의 영혼을 관찰하여 그 사람 안에 들어 있는 진정한 인간을 받아들인다. 교육은 각각의 유아를 유일한 개체로 인정하고 서로가 믿음을 쌓으며 유아의 능력과 가능성을 발견하여 인정하고 발전시켜 나간다.

슈타이너 교육의 목적은 원만한 인간관계의 형성과 한 인간으로 자신의 삶을 펼쳐나갈 수 있는 능력을 개발하는 것이며 신체와 영혼과 정신이 조화를 이루어 발달하는 것이다. 특히, 슈타이너는 인생은 전체가 하나의 통일체이며 유아기의 유아를 아는 것만이 아닌 인간을 알아야 할 필요가 있으며 다른 어떤 단계의 교육보다 더 집중적으로 유아의 발달에 대하여 잘 알아야 한다고 강조하였다. 슈타이너는 유아를 '되어가는 존재(werdende menschen)'라고 표현하였다. 즉, 아직은 인간이 모든 특성을 갖추고 있지 않지만 인간의 본질이 숨겨져 있는 존재임을 의미한다.

발도르프 유치원 교육은 머리, 마음, 손의 교육을 통해 전인적인 인간교육을 추구한다. 인지 중심의 교육에 반대하여 사랑, 경이로움, 감사, 책임감 등의 교육과 감정을 강조한다. 또한 유아의 자립적인 발달을 도와주고 인간의 가능성을 강조하며 놀이를 중요시한다.

유아교육의 본질은 유아들이 세계와의 관계를 맺어가는 것을 도와주고 그 관계 안에서 유아 자신에 대하여 이해의 깊이를 더해가는 것이다. 슈타이너 교육의 중요한 원리 중 하나는 유아교육은 인생의 준비 단계로 이 시기의 발달과정 전체를 인류의 발달과정에 대한 안목으로 보는 것이다(곽노의, 1999; 김미숙, 2002; 김성원, 2002; 윤선영, 2001, 2005; 이경랑, 1998).

(1) 발달특성을 고려하는 교육

슈타이너는 탄생에서 7세까지 시기의 주목할 만한 발달특징으로 신체조직과 기관의 형성, 걷기로 대표되는 신체활동과 운동, 말하기와 사고하기, 도덕성의 형성을 들고 있으며 이 4가지를 만족시키는 것이 곧 유아교육의 목표가 된다고 하였다.

유아는 신체와 영혼 그리고 정신으로 이루어진 존재로 탄생하고 이 세 가지가 상호 결합하여 통일체를 이루어 성장하게 된다. 유아의 신체조직과 기관을 잘 육성하려면 적절한 신체활동과 운동을 해야 하고 적절한 물질적 환경을 제공하여야 한다. 따라서 유아교육은 유아 신체조직과 기관의 건강한 형성을 고려하여 행해져야 한다.

신체운동을 통하여 신체를 활발하게 활동시키기 위해서는 유아의 내부에 있는 자신을 운동시키려는 본성에서의 충동과 욕구를 채워갈 수 있도록 도와주어야 한다. 교사나 주위의 성인들이 도와주는 방법은 교사 스스로 자신의 몸을 움직여 행동하며 모범을 보이는 것이 가장 좋은 방법이다.

유아의 말하기를 가르치는 데 중요한 방법은 걷기, 팔 움직이기 등의 유아 신체활동과 운동이다. 그 가운데서도 손과 발의 운동이 가장 중요하다. 신체활동에서 말하기가 시작되는 것처럼 말하기의 습득은 사고하기로 이어진다.

슈타이너는 지적인 교육보다도 윤리적이고 도덕적인 자유로운 정신이 있는 교육이 되어야 한다고 주장하였다. 슈타이너는 도덕성 형성을 위해서 유아는 도덕교육의 기초가 되는 덕인 감사와 사랑 그리고 의무를 구비해야 한다고 하였다. 즉, 감사의 의지 가운데 살아갈 것, 사랑의 의지 안에서 살아갈 것, 의무의 의지 가운데 살아갈 것 등이다.

(2) 모방에 기초한 교육

앞의 발달단계에서도 기술하였지만, 제1단계에서는 물리적인 세계의 환경과 직접적인 관계를 맺게 되므로 직접적인 감각체험을 통해 모방으로 배운다. 모방은 성인들의 시범적인 행동을 따라 하는 것을 의미하는 것이 아니라 어른과 유아의 내적인 유대를 말한다. 유아의 모방능력은 유아의 내면에 있는 자유의 표현이며 이는 유아가 자기 주변의 인물들 속에서 비교될 수 있는 것을 인지한 경우에만 개발될 수 있는 능력이다. 비교될 수 있는 것이란 결국 주어진 상황에서 자신의 삶과 자신의 본질이 일체를 이루는 인간을 의미한다.

유아는 신체의 외면적인 행위나 몸짓을 모방하는 것만이 아닌 주변 사람이 생각하고 느끼고 있는 내면 세계와 정신적인 세계까지 모방하게 되는 것이다. 모방행위는 사람과 사람의 밀접한 관계를 통하여 이루어지는 것으로 민주주의 사회를 살아가는 데 필요한 사회성을 형성시킬 수 있다.

(3) 상상력을 중시하는 교육

슈타이너는 유아의 내면에는 상상력이 가득차 있는 존재로서, 7세까지 유아의 신체적인 성장에 있어 상상력이 큰 역할을 하며 상상력을 움직이므로 뇌를 활발하게 활동시키고 형태를 만들어 간다고 하였다. 따라서 발도르프 유치원에서는 실물과 같이 정교한 놀잇감이나 실물과 똑같은 인형은 유아의 상상력에 아무 도움도 주지 않는다고 하였다. 뇌의 건전한 발달을 위해서는 소박한 것이 유아 내적인 상상력을 자극하는 것이고 주로 자연물을 소재로 한 단순하면서 예술적인 느낌의 놀잇감이 필요하다. 실물과 흡사한 정교한 놀잇감은 유아기의 교육에서 반드시 배제되어야 한다고 하였다.

유아의 상상력에 관한 또 다른 활동은 동화모임을 통해서이다. 슈타이너는 주위에 있는 식물·동물이 인간처럼 이야기하고 행동하고 사랑하는 이야기가 필요하다고 보고 이러한 이야기를 통해 상상력이 풍부해질 수 있도록 의인화시켜야 한다고 말했다. 발도르프 유치원에서는 동화모임을 통하여 유아의 창조적인 상상력을 자극하며, 2주 정도 같은 동화를 들려 주는데, 계속 교사가 이야기해주듯이 담담한 어조로 들려 준다. 이러한 반복은 유아의 본성에 맞추는 것이며 슈타이너가 주장하는 리듬에도 좋은 영향을 준다.

(4) 리듬을 경험하는 교육

발도르프 교육은 유아들의 발달에 맞게 건강한 생활을 유지함으로써 창의적인 발달과정을 겪을 수 있는 생활의 틀을 마련해 주는 것이다. 생활의 틀이라고 하는 것은 '질서'를 말하는 것이며 질서 속에서 유아들은 주위의 사람들과 환경에 대하여 신뢰감을 가질 수 있는 것이다. 이 신뢰감을 바탕으로 안정감이 생겨나며 여기서 창의로운 재능이 스스로 형성된다.

먼저, 질서의 개념에는 공간적인 질서, 시간적인 질서, 영혼적인 질서가 포함된다. 공간적인 질서란 유아들의 주위 환경의 질서를 말하는 것으로 유아들은 환경공간에 익숙하여 자신의 습관에 따라 행동하며 이러한 주위의 공간적인 질서 속에서 안정감을 갖고 여기에서 창의력이 생겨나게 된다.

시간적인 질서란 리듬을 의미한다. 인간이 숨을 내쉬고(날숨) 들이마시는(들숨) 리듬적인 법칙에 의하여 사는 것과 같이 삶의 과정은 항상 리듬적이다. 교사는 유아들과 함께 하루의 경과, 일주일의 경과, 한 달의 경과, 일 년의 경과에 대한 관점을 고려한 시간적인 질서의 개념을 형성해 주어야 한다. 하루 생활의 리듬 속에 따른 각각의 시간의 흐름, 즉 유아들은 이러한 시간적인 질서 속에서 삶의 습관으로 내면화하고 안정감이 형성된다.

영혼적인 질서란 교사와 유아와 함께 행동할 때 생겨난다. 유아들은 감성적인 느낌과 내면적인 동기를 통해 인간적인 가치, 즉 인간적인 만남 · 안정감과 세계로의 신뢰감을 경험한다. 다시 말해서, 어른들이 유아에게 기쁨, 존경과 경외의 대상이 되고 어른들이 고귀한 것에 대한 열망을 위해 노력하는 것을 유아들이 경험할 때 이러한 인간적인 가치를 경험하게 된다. 따라서 내면적인 동기에 따라서 실질적으로 살아가는 어른의 모습이 유아들에게는 아주 중요한 요소가 된다.

이와 같이 질서란 공간적, 시간적 그리고 영혼적인 세계에 대한 관계 안에서 성인과 함께 행동하면서 유아가 주도적으로 되는 것을 의미한다.

(5) 예술적 요소를 활용하는 교육

슈타이너 교육은 예술성 있는 활동을 강조하고 있다. 과학만이 지식이 아니라 예술영역도 엄연한 지식이며 리얼리티에 도달할 수 있는 가능성을 가지고 있다는 것이다. 예술적인 것은 인간의 의지 본성에 특별히 깊은 작용을 하여 우리의 마음을 풍부하게 만들기 때문에 예술을 통하여 주위 세계를 이해해야 한다. 따라서 슈타이너는 모든 교육의 원천이 예술이며, 자아를 올바르게 성장시키는 유일한 수단이라고 강조하면서 미술, 음악, 라이겐 및 오이리트미를 강조하였다.

예술적인 방법의 하나로 조소적이고 조형적인 감각을 기르기 위해서 슈타이너는 유아들이 색채의 세계와 익숙하게 하는 것이 효과적이라고 하였다. 색채를 이용하여 자유롭게 다룰 수 있도록 해야 하며 구체적인 방법으로 그리기를 강요하는 것은 옳은 방법이 아니라고 하였다.

예술적인 방법의 또 다른 하나는 음악적인 활동이다. 음악적인 요소는 출생 때부터 인간 내부에 활동하고 있으므로 음악의 기본인 화음과 선율의 관념을 몸에 익혀야 한다. 발도르프 유치원의 교육활동은 모두 예술적인 요소를 가지고 진행되지만, 특히 이러한 활동으로 라이겐 및 오이리트미를 들 수 있다. 라이겐 및 오이리트미는 뒤에서 설명하기로 하겠다.

(6) 주간 교육내용

슈타이너의 교육과정은 전인적인 유아의 사고력, 감정, 의지능력을 교육시키기 위해 시각적 · 음악적 · 조소적 예술을 유치원에서부터 고등학교까지 배려하고 있다. 그루넬리우스(Grunelius)가 최초의 발도르프 유치원을 설립하여 운영한 내용이 전 세계 발도르프 유치원의 기본적인 하루 일과로 운영되고 있으며 공립인 경우에는 국가나 지방의 교육과정을 고려하여 구성한다.

그러나 슈타이너는 교육과정은 언제든지 새로 만들 수 있으며 정해진 프로그램은 없다고 하였다. 민속적인 문화의 테두리 안에서 기본적인 원리가 유지되고 있으면 큰 문제가 되지 않는다고 하였다.

요일별 활동은 〈표 4-1〉과 같으며 요일별 활동도 정해진 것이 아니며 여러 활동을 고려하여 각 유치원에서 실시한다. 〈표 4-1〉 이외의 활동으로는 집에 있는 채소를 하나씩 가져와서 씻고 잘라서 수프를 만들어 먹기도 하고 밀가루에 달걀이나 꿀 등을 넣어 반죽부터 시작하는 빵을 굽는 요일도 있다.

요일별 활동은 순서가 바뀔 수도 있지만 습관처럼 일정하게 이루어진다. 매일 반복되는 활동을 경험하며 유아는 의지력을 단련시키고 책임감과 결단력을 기른다. 발도르프 유치원에서는 유아들에게 가정에서 하는 전통적인 활동에 참여할 기회를 제공한다. 요리나 빵 굽기, 청소, 씻기, 바느질, 다림질, 정원 가꾸기 등이 주기적으로 행해진다.

발도르프 유치원의 상세한 교육내용을 설명하기 위해 하루의 생활을 소개하려고 하는데, 이 부분은 실제 편에서 다루기로 하겠다.

〈표 4-1〉 요일별 활동

요일	활동내용
화요일	자유선택활동 중 수채화 그리기
수요일	오이리트미(율동 및 신체표현시간에 함)
목요일	점토로 만들기(더운 여름에는 하지 않음)
토요일	주말의 대청소, 놀잇감, 책상, 의자를 닦고 정리하기, 가게 놀이의 소품이나 물건을 분류 정리

(7) 운영

발도르프 유치원의 운영은 발도르프 학교와 마찬가지로 교사협의회와 학부모회를 중심으로 재정위원회 등이 공동 협력하여 자유롭고 독립적인 협의를 거쳐 자치적으로 운영위원회를 만들어 운영을 하고 있다. 가능한 만장일치제를 채택하고 있으며 원칙적으로는 학생들도 스스로 교육의 방법과 내용을 결정하는 데 참가하게 되어 있으며 이러한 만남을 통해서 발달 가능성을 지원해 줄 수 있다. 학부모회는 정기적인 모임을 가지고 교사회의도 매주 연다. 위원회에서는 대표로서의 교장을 선발하는데, 그 역할은 주요 학습교사이다.

유치원이나 학교가 자유롭다는 것은 의미 있는 교육적 과업을 위한 기반이 되고 외부로부터의 경제적 · 교육적인 조종으로부터 자유가 실현된다는 것이므로 교사의 책무성과 더불어 교사와 부모들의 자주적인 관리, 즉 공동체로서의 책임을 가지게 되는 것이다. 유치원에 입학하기를 희망하는 사람은 유치원에서 배부한 유아에 관한 자세한 질문지를 작성한 후 면접하게 된다. 부모가 참여하는 면접에서 교사와 부모는 먼저 부모의 취미, 전공, 특기 등과 가족들이 함께 즐기는 놀이에 대해 이야기하고 유아에 대해서는 유아가 좋아하는 놀이, 음식, 흥미를 가지는 것에서 성장과정에서의 행동, 걷기와 치아가 나는 시기, 또한 처음으로 한 말 등에 대해 구체적인 대화를 나누게 된다.

[그림 4-2] 부모들이 유아의 장난감을 만드는 교실과 부모들이 만든 장난감

3) 환경 구성

발도르프 유치원의 환경의 특징을 실내 영역과 실외 영역으로 분류하여 설명해 보기로 하겠다. 실내영역은 친밀감 있고 쾌적해야 하며 가능한 낮 시간에는 인조조명이 필요없도록 배려되어 있다. 벽의 색상도 무늬나 도안이 없는 밝은 색상으로 연한 파스텔조의 색상이어서 밝고 안정감을 느끼게 된다. 즉, 부드러우며 한 가지 색으로 된 천장과 벽지를 선호하며 유아의 감각을 자극하는 것들이 많지 않도록 주의해야 한다. 따라서 유치원에서는 유아에게 휴식과 안정감을 주는 분위기를 제공해야 한다.

교실 입구에는 사물함이 있으며 사물함은 세 부분으로 나누어져 있다. 맨 아래 칸에는 실내화, 중간에는 코트, 그리고 맨 위 칸에는 모자를 놓아둔다.

교실 한쪽 구석에는 주방기기와 싱크대가 갖추어져 있어 유아들의 간식을 준비할 수 있다. 또한 싱크대가 낮게 설치되어 있어 유아들이 씻거나 수채화 그리기 활동을 할 수 있다.

* 여기에 나온 사진은 독일 발도르프 유치원에서 찍은 것이다.

[그림 4-3] 사물함

[그림 4-4] 교실 내 싱크대

그 외에 인형들을 놓아두는 영역, 공구와 작업의자가 놓여 있는 영역, 그 밖의 다양한 활동들을 할 수 있는 탁자를 갖춘 영역이 있다. 탁자는 이동할 수 있게 만들어 각자 사용할 수도 있고 전체 그룹이 참여하는 활동을 할 경우에는 한데 모아 하나의 넓은 책상으로 구성할 수도 있게 한다. 가벼운 나무로 된 칸막이 같은 스탠드들은 유아들이 그 위에 색상이 있는 재료들을 걸어 자기 집을 짓거나 할 때 활용된다.

또한 교실의 한쪽 구성에는 계절책상이라는 것이 있다. 이 책상에는 주위의 계절을 느낄 수 있도록 자연물이 전시되어 있으며 천이나 솜으로 만든 인형으로 모빌 장식을 한 것도 있다. 유아는 자연적인 미와 계절의 리듬을 느낄 수 있다.

[그림 4-5] 교실의 흥미영역

[그림 4-6] 계절책상

교실의 장난감들은 단순한 것들이 많으며 상품화된 것은 없다. 단순한 놀잇감이란 나무토막을 다양하게 잘라 놓은 것, 다양한 형태를 띤 재미있는 모양의 가지, 나뭇잎, 밀짚, 견과류(호두, 밤 등), 씨앗(호박씨, 봉숭아씨 등), 자연채색한 양털, 조개껍질, 돌, 솔방울, 헝겊, 천 등이다. 이 외에도 놀이도구로 만든 숟가락, 그릇, 다리미, 칼, 집 등이 있는데, 모두 원목으로 수작업한 것이다. 상품화된 것에는 색연필, 크레용, 물감, 붓과 조소용 점토, 예쁜 의자나 책상 등이 있다.

자연적 재료는 합성재료보다 촉감이 달라서 감각의 자극이 다르다. 다시 말해서, 자연재료의 겉면의 촉감(완전히 매끄럽지 않은) 때문에 게임은 더욱 활성화되고 촉진된다. 또한 자연재료는 원래대로의 무게를 가지고 있기 때문에 유아들이 자연적인 물건을 가지고 노는 것은 세계에 대하여 가장 최선의 현실적인 관계를 형성하게 해준다. 예를 들어, 통나무는 무척 무거워서 크기에 맞는 무게를 가지고 있는 반면 형태는 있지만 속이 비어 있는 합성재료(플라스틱)로 만든 블록은 굉장히 가볍다.

[그림 4-7] 교실 내 장난감

자연재료들은 다방면으로 사용될 수 있고 고정적으로 사용되지 않는다. 예를 들어, 하나의 나무토막을 세우면 교회의 탑이 되고, 다시 누이면 배가 되며, 다시 품 속에 안고 있으면 인형이 된다. 여기서 나무토막은 놀이에서 하나의 역할로 고정되어 있지 않기 때문에 유아는 그 나무토막에게 능동적인 의미를 줄 수 있다. 이러한 유아의 능동성은 자연 재료의 단순한 놀잇감과 놀이를 통하여 촉진될 뿐만 아니라 세계를 향하여 뻗어나갈 수 있다. 유치원에서 완제품을 사용하지 않는 이유도 여기에 있다. 완제품 놀잇감은 일정한 형태를 가지고 있어서 상상력을 방해한다. 종이 자르기, 막대 배열하기 등은 유아의 성장을 방해하며 의도적으로 고안된 것은 좋지 않다.

또한 텔레비전이나 컴퓨터를 비롯한 각종 전자제품이 없다. 대부분 자연물이고 꾸밈없는 원형 그대로의 것들을 제공해 유아가 안정감을 느낄 수 있는 분위기를 제공해 준다.

가장 바람직한 것은 유치원 교사나 부모가 스스로 제작한 장난감이 좋다. 장난감은 일회용과 같은 의미로서가 아니라 오랜 시간을 함께할 수 있는 영구적인 것이어야 하는데, 그 예로 인형을 들 수 있다. 인형의 특징 중 하나는 눈, 코, 입 등이 없다는 것인데, 이는 유아의 환상과 창의적인 활동을 위해서이다. 장난감으로 만든 인형은 경직된 인상을 가지고 고정적이어서 상상력을 발휘하는 데 도움이 되지 않는다. 유아에게 가장 이상적인 환경은 가정생활에 가까운 환경을 접하는 것이다.

실외영역은 크게 두 가지 부분으로 나뉘어져 있다. 한 부분은 건물 바로 밖의 놀이영역으로서 가능한 다양한 날씨 조건에서도 이용할 수 있도록 마련해 둔다. 눈이 와도 쉽게 치울 수 있고 비가 와도 곧 마를 수 있도록 표면을 포장하였다.

나머지 실외 영역은 건물로부터 조금 떨어져 있다. 유아들이 탈 것을 타고 다닐 수 있는 곳, 모래밭, 나무로 만든 조그만 오두막집, 고목, 길게 누워 있는 통나무, 5~60cm로 토막낸 통나무, 목발로 걷기 등이 있다. 또한 마당에 전나무를 빼곡히 심어 전나무 군집이 집을 형성해 유아들이 살짝 빠져 들어가고 빠져나올 수 있도록 계획한 곳도 있다. 수풀도 만들어 유아들이 그 주변을 뛰어다니거나 숨을 수도 있다. 정원 한편에는 개별 텃밭도 있다.

유아들은 균형 잡기 연습을 좋아한다. 예를 들어, 정원에 뉘여 있는 원형 그대로의 통나무 위를 걷는다. 그 밖에 흙 파내는 삽, 그릇, 통, 정원 도구들, 목마, 줄넘기를 위한 밧줄, 나무로 만든 탈 것들 등이 있다. 그러나 유치원에 많이 볼 수 있는 그네, 미끄럼틀, 정글짐 등은 없다.

[그림 4-8] 실외놀이영역

필자가 2008년 발도르프 유치원을 방문하여 원장과 면담한 결과, 발도르프 유치원을 졸업한 유아 중 약 50%는 발도르프 학교로, 그 외 약 50%는 일반학교로 진학한다고 설명하였다. 발도르프 유치원을 졸업한 유아는 예술이나 사회복지 분야에서 많이 근무하고 있으며 각 유아의 잠재성을 관찰하고 지원해 준 결과, 유아들의 자아개념이 강하다고 하였다.

2 실제

1) 독일의 발도르프 유치원

발도르프 유치원 교육에서는 '하루 일과표' 또는 '프로그램'이라는 개념을 사용하지 않는다. 그 이유는 틀에 박힌 교육 형식을 만들어서 유아들에게 적응시키려고 하는 교육의 개념에 동의하지 않기 때문이다. 발도르프 교육은 특정한 프로그램을 만들어서 유아들에게 제공하여 그에 맞게 훈련시키고 적응시키려는 것이 아니다.

그러나 하루 일과는 〈표 4-2〉와 같이 진행되며 하루 일과가 언제나 시간적 리듬이 비슷하게 이루어지고 항상 정해진 시간에 같은 일이 진행된다. 물론 예외인 경우도 있는데, 예를 들어 아주 화창한 날씨에는 아침을 먹고 보통 산책하는 시간보다 더 긴 시간을 산책하는 경우도 있다. 일정한 시간에 동일한 활동을 하는 이유는 유아의 의지는 순간적인 흥미나 기분에 따른 욕구에 의하여 발전되는 것이 아니고 습관에 의하여 발전되기 때문이고 더 나아가서 삶의 과정에서의 지속성과 생활적인 리듬으로 인해 유아에게 안정감을 주기 때문이다.

[그림 4-9] 발도르프 유치원

유치원 하루 일과의 전체 시간은 유아들의 등원시간에 따라 차이가 있다. 오전 7시부터 등원하는 곳에서부터 8시 또는 8시 30분부터 일과가 시작되는 곳도 있다(곽노의, 1999; 김성원, 2001, 2002; 이경랑, 1998).

(1) 등원

유아들이 유치원에 오는 방법은 부모들과 같이 오는 경우가 많고 버스로 등원하기도 하지만 규칙적으로 같은 시간에 반드시 유치원에 등원해야 한다. 하루, 일주일, 한 달 그리고 계절이라는 반복되는 리듬은 교육상 대단히 중요하기 때문이다. 유치원에 도착한 유아는 개인 사물함에 모자, 가방, 옷 등을 걸어둔다.

교실로 들어가서 교사와 한 명씩 눈을 마주보고 웃으며 인사를 나누게 된다. 만남은 발도르프 유치원에서는 중요한 것으로 교사와 유아의 인격적인 만남이 이루어져야 내면적인 연관성을 가질 수 있기 때문이다. 교사는 그날의 일과를 준비하거나 실로 무엇인가를 짜고 있기도 하며 생일 파티가 있는 날은 앞치마를 두르고 와플을 구울 준비를 하는 등 다양한 일을 하고 있다. 교사의 이런 모습은 생활과 활동의 느낌을 주며 유아에게 유익한 경험을 주게 된다.

〈표 4-2〉 일일 활동시간 계획

시간	활동
07 : 00	등원
07 : 30	자유선택놀이, 간식 준비, 작업, 기념일이나 축제 때 연관된 활동(계절에 따른 행사, 작업)
09 : 15	정리정돈, 손 씻기
09 : 45	리듬 있는 놀이(라이겐)
10 : 00	아침모임, 아침식사(간식), 바깥놀이 준비(실외 옷 입기, 신발 갈아 신기)
10 : 30	정원에서 자유놀이, 모래밭, 공놀이, 줄넘기, 화단 가꾸기, 풀 베기, 잔디밭 가꾸기, 공원 산책하기
11 : 30	실내화로 갈아 신기, 손 씻기, 인형놀이
11 : 45	동화모임(약 1~2주일 정도 같은 이야기)
12 : 00	귀가

(2) 자유선택놀이

자유놀이시간은 1시간 반에서 2시간 동안에 이루어진다. 유아들은 놀이에 어떤 것들이 필요하게 될 것인지를 생각하면서 교실 구석구석을 다니며 필요한 물건을 찾아가지고 온다. 모든 놀이는 유아들이 꼼꼼히 생각을 하고 나서 비로소 시작된다. 만약 어떤 놀이를 할 것인지 정하지 않은 경우에도 자연스러운 생각과 함께 시작되고 어떤 물건을 발견함과 동시에 그것에 따른 새로운 놀이로 자연스럽게 전환되어 이루어지게 된다.

자유놀이의 가치는 유아들이 자신을 스스로 세상 안으로 접합시켜 가는 것을 능동적으로 할 수 있다는 것뿐만 아니라 세상을 능동적으로 만들어 갈 수 있다는 것이다. 이러한 과정을 통해 미래의 삶을 위한 중요한 의지의 자세가 생겨나게 된다. 놀이는 유아를 경직되고 무질서한 관계 사이의 중간쯤에 놓여 있게 한다. 놀이는 내면의 자세를 필요로 하며 외부로부터의 도움을 필요로 하지 않는다. 왜냐하면 놀이는 목적을 향한 것이 아니고 놀이 안에서 스스로 의미를 가지고 있기 때문이다. 따라서 바느질하기 위해 미리 만들어진 견본을 주지 않으며 그 대신 유아가 자신만의 독창적인 활동을 하도록 내버려 둔다. 책에 이미 그려져 있는 선대로 색칠하기 또는 미리 그려진 형태대로 오리기 등과 같은 비창조적이거나 인위적인 또는 기계적인 활동 등을 촉구하지 않는다. 유아들에게 중요한 것은 결과가 아니라 활동 그 자체이기 때문이다.

[그림 4-10] 바느질 활동

놀이하는 과정에서의 진지함과 활기의 특징은 유아가 성공적으로 자신의 미래의 삶에 자연스럽고도 책임 있는 행동을 하도록 도와주며 이러한 자유놀이를 통하여 자발성이 내면화된다. 발도르프 유치원 교육은 학교교육을 준비시키는 것이 아니라 유치원 유아를 완전히 '유치원 유아'로 되게 하고 그렇게 함으로써 나중에도 완전한 '학교유아'로 되게 한다. 유아들의 기본적인 성향을 면밀하게 관찰하여 자연스러운 본성을 따라 타고난 개성에 따라 순응적으로 교육해 나간다. 자유선택활동시간은 유아에게 있어 인생의 생활을 배우고 공동체의 경험을 익히는 시간이 된다. 자유선택활동시간에 한 공간에 적정한 인원을 배치하는데, 약 4명 정도 같이 놀도록 한다.

(3) 정리정돈과 손 씻기

자유선택활동시간이 끝날 무렵 교사가 종을 울리거나 노래를 부르며 정리정돈시간을 알리고 교사 자신부터 활동실의 장난감을 정리하기 시작한다. 발도르프 유치원에서는 정리정돈시간에도 놀이와 연결시키며 놀잇감을 정리하면서 공간적인 질서를 익히게 된다.

(4) 아침 모임

정리정돈 후에 손을 씻은 유아들은 서로 손을 잡고 노래를 부르면서 교실 안으로 들어와 원을 구성한다. 공동체의 경험은 리듬적인 놀이를 통해서 먼저 진행되며 이로써 아침 모임이 시작된다. 유아 몸의 움직임과 리듬이 조화를 이루어 몸 전체의 움직임 속으로 리듬이 스며들어가야 하는 것이 중요하므로 계절에 맞는 라이겐을 한다. 리듬적인 노래나 몸 움직임은 공동체 안에서 자기를 발견할 수 있는 하나의 과정이다. 아침 모임은 기도, 금언 또는 노래를 통하여 종교적 동기를 줄 수 있는 시간이 된다. 기도나 금언의 내용은 단순하고 비유적이어야 하며 자신과 세계를 연결시키는 것이 되어야 한다.

아침 모임은 아침식사를 먹는 것으로 연결되며 유아 모두 함께 먹기 때문에 자연스러운 가벼운 대화를 통해 사회성발달에 유익하다. 메뉴는 죽, 수프, 과일과 자연식품, 요구르트 등으로 하며 그릇도 플라스틱은 사용하지 않는다. 이 시간에 유아는 식탁예절을 배우고 모두 같이 앉아서 시간을 보내기 때문에 공동체를 실감하게 된다. 아침식사 및 간식시간에는 교사를 도와주고 싶은 유아가 있으면(자율적으로) 가정에서처럼 도와서 함께 준비한다.

아침식사를 마친 후에는 날씨가 좋은 경우, 대부분 실외에서의 놀이나 산책으로 연결된다. 또는 그 시간에 수작업(handwerkliches) 행위로 이어질 수도 있다. 나무를 잘라서 간단한 도구 만들기, 물레로 실 짜기 등의 작업을 통해 무엇인가를 성취하고자 하며 주위 세계를 인식하게 된다. 유치원은 인간과 주위 세계가 밀접하게 연결되어 있는 기본적인 실제의 경험을 전달할 수 있으며 다가오는 미래의 삶을 위해 기본을 만들어야 한다.

[그림 4-11] 숲 속에서 놀이하는 모습

[그림 4-12] 라이겐하는 모습

(5) 바깥놀이

간식시간 후 대부분의 일과는 실외놀이 공간에서 자유놀이를 하지만 비가 오거나 추운 날에는 반 전체가 산책을 하며 보내게 된다. 모두 함께 산책하는 시간도 유아들에게 여러 가지 체험을 주는 소중한 시간이다. 산책을 하지 않을 때 유아들은 화단을 돌보고 풀을 뽑고 청소를 하는 등 수작업을 하기도 한다.

필자가 2001년과 2008년 독일의 발도르프 유치원을 방문했을 때, 그날은 유아들이 간식을 먹고 근처의 숲 속에 가서 놀이하였다. 유아들이 하는 놀이란 1960~1970년대 우리 어린 시절에 집 밖에서 놀았던 것처럼 아무런 장난감이 없이 자연물 그 자체가 놀잇감이었다. 유아들이 나지막한 나무 위에 올라타기도 하고 나무막대기, 돌멩이, 나뭇잎을 가지고 놀았으며 교사는 유아들과 같이 놀기도 하며 유아들의 놀잇감을 만들기 위해 실로 무언가를 짜기도 하였다. 따라서 발도르프 유치원에서는 어떤 날씨에도 바깥놀이를 하며 숲 속으로 갈 때도 아무런 장난감도 가지고 가지 않고 숲 속의 모든 자연물이 장난감이 되며 그러한 놀이를 통해 행복감을 느낀다고 하였다.

이 외에도 만 5세 유아들이 하는 작업의 종류와 실외놀이를 열거해 보면, 다음과 같다.

- 점토로 만들기
- 작은 그림책 자르기, 바느질하기
- 바늘쌈 꿰매기, 바늘 골라 정돈하기
- 조각하여 만든 편지오프너에 사포질하기
- 도움을 청하되 묻지는 말기
- 고무밴드나 줄 꿰기
- 그릇의 물기 닦기, 쓸기
- 정원에 있는 나무톱질하기
- 늦겨울에는 정원에서 떨어진 나뭇가지 톱질하여 자르기
- 여름에는 화단 담장 새롭게 만들기, 커다란 돌덩이 나르기
- 나무둥지 그루터기와 널빤지로 정원 사이의 길 만들기

- 삽으로 마당 구석에 호수나 냇물 파기
- 뛰기놀이, 숨바꼭질, 잡기놀이, 공놀이, 놀이용 자동차 바퀴 타기, 줄넘기 등

(6) 동화모임

유아들이 실외에서 놀이나 수작업활동을 하고 나면 오전 시간의 마무리를 위한 동화모임을 하기 위해서 모인다. 아주 조용한 노래를 통하여 경청의 자세를 유도한다. 오늘날 유아들에게 부족한 경청의 태도를 강조하며 내면 안에서 귀 기울여 들을 수 있도록 한다. 그러기 위해서는 이야기해 주는 성인 스스로가 동화 속에 심취하여 있거나 그러한 모습이 살아 있는 것처럼 유아 앞에 존재할 때이다. 발도르프 유치원에서 동화는 책을 읽어 주는 것이 아니라 책을 이용하여 이야기를 한다. 성인과 유아 간의 인간적인 직접성을 강조하며 동일한 동화를 1~2주 동안 계속해서 반복한다. 같은 톤으로 같은 단어를 사용하여 단어의 의미를 반복하며 완전 유아의 것으로 내면화되도록 한다. 교실에 원으로 앉아서 나뭇가지, 나무토막, 인형, 천조각으로 장면을 꾸며 놓고 이야기를 극화하여 들려주기도 한다. 반복해서 들은 동화를 교실에 있는 다양한 도구를 이용하여 유아들이 인형극 혹은 동극으로 꾸며 진행하기도 한다. 동화내용에서 강조되고 있는 도덕적인 법칙을 통해 자기 확인을 경험하게 된다. 분위기가 중요하므로 간단한 동화나 동시를 낭독할 때 촛불을 켜서 하기도 하고, 원탁 테이블에 그에 맞

[그림 4-13] 작업영역

[그림 4-14] 실외놀이

는 자료를 올려놓으면 조용하게 집중하기도 한다.

[그림 4-15] 교실 중간의 원탁 테이블

(7) 주간 예술 및 특별활동

① 수채화 그리기

발도르프 유치원에서 유아는 수채화 그리기를 통해 색을 탐구하게 된다. 유아에게 특정한 대상을 그리도록 하는 것이 아니라 색 자체와 첫 대면을 해주기 위한 것이다. 유아에게 어떠한 색 이론도 가르치지 않지만 다양한 색들이 종이 위에 나타나는 것을 스스로 경험할 수 있도록 하는 것이다. 빨강, 노랑, 파랑의 3원색을 처음에는 1가지 색을, 그 다음에는 2가지 색을, 그 다음에는 3색을 유아에게 주고 유아 스스로 마음대로 섞어서 다양한 색깔을 만들어 볼 수 있게 한다.

수채화 그리기를 하는 날 교사는 접시 위에 물감을 짜서 물을 섞어 붓으로 물감을 개어 놓는다. 각각의 유아에게 노랑, 빨강, 파랑 물감이 있는 3개의 접시와 물통을 준다. 유아는 가운을 입고 각자의 도화지를 한 장씩 받는다. 먼저 유아가 싱크대로 가서 도화지를 물에 담근다. 물에서 도화지를 꺼내어서 판 위에 놓고 마른 수건으로 닦는다. 물기를 모두 닦아낸 후에 도화지를 탁자로 가져온다.

붓으로 수채화 그리기를 시작하며 15~20분간 진행된다. 물감이 도화지 위로 스며들면서 은은한 선을 만들며 각이 진 경계가 나타나지 않는다. 교사는 유아에게 무엇을 그렸는지 묻지 않으며 어떤 유아는 한 가지 색으로, 어떤 유아는 몇 가지 색을 동시에 사용한다. 수채화를 다 그린 후에도 그 작업에 대한 논의나 토론은 없다. 유아는 즐겁게 색깔을 관찰하면서 작업한다. 작업한 후에 종이는 건조대에 널어 말린다.

[그림 4-16] 수채화 그리기

[그림 4-17] 수채화 건조대

② 오이리트미

20세기 초 모든 예술 분야에서 새로운 변화들이 일어나던 시기에 슈타이너도 새로운 동작의 근원을 인간의 언어와 음악에서 찾았다. 오이리트미(eurythmie)라는 예술은 1912년 슈타이너에 의해 창시되었다. 20세기 초반에 만들어진 새로운 동작예술이긴 하지만 오이리트미의 기원은 신비극(mystaries)이라는 고대 그리스 사원에서의 춤으로 거슬러 올라간다. 그 당시 그곳에서 춤은 인간 내부에 있는 정신적인 것에 대한 표현이었다. '오이(eu)'라는 것은 '좋은, 진실한, 아름다운'이라는 뜻이고 '리트미(rythmy)'는 '리듬(형성된 구조화된 흐름)'이라는 뜻으로 오이리트미의 의미는 '아름다운 리듬' 또는 '조화로운 움직임'이다.

[그림 4-18] 밀납으로 만들기

[그림 4-19] 발도르프 유치원에서 많이 사용하는 라이어 악기

오이리트미에서는 육체는 도구이며 움직임과 동작들은 그 수단이다. 언어와 음악이 가지는 고유한 특성들을 드러내어 시각화하기 위해 노력하는 것이다. 즉, 언어를 몸 전체를 통해 볼 수 있게 된다. 모음, 자음, 문법, 대화의 리듬과 음악의 음색, 간격, 고저, 음질, 조화, 리듬과 함께 오이리트미화해서 '볼 수 있는 음악'이 된다. 이때 동작의 근원인 소리는 아주 중요한 요소가 된다. 그래서 마이크를 사용하지 않은 사람의 목소리 그리고 리듬이 명백히 살아 있는 시 낭송과 대사, 녹음된 음악을 사용하지 않고 항상 라이브 음악과 동작이 함께 어우러진다.

발도르프 유치원에서는 단순히 신체 표현(라이겐)과는 다른 '몸을 움직이는 놀이' 시간인 오이리트미 시간을 중요시한다. 오이리트미는 말과 음악의 법칙성을 영적인 체험으로 표현하려고 한 것으로 몸을 통하여 소리를 보여주는 움직임의 예술이다. 발도르프 교육의 가장 근본적인 목적들 중의 하나는 '혼이 있는 신체의 배양'인데, 오이리트미는 이 목적을 실현할 수 있는 가장 큰 가능성을 가지고 있다. 따라서 오이리트미는 전문적으로 전공한 사람이 유치원을 방문하여 지도하며 몸의 형체로 알파벳(아, 오 등)과 관계되는 활동을 한다. 몸의 언어, 즉 나의 모습, 내면의 모습 등을 표현하여 자아를 찾아가며 이러한 내면의 존재 의미를 알아야 타인의 존재를 이해할 수 있다.

오이리트미는 유아에게 공간 적응, 집중력, 움직임에 있어서의 우아함이나 발달의 기회를 제공하는 것이며, 특히 유아가 내적인 균형감각과 다른 사람과 함께하는 공동체 속에서 완전함을 경험하게 하는 것이다. 실제 시간은 주 1회 15~20분 정도이나 그 전에 마음의 준비를 할 수 있는 시간을 가진다. 오이리트미를 하는 날은 라이겐을 하지 않는다.

(8) 귀가지도

노래를 부르거나 간단한 게임이나 인형극 또는 이야기 나누기를 한다. 인형극은 테이블이 무대로 사용되어 테이블 위에 이야기의 풍경이 되는 배경을 세워 놓고 교사가 인형을 활용하여 이야기를 진행한다. 함께 모여서 인사를 나누고 일과를 마무리한다.

(9) 유치원의 축제 및 행사

발도르프 유치원의 행사는 국가나 지역에 따라 약간의 차이는 있지만 계절의 변화에 따른 행사와 축제, 명절들에 의해 이루어진다. 이러한 활동들은 유아들에게 1년의 순환을 가져다 주고 리듬을 키우는 데 도움을 준다.

유치원의 행사는 생일잔치, 추수감사절, 미카엘(용을 물리친 천사) 축제일(9월 29일), 할로윈 데이, 성 마틴(가난한 사람을 도와준 마틴 사제) 축제일(11월 11일), 크리스마스, 부활절 등이다. 예를 들어, 추수감사절에는 가을의 수확과 신의 은총에 대하여 감사의 노래를 부르고 시를 낭송하며 유아들이 호박, 사과나 호두 등을 가져오기도 하며 산책할 때 도토리나 솔방울, 낙엽과 열매 등을 주워 계절 테이블을 장식하고 하루 전날에는 빵을 굽는다. 이 날은 모두 참여하여 천장에 장식을 하고 함께 모여서 먹으며 즐거운 시간을 보낸다. 유치원 행사는 유아들의 마음에 자연에 대한 배려와 계절감을 길러준다. 행사는 각 나라마다 자연, 옛날 이야기, 전통행사와 문화에 따라 차이를 보인다.

2) 우리나라의 서남 발도르프 어린이집

우리나라의 서남재단에서 운영하고 있는 서남 어린이집은 2000년부터 발도르프 교육을 시작하였으며 자유로운 인간발달이라는 발도르프의 기본원리에 입각하여 우리나라의 문화와 전통을 적용하고 있다(윤선영, 2004; http://www.seonam.org).

서남 어린이집의 교육내용은 연간 리듬생활, 월간 리듬생활, 주간 리듬생활, 하루 리듬생활로 구성되어 있다. 서남 어린이집의 기본적인 생활은 리듬이 형성되도록 하는 것으로 가장 커다란 리듬은 연간 리듬생활이다. 삼짇날, 단오, 유두, 추석, 동지, 설 등 우리나라의 절기 · 명절, 석가탄신일이나 성탄절과 같은 종교적인 날과 유아들의 생활에서 의미 있는 날인 어린이날, 생일, 졸업 등을 주요 리듬으로 삼고 있다. 연간 리듬생활 구성을 위한 생활주제는 초기적응 – 삼짇날 – 어린이날 또는 석가탄신일 – 단오 – 유두 – 추석 – 김장 – 성탄절 또는 동지 – 설 – 졸업이다.

하루의 리듬생활은 날숨과 들숨이 반복되는 활동으로 이루어진다. 들숨과 날숨은 시간에 따라 정확하게 정해 놓지 않고 생활의 흐름에 따라 자연스럽게 이루어지도록 하고 있다. 유아들이 자기를 충분히 발산할 수 있는 시간은 날숨이 되며 자기 자신을 안으로 모으며 집단으로 어떤 일을 함께 하는 시간은 들숨이 된다. 유아들은 아직 날숨을 더 많이 하는 시기이므로 들숨의 시간은 비교적 짧은 편이다.

(1) 자유놀이

아침에 등원하면 자유놀이(날숨)가 시작되며 식사 기도나 노래를 하고 아침을 먹는 들숨이 이어진다. 아침식사 후에는 다시 자유놀이로 이어져 유아들이 충분히 자신을 발산할 수 있도록 창조적인 놀이를 하고 이때 교사는 축제 준비나 인형 만들기, 놀잇감 고치기 등의 수작업을 한다. 충분한 날숨이 이루어졌다고 생각되면 교사는 하던 작업을 멈추고 정리를 하기 시작하며 유아들도 놀잇감을 정리하기 시작한다.

(2) 라이겐

다음에는 리듬놀이인 라이겐(들숨)을 하며 라이겐이 끝나면 실외 자유놀이(날숨)가 이어진다. 라이겐은 프랑스의 전통 춤에서 유래된 것으로 움직임과 춤으로 성스러운 자연의 관계를 드러내는 것으로 예술적인 움직임의 형태를 가지고 있다(이경랑, 2005). 라이겐은 유아교육기관에서 주로 하는 전신 동작으로서 음악적 요소(리듬, 노래), 문학(시), 신체표현(동작, 움직임), 리듬생활의 의미가 담긴 종합예술이며 유아들이 자신의 의식을 물리적 육체로 모으는 안내 역할을 한다. 다시 말해서, 라이겐이란 간단한 동화, 노래, 이야기할 때 등 그때에 알맞은 의미로 몸의 표현을 한다.

(3) 실외놀이

실외로 나갈 때에는 교사는 시와 노래로 유아들에게 안내하며 실외놀이로 자주 동네 뒷산에 올라갔다 오는 일이 많다. 텃밭 가꾸기를 하여 수확의 기쁨을 함께 하고 있으며 우리 식생활에 필요한 것을 직접 가꾸어 음식으로 만들어 먹는 생활 그 자체이며 교육이다. 실외놀이가 끝나면 다시 교실에 들어와 점심식사를 하며 식사 후에는 양치질과 잠자리 준비를 하며 다함께 모여 이야기 듣기를 한다.

(4) 식사 및 낮잠

낮잠(들숨)이 끝나면 다시 자유놀이가 이어지며 동시에 요일별 특별활동이 이루어진다. 문자교육, 탐험나들이, 특별활동작업 등이 있다. 문자교육은 1주일에

한 번씩 30분 정도 움직임을 통한 형태 체험, 형태 그리기, 칠판 그림, 이야기 듣기, 그림에서부터 생성된 자음 익히기, 쓰기, 말놀이, 느낌에 의한 모음 연습 등을 하고 있다. 탐험 나들이는 마지막 6개월 동안 낮잠을 자지 않고 산 나들이, 주변의 초등학교 방문, 주변의 대학교 운동장에서 놀이, 리듬 생활에 필요한 간단한 장 봐오기 등이 있다. 특별활동 작업은 수놓기, 직조 짜기, 손가락뜨개질 등의 작업을 한다.

(5) 자유놀이

오후 간식을 먹은 후 자유놀이를 하는 동안 하원이 개별적으로 이루어진다.

[그림 4-20] 서남 발도르프어린이집 놀잇감

〈표 4-3〉 서남 발도르프어린이집의 하루 일과

구분	샛별반	은하수반
8 : 00~9 : 00	등원 시작, 자유놀이 및 아침 간식 만들기	계절과 절기에 따라 음식 종류 변화
9 : 00~9 : 30	아침 간식 및 설거지	간식 후 정리정돈
9 : 30~10 : 20	자유놀이 및 그림 그리기(밀납 크레용)	교사의 예술작업 진행
10 : 20~11 : 00	정리 및 원모임 – 친구들과 인사, 노래, 손동작, 라이겐(윤무)	2~4주간 같은 라이겐을 반복
11 : 00~12 : 20	뒷산 나들이(화, 목) 실외 자유놀이 및 텃밭 가꾸기(월, 수, 금)	11 : 00~11 : 30(수, 금) : 주 1회 각 반(만 5세) 취학 전 어린이들 문자교육
12 : 20~13 : 00	식사 준비 및 점심식사	
13 : 00~13 : 30	정리, 이야기 들려주기(축제 또는 행사 시 인형극 보여주기)	아름다운 시구 암송
13 : 30~13 : 40	반일반 귀가	개인별 침구 제공
13 : 30~15 : 30	낮잠	
15 : 30~15 : 40	오후반 귀가	
15 : 30~16 : 30	자유놀이 후 요일별로 물감그림 그리기, 밀납으로 만들기, 전래놀이, 대청소 등 예술작업이 이루어짐	예술작업 : 바느질, 양모솜 벽화, 조각, 염색, 밀납으로 만들기, 교실 꾸미기(축제 준비, 계절탁자, 잠자는 방)등 만 5세 아이들–수직, 수놓기 등 장시간 집중할 수 있는 작업
16 : 30~17 : 00	정리 및 오후 간식	
17 : 00~18 : 30	자유놀이 및 자유귀가	
18 : 30~19 : 00	합반하여 자유귀가	

5 CHAPTER 숲유치원 프로그램

학습 목표

1. 숲유치원의 교육목적 및 특징을 설명할 수 있다.
2. 현대사회에서 숲유치원 교육의 중요성에 대해 말할 수 있다.
3. 독일의 숲유치원과 한국 숲유치원의 교육내용을 비교분석하여 말할 수 있다.

1 이론

독일의 숲유치원은 인간과 자연과의 조화로운 관계를 유아 시기부터 자연스럽게 알게 하고 유아의 신체와 정신을 전인적으로 성장 발달시키며 유아의 개성적인 발달을 돕는 데 그 목적이 있다. 이와 같은 숲유치원의 프로그램은 자연친화적, 체험적 교육을 강조하는 유아교육의 새로운 패러다임이라고 할 수 있다. 먼저 독일 숲유치원의 이론적 배경을 살펴보고 필자가 탐방한 숲유치원을 중심으로 교육 실제를 알아보도록 하겠다.

1) 역사적 배경

독일의 숲유치원은 1968년 우워줄라 수베(Ursula Sube) 여사가 설립한 사립 숲유치원에서 시작되었다. 초창기 숲유치원은 유아의 자연체험에 주된 관심을 가지고 이를 교육현장에 실현시키려는 교사와 자연친화적인 교육관을 지닌 뜻있는 학부모들이 그들의 자녀가 푸른 하늘 아래에서 자연과 함께 생활하기를 소망한 노력이 결실을 맺어 설립되었다. 이와 같은 초창기 독일 숲유치원의 아이디어는 1950년대 시작된 덴마크의 부모 주도 형태의 숲유치원에서 찾아볼 수 있다. 덴마크의 숲유치원은 1950년대 중반 엘라 플라타우(Ella Flatau)라는 부인이 자신의 자녀를 집 근처 숲으로 데리고 가서 놀이활동을 했는데, 이를 계기로 유럽에서 최초로 부모 주도 형태의 숲유치원이 설립되었다. 그리고 현재 60여 곳에 숲유치원이 성공적으로 운영되고 있는데, 덴마크 숲유치원의 형태는 숲 속에 완성된 집이나 오두막 또는 컨테이너 같은 가건물이 없는 자연상태 그대로의 유치원으로 겨울에는 3시간, 여름에는 4시간을 자유스런 하늘 아래서 활동하는 전형적인 숲유치원의 형태와 또 다른 형태는 숲 속에서 숲유치원의 한 반이 1~2개월 정도 교육을 실행할 때, 남은 반은 유치원에서 일상적인 교육을 받다가 숲유치원의 반과 교대를 하며 운영되는 숲유치원이다.

진정한 교육적 의미를 가진 독일 최초 숲유치원의 탄생은 1993년 플랜스부르크(Flensburg) 숲유치원이다. 대안적 유치원 개념으로 자리 잡은 덴마크의 숲유치원을 모델로 연구하여 세워진 플랜스부르크 숲유치원은 장기간 계획을 가지고 학문적인 바탕 위에 설립되었기에 현재도 독일 숲유치원의 모델이 되고 있으며 숲유치원을 위한 교사교육과 재교육 그리고 학술세미나를 정기적으로 개최하고 있다. 또한 독일 숲유치원 설립 조건에는 악천후에 유아들이 몸을 피할 수 있는 대피소를 두는 것을 법으로 정해 놓았다.

독일의 숲유치원은 다음과 같은 몇 가지 형태로 운영된다. 첫째, 순수한 의미의 숲유치원으로서 건물 없이 자유스런 하늘 아래서 여름에는 4시간, 겨울에는 3시간에 걸쳐 교육이 행해진다. 둘째, 일반유치원의 기존 학급 중 숲 활동을 하고자 하는 유아들을 선정하여 숲에서 교육이 이루어지는 형태이다. 물론 숲에서 활동을 하려는지 유치원에 남아서 활동을 하려는지 여부는 유아 스스로 결정한다. 셋째, 일주일의 3일간은 숲에서 이루어지는 오전 활동을 하고 매일 오후와 남은 2일 동안은 유치원 내에서 교육활동이 이루어지는 복합적인 형태의 숲유치원이 있다(이명환, 2003).

스위스에서는 1998년에 처음으로 취히리 주의 부루텐과 상갈렌에 전형적인 숲유치원이 설립되었다. 상갈렌 숲유치원에서는 초등학교 1, 2학년 과정, 방과 후 숲유치원, 숲놀이 그룹, 숲유치원 교사를 위한 다양한 프로그램을 제공하고 있다. 2003년에는 바덴 숲유치원 교사를 위한 다양한 프로그램을 제공하고 있다. 2003년에는 바덴 숲유치원에서도 상갈렌 숲유치원을 모델로 하는 초등학교 1, 2학년 과정의 두 번째 사립 숲학교가 문을 열었다. 스위스와 오스트리아에서는 다양한 연령층을 위한 자연 체험형 숲학교가 숲유치원보다 더 활발하게 운영되고 있다. 그 뒤 숲유치원은 영국, 스코틀랜드, 벨기에, 핀란드 같은 여러 유럽 국가에서 잇따라 설립되었고, 이어서 미국, 캐나다, 일본, 한국 등으로 확산되고 있다.

일본에서는 1986년 나가노 숲에 설립된 '어린이의 숲유치원'이 1995년 일본 정부로부터 인정받으면서 숲유치원 교육이 활기를 띠기 시작했다. 설립자인 우치다 고이치 선생은 자연교육, 생태교육, 자주보육*을 하는 활동가들과 함께 숲유치원 전국 네트워크를 설립해서 해마다 한 차례씩 전국 숲유치원 포럼을 개최하고 있다.

우리나라에서는 2008년부터 북부지방 산림청에서 일반 유치원과 어린이집을 대상으로 숲해설가들이 이끄는 '숲유치원 프로그램'을 제공하면서 숲유치원에 대한 관심이 커지기 시작했다. 북부지방 산림청은 국내에 숲유치원을 홍보하고, 확산시키는 데 가장 큰 역할을 한 공공기관이다. 그 뒤 2010년에는 서울시 송파구청에서도 구립어린이집에서 영아와 유아를 대상으로 하는 숲유치원 시범운영을 시작했다(장희정, 2011).

* 자주보육이란 교육관이 유사한 어머니들이 지혜를 모아 공동으로 유아들을 돌보는 제도를 말한다.

2) 특징

숲유치원의 교육목적은 인간과 자연과의 조화스러운 관계를 어린 시기부터 자연스럽게 알게 하며 유아의 신체와 정신을 전인적으로 성장, 발달시키는 데 있다. 또한 교육내용은 환경과 자연체험교육, 건강교육, 창의성교육, 동작교육, 사회성교육과 언어교육, 감각교육, 지적 교육, 종교교육이 있으며 이 모든 교육은 유아가 다양하고 직접적인 일상적 삶의 체험을 '자연 안에서', '자연과 함께' 하는 데 있으며 이를 통해 생물과 환경과의 상호관계를 알게 되고 자연과의 관계를 소중히 여기는 교육이 가능하게 된다고 본다. '숲유치원'이라고 하는 명칭은 유치원이나 어린이집의 숲체험 활동이나 숲놀이 방과 후 활동 등을 포괄하는 상위 개념의 보통명사로 사용될 수 있다.

숲유치원 교육과정이 높이 평가되는 가장 큰 이유는 바로 숲을 교과서로 채택하기 때문이다. 숲이 교과서가 되고, 놀이 그 자체가 배움이고, 삶이며 교육인 숲유치원의 기본 교육철학은 '교사 없는 교육, 프로그램 없는 교육'이다.

'교사 없는 교육'이란 유아들이 스스로 행동하도록 하고 동기를 부여하는 것을 뜻하며, '프로그램 없는 교육'이란 아이들이 자연 환경 요소의 변화와 생태순환의 고리를 스스로 깨닫게 하는 것을 뜻한다. 좀 더 덧붙이자면, '프로그램 없는 교육'은 교사나 교육 도구를 통한 인위적인 개입보다는 아이들이 스스로의 힘으로 자연에서 배움을 얻는 부분이 더 크다.

숲유치원의 필요성을 다음과 같이 정리해 볼 수 있다(장희정, 2011).

(1) 야성을 일깨우고 자기감정을 조절하는 능력을 키울 수 있다

현대사회에서 유아들은 유치원이나 학교 공간에 맞추어 행동함으로써 자신들이 하고 싶은 행동을 끊임없이 제약받고 있다. 숲유치원은 바로 이 제한된 공간으로 말미암아 발생하는 문제들을 간단하게 해결하는 교육방식이다. 숲에서 활동하는 유아들은 자기 마음대로 몸을 움직이며 자신 안에 잠재된 욕구를 행동으로 옮기며 야성을 발견한다. 여기에서 말하는 야성이란, 억압되지 않은 움직임으로서, 행동실천의 결과 범위를 인식하며 자신의 한계를 아는 것을 뜻한다. 야성을 통해 유아들은 자신의 한계점을 깨우치게 되고 그 한계를 뛰어넘으려는 시도를 하게 된다. 이처럼 유아들이 자기 한계를 인식할 때, 비로소 내면 욕구를 행동으로 실행할 힘이 생기고, 더불어 감정으로 표출하는 것을 절제하는 힘도 생긴다.

(2) 자연을 통해 통합적으로 사고하는 것을 배운다

현대 교육은 말과 글로 지식을 주입한다. 마치 퍼즐을 맞추듯이 조각난 사실과 지식을 끼워 맞춰 전체 그림을 그린다. 반면, 숲유치원은 피교육자가 스스로 깨닫는 교육방식이다. 날씨에 상관없이 야외에서 활동하는 숲유치원은 유아들에게 자연의 변화는 오감과 마음으로 느끼고 인지하는 당연한 일과이다.

비가 오고 바람이 불고 새잎이 돋고 잎이 떨어지는, 당연한 자연의 변화를 유아들은 신기해한다. 숲에서 일어나는 작은 변화를 경험하고 느끼는 그 자체가 유아들에게는 '알고 싶다'는 지적 욕구의 동기로 작용한다. 그리고 자연의 법칙과 질서에 대한 사실을 스스로 체험을 통해 인식해 가는 과정은 자연에 대한 좀 더 깊은 이해와, 생물과 무생물들과의 관계성을 깨닫는 과정으로 발전하게 된다. 이렇게 숲유치원 유아들은 자신의 인지력으로 자연섭리와 조화로움을 습득한다. 숲과 인간이 지배 관계가 아닌 함께 살아가는 상생 관계임을 자연스럽게 깨닫는다.

(3) 스스로 판단하고 결정하는 가운데 성취감을 느끼고 자립심이 생긴다

숲유치원에서는 유아들에게 충분한 자유놀이시간을 주며 숲에 널려 있는 자연 소재들을 이용하여 자신이 상상하는 놀이를 구체화해 가고 그 과정에서 많은 시행착오를 겪도록 한다. 유아들은 스스로 선택하고 결정한 일에 대한 결과는 자신이 받아들여야 한다는 것을 자연스럽게 익힌다. 숲에서의 활동은 딱히 정해진 규칙이랄 것이 없기에 시행착오를 반복하기 마련이지만, 그로 말미암아 유아들의 판단능력은 상대적으로 향상된다. 그리고 시행착오를 거쳐 완성된 결과를 통해 진정한 성취감을 맛보게 된다.

(4) 충분한 활동으로 건강한 육체와 강한 정신력, 창의력을 키운다

숲 활동은 유아들의 대근육뿐만 아니라 평소에는 잘 사용하지 않는 소근육까지 움직이게 하며 뇌를 자극한다. 예를 들면, 숲에서의 걸음은 포장도로에서의 걸음과는 달리 보폭과 발 높이가 지형에 따라 다르다. 발 디딜 곳의 지면상태를 파악하고 그 다음 걸음 거리까지도 판단해야 한다. 이렇게 걸음 하나에도 여러 상황을 복합적으로 이해하고 적정한 판단을 내려야 한다. 또한 숲에서 유아들이 가지고 노는 장난감은 그 기능과 놀이법이 정해진 제품이 아니라 유아들 스스로 기능과 역할을 부여해야 하는 자연물이다.

(5) 긍정적인 사고와 존재감을 키울 수 있다

숲에서 활동하면서 유아들은 즐거워하고 행복해한다. 비 오는 날은 비가 와서 행복하고, 눈 오는 날은 눈이 와서 행복하다. 궂은 날이 활동을 하기에 좋지 않다는 것은 어른들의 기우이며, 손에 흙이 묻으면 더럽다고 여기는 것 또한 어른들의 편견이다. 비 오는 날을 궂은 날로 규정하는 것은 자연과 동떨어져 사는 지금 우리 삶의 모습을 단적으로 보여주는 예이다. 자연의 질서에 따르며 자연을 있는 그대로 받아들이는 숲유치원 유아들은 다양한 경험을 통해 자아를 발견하고 무한한 존재감을 형성해 간다.

숲유치원 프로그램의 장점은 다음과 같이 정리할 수 있다. 먼저, 숲이라는 자유스럽고 넓은 공간에서 이루어지는 자연적인 놀이경험은 유아들의 정서적 · 신체적 안정을 가져온다. 최근 유아들의 ADHD 증상이 증가하고 있는 것이 실외놀이 결핍과 관련 있는 것으로 보여지고 있다. 그래서 유아교육기관에서의 놀이환경이 나무와 풀, 동물을 접하는 자연 친화적 환경일 때 유아의 ADHD 증상을 개선하는 효과가 있다고 보고되기도 한다(Taylor et al., 2000). 숲유치원의 자유로운 공간에서의 활동은 몸과 함께 마음과 생각이 유연해시고 유아들의 공격싱과 스트레스를 감소시키며 자연의 고요함을 통해 평화와 평온의 가치를 알게 된다. 또한 맑고 신선한 공기 속의 숲의 생활은 의학적인 관점에서 유아의 면역성을 강하게 해주어 숲유치원 원아들은 일반유치원의 원아들보다 병이 적다(이명환, 2003). 또한 숲에서의 놀이는 창의적이다. 완성된 놀잇감을 가지고 놀이하지 않고 자연에서 놀잇감을 발견하고 놀이를 만들어 내며 변화하고 순환하는 자연을 접하면서 상상력과 탐구력을 키우게 된다.

숲유치원의 숲의 조건은 다음과 같은 요건을 고려하여 선정하게 된다.

첫째, 숲이 있는 지역을 공공의 교통수단으로 쉽게 접근할 수 있어야 한다.

둘째, 숲의 수목들이 너무 조밀하게 들어서 있으면 안되고 숲 속이 멀리까지 내다보여야 하며 잡목이 너무 많지 않아야 한다.

셋째, 변화가 다양한 숲이 좋다.

넷째, 많은 사람들이 산책하는 숲지역은 적합하지 않다(개 배설물, 소음).

다섯째, 숲에 방치된 유해물질이나 오염물질이 없는지 사전에 조사한다.

여섯째, 숲 크기는 약 2.5헥타르 정도면 충분하고 혼합림으로 조성되어 있으면 좋다.

일곱째, 생태적으로 우수한 숲으로 자연 생태요소들(물, 돌, 흙, 생물 등), 경사지와 평지, 다양한 식물, 곤충류 등이 골고루 분포되어 있는 숲이 좋다.

여덟째, 걸을 수 있는 길이 있어 평소에 사용하지 않는 근육들의 움직임을 위한 준비 운동으로서, 활동 장소로 이동하는 걷는 길(1~2km)이 필요하다.

유아는 매일의 숲유치원 활동을 통하여 유아 자신도 자연의 일부분으로 자연과 공생하여야 함을 체득하게 된다. 이렇게 형성된 자연관은 유아가 성인이 되었을 때 자연을 마음속에 적극적으로 갖게 되고 자연친화적인 삶으로 인도해준다.

숲유치원의 교육적 효과를 연구해 본 결과, 숲유치원을 다닌 유아들이 일반유치원을 다닌 유아들보다 읽기, 사회, 자연과 수학 교과목에서 더 우수하였으며 학교 적응 능력도 더 우수하다고 하였다. 또한 동기부여, 인내력, 집중력, 사회성과 수업참여도에서도 우수하며 대근육 운동, 창의력도 우수하다고 하였다(장희정, 2011).

2 실제

1) 독일

숲유치원의 교육 실세에 대한 이해를 위해서 2008년 6월 필자는 독일의 아이히슈테트발트(Eichstatt Wald) 숲유치원을 방문하였는데, 탐방할 당시 숲유치원 원장의 설명을 통해 알아본 하루 일과를 소개하고자 한다. 이 숲유치원 원아의 연령은 만 1~3세까지로 13명의 혼합연령으로 구성되었으며, 일주일에 3일(월, 수, 금) 숲유치원 프로그램을 받으며, 시간은 아침 9시부터 오후 1시까지 진행되었다. 독일 숲유치원의 하루 일과는 다음과 같다.

(1) 등원 및 자유놀이

[그림 5-1] 컨테이너 밖

부모들은 자녀들을 데리고 오전 9시까지 시에서 관할하는 숲의 약속된 장소에 모이는데, 조금 일찍 등원하는 유아들은 자유놀이를 하였다. 돌이나 얇은 나무토막 등으로 작업을 하거나 찰흙으로 만들기, 모래놀이 등의 활동을 하였다. 나무에서 채취한 호두를 바구니에 담거나 호두 까는 도구를 이용하여 까는 활동을 하기도 하고 깐 호두를 먹기도 하였다. 등원은 교사와 학부모의 상호 정보교환을 할 수 있는 시간이다. 등원과 동시에 가방이나 소지품들은 컨테이너 안에 두는데, 컨테이너는 비가 오거나 눈이 올 때를 대비해서 마련해 둔다. 컨테이너 내부는 보기 좋게 꾸미는 것보다는 짜임새 있게 꾸며 생활공간으로 사용하는 것이 중요하다.

[그림 5-2] 컨테이너 안

[그림 5-3] 자유놀이

(2) 아침 모임

모든 유아들이 도착하면 교사, 유아, 학부모들은 둥그렇게 둘러앉아 간단한 손유희를 하면서 아침인사를 하고 결석한 사람이 있는지 인원을 점검한다. 숲유치원의 아침모임은 서로의 존재를 인식하고 공동체 의식으로 결속하는 시간으로 운영되었다.

[그림 5-4] 아침 모임

(3) 숲으로 이동

교사가 필요한 물건을 챙겨서 손수레를 끌면서 이동하였다. 이동하는 중 나무를 만져보고 벌레를 관찰하고, 나뭇가지를 줍기도 하였다. 목이 마른 유아는 준비해 온 물을 직접 마시기도 하였다. '숲으로 이동'에서 많이 걷는 것이 중요한 것이 아니라, 이동과정 중 유아가 스스로 경험하는 것이 중요하다. 따라서 탐색하기 위한 충분한 시간이 필요하고 숲으로의 이동은 안전감과 방향감을 갖기 위해 항상 같은 장소로 가는 것이 중요하다.

[그림 5-5] 숲으로 이동

(4) 간식 먹기

교사와 유아들이 둘러앉아 준비해 온 간식을 먹었는데, 주로 채소와 과일이 많았다. 간식을 먹기 전 교사가 물통의 물을 부어 유아들의 손 씻기를 도와주었다.

[그림 5-6] 간식 먹기

(5) 숲 속에서의 활동 및 이동

숲 속에서 자연물을 보고 만지고 관찰하는 등 탐색활동을 하면서 이동하였다.

[그림 5-7] 숲 속에서의 활동

(6) 끝나는 모임 및 귀가

숲에서 이동을 하여 아침에 모였던 장소에 도착하여 둥그렇게 둘러앉아 짧은 노래를 부르고 오늘 경험한 것에 대한 간단한 이야기를 나누었다. 학부모가 유아를 데리러 와서 귀가하면 하루 일과가 끝나게 된다. 숲유치원에서는 유아가 숲에서 발견한 물건들을 부모에게 전달하며 부모들은 그 물건들을 소중히 가져가서 정성껏 보관하는 것을 권장하고 있다(이명환, 2007).

2) 우리나라

우리나라 숲유치원의 형태는 통합적인 형태가 대부분으로 일반 유치원 및 어린이집 유아들이 1주일에 며칠, 혹은 몇 시간 숲에서 놀이한다. 각 지방의 산림청 관할 숲해설가와 연결하여 여러 가지 활동을 하고 있다. 전형적인 숲유치원은 인천대학교 숲유아교육소(http://www.waldedu. co.kr)가 있으며 숲유치원의 교육내용 및 하루 일과는 다음과 같다.

(1) 숲유치원 교육내용

숲에는 스스로 체험하고 배울 수 있는 자연물들이 매우 풍부하다. 놀이를 통한 숲체험은 숲을 구성하고 있는 요소나 그 일부분을 가지고 놀이와 재료로 사용될 수 있다. 주로 놀이 재료는 식물체의 잎, 꽃, 가지나 열매와 풀잎 등과 계곡의 물이나 돌, 야생동물, 기타 자연물 등을 사용한다.

〈표 5-1〉 인천대학교 숲유치원 교육내용

학기	주제	내용
1학기	숲 속 가족	• 숲 속에는 누가 살까 • 숲 속에서의 적응
	나무	• 나무와 풀 • 손끝으로 보는 숲
	숲 속 동물	• 숲 속의 작은 동물 • 숲 속의 곤충 • 숲 속의 소리
	식물 모양	• 꽃 • 흙 • 자갈과 돌 • 물속 생물
	계곡	• 물 • 물속 생물 • 돌
2학기	숲 속의 생태	• 발로 느끼는 숲 • 고사목, 숨은 야생동물
	숲의 변화	• 숲 속의 색깔 • 나뭇잎 모양, 냄새
	숲 속 보물	• 숲 속의 보물 • 열매, 바람, 태양
	숲 속의 겨울	• 변화된 숲 • 나무와 겨울 • 동물의 겨울
		• 나뭇잎 찾기 • 겨울 눈 • 야행성 동물

(2) 숲유치원 하루 일과

- 등원 : 부모가 데리고 옴 / 복장은 입고 벗기 편리한 옷
- 모임 : 인사 노래 / 원아 출석 확인(약 15분 정도)
- 자유놀이 : 1~2km 범위 내에서 활동
  천천히 걷기 / 새나 곤충 소리 듣기 / 자연물 발견 → 놀잇감
  또래와 다양한 상호작용

- 간식 : 손 씻기 → 간식 먹기(약 20분 정도)
- 대그룹 활동 : 프로젝트 활동 전개(이야기 나누기 / 체험활동)
- 동화 및 연극 : 동화를 듣고 숲에서 발견된 자연적 소재를 활용
- 모임장소로 이동
- 끝나는 모임 : 숲의 입구에서 정리(평가 / 노래 부르기 / 끝나는 노래 부르기)
- 귀가 : 학부모들은 아침시간에 데려다 주었던 숲 입구로 마중 나와 데려감

(3) 교육활동계획안

<table>
<tr><th>활동 주제</th><td colspan="2">고마운 친구 지렁이</td><th>작성자</th><td colspan="2">(청량산 숲해설가) 강인숙, 김은영, 박상미, 박인숙, 신청옥, 심유정</td></tr>
<tr><th>활동 목표</th><td colspan="5">흙 속을 돌아다니며 흙을 기름지게 만드는 지렁이를 관찰한다. 지렁이가 생태계에서 없어서는 안 되는 고마운 친구임을 배운다.</td></tr>
<tr><th>활동 장소 / 대상</th><td colspan="5">청량산 / 산림청 숲유치원 프로그램 7세</td></tr>
<tr><th>활동 일시</th><td>2010년 4월 19일</td><th>참가 인원</th><td>총 22명</td><th>활동시간</th><td>10 : 15~12 : 00</td></tr>
<tr><th>준비물</th><td colspan="3">교사 : 꽃삽(친구들 화장실용), 휴시</td><td colspan="2">보조교사</td></tr>
<tr><th colspan="6">활동과정 개요</th></tr>
<tr><th>단계</th><th colspan="4">주요 활동내용</th><th>소요 시간</th></tr>
<tr><td>도입</td><td colspan="4">1. 인사 나누기(5분)
– 청량산아 안녕?
– 우리는 숲 속에 초대된 손님
2. 물 놀이(10분)
– 짝짓기 놀이
– 무궁화 꽃이 피었습니다</td><td>15분</td></tr>
</table>

전개	3. 올챙이는 얼마나 자랐을까? – 웅덩이에 사는 개구리, 올챙이 관찰 – 도롱뇽 유생 관찰 4. 지렁이 찾아보기 – 지렁이는 흙 속을 돌아다니며 흙에 포함된 유기물을 먹고 똥을 싸서 좋은 흙을 만들고, 나무와 풀들은 그 흙에서 잘 자란다. – 지렁이는 어디에 많이 살고 있을까? • 마른 땅의 흙 파기와 낙엽이 많이 쌓인 곳의 흙 파기 – 지렁이는 왜 낙엽 밑에 살고 있을까? – 지렁이는 무엇을 먹고 자랄까? – 지렁이 똥은 냄새가 날까? • 지렁이 똥을 만져 보고 냄새도 맡아 본다. – 사람이 싼 똥은 왜 냄새가 날까? – 지렁이는 자기 몸무게의 몇 배나 되는 양을 먹을까? – 우리는 우리 몸의 몇 배나 되는 음식을 먹을 수 있을까? – 지렁이나 토끼똥에서 냄새가 나지 않는 이유는 뭘까? • 초식동물과 잡식동물이 먹는 먹을거리 이야기 – 흙을 파서 관찰한 지렁이를 제자리로 돌려보내고 “미안해, 고마워”하고 인사한다. • 인사	1시간 10분
마무리	5. 아이들과 함께 이야기 나눔	10분

출처 : 장희정(2011).

직무능력 평가

몬테소리 프로그램

1. 다음은 몬테소리 교육의 기본개념이다. 알맞은 단어를 (보기)에서 찾아 적으시오.

1) ( )는 유아가 특정 기능을 배우고자 하는 욕구가 강하며 쉽게 배울 수 있도록 유전적으로 계획되어 있는 시기를 말한다.
2) ( )는 유아가 작업에 흥미를 가지고 집중함으로써 내적 훈련을 발달시키고, 정상적 성질이 나타나는 것을 의미한다.
3) 몬테소리 교육의 영역은 ( ), ( ), ( ), ( ), ( )로 구분된다.
4) ( )이란 유아 스스로 오류를 찾아내어 교정할 수 있는 교육을 말한다.
5) ( )(은)는 주위환경이나 정보에 대해 지식을 획득하는 능력으로 무의식적인 단계와 의식적인 단계가 있다.
6) ( )이란 유아의 내면적 발달에 맞추어 자발적으로 학습하도록 배려해주는 환경을 말한다.

〈보기〉 질서교육, 자동교육, 자발적 교육, 준비된 환경, 미적 환경, 흡수정신, 흡수단계, 정상화, 내면화, 감각, 역할, 일상생활, 수, 과학, 언어, 역사, 문화, 감수성, 민감기, 매트, 관찰, 상징화

〈정답〉

1\. 1) 민감기 2) 정상화
3) 일상생활, 감각, 수, 언어, 문화 4) 자동교육
5) 흡수정신 6) 준비된 환경

프로젝트 접근법

※ 다음 중 알맞은 내용의 번호를 적으시오.

1. 프로젝트 주제 선정의 기준에 알맞지 않은 것은? (　　)

① 간접적으로 관찰 가능한 것이어야 한다.

② 주위에서 흔히 볼 수 있는 주제가 바람직하다.

③ 다양한 표상활동을 전개할 수 있는 주제여야 한다.

④ 교사 입장에서도 관심과 흥미가 느껴지는 주제여야 한다.

2. 프로젝트 실행과정 순서가 알맞은 것은? (　　)

① 주제망 구성–사전경험 나누기–질문목록 작성–조사활동 및 현장 견학–전시회

② 사전경험 나누기–주제망 구성–질문목록 작성–조사활동 및 현장 견학–전시회

③ 사전경험 나누기–질문목록 작성–주제망 구성–조사활동 및 현장 견학–전시회

④ 주제망 구성–질문목록 작성–사전경험 나누기–조사활동 및 현장 견학–전시회

〈정답〉

1. ①
2. ②

레지오 에밀리아 접근법

1. 레지오 에밀리아 로마냐 지역의 유아교육기관이 아닌 것은? (   )
① 교회에서 운영하는 사립기관 ② 개인이 운영하는 사립기관
③ 국가에서 운영하는 국립기관 ④ 시에서 운영하는 시립기관

2. 레지오 에밀리아 접근법의 교육과정의 특성이 아닌 것은? (   )
① 의사소통을 통한 상호협력 ② 기록과 전시작업
③ 다양한 표상활동 ④ 교사 주도 교육과정

3. 레지오 에밀리아 접근법에서 교사가 유아의 과거 경험을 기초로 하여 일반적인 목표를 융통성 있게 세워두지만 각 프로젝트나 활동의 세부 목표는 미리 세우지 않는 것으로 활동을 진행해 가면서 유아가 표현하는 흥미와 욕구, 교사가 유추해 내거나 유발시킨 흥미와 욕구가 반영되도록 하는 교육과정은? (   )

4. 레지오 에밀리아 접근법의 환경적 특성이 아닌 것은? (   )
① 계절책상 ② 순환성과 투명성
③ 유아개인의 편지함 ④ 라이트테이블

〈정답〉

1. ②
2. ④
3. 발현적 교육과정
4. ①

발도르프 교육과정

1. 슈타이너의 인간관을 설명하지 않는 것은? (　　)

① 인간을 신체(물질계), 영혼(추상), 정신(초감각)의 통합체로 본다.

② 인간은 육체, 에테르체, 아스트랄체, 자아체로 구성되어 있다.

③ 후기 피아제 학파의 구성주의이론에 많은 영향을 미쳤다.

④ 유아를 우주형과 지구형으로 분류하였다.

2. 발도르프 교육과정의 내용이 아닌 것은? (　　)

① 상상력을 중시하는 교육

② 공동체 의식을 강조하는 교육

③ 공간적 질서, 시간적 질서, 영혼적 질서 강조

④ 오이리트미 및 라이겐 활동

3. 발도르프 교육과정의 환경적 특성이 아닌 것은? (　　)

① 르미다 활용　　② 자연물을 이용한 놀잇감

③ 눈, 코, 입이 없는 인형들　　④ 계절책상

〈정답〉

1. ③
2. ②
3. ①

숲유치원

1. 숲유치원의 형태가 아닌 것은? (　　)

① 1주일 내내 숲에서 활동을 하는 전형적인 형태
② 1주일 동안 반나절은 숲에서 활동하고 그 외 반나절은 유치원에서 교육을 하는 통합적인 형태
③ 1년 동안 몇 개월은 숲에서 활동하고 그 외 기간은 유치원에서 교육을 하는 통합적인 형태
④ 1달에 1~2시간 정도 숲에서 활동을 하는 통합적인 형태

2. 숲유치원의 교육에 해당되지 않는 것은? (　　)

① 숲 자체가 교과서임　② 교사 없는 교육
③ 프로그램 없는 교육　④ 주제 중심 교육

3. 숲유치원의 숲의 조건에 해당되지 않는 것은? (　　)

① 숲의 수목이 조밀하게 들어선 곳
② 변화가 다양한 숲
③ 공공의 교통수단으로 쉽게 접근 가능한 곳
④ 유해물질이나 오염물질이 없는 곳

〈정답〉

1. ④
2. ④
3. ①

우리나라 영유아 프로그램을 국가수준, 대학운영, 기관운영 교육 프로그램으로 나누어 살펴 보고자 한다. 먼저 국가수준의 교육 프로그램으로 유치원과 어린이집의 3~5세 공통과정인 누리과정과 어린이집 0~2세를 위한 표준보육과정을 제시할 것이다. 대학운영 프로그램으로는 대학의 부속 및 부설 유아교육기관을 중심으로 한 다양한 프로그램 가운데 부산대학교 어린이집 '생태교육' 프로그램, 이화여대 '이화유치원 교육과정', 중앙대학교 '활동 중심 통합교육과정', 덕성여자대학교 '상호작용이론에 기초한 유아교육과정'을 살펴볼 것이다. 기관운영 프로그램으로는 삼성복지재단의 삼성어린이집 영유아 프로그램과 푸른보육경영의 푸르니 영유아보육 프로그램을 중심으로 알아보고자 한다.

제 III 부

우리나라 영유아 프로그램의 종류 및 실제

1 CHAPTER 국가수준 프로그램

학습 목표

1. 국가수준 프로그램인 누리과정과 표준보육과정의 개발 배경에 대해 이해할 수 있다.
2. 누리과정과 표준보육과정의 구성 및 내용을 이해하여 현장에 적용할 수 있다.

1. 2019 개정 누리과정

국가수준의 유치원 교육과정은 1969년 제정된 이후 사회적 · 학문적 변화와 요구를 수용하여 1979년 2차, 1981년 3차, 1987년 4차, 1992년 5차, 1998년 6차 개정을 거쳐 2007년 개정 유치원 교육과정이 고시되기에 이르렀다. 이후 정부는 2011년에 유치원과 어린이집으로 이원화되어 있는 유아교육 · 보육과정을 통합해 만 5세 유아들이 새로운 공통과정을 배울 수 있도록 「5세 누리과정」을 제정하였다(교육과학기술부 · 보건복지부, 2012). 이는 만 5세아의 교육 · 보육의 중요성, 유아교육의 국제 동향, 우리나라의 저출산 현상과 만 5세 교육 · 보육에 대한 국가 책임 강화 등의 이유로 소득하위 70%만 지원해주는 유치원비와 보육비를 확대하여 전 계층으로 지원해 주고, 유치원 및 어린이집으로 이원화되어 있는 교육 · 보육과정을 표준화된 유아 공통과정으로 일원화한다는 것이다. 이러한 지침에 따라 2012년 3월부터 유치원과 어린이집에 다니는 만 5세 유아들은 5세 누리과정으로 교육을 받게 되었다. 2013년에는 3~4세 유아들에게 까지 확대하여 「3~5세 연령별 누리과정」을 유치원과 어린이집의 3~5세 유아에게 동일하게 적용하여 생애초기의 공정한 출발을 보장할 수 있도록 하였다. 누리과정 적용을 통해 유아교육과 보육의 질이 향상되고 학부모의 부담이 경감되는 등의 실질적인 효과를 가져왔다. 「3~5세 연령별 누리과정」에 이어 2019년에는 「2019 개정 누리과정」이 개정 · 고시되었다. 2019년 7월 고시되어 2020년 3월부터 시행하는 「2019 개정 누리과정」은 유치원과 어린이집에 다니는 3~5세 유아에게 공통으로 적용되는 국가수준 공통 교육과정으로 관련 주요 내용을 살펴보면 다음과 같다.

1) 주요개정내용

(1) 국가수준의 교육과정으로서 구성체계 확립

- 국가수준의 공통 교육과정으로서 성격명시
- 추구하는 인간상 제시
- 초등학교 교육과정과의 구성체계 및 교육내용 연계

(2) 유아놀이중심 교육과정 재정립

- 교사중심 교육과정에서 유아놀이중심 교육과정으로서의 변화
- 충분한 놀이 시간 확보 권장
- 유아 놀이와 배움의 의미에 대한 재이해

(3) 5개 영역의 내용 간략화

- 유아가 경험해야할 내용을 연령 구분없이 제시
- 간략회된 내용으로 교사의 누리과정 실천 지원

(4) 교사의 자율성 강조

- 교육과정 대강화 경향을 반영하여 교사의 자율성 강조
- 계획안 형식과 방법의 지율화
- 흥미영역의 운영방식 자율화
- 5개 영역 통합방식의 다양화
- 평가의 자율화

2) 성격

누리과정은 3~5세 유아를 위한 국가수준의 공통 교육과정이다.

- 국가수준의 공통성과 지역, 기관 및 개인수준의 다양성을 동시에 추구한다.
- 유아의 전인적 발달과 행복을 추구한다.
- 유아중심 및 놀이중심을 추구한다.
- 유아의 자율성과 창의성 신장을 추구한다.
- 유아, 교사, 원장(감), 학부모 및 지역사회가 함께 실현해 가는 것을 추구한다.

3) 구성방향

(1) 추구하는 인간상

추구하는 인간상은 건강한 사람, 자주적인 사람, 창의적인 사람, 감성이 풍부한 사람, 더불어 사는 사람이다.

(2) 목적과 목표

누리과정의 목적은 유아가 놀이를 통해 심신의 건강과 조화로운 발달을 이루고 바른인성과 민주 시민의 기초를 형성하는데 있다.

이를 실현하기 위한 목표는 다음과 같다.

- 자신의 소중함을 알고 건강하고 안전한 생활습관을 기른다.
- 자신의 일을 스스로 해결하는 기초 능력을 기른다.
- 호기심과 탐구심을 가지고 상상력과 창의력을 기른다.
- 일상에서 아름다움을 느끼고 문화적 감수성을 기른다.
- 사람과 자연을 존중하고 배려하며 소통하는 태도를 기른다.

(3) 구성의 중점

- 3~5세 모든 유아에게 적용할 수 있도록 구성한다.
- 추구하는 인간상 구현을 위한 지식, 기능, 태도 및 가치를 반영하여 구성한다.
- 신체운동 · 건강, 의사소통, 사회관계, 예술경험, 자연 탐구의 5개 영역을 중심으로 구성한다.
- 3~5세 유아가 경험해야할 내용으로 구성한다.
- 0~2세 보육과정 및 초등학교 교육과정과 연계성을 고려하여 구성한다.

〈표 1-1〉 추구하는 인간상, 목표, 5개 영역과의 연계성

추구하는 인간상				
건강한 사람	자주적인 사람	창의적인 사람	감성이 풍부한 사람	더불어 사는 사람
목표				
자신의 소중함을 알고, 건강하고 안전한 생활 습관을 기른다.	자신의 일을 스스로 해결하는 기초능력을 기른다.	호기심과 탐구심을 가지고 상상력과 창의력을 기른다.	일상에서 아름다움을 느끼고 문화적 감수성을 기른다.	사람과 자연을 존중하고 배려하며 소통하는 태도를 기른다.
5개 영역				
신체운동 · 건강	의사소통	사회관계	예술경험	자연탐구

4) 누리과정의 운영

(1) 편성 · 운영

다음의 사항에 따라 누리과정을 편성 · 운영한다.

- 1일 4~5시간을 기준으로 편성한다.
- 일과 운영에 따라 확장하여 편성할 수 있다.
- 누리과정을 바탕으로 각 기관의 실정에 적합한 계획을 수립하여 운영한다.
- 하루 일과에서 바깥 놀이를 포함하여 유아의 놀이가 충분히 이루어지도록 편성하여 운영한다.
- 성, 신체적 특성, 장애, 종교, 가족 및 문화적 배경 등으로 인한 차별이 없도록 편성하여 운영한다.
- 유아의 발달과 장애 정도에 따라 조정하여 운영한다.

- 가정과 지역사회와의 협력과 참여에 기반하여 운영한다.
- 교사 연수를 통해 누리과정의 운영이 개선되도록 한다.

(2) 교수 · 학습

교사는 다음 사항에 따라 유아를 지원한다.

- 유아가 흥미와 관심에 따라 놀이에 자유롭게 참여하고 즐기도록 한다.
- 유아가 놀이를 통해 배우도록 한다.
- 유아가 다양한 놀이와 활동을 경험할 수 있도록 실내외 환경을 구성한다.
- 유아와 유아, 유아와 교사, 유아와 환경 간에 능동적인 상호작용이 이루어지도록 한다.
- 5개 영역의 내용이 통합적으로 유아의 경험과 연계되도록 한다.
- 개별 유아의 요구에 따라 휴식과 일상생활이 원활히 이루어지도록 한다.
- 유아의 연령, 발달, 장애, 배경 등을 고려하여 개별 특성에 적합한 방식으로 배우도록 한다.

(3) 평가

평가는 다음 사항에 중점을 두고 실시한다.

- 누리과정 운영의 질을 진단하고 개선하기 위해 평가를 계획하고 실시한다.
- 유아의 특성 및 변화 정도와 누리과정의 운영을 평가한다.
- 평가의 목적에 따라 적합한 방법을 사용하여 평가한다.
- 평가의 결과는 유아에 대한 이해와 누리과정 운영 개선을 위한 자료로 활용할 수 있다.

5) 영역별 목표와 내용

(1) 신체운동 · 건강영역

신체운동 · 건강 영역의 목표 및 내용범주는 유아가 다양한 신체활동에 즐겁게 참여하고, 청결과 위생, 즐거운 식사, 적당한 휴식을 통해 건강한 생활습관을 기르며, 일상에서 안전하게 생활하는 방법을 배우고 실천하는 내용으로 구성하였다.

- 신체활동에 즐겁게 참여한다.
- 건강한 생활습관을 기른다.
- 안전한 생활습관을 기른다.

내용범주	내용
신체활동 즐기기	신체를 인식하고 움직인다.
	신체 움직임을 조절한다.
	기초적인 이동운동, 제자리 운동, 도구를 이용한 운동을 한다.
	실내외 신체활동에 자발적으로 참여한다.
건강하게 생활하기	자신의 몸과 주변을 깨끗이 한다.
	몸에 좋은 음식에 관심을 가지고 바른 태도로 즐겁게 먹는다.
	하루 일과에서 적당한 휴식을 취한다.
	질병을 예방하는 방법을 알고 실천한다.
안전하게 생활하기	일상에서 안전하게 놀이하고 생활한다.
	TV, 컴퓨터, 스마트폰 등을 바르게 사용한다.
	교통안전 규칙을 지킨다.
	안전사고, 화재, 재난, 학대, 유괴 등에 대처하는 방법을 경험한다.

(2) 의사소통영역

의사소통 영역의 목표와 내용범주는 유아가 일상생활에서 다른 사람의 말이나 이야기를 듣고 말하기를 즐기며, 주변의 상징을 읽고 글자와 비슷한 형태로 써보기에 관심을 가지며, 다양한 책과 이야기를 통해 상상하기를 즐기는 내용으로 구성하였다.

- 일상생활에서 듣고 말하기를 즐긴다.
- 읽기와 쓰기에 관심을 가진다.
- 책이나 이야기를 통해 상상하기를 즐긴다.

내용범주	내용
듣기와 말하기	말이나 이야기를 관심 있게 듣는다.
	자신의 경험, 느낌, 생각을 말한다.
	상황에 적절한 단어를 사용하여 말한다.
	상대방이 하는 이야기를 듣고 관련해서 말한다.
	바른 태도로 듣고 말한다.
	고운 말을 사용한다.
읽기와 쓰기에 관심 가지기	말과 글의 관계에 관심을 가진다.
	주변의 상징, 글자 등의 읽기에 관심을 가진다.
	자신의 생각을 글자와 비슷한 형태로 표현한다.
책과 이야기 즐기기	책에 관심을 가지고 상상하기를 즐긴다.
	동화, 동시에서 말의 재미를 느낀다.
	말놀이와 이야기 짓기를 즐긴다.

(3) 사회관계영역

사회관계 영역의 목표와 내용범주는 유아가 자신을 이해하고 존중하며, 친구와 가족 또는 다른 사람들과 사이좋게 지내며, 유아가 속한 지역사회와 우리나라, 다양한 문화에 관심을 갖는 내용으로 구성하였다.

- 자신을 이해하고 존중한다.
- 다른 사람과 사이좋게 지낸다.
- 우리가 사는 사회와 다양한 문화에 관심을 가진다.

내용범주	내용
나를 알고 존중하기	나를 알고 소중히 여긴다.
	나의 감정을 알고 상황에 맞게 표현한다.
	내가 할 수 있는 것을 스스로 한다.
더불어 생활하기	가족의 의미를 알고 화목하게 지낸다.
	친구와 서로 도우며 사이좋게 지낸다.
	친구와의 갈등을 긍정적인 방법으로 해결한다.
	서로 다른 감정, 생각, 행동을 존중한다.
	친구와 어른께 예의바르게 행동한다.
	약속과 규칙의 필요성을 알고 지킨다.
사회에 관심 가지기	내가 살고 있는 곳에 대해 궁금한 것을 알아본다.
	우리나라에 대해 자부심을 가진다.
	다양한 문화에 관심을 가진다.

(4) 예술경험영역

예술경험 영역의 목표와 내용범주는 유아가 자연, 생활, 예술에서 아름다움을 느끼고, 음악, 움직임과 춤, 미술, 극놀이 등의 예술에서 자신의 느낌과 생각을 창의적으로 표현하는 과정을 즐기며, 다양한 예술 작품을 감상하며 다른 사람의 예술 표현을 존중하는 내용으로 구성하였다.

- 자연과 생활 및 예술에서 아름다움을 느낀다.
- 예술을 통해 창의적으로 표현하는 과정을 즐긴다.
- 다양한 예술 표현을 존중한다.

내용범주	내용
아름다움 찾아보기	자연과 생활에서 아름다움을 느끼고 즐긴다.
	예술적 요소에 관심을 갖고 찾아본다.
창의적으로 표현하기	노래를 즐겨 부른다.
	신체, 사물, 악기로 간단한 소리와 리듬을 만들어 본다.
	신체나 도구를 활용하여 움직임과 춤으로 자유롭게 표현한다.
	다양한 미술 재료와 도구로 자신의 생각과 느낌을 표현한다.
	극놀이로 경험이나 이야기를 표현한다.
예술 감상하기	다양한 예술을 감상하며 상상하기를 즐긴다.
	서로 다른 예술 표현을 존중한다.
	우리나라 전통 예술에 관심을 갖고 친숙해진다.

(5) 자연탐구영역

자연탐구 영역의 목표와 내용범주는 유아가 호기심을 가지고 궁금한 것을 적극적으로 탐구하는 과정을 즐기며, 생활 속의 문제를 수학적, 과학적으로 탐구해 보면서, 생명과 자연환경을 존중하는 내용으로 구성하였다.

- 일상에서 호기심을 가지고 탐구하는 과정을 즐긴다.
- 생활 속의 문제를 수학적, 과학적으로 탐구한다.
- 생명과 자연을 존중한다.

내용범주	내용
탐구과정 즐기기	주변 세계와 자연에 대해 지속적으로 호기심을 가진다.
	궁금한 것을 탐구하는 과정에 즐겁게 참여한다.
	탐구과정에서 서로 다른 생각에 관심을 가진다.
생활 속에서 탐구하기	물체의 특성과 변화를 여러 가지 방법으로 탐색한다.
	물체를 세어 수량을 알아본다.
	물체의 위치와 방향, 모양을 알고 구별한다.
	일상에서 길이, 무게 등의 속성을 비교한다.

내용범주	내용
	주변에서 반복되는 규칙을 찾는다.
	일상에서 모은 자료를 기준에 따라 분류한다.
	도구와 기계에 대해 관심을 가진다.
자연과 더불어 살기	주변의 동식물에 관심을 가진다.
	생명과 자연환경을 소중히 여긴다.
	날씨와 계절의 변화를 생활과 관련짓는다.

1 CHAPTER 국가수준 프로그램

학습 목표
1. 국가수준 프로그램인 누리과정과 표준보육과정의 개발 배경에 대해 이해할 수 있다.
2. 누리과정과 표준보육과정의 구성 및 내용을 이해하여 현장에 적용할 수 있다.

1 누리과정(3~5세)

국가수준의 유치원 교육과정은 1969년 제정된 이후 사회적 · 학문적 변화와 요구를 수용하여 1979년 2차, 1981년 3차, 1987년 4차, 1992년 5차, 1998년 6차 개정을 거쳐 2007년 개정 유치원 교육과정이 고시되기에 이르렀다. 정부는 2011년에 유치원과 어린이집으로 이원화되어 있는 유아교육 · 보육과정을 통합해 만 5세 유아들이 새로운 공통과정을 배울 수 있도록 '5세 누리과정(만 5세 공통과정)'을 제정하였다(교육과학기술부 · 보건복지부, 2012). 이는 만 5세아의 교육 · 보육의 중요성, 유아교육의 국제 동향, 우리나라의 저출산 현상과 만 5세 교육 · 보육에 대한 국가 책임 강화 등의 이유로 소득하위 70%만 지원해주는 유치원비와 보육비를 확대하여 전 계층으로 지원해 주고, 유치원 및 어린이집으로 이원화되어 있는 교육 · 보육과정을 표준화된 유아 공통과정으로 일원화한다는 것이다. 이러한 지침에 따라 2012년 3월부터 유치원과 어린이집에 다니는 만 5세 유아들은 5세 누리과정으로 교육을 받게 되었다. 정부는 2013년에는 만 3~4세까지 누리과정을 확대한다는 '3~4세 누리과정 도입계획'을 발표하였다. 우리나라의 3~5세 모든 유아들에게 유아교육 · 보육과정이 통합된 3~5세 누리과정을 제공함으로써 취학 전 교육의 질을 제고하고 생의 초기 출발점 평등을 보장할 수 있게 되었다.

1) 3~5세 연령별 누리과정 제정의 특성

(1) 총론 내용 강화

3~5세 연령별 누리과정 총론에는 구성방향, 목적, 영역별 총괄목표 외에 편성, 운영, 교수 · 학습방법 및 평가의 내용을 추가함으로써 국가수준 공통과정의 구성체계와 형식을 갖추었다.

(2) 유치원 교육과정과 표준보육과정의 공통적 내용으로 구성

유치원 교육과정은 만 3~5세 유아를 위한 교육과정으로 5개 영역(건강생활, 사회생활, 표현생활, 언어생활, 탐구생활)에 Ⅰ수준, Ⅱ수준, 공통수준으로 구성되어 있다. 어린이집 표준보육과정은 만 0~5세 영유아를 위한 보육과정으로 6개 영역(기본생활, 신체운동, 사회관계, 의사소통, 자연탐구, 예술경험)에 만 3~5세 유아를 위한 내용은 1수준, 2수준, 3수준으로 구성되어 있다. 유치원 교육과정의 내용과 하위내용, 어린이집 표준보육과정의 내용범주와 내용은 다르게 구성되어 있으나 세부 수준별 내용에 있어서는 유사한 부분이 많아 누리과정에서는 두 과정의 공통적인 내용을 다루었다. 신체운동 · 건강, 의사소통, 사회관계, 예술경험, 자연탐구의 5개 영역 구성과 내용으로 수정 · 보완하였다.

(3) 영역별 목표 제시 및 연령별 내용구성

3~5세 연령별 누리과정은 5개 영역별로 만 3, 4, 5세를 동일한 목표로 제시하고 내용은 유아의 발달수준을 고려하여 연령별로 구성하였다. 단, 3~5세 유아의 발달특성상 연령별로 구분하는 것이 적절하지 않거나 3~5세 연령에서 공히 다루어야 할 내용에 대해서는 3~4세, 4~5세, 3~5세를 동일하게 제시한 경우도 있다. 이는 초등학교 저학년 교육과정에서 학년군별 목표는 동일하게 설정하고, 성취 기준은 학년별로 제시하고 있는 초등학교 학년군 교육과정의 성격과 형식을 취한 것이다.

(4) 기본 생활습관과 인성교육 강조

유아기는 인성의 기초가 형성되는 시기일 뿐만 아니라 교육의 효과도 매우 커서 이 시기에 형성된 태도와 습관은 평생 지속된다. 현대의 다원화된 사회에서 미래 민주시민의 기초를 형성하기 위해서는 유아기부터 기본 생활습관, 예절, 배려, 협력 등 실천 위주의 인성교육이 실시되어야 한다.

(5) 초등학교 교육과정 및 0~2세 표준보육과정과의 연계성

3~5세 연령별 누리과정은 생활 속에서의 놀이를 중심으로 통합적으로 이루어지는 유아교육 · 보육의 정체성을 살리는 동시에 교과의 목표, 내용, 방법, 평가 등의 요소들이 중심이 되는 초등학교 교육과정과 연계되도록 구성하였다. 또한 포괄적인 관점에서 아래 연령대인 0~2세 표준보육과정과의 연계를 고려하여 내용을 체계화하였다.

2) 3~5세 연령별 누리과정의 구성방향

- 질서, 배려, 협력 등 기본생활습관과 바른 인성을 기르는 데 중점을 두어 구성한다.
- 자율성과 창의성을 기르는 데 중점을 두고, 전인발달을 이루도록 구성한다.
- 사람과 자연을 존중하고, 우리 문화를 이해하는 데 중점을 두어 구성한다.
- 만 3~5세아의 발달특성을 고려하여 연령별로 구성한다.
- 체운동 · 건강, 의사소통, 사회관계, 예술경험, 자연탐구의 5개 영역을 중심으로 구성한다.
- 초등학교 교육과정과 0~2세 표준보육과정과의 연계성을 고려하여 구성한다.

3) 3~5세 연령별 누리과정의 목적과 목표

누리과정은 만 3~5세 유아의 심신의 건강과 조화로운 발달을 도와 민주시민의 기초를 형성하는 것을 목적으로 한다. 이를 달성하기 위한 구체적인 목표는 다음과 같다.

- 기본운동능력과 건강하고 안전한 생활습관을 기른다.
- 일상생활에 필요한 의사소통능력과 바른 언어 사용습관을 기른다.
- 자신을 존중하고 다른 사람과 더불어 생활하는 능력과 태도를 기른다.
- 아름다움에 관심을 가지고 예술 경험을 즐기며, 창의적으로 표현하는 능력을 기른다.
- 호기심을 가지고 주변 세계를 탐구하며, 일상생활에서 수학적 · 과학적으로 생각하는 능력과 태도를 기른다.

4) 3~5세 연령별 누리과정의 편성과 운영

(1) 편성

- 1일 3~5시간을 기준으로 편성한다.
- 5개 영역의 내용을 균형 있게 통합적으로 편성한다.
- 유아의 발달특성 및 경험을 고려하여 놀이를 중심으로 편성한다.
- 반(학급) 특성에 따라 융통성 있게 편성한다.
- 성별, 종교, 신체적 특성, 가족 및 민족 배경 등으로 인한 편견이 없도록 편성한다.
- 일과 운영시간에 따라 심화 · 확장할 수 있도록 편성한다.

(2) 운영

- 연간, 월간, 주간, 일일계획에 의거하여 운영한다.
- 실내 · 외 환경을 다양한 흥미영역으로 구성하여 운영한다.
- 유아의 능력과 장애 정도에 따라 조정하여 운영한다.
- 부모와 각 기관의 실정에 따라 부모교육을 실시한다.
- 가정과 지역사회와의 협력과 참여에 기반하여 운영한다.
- 교사 재교육을 통해서 누리과정 활동이 개선되도록 운영한다.

(3) 교수 · 학습방법

- 놀이를 중심으로 교수 · 학습활동이 이루어지도록 한다.
- 유아의 흥미를 중심으로 활동을 선택하고 지속할 수 있도록 한다.
- 유아의 생활 속 경험을 소재로 하여 지식, 기능, 태도 및 가치를 습득하도록 한다.

- 유아와 교사, 유아와 유아, 유아와 환경 간에 능동적인 상호작용이 이루어지도록 한다.
- 주제를 중심으로 여러 활동이 통합적으로 이루어지도록 한다.
- 실내 · 실외활동, 정적 · 동적 활동, 대 · 소집단활동 및 개별활동, 휴식 등이 균형 있게 이루어지도록 한다.
- 유아의 관심과 흥미, 발달이나 환경특성 등을 고려하여 개별 유아에게 적합한 방식으로 학습하도록 한다.

(4) 평가

① 누리과정 운영평가

- 운영내용이 누리과정의 목표와 내용에 근거하여 편성 · 운영되었는지 평가한다.
- 운영내용 및 활동이 유아의 발달수준과 흥미 · 요구에 적합한지를 평가한다.
- 교수 · 학습방법이 유아의 흥미와 활동의 특성에 적합한지를 평가한다.
- 운영환경이 유아의 발달특성과 활동의 주제, 내용 및 효율성 등을 고려하여 구성되었는지를 평가한다.
- 계획안 분석, 수업 참관 및 모니터링, 평가척도 등 다양한 방법을 활용하여 평가한다.
- 운영평가의 결과를 반영하여 운영계획을 수정 · 보완하거나 이후 누리과정 편성 · 운영에 활용한다.

② 유아평가

- 누리과정목표와 내용에 근거하여 유아의 특성과 변화 정도를 평가한다.
- 유아의 지식, 기능, 태도를 포함하여 평가한다.

- 유아의 일상생활과 누리과정 활동 전반에 걸쳐 평가한다.
- 관찰, 활동 결과물 분석, 부모면담 등 다양한 방법을 사용하여 종합적으로 평가하고, 그 결과를 기록한다.
- 유아평가 결과는 유아에 대한 이해와 누리과정 운영 개선 및 부모면담자료로 활용할 수 있다.

5) 3~5세 연령별 누리과정의 영역 및 내용

(1) 신체운동 · 건강영역

신체운동 · 건강영역의 목표는 일상생활에서 자신의 신체를 긍정적으로 인식하고 즐겁게 신체활동에 참여함으로써 기초체력과 기본 운동능력을 기르고 건강하고 안전한 생활습관을 기르는 것이다.

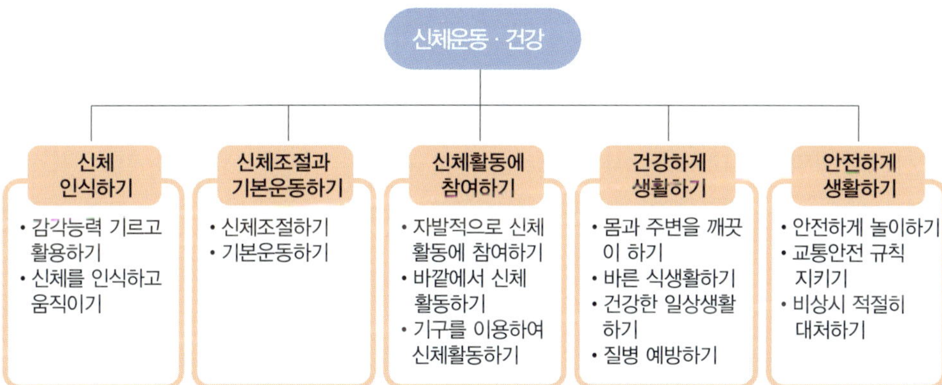

[그림 1-1] 신체운동 · 건강영역 내용체계

(2) 의사소통영역

의사소통영역의 목표는 일상생활에서 말과 글의 의미 있는 경험을 통해서 자신의 느낌과 생각, 경험을 타인에게 표현하는 것을 즐기며 타인이 말과 글로 전달하는 의미를 바르게 이해하는 능력과 태도를 기르는 데 있다.

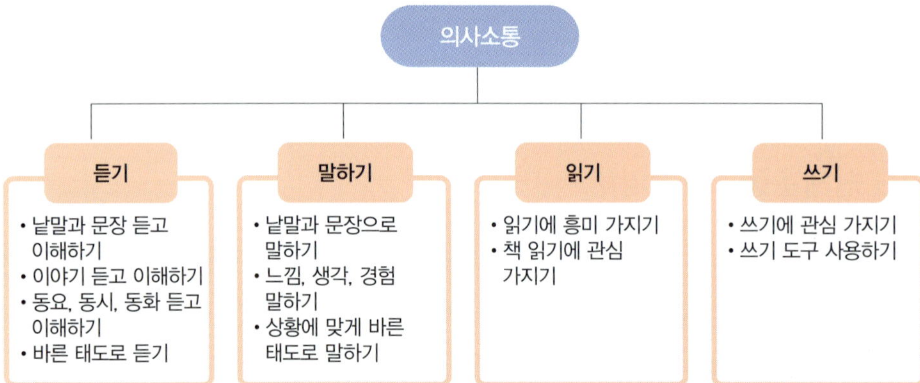

[그림 1-2] 의사소통영역 내용체계

(3) 사회관계영역

사회관계영역의 목표는 자신을 존중하며 자신과 타인의 감정을 알고 적절하게 표현하며 다른 사람과 더불어 지내기 위해 필요한 능력과 기본적인 태도를 기르는 데 있다.

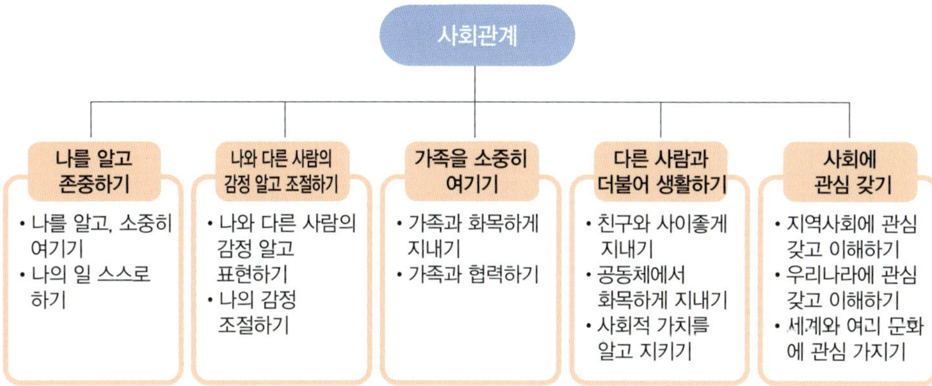

[그림 1-3] 사회관계영역 내용체계

(4) 예술경험영역

예술경험영역의 목표는 유아가 자연과 사물을 접하면서 느낄 수 있는 다양한 예술적 요소를 찾아보고, 이를 창의적으로 표현하며 아름다움에 관심을 가지고 예술활동을 즐기며 추구할 수 있는 소양과 더불어 아름다움의 다양성을 이해하고 존중하는 역량을 기르는 데 있다.

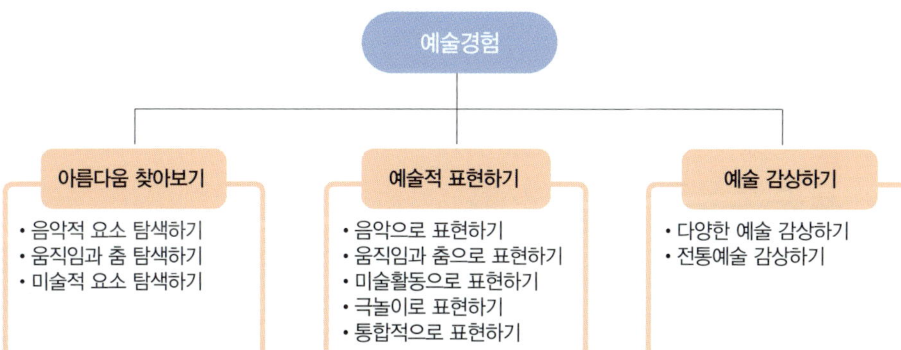

[그림 1-4] 예술경험영역 내용체계

(5) 자연탐구영역

자연탐구영역의 목표는 유아가 주변의 사물이나 자연현상에 대해 호기심을 가지고 탐구하는 태도를 기르는 데 있다. 또한 유아가 생활 속에서 부딪치는 문제를 논리적 · 수학적으로 해결하고 관심 있는 사물과 생명체 및 자연현상에 대해 탐구하면서 기초적인 수학적 · 과학적 사고능력과 태도를 기르는 데 있다.

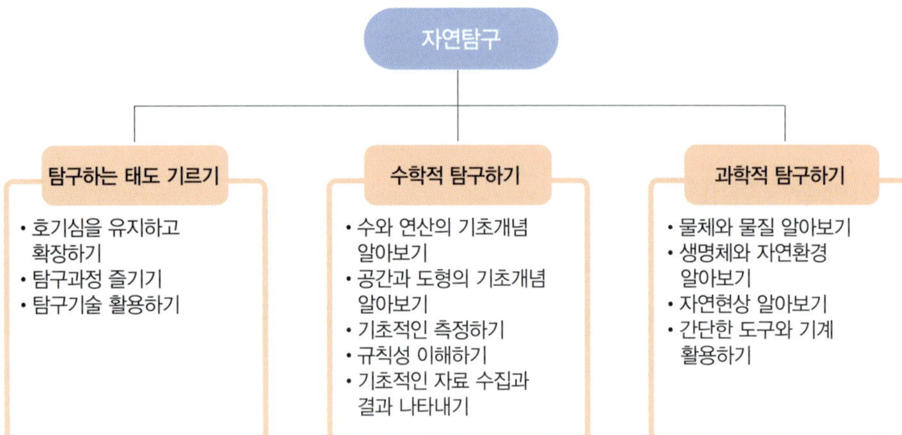

[그림 1-5] 자연탐구영역 내용체계

2 표준보육과정(0~2세)

표준보육과정은 우리나라 어린이집에서 운영해야 하는 보편적인 보육내용을 제시하고 있는 국가수준의 보육과정이다. 표준보육과정이 나오기까지의 우리나라 보육사업의 역사를 간략히 살펴보면 다음과 같다.

우리나라의 보육사업은 1921년 태화기독교 사회관에서 탁아 프로그램을 실시함으로써 시작되었다. 보육사업이 본격적으로 실시된 것은 1961년 「아동복리법」이 제정 공포되어 '탁아소'가 법정시설로 정부의 지도와 감독을 받게 되면서부터였다. 정부는 탁아시설의 질적 수준을 향상시키고자 1968년 「미인가 탁아시설 임시조치령」을 공포하고 탁아소의 이름을 '어린이집'으로 고쳐 부르도록 하였다. 1978년 보건사회부는 「탁아시설 운영 개선방안」을 발표하여 일반 가정 유아에게도 어린이집을 개방하고, 어린이집을 중산층 위주로 시설을 탈바꿈하는 계기를 마련하였다. 1981년 「유아교육진흥법」이 제정 공포되어 그동안 보건사회부(어린이집), 내무부(새마을협동유아원), 농업진흥청(농번기 탁아소)에서 관할하던 탁아기관이 새마을유아원으로 통일되었다. 새마을유아원은 보육 수요와 요구를 충족시키지 못하는 등 많은 문제점을 야기하였고, 1991년 「영유아보육법」이 제정 · 공포됨으로써 새마을유아원은 보건사회부의 어린이집으로 복귀되었다.

그 이후 시행된 「영유아보육법 시행규칙」에서는 보호와 교육을 통합한 포괄적 서비스를 제공하는 보육내용(보호, 교육, 영양, 건강, 안전, 부모에 대한 서비스, 지역사회와 교육)을 포함하고 있다. 2004년 「영유아보육법」이 개정되고 2006년 「영유아보육법 시행규칙」 개정을 통해 표준보육과정이 나오게 되었다.

우리나라 현행 「영유아보육법」(2008. 2. 29. 일부 개정. 법률 제8852호) 제29조 제2, 3항에서는 '보건복지부장관은 표준보육과정을 개발 · 보급해야 하고 어린이집의 원장은 표준보육과정에 따라 영유아를 보육하도록 노력하여야 한다'라고 명시되어 있다. 이러한 법적 근거에 기초하여 2006년 보육서비스 수준을 향상시키고 아동의 건전한 성장과 발달을 지원하고자 표준보육과정을 구체적으로 정하는 「영유아보육법 시행규칙」을 개정하였다. 또한 「영유아보육법 시행규칙」 제30조(별표 8의 3)에서 정하고 있는 표준보육과정에 의거한 보육과정의 영역 및 연령별 구체적 보육내용, 교사지침 등을 2007년 1월 고시하였다. 표준보육과정은 6개 영역(기본생활, 신체운동, 사회관계, 의사소통, 자연탐구, 예술경험)으로 구성되어 있고 각 영역은 연령집단별(2세 미만, 2세 영아, 3~5세)로 구분되어 목표와 내용이 기술되어 있는데, 각 연령집단 내의 보육내용은 1~3수준까지 세분화되어 있다.

2010년 9월 여성가족부의 보육업무가 보건복지부로 이전되면서 2007년 1월 표준보육과정 고시가 보건복지부 고시 제2010-71호로 재고시하게 되었다. 2011년 9월 만 5세 누리과정이 고시가 되어 보건복지부 소속 어린이집과 교육과학기술부 소속 유치원이 만 5세를 위한 공통과정으로서 5세 누리과정을 제정 고시하였다. 2012년 2월 만 5세 누리과정 제정과 더불어 0~4세를 포함한 제2차 표준보육과정 개정을 고시하였으며, 2012년 12월 만 3~5세 누리과정과 연계하여 어린이집 표준보육과정을 전체적으로 다시 개정 고시함에 따라 제3차 어린이집 표준보육과정 개정 고시를 하였다(보건복지부 · 중앙보육정보센터, 2012).

1) 표준보육과정의 구성 방향과 체계

(1) 구성방향

- 영유아의 발달특성과 개인차를 고려하여 연령 및 수준별로 구성한다.
- 어린이집에서 편안하고 행복한 일상생활이 되도록 중점을 두어 구성한다.
- 질서, 배려, 협력 등 기본생활습관과 바른 인성을 기르는 데 중점을 두어 구성한다.
- 자율성과 창의성을 기르는 데 중점을 두고, 전인발달을 이루도록 구성한다.
- 사람과 자연을 존중하고, 우리 문화를 이해하는 데 중점을 두어 구성한다.

(2) 구성체계

- 어린이집 표준보육과정은 만 0~1세 보육과정, 만 2세 보육과정, 만 3~5

세 보육과정으로 구성한다.

- 어린이집 표준보육과정은 영역, 내용범주, 내용, 세부내용으로 구분하고, 내용 간에 연계가 이루어지도록 구성한다.
- 세부내용이라 함은 만 0~1세 보육과정, 만 2세 보육과정에서는 수준별 세부내용을 의미하고 만 3~5세 보육과정에서는 연령별 세부내용을 의미한다.
- 만 0~1세 보육과정은 기본생활, 신체운동, 의사소통, 사회관계, 예술경험, 자연탐구의 6개 영역을 중심으로 구성한다.
- 만 2세 보육과정은 기본생활, 신체운동, 의사소통, 사회관계, 예술경험, 자연탐구의 6개 영역을 중심으로 구성한다.
- 만 3~5세 보육과정은 신체운동 · 건강, 의사소통, 사회관계, 예술경험, 자연탐구의 5개 영역을 중심으로 구성한다.
- 만 3~5세 보육과정은 초등학교 교육과정과의 연계성을 고려하여 구성한다.

2) 표준보육과정에서 추구하는 인간상

- 표준보육과정에서 추구하는 인간상은 심신이 건강하고 행복한 사람, 자율적이고 창의적인 사람, 자신과 타인을 존중하고 배려하는 사람, 자연과 우리 문화를 사랑하는 사람, 다양성을 인정하는 민주적인 사람이다.
- 표준보육과정에서 추구하는 인간상은 초등학교 교육과정에서 추구하는 인간상과 크게 다르지 않아 어린이집에서 초등학교로 진학하는 경우 서로 연계된다.
- 어린이집에서 교사는 추구하는 인간상을 장기적인 목표로 삼아 마음에 새기고 궁극적인 목적을 달성할 수 있도록 한다.

3) 표준보육과정의 목적 및 목표

표준보육과정은 어린이집에 다니는 영유아를 대상으로 어린이집 내외에서 영유아의 흥미와 발달, 문화에 바탕을 두고 경험하는 여러 활동과 매일의 일과를 통해서 함께 사는 사회에서 자신의 역할을 잘 할 수 있는 민주시민으로서의 기초 자질을 형성하고, 영유아들이 심신이 건강하고 전인적인 발달을 이루어 행복한 사회구성원으로 자라도록 하는 데 목적이 있다. 이러한 목적을 달성하기 위한 구체적인 목표는 다음과 같다.

〈표 1-1〉 표준보육과정의 목적 및 목표

만 0~1세 보육과정의 목표	관련 영역	만 2세 보육과정의 목표
건강하고 안전한 일상생활을 경험한다.	기본생활영역	건강하고 안전한 생활습관의 기초를 마련한다.
감각 및 기본 신체운동 능력을 기른다.	신체운동영역	감각, 신체조절 및 기본 운동 능력을 기른다.
말소리를 구분하고 의사소통의 기초를 마련한다.	의사소동영역	의시소통 능력의 기초를 기른다.
친숙한 사람과 관계를 형성한다.	사회관계영역	나를 인식하고 다른 사람과 더불어 생활하는 경험을 한다.
아름다움에 관심을 갖는다.	예술경험영역	아름다움에 관심을 가지고 예술경험을 즐긴다.
보고, 듣고, 만지면서 주변 환경에 관심을 갖는다.	자연탐구영역	주변 환경에 호기심을 갖고 탐색하기를 즐긴다.

4) 표준보육과정 내용범주

만 0~1세, 만 2세, 만 3~5세 보육과정의 내용범주는 서로 동일한 내용으로 연계가 되어 있다.

- 만 0~1세, 만 2세의 기본생활과 신체운동영역이 만 3~5세에서는 합하여져 신체운동 · 건강 영역이 되었다.
- 만 0~1세, 만 2세의 사회관계영역은 첫 2개의 내용범주는 동일하며, 가족을 포함한 '더불어 생활하기' 내용범주와 만 3~5세 보육과정에서 '가족을 소중히 여기기'와 '다른 사람과 더불어 생활하기'의 내용범주로 나누어졌다. 또한 만 3~5세 내용범주가 '사회에 관심 갖기'이고, 내용범주는 만 0~1세, 만 2세 보육과정에는 없다.

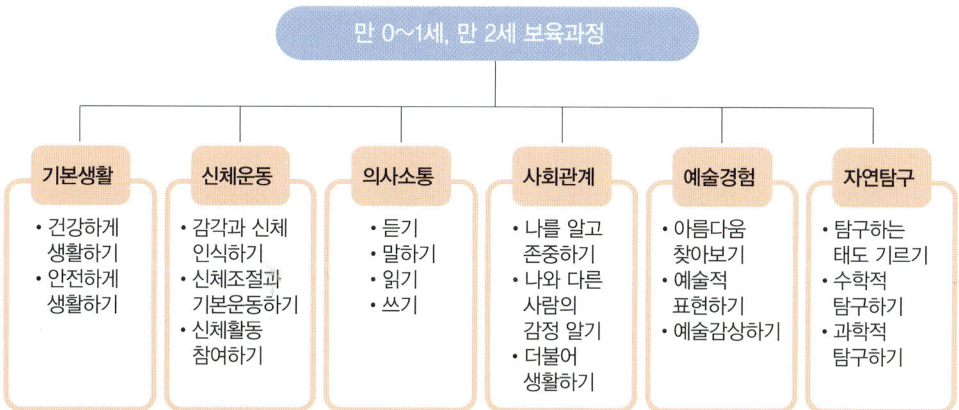

[그림 1-6] 만 0~2세 보육과정

5) 표준보육과정 편성과 운영

(1) 편성

- 어린이집의 운영시간에 맞추어 편성한다.
- 표준보육과정에 제시된 각 영역의 내용을 균형 있게 통합적으로 편성한다.

- 영유아의 발달특성 및 개인차, 경험을 고려하여 놀이를 중심으로 편성한다.
- 영유아의 일과 중 일상생활을 포함하여 편성한다.
- 어린이집과 보육실의 특성에 따라 융통성 있게 편성한다.
- 성별, 종교, 신체적 특성, 가족 및 민족 배경 등으로 인한 편견이 없도록 편성한다.

(2) 운영

- 보육계획(연간, 월간, 주간, 일일계획 등)에 의거하여 운영한다.
- 실내 · 외 환경을 다양한 흥미영역으로 구성하여 운영한다.
- 영유아의 능력과 장애 정도에 따라 조정하여 운영한다.
- 부모와 각 기관의 실정에 따라 부모교육을 실시한다.
- 가정과 지역사회와의 협력과 참여에 기반하여 운영한다.
- 교사 재교육을 통해 어린이집 표준보육과정 운영을 개선해 나간다.

(3) 교수 · 학습방법

- 주도적인 놀이를 중심으로 교수 · 학습활동이 이루어지도록 한다.
- 흥미를 중심으로 활동을 선택하고 지속할 수 있도록 한다.
- 생활 속 경험을 소재로 하여 지식, 기술, 바람직한 태도를 기르도록 한다.
- 교사의 신뢰감을 형성하고 개별적인 활동이 이루어지도록 한다.
- 교사, 환경, 또래와 능동적인 상호작용이 이루어지도록 한다.
- 주제를 중심으로 여러 활동이 통합적으로 이루어지도록 한다.
- 만 0~1세아, 만 2세아는 일상생활 및 개별활동, 휴식 등이 균형 있게 이루어지도록 한다.
- 만 3~5세아는 실내 · 실외활동, 정적 · 동적 활동, 대 · 소집단활동 및 개

별활동, 일상생활 및 휴식 등이 균형 있게 이루어지도록 한다.

(4) 평가

① 운영평가

- 어린이집 표준보육과정의 목표와 내용에 근거하여 보육내용이 적절히 편성 · 운영되는지 평가한다.
- 어린이집 표준보육과정의 운영내용 및 활동이 영유아의 발달수준과 흥미, 요구에 적합한지 평가한다.
- 영유아의 발달수준, 흥미, 요구에 적합한 경험 및 학습을 촉진할 수 있는 다양한 활동과 교수 · 학습방법이 계획되고 통합적으로 운영되는지 평가한다.
- 일과운영 및 보육활동 구성 시 놀이활동과 일상생활 활동의 양과 내용이 영아 및 유아 각 연령의 발달에 적합하게 계획되고 운영되는지 평가한다.
- 만 0~1세아, 만 2세아는 집단활동보다 개별적인 상호작용과 교수법을 중심으로 상호작용이 진행되는지를 평가한다.
- 어린이집 표준보육과정 운영 평가 결과를 수시로 반영하여 보육과정 운영계획을 수정 · 보완하거나 다음 연도의 계획 수집 및 운영에 반영하는지 평가한다.

② 영유아평가

- 어린이집 표준보육과정의 목표와 내용에 근거하여 영유아의 특성과 변화 정도를 평가한다.
- 지식, 기술, 태도 등을 평가한다.
- 일상생활과 보육과정 활동 전반에 걸쳐 평가한다.

- 관찰, 활동 결과물 분석, 부모면담 등 다양한 방법을 사용하여 종합적으로 평가하고, 그 결과를 기록한다.
- 평가 결과는 영유아에 대한 이해와 어린이집 표준보육과정 운영 개선 및 부모면담자료로 활용한다.

6) 표준보육과정의 영역 및 내용

(1) 기본생활영역

기본생활영역은 일생의 기초이며 사회생활의 기본이 되는 건강, 영양, 안전에 관한 지식과 기술을 습득하고 건강하고 안전하게 생활하는 태도를 기르기 위한 영역이다.

〈표 1-2〉 만 0~2세 기본생활영역 내용

내용범주	만 0~1세	만 2세
건강하게 생활하기	몸을 깨끗이 하기	몸을 깨끗이 하기
	즐겁게 먹기	바르게 먹기
	건강한 일상생활하기	건강한 일상생활하기
		질병에 대해 알기
안전하게 생활하기	안전하게 지내기	안전하게 놀이하기
	위험한 상황에 반응하기	교통안전 알기
		위험한 상황알기

(2) 신체운동영역

신체운동영역은 다양한 신체활동을 통하여 자신의 신체에 대해 긍정적으로 인식하고 일상생활에 필요한 기본운동능력을 기르며 신체활동에 즐겁게 참여하도록 하기 위한 영역이다.

〈표 1-3〉 만 0~2세 신체운동영역 내용

내용범주	만 0~1세	만 2세
감각과 신체인식하기	감각적 자극에 반응하기	감각능력 기르기
	감각기관으로 탐색하기	감각기관 활용하기
	신체 탐색하기	신체를 인식하고 움직이기
신체조절과 기본운동하기	신체균형 잡기	신체균형 잡기
	대근육 조절하기	대근육 조절하기
	소근육 조절하기	소근육 조절하기
	기본운동하기	기본운동하기
신체활동에 참여하기	몸 움직임 즐기기	신체활동에 참여하기
	바깥에서 신체 움직이기	바깥에서 신체활동하기
	기구를 이용하여 신체활동 시도하기	기구를 이용하여 신체활동하기

(3) 의사소통영역

의사소통영역은 듣고 말하는 것을 즐기며 상황에 맞는 언어를 익혀 바른 언어생활을 하도록 하고, 일상생활에 필요한 의사소통능력과 기초적인 문해능력을 기르기 위한 영역이다.

〈표 1-4〉 만 0~2세 의사소통영역 내용

내용범주	만 0~1세	만 2세
듣기	주변의 소리와 말소리 구분하여 듣기	말소리 구분하여 듣고 의미 알기
	경험과 관련된 말 듣고 알기	짧은 문장 듣고 알기
	높낮이, 강약이 있는 말(리듬이 있는 소리) 듣기	짧은 이야기 듣기
	말하는 사람을 보기 – 태도	말하는 사람을 주의 깊게 보기

내용범주	만 0~1세	만 2세
말하기	발성과 발음으로 소리내기	낱말과 간단한 문장으로 말하기
	말소리, 표정, 몸짓으로 말하기	자신의 원하는 것을 말하기
	말할 순서 구별하기	상대방을 바라보며 말하기
읽기	그림책과 환경 인쇄물에 관심 가지기	그림책과 환경 인쇄물에 흥미 가지기
쓰기	끼적이기	끼적이며 즐기기

(4) 사회관계영역

사회관계영역은 우리나라 영유아들이 올바른 판단과 합리적인 의사결정을 할 수 있는 책임 있는 민주시민으로 성장하도록 돕기 위한 영역이다.

〈표 1-5〉 만 0~2세 사회관계영역 내용

내용범주	만 0~1세	만 2세
나를 알고 존중하기	나를 구별하기	나를 구별하기
	나의 것 인식하기	좋아하는 것 해보기
나와 다른 사람의 감정 알기	나의 감정을 나타내기	나의 감정을 나타내기
	다른 사람에게 주의 기울이기	다른 사람의 감정에 반응하기
더불어 생활하기	안정적인 애착 형성하기	내 가족 알기
	또래에 관심 갖기	또래와 관계하기
	자신이 속한 집단 알기	자신이 속한 집단 알기
	사회적 가치를 알기	사회적 가치를 알기

(5) 예술경험영역

예술경험영역은 출생 후 영아가 주변 환경 및 생활 속에서 다양한 예술적 요소들을 흥미롭게 경험하고 즐기도록 돕기 위한 영역이다.

〈표 1-6〉 만 0~2세 예술경험영역 내용

내용범주	만 0~1세	만 2세
아름다움 찾아보기	예술적 요소에 호기심 가지기	예술적 요소 탐색하기
예술적 표현하기	리듬 있는 소리로 반응하기	리듬 있는 소리와 노래로 표현하기
	움직임으로 반응하기	움직임으로 표현하기
	단순한 미술경험하기	자발적으로 미술활동하기
	모방행동 즐기기	모방과 상상놀이하기
예술 감상하기	아름다움 경험하기	아름다움 즐기기

(6) 자연탐구영역

자연탐구영역은 영아들이 다양한 감각과 호기심으로 주변 사물과 자연환경의 특징을 지각하고 탐색하는 데 필요한 기초 능력과 태도를 기르기 위한 영역이다.

〈표 1-7〉 만 0~2세 자연탐구영역 내용

내용범주	만 0~1세	만 2세
탐구하는 태도 기르기	사물에 관심 가지기	호기심 가지기
	탐색 시도하기	반복적 탐색 즐기기
수학적 탐구하기	수량 지각하기	수량 인식하기
	주변 공간 탐색하기	공간과 도형에 관심 가지기
	차이를 지각하기	차이에 관심 가지기
	간단한 규칙성 지각하기	단순한 규칙성에 관심 가지기
		구분하기
과학적 탐구하기	물체와 물질 탐색하기	물체와 물질 탐색하기
	주변 동식물에 관심 가지기	주변 동식물에 관심 가지기
	주변 자연에 관심 가지기	자연을 탐색하기
	생활도구 탐색하기	생활도구 사용하기

2
CHAPTER

대학운영 프로그램

학습 목표

1. 국내 각각의 대학운영 영유아 프로그램이 갖는 목적을 알 수 있다.
2. 국내 각각의 대학운영 영유아 프로그램의 내용 및 운영 특징을 말할 수 있다.
3. 국내 각각의 대학운영 영유아 프로그램을 비교 분석할 수 있다.

1 이화여자대학교 부속유치원 : 유아 중심 프로그램

이화유치원은 1914년 미국인 선교사 브라운리에 의해 설립된 이화여자대학교의 부속기관으로서 우리나라의 전통사상, 기독교 정신, 프뢰벨의 교육이론, 1920년대 진보주의이론, 그리고 1970년대 이후의 구성주의이론이 교육과정의 철학적 · 심리적 기초를 이루고 있다.

이화유치원 교육과정은 생활주제를 중심으로 이루어지는 통합적 교육과정으로, 교육과정 구성은 교육목표, 교육내용, 교육과정의 계획과 운영, 교사의 역할로 나누어 살펴보면 다음과 같다.

이화유치원의 교육목표는 기독교 정신을 토대로 유아의 전인적 성장 발달에 요구되는 최적의 교육환경을 제공하여 심신이 건전한 민주시민을 기르는 데 있다. 교육내용은 생활주제에 따라 유아의 흥미와 요구에 기초하여 구체적 활동, 직접적 경험학습을 통해 전인적 발달이 이루어지도록 교육내용을 선정하고 있다. 이화유치원의 생활주제는 유아에게 가장 친숙하고 구체적이며 자주 경험하는 것에서부터 점차 떨어진 환경에 대한 것으로 서서히 확대해 간다. 교육내용의 선정 및 조직방법은 연령별(만 3, 4, 5세), 유형별(반일제, 종일제) 특성에 따라 다르며 생활주제에 따라 선정된 교육개념은 자발적인 놀이를 통한 흥미영역별 자유선택활동과 대 · 소집단활동을 통해 유아들이 경험과 지식을 확장하고 심화시킬 수 있도록 교육활동을 통합적으로 전개해 간다. 교육과정계획과 운영은 유아와 교사가 함께 만들어 가는 발현적 · 역동적 교육계획이며 프로그램의 효율적 운영을 위해 연간 교육계획, 주간 교육계획, 일일 교육계획으로 나누어 유아 개개인의 흥미 변화나 예상치 못한 상황에 따라 융통성 있게 운영된다.

이화유치원의 교수 · 학습방법은 자유선택활동과 대 · 소집단활동으로 이루어진다. 자유선택활동은 이화유치원 교육의 핵심이라고 할 수 있는데, 유아들은 준비된 환경 속에서 스스로 활동을 선택하여 능동적 · 통합적 학습의 시간을 갖는다. 대 · 소집단활동은 프로그램의 특성, 유아의 연령에 따라 집단의 크기를 조절하고 대체로 하루에 2~4회의 대 · 소집단활동을 갖게 되는데, 반드시 매일 대집단활동을 진행하는 것은 아니다.

2 중앙대학교 부속유치원 : 활동 중심 통합교육과정

중앙대학교의 활동 중심 통합교육과정은 코메니우스, 루소, 프뢰벨, 듀이, 몬테소리, 피아제 등의 이론 중 유아들에게 적절한 개념들, 즉 놀이와 활동, 감각교육, 개별성, 창의성, 책임감 및 독립심, 자유와 선택, 자아존중, 개념발달, 상호작용의 중요성 등을 통합하여 우리나라 유아교육 현장에 적용해 보려고 시도

하였다. 다시 말해, 활동 중심 통합교육과정은 우리나라에서 오랫동안 실시하여 왔던 단원 중심의 유아교육에 대한 재구성적 노력으로서 유아 중심 교육철학을 유치원 현장에서 실현해 보고자 한 것이다.

이 프로그램의 특징은 교사가 예상하여 주제를 선정하기도 하지만 유아와 교사가 교육을 진행하는 과정에서 합의하여 주제를 선정하기도 한다는 점이다. 따라서 주제 선정이나 이야기 나누기 등 활동 시 유아와 유아, 교사와 유아의 언어적 상호작용과 사회적 합의과정을 중요시하고 있다. 주제가 선정되면 개별·집단활동으로 나누어 활동하도록 한다. 개별활동은 언어, 수, 과학, 미술, 요리, 책 보기, 조작활동, 나무토막 활동, 역할놀이 등의 실내자유선택활동과 모래, 물, 목공 등과 같은 실외자유선택활동으로 이루어진다.

3 덕성여자대학교 부속유치원 : 상호작용이론에 기초한 유아교육과정

덕성여자대학교의 상호작용이론에 기초한 유아교육과정은 듀이의 상황 중심 이론, 미드의 상징적 상호작용론, 피아제의 인지발달이론, 비고츠키의 사회적 상호작용이론을 중심으로 구성된 것이다. 상호작용이론에 의하면 유아는 적극적이고 탐구적인 존재이며 끊임없이 외부세계와의 상호작용을 통하여 세계를 이해하려 하는 적응력 있는 유기체이다. 유아는 환경과의 상호작용을 통한 물리적·사회적 경험 속에서 발달과제를 수용하고 다음의 발달을 위한 학습과정을 촉진시킬 수 있는 새로운 기술과 경험을 획득하게 된다. 따라서 상호작용적 발달을 위한 교육과정은 유아의 흥미와 동기유발을 중요한 학습요인으로 보고, 유아의 관찰과 개인차를 기본으로 유아 자신에게 의미 있고 직접적인 경험을 중심으로 구성된다.

상호작용이론에 기초한 프로그램의 구성은 유치원 교육과정 지침에 제시된 내용들을 주제 또는 프로젝트로 통합하여 의미 있는 구조를 조직하는 것이다. 즉, 내용을 포괄적으로 다룰 수 있는 주제를 선정하고 선정한 주제를 좀 더 깊이 있게 연구하여 한 주제와 관련된 여러 학습영역의 통합으로 개념과 기술을 보다 의미 있게 연결하여 습득할 수 있도록 돕는다.

이 프로그램은 반일제(만 3세), 시간연장제(만 4~5세)와 종일제(만 3~5세)로 운영되며, 궁극적인 목표는 전인적 성장발달을 돕고 민주시민으로서의 자질을 길러주어 유아가 우리 사회에서 독립적인 존재로서 기능을 할 수 있도록 돕는 것이다.

교육내용은 흥미영역별 놀이활동, 일상적 자기 관리 및 바른생활 습관을 길러 줄 수 있는 활동, 정서적 안정감과 자신감을 길러줄 수 있는 활동 등으로 구성되어 있다.

4 연세대학교 아동생활지도연구원 : 개방주의 교육과정

연세 개방주의 유아교육과정은 실험적인 유아교육기관(laboratory school)인 '아동 생활지도 연구원'을 통해 1970년대 후반부터 개방식 접근방법에 의한 유아교육 프로그램이다. 연세 개방주의 교육과정의 이론적 기저는 듀이의 실용주의 철학, 피아제의 발생학적 인식론, 인본주의 심리학이다. 또한 이 교육과정은 자이스(Zais, 1976)가 말하는 절충식 교육과정의 설계 모델의 한 유형으로 볼 수 있다. 이 모델에서의 교육과정은 유기체와 환경과의 상호작용을 강조하는 철학적 기초와 인간에 대한 기본 가정에 영향을 받아 교육과정의 4가지 요소, 즉 교육목적, 내용, 학습활동, 평가의 요소가 상호 관련되어 있으면서도 전체적으로 하나의 통일된 형태를 띠게 된다.

연세 개방주의 교육과정에서는 우리나라 실정에 비추어 교육목표, 내용, 교수 · 학습방법, 평가의 요소를 선정하였는데, 그 내용은 다음과 같다.

교육목표는 구체적인 행동목표를 나열하기보다는 특별히 강조하는 핵심적 가치를 중심으로 목표를 설정하였다.

교육내용은 목표와 관련된 다양한 학습경험을 유아의 발달수준에 적합하게 선정하여 조직하였다. 교육내용을 전개할 때 유아의 일상생활, 계절, 흥미를 참고하여 주제를 정하고 각 주제마다 몇 개의 소주제로 나눈 후 소주제를 중심으로 통합된 형태의 주간 및 일일계획안을 작성한다. 이러한 교육내용이 활동내용이 되는 것은 아니며 단지 다양한 학습경험을 준비해 주고 자극해 주는 데 참고가 될 뿐이다. 따라서 교육내용은 언제든지 변경될 수 있는 융통성을 가지며 학습활동은 실내 · 외 어디에서나 전개될 수 있다.

교수 · 학습방법은 듀이의 실용주의 철학에 입각하여 변화와 계속성, 상호작용의 원리를 교수방법의 원리로 적용한다. 즉, 변화의 원리는 인간은 교육의 힘에 의해서만 인격을 갖춘 인간으로 성장 · 발달시킬 수 있다는 것이다. 또한 유아가 지식과 기능을 학습할 때 이전 경험에 기초한다는 계속성의 원리에 따른다. 그리고 상호작용의 원리에 따라 개방주의 교수방법은 유아 스스로 학습에 참여하여 환경과 상호작용하는 과정을 거쳐 경험을 얻게 되어 그 결과로 유아에게 변화가 생기고 새로운 지식을 학습하게 된 것이라고 간주한다. 따라서 교사는 자신이 가진 지식을 유아에게 전달하기보다는 유아 스스로 발견하도록 도움으로써 귀납적 결론에 도달할 수 있도록 한다. 귀납적 방법은 유아로 하여금 각각의 현상에서 경험한 바를 통해 어떤 일반 원리를 도출해 가는 방식이다.

이러한 교수방법을 전개하는 과정에서 교사의 역할은 4가지로 정리할 수 있다.

첫째, 개방주의 프로그램에서 교사는 놀이를 통해 유아와 개별 상호작용하며 개별적인 대화, 소집단 토의나 시범을 통해 유아의 관심과 흥미를 확대시켜 준다.

둘째, 유아의 학습을 위해 적절히 안내하고 동기를 자극하는 역할이다. 따라서 교사는 유아의 놀이 및 학습활동 참여상태를 주시하고 관찰하다가 적절한 시기에 개입한다.

셋째, 교사의 온정적인 태도에서 비롯되는 정서적 지원을 제공하는 역할을 한다.

넷째, 일상생활을 지도하는 역할을 한다. 유아기는 기본적인 생활습관이 형성되는 중요한 시기이므로 놀이와 활동을 전개해 나가는 사이사이에 자연스럽게 일상생활 지도를 한다.

이러한 역할을 해 나가는 데 있어 교사들은 팀 티칭을 하게 되는데, 이는 2명 또는 그 이상의 교사가 협동적으로 학습경험을 계획하고 실천하는 것으로 전문적 경험과 개인적 재능을 활용하고 상호 보완함으로써 교수활동의 질적 수준을 높이고 과제를 분담하는 효과를 가져온다. 유아에게 있어서도 한 명의 교사에게 지나치게 의존해야 하는 심리적 부담감을 덜고 자신에게 더 맞는 교사를 찾을 수 있다는 장점을 가진다.

이러한 교수·학습방법을 위해 하루의 일과도 최소한의 시간표로 조직된다. 하루 일과는 놀이계획, 실내 자유놀이, 대·소집단활동, 실외 자유놀이로 크게 나뉘어져 진행되며 유아의 흥미와 욕구에 따라 놀이시간이나 활동이 좀 더 확장되거나 축소되기도 한다.

평가는 연세 개방주의 교육과정 거의 모든 단계에서 이루어지는 필수적인 활동으로 유아에 대한 평가와 프로그램에 대한 평가로 대별할 수 있다. 유아에 대한 평가에서는 교사의 관찰기록과 유아의 자기평가를 중요시하고 궁극적인 목적은 개별 유아에 대한 이해를 높이며 유아발달에 도움을 줄 수 있는 사람들에게 평가정보를 제공하는 것이다. 프로그램 평가에서는 표준화된 검사도구를 이용한 평가보다는 주로 에피소드 또는 놀이 상황을 기록 분석하는 방법으로 평가한다.

연세 개방주의 교육과정 프로그램 구성은 영아교육 프로그램과 유아교육 프로그램으로 나뉘어진다. 영아교육 프로그램은 부모와 함께 이루어지는 프로그램으로서 어머니와 아버지 간의 건강한 애착 형성과 부모의 민감한 양육이 영아발달에 긍정적인 영향을 준다는 이론과 연구에 기초하여 실시하고 있다. 영아 프로그램의 교육목표는 영아의 전인적 발달 증진과 부모와 영아 간의 안정된 애착형성 및 부모의 자녀양육기술을 증진시키는 데 있으며, 교육내용은 영아와 어머니와 아버지가 함께 참여하는 놀이 프로그램(주 1~ 2회)과 부모를 대상으로 하는 교육 프로그램이 있다.

유아교육 프로그램은 반일제와 종일제로 나뉘어진다. 반일제 3, 4세 반과 반일제 5세 반 그리고 3~5세 유아를 대상으로 한 종일반으로 구성된다. 반일제 3, 4세 반은 개방주의 철학이 가장 강조되어 실시되며 유아가 스스로 활동을 선택할 수 있는 기회를 제공하고 아동들 간의 개별적 상호작용과 소집단으로 하루 일과를 대부분 보내게 된다. 반일제 5세 반은 오전과 오후 2개 반으로 구성되며 교사 주도적 구조화된 집단활동이 첨가되어 초등학교 입학에 연계성을 갖는다. 또한 주제를 중심으로 직 · 간접적 심화 경험을 하여 이를 놀이에 반영할 수 있도록 돕는다. 종일제 만 3~5세 반은 개방주의 교육철학과 발달적 상호작용주의에 입각하여 보호와 교육의 균형 잡힌 프로그램을 제공한다. 주 6일간 실시되며 어린 연령부터 어머니와 격리되어 타인에 의해 양육되는 유아에게 결여되기 쉬운 정서적 안정 제공을 최우선으로 하여 발달수준에 적절한 자극을 제공하는 프로그램이다.

따라서 교사 대 아동의 비율을 낮추어 개별적인 관심과 관계를 맺을 수 있도록 돕고, 혼합연령으로 구성하여 가정과 같은 분위기를 형성할 수 있도록 한다.

5 부산대학교 부설어린이집 : 생태유아교육 프로그램

부산대학교 부설어린이집은 생태유아교육 프로그램의 본산으로 기존의 인간 중심사상을 뛰어넘어 생태 또는 생명 존중사상에 바탕을 둔 새로운 유아교육을 지향하여 우리 고유의 전통에 바탕을 둔 공동체 중심 유아교육과 전인적 유아교육을 우선시한다. 즉, 영유아들의 연령과 발달수준에 적합한 환경을 마련해 주고 그들이 자발적 · 능동적으로 주변 환경과 상호작용할 수 있는 분위기와 경험을 제공하여 지적 · 도덕적 자율성과 전인적 발달이 이루어지도록 도와줌으로써 보호자들이 안심하고 사회 · 직장생활을 할 수 있도록 지원해 주는 교육 프로그램이다. 1990년 '우리 아이들의 보육을 걱정하는 모임'을 결성하고 생태유아교육에 대한 연구와 실천이 시작되었으며, 이후 1993년 부산대 부설어린이집 개원 준비와 보육 프로그램 개발이 이루어져 1995년 어린이집 개원과 함께 생태유아교육 프로그램의 기본 체계를 갖추게 되었다(임재택 외, 2006)

1) 생태유아교육의 목표

생태유아교육에서 기르고자 하는 유아상, 즉 교육의 목표는 '신명(神明)나는 유아'이다(임재택, 2005; 하정연, 2004). '신명나는 유아'는 개성과 창조력을 지니면서 흥겨움과 멋이 흘러나오는 가운데 자연과 하나가 되고 사람과 더불어 행복한 삶을 누리는 유아다운 유아를 말한다. '신명나는 유아'의 구체적인 모습은 10가지 유아상으로 나타나는데, 이는 튼튼한 유아, 즐거운 유아, 스스로 하는 유아, 새로운 것을 생각하는 유아, 예의 바른 유아, 지구를 지키는 유아, 생명을 존중하는 유아, 일을 귀하게 여기는 유아, 우리 것을 아는 유아, 지구를 지키는 유아, 더불어 사는 유아이다. 이러한 10가지 유아상은 서로 유기적 관계를 맺으며 조화와 통합을 이루어 궁극적으로 '신명나는 유아'가 되도록 하는 것이다.

[그림 2-1] 생태유아교육은 자연친화적이고 공동체적이며 체험 중심의 교육을 강조

2) 생태유아교육의 운영 및 실천 프로그램

생태유아교육 프로그램의 방향은 궁극적으로 생명살림교육을 지향하기 때문에 프로그램의 기본운영 방향도 사람과 자연, 사람과 사람이 함께 어울리는 프로그램, 그리고 영유아들이 행복해지는 프로그램을 운영하고자 한다.

따라서 생태유아교육 프로그램 운영의 기본 방향을 살펴보면 다음과 같다.

- 인공적 교재 · 교구를 통한 간접체험보다 자연과의 직접 체험을 강조한다.
- 교육시설을 정보와 지식전달의 장보다는 삶을 체험하는 장이 되게 한다.
- 물, 모래, 흙, 햇빛과 접촉을 많이 할 수 있는 실외놀이를 많이 한다.
- 교사 주도하에 계획된 주제와 활동을 실시하기보다 유아의 흥미에 따라 활동한다.
- 감각발달과 체력 향상을 위한 운동놀이를 즐겨 한다.

- 아틀리에에서 폐품과 자연물을 사용한 다양한 작업활동을 한다.
- 노인-유아 상호작용 프로그램을 통해 세대 간 소통과 조상들의 육아방식과 결합한다.

이러한 운영방향을 기초로 하여 생태유아교육을 실천하는 구체적인 내용으로는 바깥놀이, 산책, 텃밭 가꾸기, 세시풍속, 손끝놀이, 몸짓놀이, 절제절약, 노인 · 유아 상호작용, 초기적응, 명상, 먹을거리, 식물교감, 동물 기르기, 평화교육, TV 덜 보기, 컴퓨터 · 게임 안 하기, 들꽃체험, 철새체험 프로그램 등이 있다.

[그림 2-2] 생태유아교육은 사람과 자연이 함께 어울려 행복해지는 프로그램을 운영

프로그램의 연간계획은 계절의 흐름에 따라 인간, 자연, 사물을 골고루 포함시키고 있다. 즉, 연간계획은 주제 없이 연간목표, 계절 세시풍속, 현재 유아들의 모습, 구체적 목표, 경험내용(삶교육, 땀교육, 관계교육, 감각교육, 앎교육, 감성교육, 영성교육), 환경구성과 교사의 배려, 가정 및 지역사회와의 연계, 주요 행사 등이 포함되어 있다.

월간계획도 주제 없이 '이달의 목표'를 제시하고 있다. 월간계획은 '이달의 목표, 이달의 행사, 현재 유아의 모습 및 교사의 도움사항, 환경의 준비, 관련 내용 및 활동, 이달을 마치며'라는 항목으로 구성된다. 매월 마지막 주 같은 연령대의 유아들을 맡는 교사들이 모여 작성하되, 학부모에게는 발송하지 않는다. 그 이유는 월간 계획안은 교사들의 참고자료로서 교육활동은 유아들의 요구나 흥미에 따라 언제든지 수정 가능하기 때문이다.

일일계획은 유아가 등원해서 귀가할 때까지 일어나는 모든 교육활동을 반성적 저널형식으로 기술한다. 일일 교육계획은 유아가 등원해서 귀가할 때까지 일어나는 모든 교육활동을 구체적으로 명시한다. 부산대학교 부설어린이집에서는 교사의 보육일지 속에 '내일의 활동계획'이라는 형태로 간단한 계획을 세우고 있으며, 당일의 날씨나 유아들의 요구에 따라서 일과의 흐름은 언제든지 바뀔 수 있다. 부산대학교 어린이집의 하루 일과를 살펴보면 〈표 2-1〉과 같다.

〈표 2-1〉 부산대학교 어린이집 하루 일과운영

영아반 일과운영의 예		유아반 일과운영의 예	
7 : 30~10 : 00	등원 및 자유놀이	7 : 30~10 : 00	등원 및 자유놀이
10 : 00~10 : 30	오전 새참 및 화장실 가기	10 : 00~10 : 30	오전 새참 및 화장실 가기
10 : 30~11 : 30	산책, 바깥놀이	10 : 30~12 : 00	몸짓놀이, 바깥놀이, 산책, 텃밭 가꾸기, 미술놀이 등 주제에 맞춘 놀이
11 : 30~12 : 30	점심	12 : 00~13 : 00	점심
12 : 30~13 : 00	낮잠 준비 및 화장실 가기	13 : 00~15 : 00	낮잠 준비 및 낮잠(만 5세반은 휴식시간 및 자유놀이를 함)
13 : 00~15 : 30	낮잠	15 : 00~16 : 00	정리정돈, 오후 새참
15 : 30~16 : 00	오후 새참 및 화장실 가기		
16 : 00~19 : 30	자유놀이, 생일잔치, 바깥놀이, 귀가	16 : 00~19 : 30	자유놀이, 동화, 생일잔치, 바깥놀이, 귀가

3 CHAPTER 기관운영 프로그램

학습 목표

1. 삼성어린이집의 아동중심 보육프로그램과 포괄적 보육서비스 프로그램의 특징을 이해하여 말할 수 있다.
2. 직장어린이집 위탁운영 프로그램인 푸르니 보육의 목표와 내용을 설명할 수 있다.

1 삼성어린이집 영유아 프로그램

삼성어린이집은 1989년 삼성복지재단이 설립한 후 2016년 현재 총 31개소의 삼성어린이집과 33개소의 직장어린이집을 설치 운영하고 있다. 삼성어린이개발센터에서는 1997년 중산층 영유아를 위한 영유아 프로그램을 개발 · 활용해 오다가, 1999~2004년에 걸쳐서는 저소득층 가정의 영유아를 위한 포괄적 보육서비스를 개발하게 되었다. 포괄적 관점의 보육 프로그램이란 보육의 초점은 영유아지만 부모와 가정 그리고 지역사회의 욕구를 포괄하는 서비스이다. 특히, 저소득층을 위한 보육서비스는 어린이집에서 생활하는 아동의 보호와 교육에 국한되는 것이 아니라 아동의 가정복지도 함께 증진시켜야 하므로 가정에 수입원이 없을 경우 부모에게 자격증 취득교육을 통해 취업할 수 있도록 돕고 이 과정에서 발생되는 비용, 학원비 또는 생할비까지도 지급한다. 또한 부부갈등이나 가족의 정서적 불화를 치료해 주는 심리적 · 정서적 · 사회적 서비스도 필수적으로 제공해야 한다. 이러한 복지서비스를 제공하기 위해 사회복지 전문 인력이 필요하므로 삼성어린이집에서는 사회복지사를 배치하고 있다.

따라서 삼성어린이집 영유아 프로그램은 중산층 유아를 위해 개발된 아동 중심 보육 프로그램과 저소득층 영유아를 위한 포괄적 보육서비스 프로그램으로 구분할 수 있다.

1) 아동 중심 보육 프로그램

아동 중심 보육 프로그램은 유아의 발달에 적합하고 놀이를 중요한 학습의 매체로 하는 아동 중심 프로그램 모형이다. 아동 중심 보육 프로그램은 듀이의 진보주의 교육철학과 피아제의 인지발달이론, 에릭슨의 사회심리이론, 그리고 비고츠키의 사회적 상호작용이론에 기초하여 유아를 이해하여 프로그램을 개발하였는데, 보육목표, 보육운영에 대해 살펴보면 다음과 같다.

(1) 보육목표

아동 중심 보육 프로그램은 영유아들의 기본적인 욕구를 충족시키고 영유아를 건강하고 안전하게 보호하여 전반적인 발달을 촉진하는 데 일차적인 목적을 두고 있다. 더불어 여성의 사회적 참여를 유도하여 경제발전에 기여하며 부모에게 경제적 · 사회적 지지를 해줌으로써 가정 복지의 증진과 함께 사는 건강한 사회를 만드는 것을 목적으로 하고 있다. 영아(1~2세)와 유아(3~5세)의 연령별 보육목표를 알아보면 다음과 같다.

〈표 3-1〉 영아 · 유아의 보육목표

영아 프로그램	유아 프로그램
• 기본적인 생활습관과 자조능력을 기른다. • 대 · 소근육의 움직임을 통하여 기초체력을 기른다. • 자신에 대해 긍정적으로 인식하고 다른 사람과 즐겁게 생활하는 태도를 기른다. • 자연과 사물의 아름다움을 느끼고 정서적인 안정감을 가진다. • 일상생활에 필요한 기초적 언어능력을 기른다. • 주변의 사물과 자연현상에 대하여 호기심과 관심을 가진다.	• 기본적인 생활습관과 자조능력을 기른다. • 생활에 필요한 기초체력을 기르고 건강하고 안전한 생활태도를 기른다. • 자신에 대한 긍정적 인식을 갖고 다른 사람과 더불어 생활하며 사회현상에 관심을 가진다. • 자연과 사물의 예술적 요소에 대한 호기심, 창의적 표현능력, 심미감을 기르고 정서적 안정감을 가진다. • 실생활에 필요한 기초적인 언어능력을 기르고 바른 언어생활습관과 태도를 가진다. • 주변의 사물과 자연현상에 대하여 호기심과 관심을 가지고 탐구하는 데 필요한 기초능력과 태도를 기른다.

(2) 보육운영

보육계획은 영아의 개별성에 근거하여 영아 프로그램을, 유아의 발달적 적합성과 일상생활의 경험에 기초하여 유아 프로그램 계획을 수립하게 된다. 영아의 경우, 하루 일과는 어느 정도 예측할 수 있는 시간표에 의해 운영하되 상황에 따라 융통성 있게 조절한다. 유아는 놀이를 학습의 매체로 하여 유아-교사 상호작용을 중시하는 교수-학습방법을 사용한다.

보육운영은 건강관리, 영양 및 위생관리, 안전관리, 평가 및 기록, 교직원 교육, 부모교육 등으로 이루어진다.

〈표 3-2〉 보육운영의 구체적 내용

구분	내용
건강관리	일상생활과 놀이를 통해 건강지도와 관리를 병행
영양 및 위생관리	균형잡힌 식사계획과 합리적 급식관리
안전관리	안전관리와 안전교육을 포함하되, 영아의 경우 안전관리 주안점을 둠
평가 및 기록	영유아평가, 프로그램평가, 교직원 평가, 기타평가로 구성

교직원 교육	삼성복지재단에서 주관 · 실시하는 입문교육과 각 어린이집에서 실시한 원내 교사 교육으로 구성
부모교육	부모의 역할 및 자질 향상, 부모의 교육기능 강화, 건강한 가족관계 유지를 위한 교육 프로그램으로 구성

2) 포괄적 보육서비스 프로그램

아동 중심 보육 프로그램과 동일하게 아동의 발달을 중심으로 한 프로그램으로 개발하되 아동의 보육뿐 아니라 부모교육 및 지원, 지역사회와의 연계를 통한 포괄적 서비스를 제공하는 것이다. 보육서비스의 구성체제에 따라 살펴보면 다음과 같다.

(1) 아동교육 프로그램

저소득층 아동은 기본생활습관이 잘 형성되어 있지 않고 공격적이며 사회정서능력, 인지발달능력이 중산층 아동보다 낮은 특성을 보였다. 또한 열악한 가정환경으로 비위생적이고 영양실조를 보이는 등 건강상의 문제를 가지고 있다. 이러한 아동의 특성을 고려하여 구성한 아동교육 프로그램의 교육목적은 영유아의 잠재력을 최대로 발휘하도록 하여 자신감 있고 유능하며 대인관계가 원만하고 자신의 욕구를 조절하며 좋아하는 것에 몰두할 수 있는 자율적이고 심신이 건강한 유아로 기르고자 하는 것이다. 이에 따른 구체적 교육목표는 다음과 같다.

- 기본생활습관은 바르게 형성하고 자조능력을 기른다.
- 친사회성을 증진하여 또래와의 친근한 관계를 지속한다.
- 놀이에 몰입하는 경험을 갖고 협동 및 극화놀이를 즐기도록 한다.
- 효과적인 의사소통능력을 기른다.

- 읽고 쓰기에 관심을 갖도록 한다.
- 기본적인 수 · 과학개념을 형성한다.
- 정서적인 안정감을 갖고 적절하게 자신의 감정을 표현함으로써 자기통제능력을 기르도록 한다.
- 새로운 것을 학습하는 것에 대한 관심과 흥미를 갖도록 한다.
- 주변을 주의 깊게 관찰하는 태도와 탐구하는 자세를 갖도록 한다.
- 집단의 한 구성원으로서 자신의 역할을 알고 책임을 다하는 태도를 기른다.

아동교육 프로그램의 교수 · 학습방법은 저소득층 아동의 개별적 특성을 이해하고 이들의 사전경험을 중심으로 활동 중심, 놀이 중심 계획 및 실천하도록 하는 데 있다. 구체적 교수 전략을 살펴보면 다음과 같다.

- 아동의 개별적 수준에 맞는 활동을 계획한다.
- 문화적으로 적합한 활동인가를 생각한다.
- 활동을 계획할 때는 공간 구성 및 환경, 자료의 중요성을 인식한다.
- 활동 진행 시 언어만으로 설명하여서는 안 된다.
- 활동 진행 시 사적 언어나 상상적 언어 사용이 많아지도록 상호작용한다.
- 자유놀이 전에 하고 싶은 놀이를 선택할 수 있도록 놀이실을 둘러보도록 한다.
- 등원 시에는 반가운 모습으로 맞이한다.
- 놀이에 몰두하도록 놀이시간을 충분히 제공한다.
- 시작한 일은 끝까지 할 수 있도록 도와준다.
- 전이활동 시 아동들 간에 갈등상황이 벌어지지 않도록 세밀하게 계획한다.
- 실외 자유선택활동이나 대근육활동은 매일 1~2회 실시한다.
- 대 · 소집단활동은 세밀하게 계획하여 아동이 좌절을 느끼지 않도록 한다.
- 자료나 놀잇감의 선택은 아동 스스로 자발적으로 이루어지도록 한다.

- 혼자 휴식공간을 마련하고 편안히 활용하도록 격려한다.
- 아동의 작품을 수시로 바꾸어서 전시해 주고 칭찬해 준다.

(2) 부모지원 프로그램

부모지원 프로그램은 첫째 부모가 자녀를 잘 양육하도록 돕는 것, 둘째, 온 가족의 교육적 · 사회적 · 경제적 상황을 향상하도록 돕는 것으로 이루어진다.

(3) 지역사회 연계 프로그램

저소득층 가정의 아동과 부모 등 대상의 요구에 부응할 수 있는 전문화된 자원을 개발하여 맞춤 서비스를 실시하기 위해 지역사회의 기관이나 민간단체 등과 협력하는 연계 프로그램으로 이루어진다. 지역사회 연계 프로그램을 실시하기 위해서는 연간계획, 월간계획, 단위사업계획을 수립하여 실시한다. 연간계획은 사회복지사가 1년간 진행한 프로그램을 영역별로 구분 · 정리하여 제시하게 된다. 월간계획은 연간계획에 기초하여 매월 단위로 실시할 사업목적, 내용, 방법으로 나누어 작성한다. 단위사업계획은 사업의 목적과 목표, 시기와 대상, 수행능력, 최종결과 평가방법으로 구성된다.

2 푸르니 보육 프로그램

푸르니 보육지원재단은 질적으로 우수한 어린이집을 운영하여 영유아의 권익과 부모와 가정 지원, 기업의 참여와 사회적 지원의 가교역할을 하는 비영리 민간단체로, 2003년 설립되어 2016년 현재 총 191개의 직장어린이집을 위탁운영하고 있다. 보육철학은 0~5세 영유아를 건강하고 안전하게 보호하기 위한 최적의 보육환경을 제공하고 우수한 보육 프로그램으로 보육함으로써 맞벌이가정의 육아와 교육문제를 해결하며 21세기를 이끌어 갈 유능하고 창의적이며 스스로 행복한 어린이를 기르고자 하는 것이다(http://puruni.com).

1) 보육목표

영유아의 균형 있는 성장과 발달을 위해 성취해야 할 보육목표를 다음과 같이 설정하였다.

- 기본적 운동능력을 기르고, 건강하고 안전한 생활습관을 갖게 한다.
- 건강한 자아 개념과 자율성을 습득하고 다른 사람과 더불어 살아가는 능력을 기른다.
- 자신의 개성을 기르며 창의적으로 사고하고 표현하는 능력을 기른다.
- 생각과 느낌을 말이나 글로 잘 표현하고 다른 사람과 의사소통하는 능력을 기른다.
- 주변 환경에 대해 호기심을 가지고 탐구하는 태도와 기초적 사고능력을 기른다.

2) 보육 프로그램

0~5세 영유아의 보육 프로그램을 소개하면 다음과 같다.

(1) 0세 : 안정애착을 위한 보호적 양육 프로그램

생후 12개월 미만의 영아는 본능과 욕구를 스스로 해결하기 어려워 주 양육자에게 의존해야 하는 시기이면서도 차츰 자신을 분리되고 독립된 개체로 인식하기 시작하며 신체적 · 지적 발달에서 극적인 변화를 보여준다. 스스로 기고, 앉고, 설 수 있게 되면서 신체발달과 이동능력이 증대되고 자신을 둘러싼 세상을 감각적으로 탐색하기 시작한다. 돌 이전의 영아가 어린이집에서 집단으로 생활할 때 교사의 보호적 양육은 적응을 위해 매우 중요한 요소가 되며, 0세 보육 프로그램에서는 가정의 주 양육자로부터 어린이집의 교사에게로 안정적인 애착이 전이, 확장되는 과정에 중점을 둔다. 수유와 배변, 휴식과 숙면, 탐색과 놀이로 이루어지는 하루 일과에서 민감하고 온정적인 양육을 제공함으로써 0세 영아가 교사와 환경에 대해 신뢰감을 가지고 적절한 발달을 이룰 수 있도록 한다.

(2) 1세 : 오감각 체험을 통한 자발적 탐색 프로그램

돌에서 두 돌 사이의 영아는 돌 이전의 영아에 비해 보다 다양한 방법으로 다른 사람과 의사소통을 시도하며 타인과 구별되는 자아 개념을 형성하기 시작한다. 교사와 안정되고 친밀한 정서적 유대감을 느끼고 타인에게 관심을 표현하기도 하면서 놀이의 내용 또한 다양해진다. 만 1세 영아를 위한 보육 프로그램에서는 도전적인 환경과 감각적 자료를 제공하여 영아가 주변 세계를 자유롭게 탐색하면서 활동의 폭을 넓힐 수 있도록 하는 것이 중요하다. 영아 개인의 타고난 기질과 성향을 존중하고 발달의 개인차를 수용하여 최대한 개별적인 놀이와 탐색을 위한 상호작용이 이루어지도록 하며, 일상생활영역에서 영아의 건강과 안전을 위해 민감한 보살핌을 제공한다.

(3) 2세 : 자율성 증진을 위한 주도적 놀이 프로그램

언어를 통한 자기표현이 많아지고 무엇이든지 스스로 하고자 하는 자율성이 두드러지는 만 2세 영아를 위한 보육 프로그램은 일상생활의 여러 활동을 스스로 해보도록 기회를 제공하고, 함께 지내는 성인 교사나 또래와 놀이하는 경험을 통해 인지 · 언어발달을 촉진시키며 사회성발달의 기초를 형성하고자 한다. 만 2세를 위한 보육 프로그램에서 영아는 자유롭고 주도적인 놀이를 통해 사물과 대상에 대한 기초 개념을 형성하고, 긍정적인 정서를 경험하게 된다. 특히, 집단 속에서도 영아 개개인의 발달 차이를 수용하고 서로 다른 상호작용으로 놀이를 돕는 교사와의 소집단활동은 이 시기 영아의 보육 프로그램에서 매우 중요한 요소라고 할 수 있다. 그러므로 영아의 관심과 흥미에서 출발하여 영아가 주도하는 놀이의 즐거움을 통해 언어 · 인지 · 사회성발달이 활발하게 이루어진다.

(4) 3~4세 : 생활주제 중심의 통합적 활동 프로그램

만 3세와 4세 유아 시기는 성인 부모나 교사와의 상호작용으로부터 보다 확장된 또래 관계가 중요해지며, 인지와 언어발달로 이전보다 논리적인 사고와 정확한 표현 언어의 사용이 두드러진다. 그러므로 만 3세와 4세를 위한 보육 프로그램은 유아 스스로에게 의미 있는 교육 주제를 정해 그 주세에 관련된 수 · 과학적 탐구활동과 언어, 음악, 미술적 표현활동 그리고 사회극놀이와 구성 및 조형활동 등 다양한 교과목의 활동으로 통합 · 실시된다. 나아가 특정 주제에 관한 다양한 학습은 하루, 한 주간, 그리고 여러 주간에 걸쳐 연계되어 유아 내부에서 포괄적인 경험으로 통합될 수 있다.

(5) 5세 : 학교 준비를 위한 반구조화 학습 프로그램

취학 전 만 5세 유아는 아동 중심의 유아교육기관에서 보다 구조적인 학교 환경으로 옮겨가는 과도기에 놓여 있다. 그러므로 개방적이고 자유로운 놀이 중심에서 다른 사람과 협력하고 조화를 이루며 결과물을 완성하는 구조적 활동으로 경험의 유형을 다양화하게 된다. 읽기와 쓰기의 기초를 위한 언어활동, 심화된 수 · 과학적 탐구활동, 창의성을 격려하는 표현활동, 문제해결능력을 촉진시키는 다양한 사회관계 경험은 만 5세 보육 프로그램에서 강조되는 영역이다. 언어, 인지, 사회정서와 신체운동발달이 조화를 이룬 가운데 학교생활과 구조적인 학습환경에 적응할 수 있도록 유아 개인의 준비도를 확인하고, 그에 따른 적절한 교육적 상호작용이 이루어진다. 또한 집단활동의 과정과 효과를 경험하도록 하고, 약속과 규칙을 따르며 다른 사람과 조화롭게 생활하는 태도를 갖도록 지도한다.

직무능력 평가

1. 누리과정 도입배경을 4가지로 제시하세요.

(1)

(2)

(3)

(4)

2. 누리과정의 구성방향 6가지 중 빈 곳에 적절한 내용을 쓰세요.

(1) 질서, 배려, 협력 등 기본생활습관과 바른 인성을 기르는 데 중점을 두어 구성한다.

(2) (   )

(3) 사람과 자연을 존중하고, 우리 문화를 이해하는 데 중점을 두어 구성한다.

(4) (   )

(5) (   )

(6) 초등교육과정과 0~2세 표준보육과정과의 연계성을 고려하여 구성한다.

3. 3~5세 누리과정 '교수학습방법'에 대한 내용 중 적절하지 않은 것은?(   )

① 주제를 중심으로 여러 활동이 통합적으로 이루어지도록 한다.

② 유아의 흥미를 중심으로 활동을 선택하고 지속할 수 있도록 한다.

③ 유아의 생활 속 경험을 소재로 하여 지식, 기능, 태도 및 가치를 습득하도록 한다.

④ 교과를 중심으로 교수 · 학습활동이 이루어지도록 한다.

4. 다음은 3~5세 누리과정 중 '편성과 운영'의 일부이다. 다음 중 잘못 기술된 부분은?( )

① 1일 5시간을 기준으로 편성한다.

② 5개 영역의 내용을 균형 있게 통합적으로 편성한다.

③ 유아의 발달특성 및 경험을 고려하여 놀이를 중심으로 편성한다.

④ 반(학급) 특성에 따라 융통성 있게 편성한다.

5. 다음은 3~5세 누리과정 신체운동 건강영역의 일부이다. 아래에 해당하는 3세 세부내용을 쓰세요

내용범주	내용	3~5세 연령별 누리과정 세부내용		
		3세	4세	5세
안전하게 생활하기	비상시 적절히 대처하기		학대, 성폭력, 실종, 유괴상황 시 도움을 요청하는 방법을 알고 행동한다.	
			재난 및 사고 등 비상시 적절하게 대처하는 방법을 알고 행동한다.	

6. 2012년 12월 3~5세 누리과정과 연계하여 어린이집 표준보육과정을 전체적으로 다시 개정고시하게 되었는데, 이것은 무엇인가? ( )

7. 0~2세 표준보육과정 6개 영역은 무엇인가?( )

8. 다음의 글을 잘 읽고 해당하는 영유아 프로그램을 보기에서 찾아 쓰세요.

> 연세 개방주의 교육과정, 생태유아교육 프로그램, 이화유치원 유아 중심 프로그램, 삼성어린이집 영유아 프로그램

(1) (   )은 구체적인 행동목표 나열보다는 강조하는 핵심적 가치를 중심으로 교육목표를 설정하여 부모와 함께 이루어지는 영아교육 프로그램과 유아교육 프로그램을 운영한다.

(2) (   )은 기존의 유아교육에 대한 반성과 함께 새로운 교육 패러다임에 대한 요구가 부응한 것으로 자연친화적, 공동체적, 체험 중심의 교육을 강조한다.

(3) (   )은 보육의 초점을 영유아이지만 부모와 가정, 지역사회의 욕구를 포괄하는 서비스를 제공한다는 포괄적 관점을 실천하고 있다.

(4) (   )은 기독교 정신을 토대로 유아의 전인적 성장발달에 요구되는 최적의 교육환경을 제공하여 심신이 건전한 민주시민을 기르는 데 교육목표를 둔다.

〈정답〉

1. (1) 영유아기 보육 및 교육의 중요성 부각
   (2) 유이교육과 보육의 공공성 강화, 무상교육 및 보육을 획대하는 국제적 동향
   (3) 저출산 현상에 따른 출산율 제고
   (4) 교육과 보육에 대한 국가의 책임 강화
2. (2) 자율성과 창의성을 기르는 데 중점을 두고 전인발달을 이루도록 구성한다.
   (4) 만 3~5세아의 발달특성을 고려하여 연령별로 구성한다.
   (5) 신체운동건강, 의사소통, 사회관계, 예술경험, 자연탐구의 5개 영역을 중심으로 구성한다.
3. ④   4. ①
5. 학대, 성폭력, 실종, 유괴상황을 알고 도움을 요청한다.
   재난 및 사고 등 비상시 적절하게 대처하는 방법을 한다.
6. 제3차 표준보육과정
7. 기본생활, 신체운동, 의사소통, 사회관계, 예술경험, 자연탐구
8. (1) 연세 개방주의 교육과정   (2) 생태유아교육 프로그램
   (3) 삼성어린이집 영유아 프로그램   (4) 이화유치원 유아 중심 프로그램

현대사회의 변화하는 특성은 가족구조나 특성에도 영향을 미쳐 영유아들을 위한 다양한 교육적 요구와 필요성이 나타나게 되었다. 이러한 시대적 특성과 부모들의 요구 변화는 영유아 프로그램에도 반영되어 다양한 교육 프로그램들이 등장하게 되었다.

따라서 제IV부에서는 이러한 프로그램들 가운데 최근 관심을 불러일으키고 있는 영아교육, 다문화교육, 장애아 통합교육, 창의성교육을 위한 프로그램을 중심으로 프로그램의 배경, 목표 및 내용, 프로그램의 운영에 대해 살펴보고자 한다.

제IV부 현대 영유아 프로그램의 동향

1 CHAPTER 영아교육 프로그램

학습 목표

1. 영아교육 프로그램에 대해 이해할 수 있다.
2. 영아교육 프로그램을 이해하고 적용할 수 있다.

1 프로그램의 배경

최근 취업모의 증가, 영아기의 중요성에 대한 인식 증가, 핵가족화로 인한 가정에서의 사회적 상호작용 빈도 감소와 같은 복합적 요인들로 인해 영아교육에 대한 수요가 증가하고 있다. 특히, 영아교육은 이 시기가 인간발달의 기초를 형성하는 중요한 시기라는 점에서 다른 어떤 시기의 교육보다 신중하게 접근하는 것이 필요하다. 따라서 영아교육은 부모의 요구와 사회적 필요성을 수용하는 동시에, 질 높은 교육을 제공함으로써 영아들이 건전한 성장과 발달을 이룰 수 있도록 지원해야 할 것이다.

영아교육 프로그램이란 영아를 대상으로 하는 교육 · 보육을 의미하며, 영아란 학자에 따라 다양하게 정의될 수 있으나 출생에서 2~3년의 시기를 지칭하고 있다. 크게 보면 유아교육에 포함될 수 있어서 신체, 인지, 언어, 사회 및 정서 발달과 성장을 통합적으로 반영하는 것은 유아교육과 동일하나 대상 연령이 달라 세부적인 교육 · 보육목표, 교수방법, 교육내용, 환경, 교사의 역할 등은 다르다.

특히, 현대사회에서는 첨단 과학의 발달에 따라 대뇌 연구가 활발히 이루어져 영아교육의 중요성이 더욱 강조되고 있다. 대뇌발달의 가장 기본적인 기제는 시냅스의 형성이다. 신경 단위인 뉴런의 끝부분인 시냅스는 출생 전부터 연결되기 시작하여 출생 시에는 수천만 개의 시냅스가 연결된 상태로 태어난다. 인간의 뇌는 발달과정을 통해 필요한 만큼의 뉴런과 시냅스를 만들어 가는 대신 일단 많이 만들어 놓고(과잉생성) 불필요한 것을 버리는(선택적 소멸) 방식으로 뇌의 구조와 기능을 다듬어 간다. 이것은 환경과의 상호작용이 중요함을 말해 주는 것으로 인간이 어떠한 환경에도 적응할 수 있도록 잠재력을 극대화하는 것이다.

뇌 발달에서 가장 흥미로운 것은 과잉생성된 뇌세포와 시냅스의 소멸과정으로, 소멸과정은 유전자, 환경자극, 호르몬, 스트레스, 불충분한 영양 등에 영향을 받아 이루어진다. 어린 연령일수록 뇌의 형태나 구조, 기능이 아직 완전히 형성되지 않아 뇌가 변화할 수 있는 여지(뇌의 가소성)가 많기 때문에 초기의 질 높은 영아의 다양한 경험이 강조된다. 자극 없이 혼자 고립되어 자란 어린 쥐와 또래의 쥐들과 함께 사다리와 같은 다양한 장난감을 가지고 놀이한 어린 쥐들이 성장했을 때, 뇌의 무게와 부피에서 현저한 차이가 나타났다는 연구결과에서도 알 수 있듯이, 초기의 다양한 놀이경험에 따른 환경적 자극이 중요하다. 이와 같이 영아가 어떤 환경과 상호작용하느냐에 따라 대뇌발달에 긍정적으로 또한 부정적으로 영향을 받는다는 점을 알 수 있다.

따라서 영아에게 질 높은 교육을 제공하기 위해서는 먼저 영아의 대뇌발달과 함께 여러 발달적 특성을 이해하는 것이 중요하다. 최근 영아를 대상으로 하는 연구들은 영아가 가지고 있는 다양한 능력들을 밝혀주고 있으며, 영아는 기질적으로 개인차가 뚜렷하며 환경에 적극적이고 능동적으로 대처하고 적응하는 존재라는 점을 강조하고 있다.

2 프로그램의 기본 원리 및 방향

영아교육과정 구성을 위해서는 유아교육에서 강조하고 있는 일상생활과 놀이를 중심으로 영아의 발달적, 개인적, 가족적, 사회적 특성을 포괄적으로 고려하여 교육과정의 모든 영역이 통합되도록 해야 할 것이다. 따라서 영아교육 프로그램을 구성할 때 다음과 같은 점을 고려하는 것이 필요하다(장영희, 2000).

첫째, 영아기는 다른 어떤 시기보다 급속한 발달적 변화를 겪는 시기이다. 출생에서 2~3세까지는 짧은 시간이지만 발달속도가 어느 시기보다 빠르고 변화의 폭도 크다. 영아기의 빠른 성숙도에 따라 급격한 발달적 적응이 요구되므로 각 영아의 신체, 인지, 언어, 정서 · 사회적 발달특성에 따라 적절한 보호와 교육이 필요하다.

둘째, 영아는 자신을 돌보아 주는 성인과 애착을 형성한다. 영아기의 애착형성은 중요한 발달과업이므로 안정적 애착이 형성되도록 도와주어야 한다. 성인과의 따뜻하고 안정된 관계를 통해 영아는 자신이 하나의 개체로 인정받음을 느끼고 신뢰감을 형성하게 된다.

셋째, 영아들을 위한 교육은 영아의 흥미와 요구에 기초하여야 하며 개별적 관심과 반응에 기초하여 구성해야 한다. 영아는 그들의 욕구 충족과 만족을 얻기 위하여 전적으로 성인에게 의존하므로 교사나 부모는 지속적으로 관심을 가지고 관찰하여 영아의 흥미와 요구를 파악해야 한다. 그렇지 않으면 영아는 자신의 불안정함이나 스트레스에 능동적으로 대처할 수 없기 때문에 상처받기 쉽다. 일대일의 개별적 보호와 성인의 애정적인 관심과 반응이 특히 중요하다.

넷째, 영아의 발달은 신체, 인지, 언어, 정서, 사회성발달이 통합적으로 진행된다. 다른 발달 단계와 마찬가지로 영아기의 발달도 각 영역이 서로 유기적으로 연계되어 있으므로 각 발달영역을 분리해서 교육하기보다 통합적으로 지도

하는 것이 효율적이다.

다섯째, 영아교육의 구성은 기본생활습관 형성과 일상적 보살핌을 중심으로 이루어지도록 한다. 영아기는 배변과 이유와 같은 기본생활습관 교육이 주요 내용으로 포함된다. 이러한 과업 수행을 통해 영아들은 자신감과 성취감을 느끼게 된다. 또한 영아를 담당하는 교사는 기저귀를 갈아 주고, 먹이고, 재워 주기와 같은 돌봄의 과정을 통해 교육이 이루어질 수 있도록 준비하는 것이 필요하다.

3 교육목적 및 내용

영아교육 · 보육의 목적은 영아의 흥미와 발달, 문화에 바탕을 두고 경험하는 여러 활동과 매일의 일과를 통해서 함께 사는 사회에서 자신의 역할을 잘할 수 있는 민주시민으로서의 기초 자질을 형성하고 영아들이 심신이 건강하고 전인적인 발달을 이루어 행복한 사회구성원으로 자라도록 하는 데 있다(보건복지부, 2012). 이러한 목적을 달성하기 위하여 기본생활영역을 포함한 6개 영역에 따라 연령별로 구체적인 목표를 설정한다.

영아교육과정은 교육대상인 영아의 특성을 잘 파악하여 구성해야 하며 유아나 아동을 위한 교육과정의 '축소판'이나 '낮은 수준판'이 되어서는 안 된다. 영아교육과정의 핵심은 일상생활과 놀이를 중심으로 영아의 발달적 · 개인적 · 가족적 · 사회적 특성을 고려하여 교육과정의 모든 영역이 통합되도록 하여야 한다. 영아교육과정의 특성을 설명해 보면 다음과 같다(이화여자대학교, 2011).

(1) 자극이 아닌 것으로서의 교육과정이다

자극은 '영아에게 해주는 것'으로서 영아의 욕구나 반응에 관계없이 일방적으로 외부에서 주어지는 것으로 정의할 수 있는 반면, 교육은 '영아의 다양한 욕구에 바람직한 방식으로 반응하고 관계를 맺고 의사소통한 결과'로서 일어나는 것이다. 자극은 '제공하는 것' 혹은 '일방적으로 주어지는 것'이기 때문에 무의미한 자극이 되며, 반면 교육은 성인이 준비한 활동이든 영아가 자발적으로 시작한 활동이든 영아들이 그 경험에 주도적으로 참여하여 주변의 사물과 사람들과의 반응적인 상호작용을 통해 배워가는 과정이다. 따라서 같은 활동도 모든 영아에게 다른 방식으로 적용되고 활동의 결과도 다르기 때문에 영아에게 단순한 자극이 아니라 교육의 기회가 되도록 해야 한다.

(2) 교육과정으로서의 영아의 흥미와 요구이다

각급 학교에서 학습자를 위한 교육과정을 계획할 때는 학습자의 흥미와 요구를 고려해야 하듯이 영아들도 특별히 그들의 요구 및 능력을 더욱 적극적으로 고려해야 한다. 교육과정을 계획하기 위해서 '적극적인 동반자(active partner)'로 영아를 인식하여 '반응적인(responsive) 교육과정'이 되도록 하고 '가능성 계획(possibility plans)'으로 교육활동을 강조한다. 교사는 영아에게 교육적인 의미가 있다고 판단되는 활동을 계획하지만, 그 활동은 영아의 흥미와 관심에 따라 많은 영향을 받기 때문에 가능성을 계획하는 것으로 인식해야 한다는 것이다. 이것은 아무런 계획 없이 영아의 흥미와 요구만 강조하는 것도 아니고 영아의 흥미와 요구를 무조건 존중한다는 것은 아니므로 융통적이고 개방적이며 역동적인 교육과정이 되어야 한다는 것이다.

(3) 교육과정으로서의 일상생활이다

영아의 일상생활은 먹기, 자기, 씻기, 옷 입기, 옷 벗기, 화장실 사용하기, 놀기, 성인이나 또래와 상호작용하기 등으로 이러한 자연스러운 경험이 모두 교육과정이 된다. 일상생활 그 자체가 교육과정이 될 수 있는 것은 영아들의 삶이 일상생활을 하는 시간과 교육을 하는 시간으로 분리될 수 없기 때문이다. 영아는 자신, 주변 사람들 및 주변 환경을 알아가고 그것에 대해 긍정적 사고를 가지고 삶의 주인으로 살아가도록 성인이 지원하는 것이므로 영아의 일상생활이 교육적 기회가 되도록 하는 것 자체가 영아교사의 전문성이 된다.

(4) 교육과정으로서의 자발적 놀이이다

영유아들은 놀이 자체가 생활이고 교육이다. 영아들도 유아들처럼 놀이를 통해 자신과 주변 사람들을 이해하게 된다. 놀이는 외부의 지시 없이 내적 동기화에 따른 자발적 활동이기 때문에 놀이하면서 기뻐하고 즐거움을 경험하게 된다. 또한 놀이는 반복적인 특성이 있기 때문에 영아의 다양한 능력, 기술이나 지식 등을 연습할 기회도 제공한다. 놀이를 통해 각 발달영역이 통합적으로 성장 · 발달되므로 영아의 자발적인 놀이를 교육의 기회로 활용하여야 한다.

(5) 교육과정으로서의 문제해결이다

문제해결이란 신체적 · 인지적 · 언어적 · 사회적 · 정서적 문제 등을 종합적으로 의미하는 것이다. 영아들은 넘어지지 않고 기어가거나 신발을 신는 것과 같은 신체적 문제, 자신이 원하는 것을 전하는 의사소통와 관련된 문제, 새로 만난 사람에게 인사를 하는 사회적인 문제, 부모와 헤어질 때 생기는 슬픈 기분과 같은 정서적인 문제 등 다양한 문제들을 성인의 적절한 지원을 받아 스스로 주도적으로 해결해 나가야 한다. 교사들은 영아들이 문제를 해결하기 위해 다양한 방법으로 생각하고 지속적으로 노력하며, 도움을 청하고 때로는 포기하는 것도 배울 수 있도록 도와주어야 한다. 문제해결로서의 교육과정이란 일상생활, 놀이, 우연한 사건 등을 교육과정으로 포함시킨다는 것이다.

(6) 교육과정으로서의 우연한 사건이다

우연한 사건은 영아의 흥미와 관심으로 자발적으로 시작되는 경우가 많기 때문에 더욱 중요한 교육의 기회가 될 수 있다. 우연한 사건이 교육과정이 될 수 있다는 것이 교사가 아무 준비 없이 영아가 흥미와 관심을 보이는 행동을 모두 활용해야 한다는 의미는 아니다. 교사가 우연한 사건을 교육과정으로 활용하기 위해서는 많은 것을 고려하여 판단해야 한다. 활동이 사회 · 문화적으로 가치가 있는지, 영아의 능력이나 기술을 촉진시켜 주는지, 영아의 능력이나 기술을 확고히 해주는 것인지, 영아의 발달영역을 통합시켜 주는지 등의 다양한 요인을 고려해야 하기 때문에 교육환경을 적절하게 마련해 주고 관찰하여 영아의 요구와 흥미에 따라 반응적 프로그램을 운영해야 한다.

이상에서 알아본 바와 같이 영아의 교육은 현대 산업사회의 구조변화에 따른 외적 요인뿐만 아니라, 영아기의 성장과 발달을 최적화할 수 있는 영아와 영아기 그 자체의 교육과 보육을 위해 인적 · 물리적 환경을 지원해 주어야 할 것이며 교사의 전문적인 자질과 판단능력이 중요하다.

2 CHAPTER 다문화교육 프로그램

학습 목표	1. 다문화교육 프로그램의 목적과 내용을 알 수 있다. 2. 다문화교육 프로그램을 적용할 수 있다.

1 프로그램의 배경

21세기는 세계화로 인한 개방과 다양성의 시대로서 지구촌 시민으로서 함께 살아가기 위한 인식전환이 필요한 시기이다. 산업사회에서 현대사회로 변화하면서 사회는 매우 복잡하고 다양해졌으며, 이러한 사회 속에 질서와 발전을 이루기 위해서는 서로를 인정하고 수용하는 자세, 즉 개개인의 특성과 문화를 이해하고 공유할 수 있는 반편견적이고 다문화적인 접근을 실천하는 것이 중요하다.

포스트모더니즘의 개념과 함께 나타난 다문화주의는 국가뿐 아니라 전 지역사회 내에 있는 서로 다른 문화적 배경을 인식하고 가치를 인정하는 시각으로 세계를 보는 것을 강조하는 일련의 신념이다(Parkay & Stanford, 1998). 즉, 다문화주의는 민족과 국가라는 거시적 차원에서만이 아니라 사회 내에서 무시되었던 계층의 문제, 빈곤의 문제, 인종, 여성문제 등 미시적 문제에까지 시선을 확대하여 사회의 모순과 편견에서 벗어나 다양성을 서로 이해하고 존중하려는 노력으로 이루어지고 있다.

최근 세계화의 추세로 인해 그동안 단일민족 사회이던 우리나라에도 다양한 국적의 이주자가 증가하여 국제결혼가정과 외국인 근로자 가정, 새터민가정과 같은 다문화가정이 형성되고 있다. 다문화사회로의 변화는 단일민족과 단일 문화라는 전통에 익숙해 있던 우리 국민들이 고유한 문화 정체성을 유지하면서도 다른 문화에 대해서 수용적 자세를 지니는 다문화주의적 자세를 가지는 것이 중요한 문제로 다가오고 있다. 이와 더불어 현실적으로 인종적 · 문화적 차별로 인해 소외되는 계층이 발생할 수 있어 다양한 민족집단들 간의 통합문제도 중요한 이슈가 되고 있다.

따라서 최근 우리나라에서 「다문화가족지원법」이 제정되어 다문화가정을 '대한민국 국민과 혼인한 적이 있거나 혼인관계에 있는 재한 외국인과 출생 시부터 대한민국 국적을 취득한 자로 이루어진 가족, 귀화 허가를 받은 자와 출생 시부터 대한민국 국적을 취득한 자로 이루어진 가족'(제2~4조)으로 정의하고 다문화가정을 지원하기 위한 다양한 정책을 실행하고 있다. 유아교육기관에도 다문화가정 자녀들이 증가하고 있어 이들의 적응을 위한 교육 지원과 함께 우리와 다른 문화를 가진 사람들을 이해하고 수용하는 능력을 증진하기 위한 다문화교육에 대한 관심이 증가하고 있다.

다문화를 통한 세계 이해는 자신에 대한 정체성의 확립을 기초로 집단 공동체 의식 형성 및 다양성과 평등성 인식 위에 편견을 버리고 함께 협력하는 세계를 말한다. 이러한 다문화주의적 접근의 전통은 미국과 유럽의 여러 국가들에 뿌리를 두고 있다. 특히, 다민족국가인 미국에서 20세기 초까지는 미국에 거주하는 다른 인종과 민족들이 자신의 문화를 버리고 미국의 문화를 강제적으로 따르게 하는 동화주의 정책을 펼치다가, 1960년대부터 일방적 문화 억압정책에 대한 비판이 시작되고 편견과 차별을 없애려는 움직임이 일어나 다문화주의로 전환하면서 다문화주의가 교실환경과 교육과정에까지 투입되었다. 1964년 소수민족의 권리와 가치를 존중하는 법을 제정한 이래 다문화주의는 활발하게 전개되고 있다. 다문화주의가 소개되면서 초기 다문화교육은 기존의 교육과정에 특별행사로 혹은 일정 기간 동안 잠시 다른 민족의 문화를 소개하는 형태로 실행되었으나, 이러한 관광식 교육방식은 진정한 의미에서 타 문화를 존중하고 자신의 정체감을 건강하게 발달시키는 데는 부족하다는 비판이 생기게 되었다. 따라서 이후 다문화교육은 교수, 교육과정, 평가, 학교-가정-지역사회 연계, 교원선정, 특별활동을 포함하는 모든 측면의 학교 행정에 영향을 미치는 포괄적 관점을 의미하게 되었다(Grant & Gomez, 1996).

모리슨(Morrison, 1998)은 다문화교육에 대한 정의를 '다른 인종, 성, 사회계층, 언어 및 문화적 배경을 가진 사람들을 이해하고 존중하도록 함으로써 다양한 문화의 세계에서 유아들의 공동목표를 향해 생활하고 학습하며 의사소통할 수 있도록 준비하는 교육'이라고 정의하였다. 그는 유아와 교사가 다양성에 관심을 가지도록 하기 위해 다문화주의가 유아교육기관 프로그램의 일부가 되어야 함을 강조한다. 유아교육에서 다문화교육이 효과적으로 이루어지기 위해 교사가 갖추어야 할 능력으로는 다양한 문화 인식, 유아 학습양식 인지, 협동적 학습 격려, 갈등해결 전략 증진 및 사용, 그리고 부모와 지역사회 인사의 참여 유도 등을 들고 있다(Morrison, 1998).

최근 우리나라 유아교육과정에서도 다문화적 접근을 시도하고 있다. '세계 여러 나라'라는 주제를 통해 세계 여러나라의 음식, 의상, 주택문화 등을 알아보고 여러 나라의 인사말이나 노래를 배우는 활동을 통해 차별이 아닌 차이와 다름을 이해하려는 노력을 한다.

그러나 다문화교육을 적용할 때 주의할 점은 지나치게 추상적 교육이 되거나 다른 나라에 대한 단편적 지식전달 위주의 교육이 되기 쉬우며, 잘못할 경우 관광식 교육과정(tourist curriculum)이 될 수 있다는 점이다(장영희, 1996;

Derman-Sparks et al., 1999). 관광식 교육과정에서는 각국의 특성에 대해 특별 행사를 준비해 소개하는 식으로 활동을 이끌어 감으로써 유아는 이국적 차이를 단순히 즐길 수 있을 뿐이며 그 안에 포함되어 있는 다양한 삶의 가치, 방식, 신념 등을 경험하기는 어렵다는 비판을 받고 있다.

다문화교육의 실천은 반편견교육과 함께 이루어지는 것이 바람직하다. 반편견교육은 기존의 선입관, 고정관념 및 편견에 도전하는 능동적이고 적극적인 접근방식을 가르치는 것을 말한다. 편견을 가질 수 있는 영역으로는 능력, 나이, 외모, 믿음, 계층, 문화, 가족구성, 성, 인종, 성적 관심의 10가지가 제시되고 있다(Hall & Rhomberg, 1995). 많은 학자들이 반편견교육을 통한 다문화주의의 실현은 영유아기부터 시작되는 것이 중요하다는 점을 강조하고 있다.

2 교육목적

다문화교육의 궁극적인 목적은 자신의 문화적 정체성을 유지하면서 다른 문화를 수용하여 어떤 문화도 우월하거나 열등한 것이 없다는 반편견과 비차별성을 배우는 것이다. 현대사회의 변화 흐름과 철학의 방향도 민족 중심주의를 극복하고, 다양성과 개별성을 수용하며 포용성과 시민의식 확립을 주요한 정신으로 강조하고 있다. 따라서 영유아기부터 반편견적이고 다문화적인 사람으로 성장할 수 있는 기본 원리를 교육하는 것은 매우 중요하다.

전미 유아교육협회(NAEYC)에서 출간한 『발달에 적합한 실제(DAP)』에서도 '발달적 · 문화적 적합성'의 개념을 소개하여 인종에 대한 편견을 극복하고 다문화이해를 증진시키고자 하는 다문화교육의 필요성을 더욱 부각시켰다. 또한

NAEYC(1998)는 교사 준비와 표준교육과정에서 다양성과 반편견에 대한 기준을 추가하였다.

스파크스(Sparks, 1992)도 '차이와 다양성에 대한 존중과 수용'과 같은 개념들을 공유하는 다문화주의와 반편견교육을 함께 고려하도록 하면서 교사와 유아가 자신의 정체성을 바로 확립하고 이를 기초로 다양한 사람들과 편안하고 감정이입적 상호작용을 하는 것, 그리고 편견에 대한 비판적 사고를 할 수 있는 것뿐 아니라 행동하는 수준에까지 도달하는 것을 다문화교육의 주요 목적으로 제시하였다.

우리나라의 유치원과 어린이집 통합 교육과정인 누리과정에서도 '우리 문화에 대한 이해의 토대 위에 새로운 가치를 창조하는 사람, 민주시민의식을 기초로 공동체 발전에 공헌하는 사람'을 추구하는 인간상을 강조하고 있다. 뿐만 아니라 사회관계영역에서도 영유아가 주변 세계에 관심을 가지고 적응할 수 있는 기초능력을 기르기 위해 유아를 둘러싼 문화와 생활양식을 바탕으로 주변 지역, 경제생활, 나아가서 우리나라와 세계 여러 나라의 문화에 관심을 가지도록 하고 있다.

3 교육목표 및 내용

다문화교육의 주요 목적은 자신의 전통에 대한 존중과 이해, 민족 정체성과 세계 공동체 의식 확립이다. 우리나라 유치원과 어린이집 공통과정인 누리과정에서도 인간의 삶을 평화, 자유, 정의, 풍요와 보다 더 크고 열린 안목으로 세계 이해를 통해 궁극적으로 세계 시민의식을 고양하도록 하고 있다.

스파크스(1992)는 다문화교육의 내용에 차이(difference), 다양성(diversity), 존중(respect), 수용(acceptance) 등의 주요 개념을 다루도록 하였으며 유아들을 위한 다문화교육과정의 목표를 긍정적 자기 정체성 확립, 타인과 편안하고 감정이입적인 상호작용, 편견에 대한 비판적 사고, 편견에 적극적으로 대처하기의 네 가지로 제시하고 이러한 목표에 따른 교육내용을 구성하였다(〈표 2-1〉).

이를 통해서 살펴볼 때 다문화교육은 궁극적으로 평화로운 지구촌 사회를 만들기 위해 문화에 따른 기존의 편견을 극복하고 각 문화의 독특성을 존중하는 자세를 기르는 것이다. 개인과 가정에서 더 나아가 지역사회, 국가, 민족과 문화 간의 친밀한 관계와 이해증진을 위한 바람직한 지식, 기술, 태도를 형성하는 교육내용의 제공이 필요하다.

〈표 2-1〉 다문화교육의 목표 및 내용

목표	목표의 의미	교육내용
목표 1 긍정적 자아 정체감 발달	자신의 정체감에 대해 긍정적으로 생각하는 것이 중요하다. 자신에 대한 긍정적 사고는 개인 정체성과 집단 정체성 확립에 도움을 준다.	• 자신의 신체적 특징에 대한 인식 • 성의 인식, 성의 불변성에 대한 인식 • 독립적이고 자율적 존재로서의 자신 인식 • 신체적 능력에 대한 인식 • 가족, 언어, 풍습, 종족 정체감에 관련된 자신에 대한 인식 • 종족의 불변성에 대한 이해 • 집단, 또래 계층과의 관련에서 자신에 대한 인식 • 보다 큰 사회집단과의 관련에서 자신에 대한 인식
목표 2 다양성에 대해서 편안하고 감정이입된 상호작용하기	다양한 외모나 성, 인종, 능력을 가진 사람과 감정이입적 상호작용이 이루어질 수 있는 기회를 제공한다. 사람들 사이의 차이점과 유사점을 이해하고 차이에 대해 묻고 배우며 협의하고 수용하는 과정에서 반편견적 이해와 태도를 발달시키게 된다.	• 신체적 특징, 능력, 사회적 행동, 언어의 유사성과 차이점 인식 • 하나 이상의 속성을 사용하여 분류하는 능력 • 계층에 포함되는 것에 대한 이해 • 자기중심성은 점차 감소하고 다른 사람의 견해를 보는 능력의 증가

목표	목표의 의미	교육내용
목표 3 편견에 대해 비판적 사고 기르기	불공평한 상황에 처했을 때 그냥 넘어가는 것이 아니라 자신과 다른 사람이 어떻게 느끼는가에 대해 진지하게 생각할 수 있는 기회를 가지도록 한다.	• 전체와 부분들을 독립적으로 볼 수 있는 능력 • 사람, 사물, 사건에 대해 긍정적, 부정적인 면을 비판적으로 해석, 비교, 사고하는 능력 • 추상적인 단계에서 문제해결을 시작하는 능력
목표 4 편견에 대한 행동 취하기	편견적 행동에 대해 이의를 제기하고 이를 행동으로 옮기는 것을 학습하도록 돕는다.	• 사회적으로 수용되는 방법으로 생각과 감정을 표현하는 단계 • 이야기를 이해하고 등장인물의 행동, 느낌, 생각을 이해하는 능력 • 신념이나 가치에 따라 행동을 시작하고 계획, 조직하는 능력

4 프로그램의 운영

다문화교육은 유아기부터 가정이나 교육기관에서 문화적으로 기대되는 역할을 배워가는 가운데 정체감 형성이 필요하므로 우리 문화와 자기 자신에 대한 긍정적 정체감을 심어줄 수 있도록 가정, 교육기관, 지역사회의 협력적인 노력이 필요하다.

또한 다문화교육과정에서 실행하기 위해서는 먼저 유아교사들이 자신이 가지고 있는 신념을 분석하여 정체성을 바로잡고 그것을 기초로 다른 사람들을 수용하며 유아가 자란 사회문화적 맥락을 이해하는 반성적 사고를 하는 자세가 필요하다. 따라서 바람직한 다문화교육을 위해 교사들이 가져야 할 기본적 자세와 태도는 다음과 같다(Boutte & McCormick, 1992).

- 교사들이 유아들의 모델이 되어주기
- 다른 사람에게서 나타나는 차이점에 대해 인정하기
- 정형화된 사고 피하기
- 유아들에게 존재하는 차이 인정해 주기
- 학급 내에서 다양성을 발견하고 인정해 주기
- 잘못된 다문화 프로그램 피하기

다문화교육을 위한 교수법은 기존의 유아교육에서 강조하는 교수 · 학습 전략과 큰 차이가 없지만 효과적 교수 전략으로 비판적 사고의 증진, 협동학습, 감정이입 교수법 등을 활용할 수 있다. 성역할과 문화적 다양성에 대한 내용의 그림동화, 세계 여러 나라 사람들, 다양한 가족 유형과 장소, 시간 등에 관한 문화적 내용을 다룬 그림자료, 사진, 음악 등을 활용한 이야기 나누기 활동은 유아들이 다양성에 대한 비판적 사고를 할 수 있는 좋은 전략이 된다.

다문화교육과정 운영을 위한 기본 원리를 살펴보면 다음과 같다.

첫째, 유아기에 자기 정체성과 집단 정체성이 형성되므로 이에 대한 적극적 이해와 대처가 필요하다.

둘째, 다문화교육은 사람들의 서로 다른 차이점을 강조하며 이를 인간 존엄성 측면에서 접근하는 것이 바람직하다. 다른 사람에게 관심을 가지고 함께 협력할 수 있도록 지원한다.

셋째, 다문화교육은 교육과정의 특정 영역에서 제공하기보다는 일상생활 가운데 자연스럽게 일어나는 교육상황을 적절하게 활용하거나 교육과정의 여러 영역에 걸쳐 다양하게 제공하는 것이 효과적이다.

넷째, 효과적인 다문화교육실천을 위해 가정과 학교와의 상호 협력적 관계를 통해 교육을 제공한다.

다섯째, 문화의 이질성과 함께 동질성을 파악하기 위해 각기 다른 문화권의 소재에서 같은 주제를 찾거나 또는 같은 주제를 각기 다른 다양한 장면으로 연계할 수 있다.

〈표 2-2〉는 연간 다문화교육 프로그램의 주제와 활동을 소개한 것이다.

〈표 2-2〉 연간 다문화교육 프로그램의 예

월	주제	활동
3	피부색은 달라도 우리는 친구	• 미술활동 : 여러 나라 사람들이 생김새 다양하게 꾸며보기 • 동화 : 여우와 두루미, 특별한 손님, 피부색이 달라요
4	다양한 가족	• 이야기나누기 : 다양한 가족 구성원을 알아보기 • 동화 : 가슴으로 낳았대요, 반쪽이
5	세계 여러 나라의 공공기관	• 이야기나누기 : 우리 동네의 공공기관과 세계 여러 나라의 공공기관 • 게임 : 공공기관 표시판 찾기
6	다양한 운동경기	• 이야기 나누기 : 월드컵 · 올림픽 경기와 운동종목 알아보기 • 게임 : 운동경기 함께 해보기
7	다른 나라 기후와 다양한 식물	• 이야기 나누기 : 다양한 세계 기후알기, 기후에 따른 식물 알아보기 • 미술 : 세계 여러나라 집 꾸미기
9	세계 여러 나라 명절	• 이야기 나누기 : 세계 여러 나라 명절 알아보기, 우리나라 명절의 공통점과 차이점 이해하기 • 동화 : 솔이의 추석이야기
10	세계 여러 나라의 의식주	• 이야기 나누기 : 세계 여러 나라 음식 • 미술활동 : 다른 나라 집 꾸미기 • 요리 : 디른나라 음식 만들기 • 동화 : 돌멩이 수프, 북쪽나라 자장가
11	세계 여러 나라 인사말	• 음률 : '세계의 인사' 노래 부르기, 다른 나라 춤춰보기 • 동화 : 노란풍선의 세계여행
12	세계 여러 나라 악기	• 음악 : 세계 여러 나라의 전통악기 소리를 듣고 표현해보기 • 동화 : 까만 크레파스, 숨쉬는 항아리

3 CHAPTER 장애아 통합교육 프로그램

학습 목표
1. 장애아 통합교육 프로그램의 목적과 내용을 알 수 있다.
2. 장애아 통합교육 프로그램을 적용할 수 있다.

1 프로그램의 배경

최근 다양성을 강조하는 가치관은 장애인에 대한 인식에도 변화를 가져와 장애유아들이 정규 학급에서 일반유아들과 함께 교육받는 통합교육이 증가하고 있다. 통합교육은 다양한 교육적 요구와 능력을 지닌 유아들이 수업시간의 일부나 전부를 함께 교육받는 프로그램으로서 장애유아와 일반유아가 사회적 활동이나 교수활동에서 의미 있는 상호작용을 하는 것을 말한다(이소현 · 박은혜, 1998). 즉, 특수교육의 대상자가 일반학교에서 장애 유형과 정도에 따라 차별받지 않고 또래와 함께 개별적 교육요구에 적합한 교육을 받을 수 있는 것을 의미하는 것이다(교육부, 2007).

선진국에서는 이미 오래전부터 장애 영유아들에게 적절한 교육환경을 제공하여 이들의 교육권을 보장하기 위한 방안을 모색해 왔다. 미국에서는 1960년대부터 통합에 대한 논의가 활발해져 1972년부터는 대표적 유아교육 프로그램의 하나인 '헤드 스타트'를 중심으로 장애유아를 10% 이상 수용하도록 규정하였다. 통합의 개념도 장애유아를 일반유아를 위한 프로그램에 배치해야 한다는 주류화(mainstream)에서 장애유아도 일반교육의 기회와 일반교육의 책임 가운데 포함되어야 한다는 완전통합(inclusion)의 의미로 발전하게 되었다(김혜경 · 유희정, 2004). 따라서 장애통합 프로그램은 장애가 있는 유아들에게도 가능한 한 정상의 교육적 환경과 생활환경을 제공해야 하는 정상화(normalization)의 개념과 일반 교육환경에 장애유아가 최대한 참여할 수 있도록 하는 최소제한환경(least restrictive environment)을 고려하도록 하고 있다. 진정한 의미의 통합은 이러한 정상화, 주류화, 최소제한환경과 같은 세 가지 형태의 통합이 모두 이루어져 장애 영유아가 일반 교육환경에 배치되는 것뿐 아니라 모든 교육활동에 동등하게 참여하고 교사나 또래들로부터 학급 구성원으로 인정받는 것을 의미한다(박은혜, 2001).

장애아 통합교육의 필요성은 법적 · 사회윤리적 · 발달적 측면에서 생각해볼 수 있다. 법적 측면에서 살펴보면, 미국의 경우 1975년 공법 94-142의 명시로 장애유아에게 최소제한환경을 제공해야 한다는 통합교육의 법적 지지를 받기 시작했으며 1986년 공법 99-457로 개정되면서 3~5세 장애유아들에게 법적 요구가 적용되기 시작했다. 우리나라 「특수교육진흥법」에서도 장애유아 통합교육에 대해 규정하고 있다.

사회윤리적 측면에서 살펴보면, 통합교육을 통해 장애유아들도 권리를 인정받고 사회에서 통합되어 살 수 있는 교육의 기회를 제공받게 되며 일반유아들도 장애유아에 대한 긍정적 인식과 태도를 가지게 되어 건전한 사회구성원으로서 성장할 수 있게 된다.

발달적 측면에서 살펴보면, 통합이 장애유아와 일반유아의 발달에 긍정적 영향을 미칠 수 있다는 것이다. 김광웅(1990)은 장애유아가 특수교육시설에서 분리된 형태의 교육을 받게 된다면, 배치의 낙인(stigma of placement)을 찍는 것이며 발달의 가소성을 최소화하게 된다고 지적한다.

우리나라에서도 1994년 「특수교육진흥법」이 개정되면서 통합교육에 대한 관심이 법적 보장을 받게 되었으며 1996년 '장애아 교육 활성화 방안'이 마련되었고, 「장애인 등에 대한 특수교육법」에 통합교육에 관한 정의(제2조 제6호), 통합교육 실시를 위한 특수 학급 설치(제27조), 발달지체 영유아의 조기발견과 조기통합교육 실시(제5조, 제15조, 제18조)에 대한 내용이 제시되어 있다. 그러나 우리나라에서 통합교육을 실시하고 있는 유아교육기관은 매우 적은 실성이며 통합교육을 실시하는 기관에서도 제도적 · 행정적 지원과 사회적 관심의 부족으로 인해 많은 어려움을 겪고 있는 실정이다. 따라서 바람직한 장애 영유아 통합교육 실천을 위해서는 통합교육의 개념 정립과 함께 통합교육을 저해하는 문제들을 해결하기 위한 적극적 지원과 노력이 필요하다.

2 통합교육의 목적 및 효과

통합교육의 목적은 장애아들에게 일반아와 같은 교육과 생활환경을 제공해 주는 것이다. 장애아들을 위해 바람직한 교육환경은 장애의 종류나 정도에 구애받지 않고 '특별한 교육적 요구를 가진 모든 아동들'에게 교육과 보호 및 의료적 서비스를 제공하는 것을 주요 목적으로 둔다.

일반적으로 통합환경에서 제공되는 교육과정은 최근 유아교육에서 강조하고 있는 구체적 경험과 놀이 중심으로 구성되어 있어 일반유아와 장애유아 모두의 발달과 상호작용에 효과적인 것으로 나타나고 있다.

통합교육의 효과를 살펴본 연구들(구대회, 1997; 김미경, 1996, 2001; 서현아,

2000; Strain, 1983; Strain, Hoyson, & Jamieson, 1985)은 장애유아 통합교육이 장애유아뿐 아니라 일반유아들에게도 긍정적 효과가 있으며, 이러한 결과는 교사나 부모의 통합교육에 대한 태도 변화에도 긍정적 영향을 미치는 것으로 나타나고 있다.

통합교육이 장애유아들에게 미치는 가장 효과적인 측면은 사회성발달을 촉진한다는 것이다. 정상적 발달을 보이는 또래집단의 유아들과 상호작용하는 기회를 가짐으로써 장애유아들은 의사소통능력을 기르고 연령에 적합한 행동 모방과 관찰을 통해 적절한 행동을 하게 된다. 놀이 행동에서 부적절한 놀이 행동이 줄어들고 자유놀이시간에 교사 주도의 행동보다 또래와의 놀이 행동이 현격하게 증가하는 특징도 나타났다(Kaufman et al., 1975). 또한 다양한 인간관계 체험을 통해 자신감 증진 학습에 대한 동기유발, 언어 및 인지발달에도 긍정적 효과가 나타났다.

그러나 단순한 물리적 통합환경에서 이러한 효과를 기대하는 것은 어려우며, 장애유아가 학급의 구성원으로서 소속감을 느끼고 서로 유의미한 상호작용을 할 수 있는 프로그램이 제공되며 장애 정도에 적합한 개별화 교육이 함께 지원될 때 통합교육이 장애유아의 발달을 촉진하는 데 기여할 수 있다.

일반유아도 장애유아와 함께 상호작용하면서 장애를 차이로 볼 수 있는 시각이 형성되고 다른 사람을 배려하는 태도와 수용하는 자세를 배우게 된다. 유아기부터 자연스럽게 장애유아와 함께 하는 경험을 가짐으로써 앞으로 함께 살아가야 할 공동체의 일원으로서의 사회적 역할과 책임감을 형성하게 된다.

통합교육을 경험한 교사들도 능력이나 인성이 다양한 혼합 집단으로 구성된 유아들을 교육함으로써 교수전략 개발에 도움이 되고, 장애유아에 대한 편견이 줄어들며 장애에 대한 이해 증진에 도움이 된다는 점을 강조하였다.

장애유아의 부모들은 통합교육 프로그램이 자녀발달에 도움을 주고 있다는 인식을 하고 있으며, 일반유아의 부모들로부터 고립되었다는 느낌이 줄어들었다고 보고하였다. 일반유아의 부모들은 자녀가 통합교육 프로그램에 다니는 것에 대한 가치를 인식하고 있었으며 장애에 대한 편견이 감소되었다(구본권, 1999).

3 장애아 통합 프로그램의 운영

1) 통합교육을 위한 기본원리

통합교육을 효율적으로 운영하기 위해 다음과 같은 점을 고려하는 것이 바람직하다.

첫째, 통합교육에 참여하고 있는 유아들의 장애 유형이 다양하기 때문에 장애 유형과 장애 정도를 고려하는 것이 중요하다. 일반적으로 통합교육의 대상이 될 수 있는 유아는 IQ 50~70 정도의 지능지수를 요구하며 학습을 수행할 기본 능력이 필요하다. 이는 지능이 너무 낮을 경우 기본 능력이 결여되어 과제수행이 어렵기 때문에 또래들과의 상호작용에 어려움을 가져올 수 있다.

둘째, 장애유아와 일반유아의 비율을 고려해야 한다. 이러한 기준은 구체적으로 정해지지 않고 있으나 일반적으로 장애유아의 숫자가 적은 것이 효과적인 것으로 나타나고 있다. 이는 일반유아들이 장애유아에 대한 충분한 배려를 나타낼 수 있고 상호작용할 수 있는 기회를 제공할 수 있기 때문이다.

셋째, 통합의 적절한 시기를 고려하는 것이다. 유아기의 경험은 이후 발달의 결정적 요소가 된다는 점에서 조기 통합의 중요성이 강조되고 있다. 유아기 통합교육은 장애유아에게 풍부한 자극과 적절한 사회적 상호작용의 기술을 제공할 뿐 아니라 이후의 사회적 통합을 위한 기초로서 역할을 할 수 있다(보건복지부, 2000).

2) 통합교육 프로그램 구성과 운영

효율적인 통합 프로그램 운영을 위한 기본 방향을 제시하면 다음과 같다(보건복지부, 2000).

첫째, 일과운영 가운데 다양한 통합의 기회가 제공되도록 한다. 장애유아가 일반학급의 일과 과정에 들어가서 활동을 하는 가운데 사회적응 훈련을 할 수 있도록 한다. 따라서 자유놀이, 그룹활동, 식사시간, 바깥놀이 등과 같은 자연스러운 일과 과정을 활용하는 것이 효과적이다.

둘째, 통합 프로그램에서는 장애유아들의 발달수준을 생활연령(CA)보다는 정신연령(MA)을 기준으로 해서 배치하도록 한다.

셋째, 특수교사와 일반교사, 치료사 그리고 가족 간의 연계와 협력관계가 중요하다. 특수교육과 유아교육에서 가지고 있는 통합교육에 대한 관점을 긴밀히 교환하여 효율적인 통합교육과정을 구성하고 운영하도록 한다.

넷째, 최소 제한환경을 제공한다. 장애유아의 활동이나 참여를 제한하는 환경을 최소화함으로써 그들이 일반 교육환경에서 생활하는 데 불편함이 없도록 배려해 주도록 한다.

다섯째, 장애유아들의 교육도 일반 유아들과 마찬가지로 장애유아들의 특성을 고려하여 발달에 적합한 통합 프로그램을 제공해야 한다. 또한 통합교육에 참여하는 유아들의 장애 정도가 다양하기 때문에 이들의 개별적 특성을 고려하여 적절한 프로그램으로 수정하거나 새로운 프로그램을 구성하여 교수활동이 진행되어야 할 것이다.

효율적인 통합교육 실행을 위해서는 통합교육을 위한 프로그램 구성이 필요하다. 통합교육 프로그램은 학습장소와 교재 · 교구 등의 물리적 환경의 배치와 함께 장애유아와 일반유아 모두의 욕구를 고려한 교육과정의 체계를 갖추는 것이라고 할 수 있다(File & Kontos, 1993).

이러한 원리를 기초로 장애 통합교육의 내용을 살펴보면 주로 장애유아를 포함한 일반유아교육 프로그램, 장애유아를 위한 개별화 프로그램, 그리고 통합지원을 위한 재활 프로그램이 있다.

(1) 장애유아를 포함한 일반유아교육 프로그램

통합 상황에서 교육과정 실행을 할 때 장애유아를 위한 별도의 교육 프로그램을 개발하기보다 일반유아와 장애유아 모두에게 적용할 수 있는 기본 프로그램을 전제로 하는 것이 바람직하다. 이를 위해서는 현재 사용되고 있는 유아교육 프로그램을 중심으로 교육하되 장애유아의 발달특성에 따라 교육과정을 수정하여 제공하는 전략이 필요하다.

또한 교실 환경에서도 교실 내의 다양한 공간, 융통성 있는 시간 조정, 다양한 활동 집단을 활용하는 것이 필요하다. 장애유아와 일반유아 모두의 발달적 특성을 고려해서 아동 중심, 놀이 중심, 활동 중심 교육과정의 운영과 물리적 공간의 활용, 개별 특성을 고려한 시간 배정, 그리고 소집단활동을 적극적으로 활용하도록 한다.

(2) 장애유아를 위한 개별화 프로그램

장애유아들은 장애종류와 개인차로 인해 일반 교육과정으로는 충족되지 못하는 부분들이 있기 때문에, 장애유아의 개별적 요구에 따른 개별화 프로그램이 계획되어 제공되어야 한다. 개별화 교육계획은 장애유아의 발달수준에 따른 목표설정과 이를 근거로 한 교육 프로그램의 수정 적용, 그리고 일과 적응을 위한 기술지도 세 수준에서 이루어질 수 있다(김수진, 2007). 첫째, 검사도구를 사용하여 장애유아의 각 발달 영역별 현행 수준을 검사한 후 목표를 설정하도록 한다. 둘째, 통합교실에서 계획한 활동에 참여할 수 있도록 수정된 교육방법을 고안한다. 수정된 교육방법에는 목표, 교재, 참여시간, 활동방법 등이 포함될 수 있으며 유아들이 주도적으로 참여할 수 있는 재미있는 활동을 준비하도록 한다. 교육계획 수정 시에는 특수교사와 유아교사 간의 협력이 필수적이다.

셋째, 장애유아가 일과에 적응하기 위해서 일과에서 요구되는 기본적인 기술들을 목록화하고 스스로 할 수 있도록 반복해서 지도한다. 가정과 연계하여 장애유아가 일과를 독립적으로 적응해갈 수 있도록 지속적 교육을 실시한다.

(3) 통합 지원을 위한 재활 프로그램

통합이 효과적이기 위해서는 재활교육 프로그램이 반드시 필요하다. 장애특성에 따른 재활교육, 작업, 심리 지원 서비스가 제공되어야 한다. 재활 프로그램의 종류에는 언어치료, 작업 및 물리치료, 아동 심리 지원 프로그램, 음악치료, 미술치료, 놀이치료 등이 있다.

4 CHAPTER 창의성교육 프로그램

학습 목표
1. 창의성교육 프로그램을 이해할 수 있다.
2. 창의성교육 프로그램을 적용할 수 있다.

1 창의성의 정의와 접근방식, 구성요소

최근 유아교육, 초·중등교육과 같은 학교교육에서뿐만 아니라 기업이나 예술계 등 사회 전반에서 창의성 교육의 중요성이 크게 부각되고 있다. 이는 21세기를 살아가는 데 있어 창의적인 사고능력이 반드시 필요하다는 인식이 확산되고 있기 때문이다. 이러한 흐름에 부응하여 유아교육에서도 누리과정과 표준보육과정에서 공통적으로 앞으로 우리 유아들이 살아나갈 정보화·세계화 시대인 미래사회를 주도해가기 위해서 자율적이고 창의적인 한국인으로 육성해야 한다는 목표 아래 창의성 계발교육을 강조하고 있는 실정이다.

창의성은 창의력, 창조성, 창조력, 독창성, 창의적 사고능력 등과 동일한 의미로 사용되고 있다. 창의성에 대한 정의는 일반적인 인간 중심적 설명에서부터 엄격한 조작 정의까지 다양하며, 여러 학문 분야에 걸쳐서 제시하는 정의가 너무 다양하기 때문에 지금까지 정의 간에 합의가 이루어지지 않은 실정이다(김춘일, 1999; 전경원, 1997). 창의성에 대한 본격적이고 체계적인 연구는 길포드가 그 출발점이라고 할 수 있다. 길포드(Guilford, 1952)는 SOI(Structure of Intellect) 이론을 통해 창의적 사고를 지적 사고능력과 관련지어 설명하였다. 지능구조 모형에서 확산적 사고가 창의적 사고와 관련되어 있다고 보았으며 하위요인으로 문제에 대한 민감성, 사고의 유창성, 사고의 융통성, 사고의 독창성, 사고의 정교성, 재정의로 구성된다고 보았다. 토랜스(Torrance, 1979)는 창의력을 소수의 천재에게만 나타나는 것이 아닌 보편적인 능력으로 보고 교육을 통해 개발될 수 있다고 하였다. 그는 창의성 검사(TTCT)를 연구 · 개발하여 어린이의 창의적 잠재력을 교육하는 창의성 교육 실제를 위한 기초를 제공하였으며 유창성, 융통성, 독창성, 상상력을 구성요인으로 보았다.

아이젠크(Eysenck, 1972) 등이 출판한 심리학 사전에는 창의성을 "새로운 관계를 보는 능력, 비범한 아이디어를 산출하는 능력, 그리고 전통적인 사고 패턴에서 일탈하는 능력"으로 정의하고 있다. 창의성을 정의하는 다양한 학자들의 공통점을 찾아보면 새로움(newness)과 유용성(usefulness)을 들 수 있다(김영채, 2000; 김재은, 1991; Torrance, 1988). 여기에서 새로움과 유용성은 당사자뿐만 아니라 사회적으로 새롭고 적절하며 가치롭다고 인정되는 것을 말하는데, 이러한 가치부여는 시간의 경과에 따라 달라질 수 있다(Eysenck, 1994). 이와 같은 최근의 정의는 창의성과 사회문화적 요소 간의 관계가 독창성보다 더 중요하다는 인식에서 비롯된다고 볼 수 있다. 즉, 새롭고 독창적이기만 해서는 더 이상 창의적이라고 인정하기 어렵다는 의미뿐만 아니라 사회문화적 맥락에서 가치롭게 인정되며 실현될 때 창의적이라고 인정되는 점을 강조하는 것이다. 따라서 창의성에 대한 정의는 독창성, 가치, 실현성의 세 요소를 포함하는 것으로 정리할 수 있다.

이와 같이 창의성의 개념을 다양한 측면에서 접근하고 있기 때문에 단일체계로 정의내리기란 어렵다. 창의성을 연구하는 접근법들을 살펴보면 인지적 측면에서 파악하고자 하는 지적 특성론, 문제해결로서의 창의성을 중시하는 문제해결과정론, 그리고 성격적 특성론으로 나누어 보려는 경향이 있다. 최근에는 이러한 접근법 이외에도 통합적 접근법이 새롭게 조명되고 있는데, 이는 스턴버그(Sternberg)의 투자이론과 가드너의 다중지능이론, 그리고 에머바일(Amabile, 1993)과 칙센미할리(Csikszentmihalyi, 1988) 등의 창의성 체계이론을 근거로 하고 있다. 이러한 통합이론(confluence theory)의 필요성이 강조되고 있는 이유는 창의성의 본질을 파악하기 위해서는 과거의 이론에서 나타나듯이, 개인적 측면만을 고려한다든지 혹은 과정적 측면만을 고려한다든지 하는 창의성의 한 측면만을 근거로 창의성의 전체를 보려고 하는 시도는 극히 위험하다는 인식 때문이다(문태형, 2000).

이러한 창의성에 관한 다양한 정의와 접근방식을 통해 창의성이란 어느 특정인이 가지고 있는 특성이라기보다 모든 인간이 가지고 있는 보편적 사고능력의 일부이며, 교육을 통해 개발될 수 있다고 볼 수 있다. 따라서 창의성은 개인이 가지고 있는 지식과 경험을 바탕으로 새롭고 유용한 것을 만들어 내는 능력과 사회적으로 가치 있는 아이디어나 문제해결의 방법을 꾸준히 찾아내려는 태도라고 할 수 있다(김경은 · 김숙령, 2001; 김영채, 1999; 김춘일, 1999).

창의성의 구성요소는 학자들의 철학적 배경과 정의에 따라 조금씩 다르게 나타나고 있는데, 길포드와 토랜스는 창의성이 과연 어떤 정신능력으로 이루어져 있는지를 여러 검사를 통해 확인하게 되었다. 그 결과 지적인 요소로는 유연성 · 유창성 · 정교성 · 독창성을 대표적인 하위요인으로 보고 있으며, 정의적인 요소로는 민감성과 개방성을 제시하였다. 창의성에서 인지적인 능력이란 창의적 사고기능을 뜻한다. 창의적 사고기능은 창의적 사고과정에서 개인이 경험하는 의식에 따라 달라질 수 있다. 정의적인 특성은 창의적인 사고력이 최종적으로 인간의 성취를 위해 작용하는 과정에서 개인에게 요구되는 내적인 동기나 태도 등을 말한다. 창의적 사고기능과 창의적 성향의 구체적 의미는 〈표 4-1〉과 같다.

〈표 4-1〉 창의적 사고기능과 성향의 구체적 의미

구분	내용
창의적 사고기능	• 유창성 : 특정한 문제상황에서 가능한 한 많은 양의 아이디어를 산출하는 능력 • 융통성 : 고정적인 사고방식이나 시각 자체를 변환시켜 다양한 해결책을 찾는 능력 • 독창성 : 기존의 것에서 탈피하여 참신하고 독특한 아이디어를 산출하는 능력 • 정교성 : 다듬어지지 않은 기존의 아이디어를 보다 치밀한 것으로 발전시키는 능력 • 민감성 : 주변의 환경에 대해 민감한 관심을 보이고, 이를 통해 새로운 탐색영역을 넓히는 능력
창의적 성향	• 자발성 : 문제상황에서 아이디어를 자발적으로 산출하려는 성향이나 태도 • 독자성 : 자신이 생각해 낸 아이디어에 대한 가치를 인정하고, 다른 사람들의 평가로부터 구애받지 않으려는 성향이나 태도 • 집착성 : 문제를 해결하기 위해 가능한 한 다양한 정보를 수집하고, 문제가 해결될 때까지 끈질기게 물고 늘어지는 성향 • 호기심 : 항상 생동감 있게 주변의 사물에 대해 의문을 갖고 끊임없는 질문을 제기하려는 성향이나 태도 • 개방성 : 이 세상은 변화하고 있으며, 나 자신이 이 변화의 주체가 되어야 한다는 자발적인 성향이나 태도

2 창의성교육의 필요성

창의성을 연구하는 학자들은 공통적으로 창의성의 보편성과 창의성이 교육을 통해 계발 가능하다는 점을 강조한다. 유아기의 발달적 특성, 놀이 중심의 교육과정, 교육조건 등을 고려해 본다면 유아기는 창의성교육을 실시하기에 가장 바람직한 시기라고 볼 수 있다.

이러한 근거하에 유아 창의성교육의 필요성을 구체적으로 살펴보면 다음과 같다.

첫째, 창의성은 모든 유아들이 가지고 있는 보편적 특성이기 때문이다. 유아들은 태어나면서부터 상상력, 자신감, 탐구심 등과 같은 창의성의 자질을 가지고 태어난다(Hill, 1992).

둘째, 창의성은 교육이나 훈련을 통해 계발될 수 있는 것이기 때문이다.

메도우와 판즈(Meadow & Parnes, 1960)는 버팔로 대학생을 상대로 창의성 프로그램을 이수한 학생과 그렇지 않은 학생들을 비교해 본 결과, 창의성 프로그램을 마친 학생들이 그렇지 않은 학생들보다 94%나 더 많은 아이디어를 내었다. 뿐만 아니라 창의성 프로그램을 이수한 학생들은 자신감, 진취적 태도, 통솔력 등과 같은 성격 특성에서도 뚜렷한 변화가 일어났다.

크로플리(Cropley, 1995) 역시 창의성은 학습될 수 있는 것이라고 하면서 창의성 훈련과 교사-유아, 유아-부모 간의 상호작용을 통한 발문방법, 통찰력을 촉진시켜 주는 방법 등의 중요성을 강조하였다.

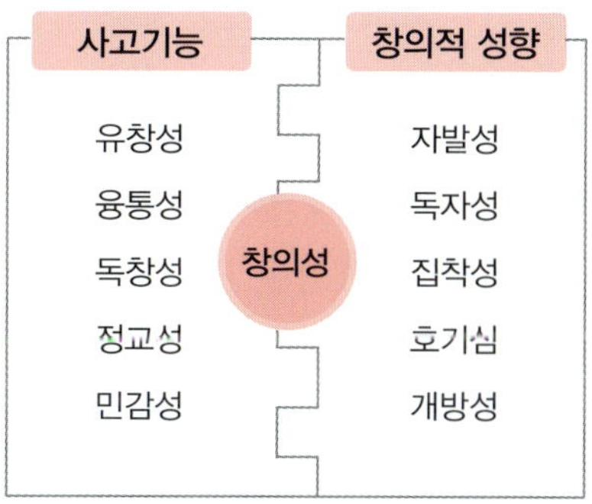

[그림 4-1] 창의적 사고의 구성요소

셋째, 유아기는 창의성발달에 있어 중요한 시기이기 때문이다. 토랜스(1963)는 창의적 상상력이 4세에서 4세 반 사이에 절정에 이른다고 하였다. 창의성은 전 생애를 통해 발달하지만, 전조작적 사고를 하는 유아기가 전통적 생각과 관념에 집착하지 않고 새로운 관계를 형성하고 지식을 구성해 가는 시기이므로 여러 학자들에 의해 중요한 시기로 고려되고 있다(Dacey, 1989; Piaget, 1962).

넷째, 사회적 · 시대적 필요성 때문이다. 오늘날 사회 전반에서 또한 지식 정보화 시대의 특성에 따라서 창의적인 능력을 가진 사람들을 길러내는 것이 학교교육의 중요한 목표가 되고 있다. 따라서 창의성교육을 위한 변화는 유아교육에서부터 시작되어야만 하는 것이다.

3 창의성교육의 내용 및 방법

유아 창의성교육의 목적은 유아들이 생활 가운데 직면하는 다양한 상황을 민감하게 인식하고, 다양하고 독특하며 융통성 있게 대응할 수 있는 능력과 태도를 기르기 위한 것이다. 따라서 창의성교육의 내용은 주로 주변 상황에 대한 관심과 탐색, 다양하고 독특하게 생각하기 등을 포함할 수 있다. 특히, 창의성의 요소 가운데 유창성과 융통성을 기르기 위해 적합한 활동을 제공함으로써 독창적인 아이디어를 개발하는 기초를 형성할 수 있다. 또한 창의성을 발달시키기 위한 창의적 성향을 기르는 것도 매우 중요하다.

창의적 성향은 창의성을 발휘하기 위해 필요한 태도나 자세로서 주로 호기심, 민감성, 자발성, 변화에 대한 개방성 등이 있다.

창의성교육을 위한 특정 교수방법이 존재하는 것은 아니지만, 창의성을 길러주기 위해서는 어떠한 내용을 가르치는가 하는 것보다 유아들이 가지고 있는 잠재능력을 어떻게 이끌어 내는가 하는 것이 더욱 중요하다. 교사들은 창의성교육을 위해 확산적 사고를 이끄는 발문과 개방적인 분위기 조성이 필요하며, 다양한 교수 · 학습방법을 개발하도록 한다.

유아들에게 창의성 교육을 실시하기 위한 교수방법의 기본 원리를 살펴보면 다음과 같다.

첫째, 상상력을 발휘할 수 있는 기회나 자료가 많이 포함된 물리적 환경조성이 필요하다.

둘째, 스스로 생각할 수 있는 충분한 시간을 주고 자신의 생각을 자유롭게 표현할 수 있는 분위기 조성을 한다.

셋째, 주위에서 흔히 보는 사물의 용도를 다양하게 찾아보도록 격려한다.

넷째, 두 개 이상의 어휘, 물건, 개념, 인물을 임의로 선정해서 그들 간의 관계를 찾아보거나 유아 스스로 의미를 만들어 보게 한다.

다섯째, 일상적인 것, 기존에 존재하는 문화적 요소 등에 대해 건설적인 의문을 가져 보게 하고 그 대안을 찾아보도록 격려한다.

직무능력 평가

1. 영아 프로그램의 기본 원리와 방향에 대한 설명 가운데 가장 잘못된 것은? ( )

① 영아기는 다른 어떤 시기보다 급속한 발달적 변화를 겪는 시기이므로 발달특성에 따라 적절한 보호와 교육이 필요하다.

② 자신을 돌봐주는 성인과 애착을 형성하므로 안정적 애착 형성을 도와주어야 한다.

③ 영아교육은 영아의 흥미와 요구에 기초하므로 개별적 관심과 반응에 기초하여 구성해야 한다.

④ 영아발달은 신체 · 인지 · 언어 · 정서 · 사회성발달이 서로 분리되어 진행되므로 교육도 영역별로 분리교육하는 것이 바람직하다.

2. 다음 중 영아를 위한 교육과정에 대한 설명으로 가장 적절한 것은? ( )

① 영아가 의사표현을 하기 어려우므로 교사 중심적인 일방적 교육 제공이 필요하다.

② 영아는 기본습관 형성이 중요하므로 하루 일과계획을 융통성 있게 하기보다 엄격하게 지켜가야 한다.

③ 영아는 놀이를 통해 세계를 이해하므로 자발적 놀이를 교육의 기회로 활용한다.

④ 영아는 하루 일과 중의 우연한 사건을 교육과정으로 하기보다 교사의 철저한 사전계획에 의해서만 교육하는 것이 필요하다.

3. 다문화교육의 정의를 내려보시오.
( )

4. 편견을 가질 수 있는 영역 10가지를 적으시오.
( )

5. 다음 중 디문화교육내용에 포함되기 가장 부적절한 것은 무엇인가? ( )

① 차별하기 ② 다양성 인정하기
③ 존중하기 ④ 수용하기

6. 장애아통합교육을 위한 기본 원리로 가장 부적합한 것은 어느것인가? ( )

① 장애유아와 일반유아의 비율을 고려해야 하며 장애유아 숫자가 일반유아보다 적은 것이 효과적일 수 있다.
② 통합교육의 대상이 될 수 있는 유아는 장애 정도에 관계없이 모든 장애유아로 해야 한다.
③ 통합의 적절한 시기를 고려해야 하며 유아기 경험이 발달의 결정적 요소이므로 조기통합의 중요성이 강조된다.
④ 장애유아의 장애 유형이 다양하므로 장애 유형과 정도를 고려하는 것이 중요하다.

7. 다음 중 장애통합교육의 개념에 대한 설명이 가장 적절하게 된 것은? ( )

① 주류화(mainstream) : 일반유아를 장애전담시설에 통합하여 교육받도록 하는 것
② 완전통합(inclusion) : 장애유아도 일반교육기회와 일반교육의 책임 가운데 포함하여야 한다는 것
③ 정상화(normalization) : 장애유아들에게 장애 전담교육시설에서 교육받

도록 하는 것

④ 최소제한환경(least restrictive environment) : 장애유아들이 교육환경에 제한 없도록 장애유아들끼리 교육받도록 하는 것

8. 다음 중 창의성 학자와 관련 내용이 잘못 연결된 것은 어느 것인가? ( )

① 창의성에 대한 본격적이고 체계적 연구는 SOI이론을 통해 창의성을 지적 사고능력과 연결한 길포드로부터이다.

② 창의력을 소수 천재에게만 나타나는 것이 아닌 보편적 능력으로 보고 창의성 검사(TTCT)를 개발한 학자는 크로플리이다.

③ 스턴버그는 창의성의 투자이론을 제시하였다.

④ 에머바일과 칙센트미할리 등은 창의성의 체계이론을 발표하였다.

9. 다음 설명은 창의적 사고기능 가운데 어느 것을 말하는 것인가? ( )

다듬어지지 않은 기존의 아이디어를 보다 치밀한 것으로 발전시키는 능력이다.

① 유창성	② 융통성
③ 독창성	④ 정교성

〈정답〉

1. ④ 2. ③
3. 다문화교육은 다른 인종, 성, 계층, 언어 및 문화적 배경을 가진 사람들을 이해하고 존중하도록 함으로써 다양한 문화의 세계에서 유아들의 공동목표를 향해 학습하고 소통할 수 있도록 준비하는 교육이다
4. 능력, 나이, 외모, 믿음, 계층, 문화, 가족구성, 성, 인종, 성적 관심
5. ① 6. ② 7. ② 8. ② 9. ④

영유아 프로그램의 평가는 개발된 프로그램이 목표 달성에 부합하였는지 여부를 알아보고자 하는 것이다. 일반적으로 프로그램 평가는 목표의 적절성, 내용이 목표에 부합하게 구성되었는지, 프로그램 운영에 적절한 교수 · 학습방법이 사용되었는지, 평가가 적합하게 이루어졌는지에 대한 평가를 통해 알아볼 수 있다. 뿐만 아니라 프로그램 평가는 영유아를 위한 목표가 획득되었는지를 점검하거나, 교사의 평가, 프로그램 운영에 대한 평가 등 다양한 측면에서 살펴볼 수 있다.

따라서 제V부에서는 프로그램의 질적 수준 개선을 위해 프로그램 평가의 필요성과 목적을 이해하고, 다양한 평가방법, 각 평가방법의 내용을 살펴보고자 한다. 또한 국가나 기관 차원에서 이루어지는 평가인증제에 대해서도 살펴보고자 한다.

제 V 부

영유아 프로그램의 평가

1 CHAPTER 영유아 프로그램 평가의 의미와 중요성

학습 목표

1. 영유아 프로그램 평가의 의미와 중요성에 대해 알 수 있다.
2. 영유아 프로그램의 기본 원리를 이해하고 적용할 수 있다.

1 평가의 목적 및 필요성

일반적으로 평가는 교육과정을 통해 설정된 교육목표가 교육실제에서 어느 정도 달성되었는지를 살펴보고 다음 교육과정계획과 실행을 결정하는 과정을 의미하므로, 모든 교육 프로그램의 기초가 되고 질 높은 프로그램을 운영하기 위해 필수적인 과정이라 할 수 있다. 즉, 평가는 영유아들의 발달특성 진단과 사정, 교사의 교수 · 학습활동과정 평가, 그리고 전반적인 교육기관 운영의 효율성에 대한 자료를 수집하고 분석하여 영유아들의 전인적 성장과 발달을 도와주기 위한 합리적 의사결정을 내리는 것이라 볼 수 있다.

평가의 목적과 필요성을 영유아, 교사, 부모 및 기관의 측면에서 살펴보면 다음과 같다.

첫째, 영유아의 전반적 발달수준 및 특성을 파악하여 전인적인 성장과 발달에 도움을 줄 수 있다.

둘째, 교사는 평가를 통해 자신의 교수방법이나 의사소통방식 등에 대한 피드백을 받고 반성적 사고를 함으로써 교수능력에 향상을 가져올 수 있으며 다음 교수 · 학습활동을 계획하는 데 근거자료로 활용할 수 있다.

셋째, 부모는 자녀의 발달특성이나 기관에서 이루어지는 교육활동에 대한 정보를 얻을 수 있어 기관의 교육활동에 대한 이해도가 높아질 수 있다.

넷째, 기관에서는 수립된 교육목표가 제대로 달성되고 있는지, 시설 운영 전반에 있어 보완할 점은 없는지 등을 파악함으로써 효율적인 교육기관 운영에 대한 정보를 얻을 수 있다.

따라서 평가는 유아교육 프로그램과 운영 등에 관한 다양한 자료들을 수집 및 분석하여 영유아의 발달수준과 진보를 확인하고 교사의 교육활동계획에 도움을 주며, 기관의 질적 수준 향상에 필요한 정보를 주는 역할을 한다는 점에서 매우 중요하고, 평가에 대한 바른 이해와 접근이 필요함을 알 수 있다.

2 평가의 기본 원리

평가는 교육과정의 순환과정 가운데 지속적으로 이루어져야 하고 평가를 통해 영유아 교육 프로그램의 요구와 발전을 위한 개선요소를 찾는 것이 우선되어야 한다. 평가의 실시는 정기적인 평가 실시와 함께 특별한 목적을 가지고 평가를 실행하거나 진단하기 위한 집중적 평가가 동시에 이루어질 수 있다.

프로그램의 질적 수준을 향상시키기 위해 중요한 요소인 평가가 제대로 실시되기 위해서는 결과 위주의 측정이 아니라 교육과정의 개발과 실행을 위한 주체로서 통합적이고 역동적인 평가가 필요하다. 평가활동 자체가 교육과정이나 교수실제와 분리되는 것이 아니라, 통합적인 한 부분이 되어야 하므로 평가 장소는 교실과 같은 친숙한 환경과 일상적인 맥락에서 이루어지는 것이 바람직하다. 또한 발달과 학습의 다면적 차원을 인식할 수 있는 포괄적 과정으로 이루어져야 하며 유아들의 지식, 기술, 발달특성, 성향, 흥미 등과 같은 다양한 측면을 평가하도록 해야 한다. 평가활동 자체가 유아의 발달과 학습을 지원하는 경험이 되어야 하며, 평가결과는 개별 유아를 위한 교육과정 개발을 위한 기초자료로 활용되이야 힌다.

이러한 관점에서 평가의 기본 원칙을 살펴보면 다음과 같다(Bredekamp & Rosegrant, 1992; Sciarra & Dorsey, 2007).

첫째, 평가의 과정은 개방적이어야 하고, 평가되는 집단이나 사람들이 진행될 평가의 과정을 이해하고 있어야 하며 자신의 평가결과에 대한 정보를 제공받아야 한다.

둘째, 평가는 프로그램의 목표 및 목적과 직접적 연관이 있어야 한다.

셋째, 평가받는 각 개인은 이유, 시간, 장소, 방법에 대한 정보를 알아야 한다.

넷째, 영유아 개인에 대한 평가결과는 원장과 교사 등과 같이 유아에 대한 정보를 알 필요가 있는 사람들에게만 공개될 수 있도록 하여 부모에게 신뢰를 형성하도록 한다.

다섯째, 평가는 프로그램 내에서 정기적으로 이루이지도록 한다.

3 질적으로 우수한 영유아 프로그램의 중요성

1980년 이후 우리나라는 유아교육의 필요성에 대한 인식, 취업모의 증가, 가족구조의 변화와 이에 따른 국가적인 정책에 힘입어 유아교육기관의 양적인 팽창을 이루어 왔다. 이에 따라 유아교육기관의 질적 수준 제고에 대한 관심이 생겨나기 시작하였다.

유아교육의 질적인 측면에 대한 관심은 1980년대 중반기부터 중요한 과제로 부각되기 시작하였으며, 유아교육의 성장과 발전을 위해서 양적인 확대와 함께 질적인 수준 향상이 필요하게 되었다. 유아교육의 질적 수준은 유아의 복지와도 관련되며 유아의 모든 발달영역에 긍정적인 영향을 미친다. 많은 연구들이 질 높은 유아교육을 받은 경우 유아들의 학업 성취도가 높고 졸업률 및 취업률이 높은 반면 범죄율은 낮다는 결과를 보여주고 있다. 유아교육기관의 질적인 우수성에는 다양한 의미가 내포되어 있으므로 이를 고려하는 것이 필요하다(김영옥 외, 1999; Kontos et al., 1987; Prochner, 1996; Scarr et al., 1994).

유아교육기관의 질적 수준을 결정하는 요인으로는 주로 건강과 안전, 교직원과 유아 간의 반응적이고 온화한 상호작용, 교육과정, 집단 크기, 교사-유아 비율, 실내 · 외 공간, 교직원 훈련 등이 있다. 학자들은 유아교육의 질적 수준을 구조적 요인과 과정적 요인으로 혹은 구조적 측면, 역동적 측면, 상황적 측면으로 분류하고 있다(Howes et al., 1995; Phillips et al., 1987). 유아교육의 질의 구조적 측면(structual aspects)이란 성인과 유아의 비율, 집단 크기, 보육교사의 훈련과 교육 정도, 경험 등을 포함한다. 또한 역동적 측면(dynamic aspects)이란 유아교육기관의 질과 유아의 경험과의 관계를 알아보는 것이다. 유아교육기관의 구조적 특성은 유아의 실제적인 경험을 하는 역동적 환경에 영향을 주며 유아의 발달에도 영향을 준다. 질의 상황적 측면(contextual aspects)이란 유아교육기관의 환경 유형 등에 관한 것이다.

이러한 측면을 통해서 볼 때 유아교육기관에서 영유아들을 위해 질 높은 교육 프로그램을 제공하는 것은 이들의 건전한 성장과 발달을 위해 매우 중요하다. 따라서 기관에서 제공되고 있는 영유아 프로그램의 질적 수준과 그 효과를 평가하는 프로그램 평가가 반드시 필요함을 알 수 있다. 프로그램 평가는 정기적으로 실시하여 그 결과를 다음 교육활동계획에 반영하여 교육과정의 질을 개선하고 영유아 프로그램의 효율성을 높이는 데 그 목적을 가지고 있다.

2 CHAPTER 영유아 프로그램 평가의 종류 및 내용

학습 목표
1. 영유아 평가, 교사 평가, 프로그램 평가에 대해 이해할 수 있다.
2. 다양한 측면의 영유아 프로그램 평가를 적용할 수 있다.

1 영유아 평가

1) 영유아 평가의 목적 및 방향

영유아들을 대상으로 교육하는 프로그램의 주요 목적은 영유아의 전인적 성장과 발달이다. 따라서 교육기관에서 영유아들의 발달수준에 적합한 질 높은 교육 프로그램을 제공하기 위해서는 영유아의 발달수준과 특성을 이해하기 위해 객관적인 평가도구를 사용하여 평가하는 일이 매우 중요하다.

이와 같이 영유아 평가가 중요함에도 불구하고, 영유아를 평가하는 일은 여러 가지 제한점들로 인해 쉽지 않다. 무엇보다 평가대상이 되는 영유아들의 발달적 특성상 지필검사를 사용하기가 어려우며, 주의 집중력이 짧고, 주변 상황에 따라 자신의 능력을 나타내는 정도도 달라지기 때문에 형식적 평가를 사용하는 것이 어렵다. 또한 영유아들에 대한 적절한 평가도구의 선정에 대해서도 지속적인 논의가 필요하다.

따라서 영유아들을 평가할 때 영유아의 행동이나 발달을 객관적으로 평가하고, 평가의 결과보다는 과정에 초점을 두어야 하며, 상대적인 비교보다는 개별 영유아의 진보를 살펴보는 방향으로 나아가는 것이 바람직하다. 이러한 맥락에서 영유아 평가를 위해 사용할 수 있는 평가방법으로는 관찰, 포트폴리오 평가, 표준화 검사를 들 수 있다.

2) 영유아 평가의 방법

(1) 관찰

관찰방법은 시간이 걸리지만 영유아의 발달에 대한 이해를 제공하고, 관찰한 자료를 다음 교수 · 학습활동을 계획하는 기초자료로 활용할 수 있다는 이점이 있다. 교사는 관찰을 통해 개별 영유아에 대한 정보를 얻을 수 있을 뿐만 아니라 학급 전체 영유아의 발달수준과 흥미, 경험수준 등을 이해하고 이를 기초로 교육과정을 계획 · 실행하며 평가하여 영유아의 발달에 적합한 교육활동을 실시할 수 있다. 관찰방법에는 일화기록, 시간표집법, 사건표집법, 행동목록법, 평정척도법이 있다.

① 일화기록

일화기록(anecdotal records)은 관찰자가 영유아의 행동 가운데 발달에 중요하고 의미 있다고 생각하는 행동특성이 나타날 때, 관찰된 사건을 있는 그대로 사실적이고 객관적으로 기록하는 것을 말한다. 관찰대상의 이름, 날짜, 시간, 장면 등과 같은 기본적인 정보를 기록하고, 유아의 행동특성에 대한 서술적인 정보를 포함하도록 한다. 이러한 자료는 나중에 유아의 행동을 해석하고 평가하는 데 중요한 역할을 하게 된다.

② 시간표집법

시간을 표집해서 관찰하는 방법으로 관찰자가 관찰하고자 하는 행동을 정해진 시간 동안 시간 간격에 맞추어 반복적으로 관찰한다. 이 방법은 쉽게 관찰이 가능하고 자주 일어나는 행동특성을 관찰하는 데 유용하게 사용된다.

시간표집법(time sampling)은 관찰하고자 하는 시간 한계가 뚜렷하고 관찰 행동에 대한 정의가 분명한 장점을 가지고 있으며, 시각적으로 관찰 가능한 행동에 적합하다. 그러나 유아의 내면의 감정을 살펴보는 것은 어려우며, 사건이 일어난 순서를 알 수 없어 행동 간의 상호 관계를 이해할 수 없다(신은수 외, 2011; 황해익 · 송연숙 · 정혜영, 2003).

③ 사건표집법

관찰하고자 하는 특정 행동이나 사건이 발생할 때에만 기록하는 방법으로 측정단위가 시간간격이 아니라 관찰하고자 하는 행동이라는 측면에서 시간표집법과 다르다. 사건표집법(event sampling)은 특정 사건이 발생할 때에만 주의를 기울이기 때문에 시간적 제약이 없으며, 얼마 동안 행동을 관찰해야 하는가 하는 것은 관찰 초점이 되는 행동특성에 달려 있다.

④ 행동목록법

행동목록법(checklist)은 특정한 행동특성이나 성격, 사건 등을 미리 정해놓은 범주에 따라 평가하는 검사형태이다. 관찰자는 단순히 그 항목이 발견되었는지 여부를 해당 항목에 "예", 혹은 "아니오"로 표시할 수 있다. 행동목록은 다양한 행동관찰이 가능하고 시간에 따른 변화를 살펴볼 수 있지만, 그러한 행동이 어떤 식으로 얼마나 오랫동안 나타났는지에 대한 정보를 얻을 수는 없다.

⑤ 평정척도

평정척도(rating scale)는 행동목록법처럼 미리 정해진 범주에 따라 평가되는 도구이지만, 단순히 행동의 출현 유무를 표시하는 것이 아니라 관찰자가 행동의 정도와 행동의 질에 대해서도 판단할 수 있도록 한다(Pellegrini, 1996).

(2) 포트폴리오 평가

포트폴리오(portfolio)는 영유아들의 작업결과나 작품 혹은 어떤 수행의 결과를 목적을 가지고 모아 놓은 자료집이나 서류철을 의미한다(Helm, Beneke, & Steinheimer, 1998). 따라서 포트폴리오 평가는 이러한 포트폴리오에 수집된 자료를 기초로 평가하는 것을 말한다. 포트폴리오에는 영유아의 활동 결과물과 기록자료, 체크리스트와 평정척도 등과 같은 관찰자료, 교사와 영유아 및 부모와의 면담자료 등 포괄적이고 다양한 자료들이 포함될 수 있다. 포트폴리오 평가는 일회적 · 단편적 평가가 아니라, 영유아의 발달과 학습을 시간의 흐름에 따라 보여주기 때문에 영유아 개개인에 대한 전반적이고 총체적인 정보를 제공해 줄 수 있어 바람직한 평가의 한 유형으로 볼 수 있다.

포트폴리오 평가를 실시할 때는 사전에 평가의 목적과 내용, 평가결과, 활용방법 등과 같은 평가과정을 계획하고 포트폴리오에 포함시킬 자료의 항목, 수량 및 보관장소도 고려해야 한다. 자료수집에는 교사, 유아뿐만 아니라 부모도 참여할 수 있다. 포트폴리오는 일반적으로 영유아의 성취도를 확인할 수 있는 핵심항목과 개인적 특성을 알 수 있는 개별항목으로 나누어 수집하는 것이 바람직하다.

포트폴리오 자료수집을 위해서 교사들은 다양한 상황에서 영유아의 행동을 관찰하고 기록하며, 각 항목별로 정기적으로 자료를 수집하고 각 작업표본 결과물별로 날짜와 그 작업이 수행될 때의 배경과 맥락을 적어두는 것이 필요하다.

완성된 포트폴리오 자료는 영유아 평가자료가 될 수 있으며, 학부모 면담자료와 다음 교육계획에 반영하는 자료로 활용될 수 있다.

(3) 표준화 검사

표준화 검사는 객관적 형식과 절차를 통해 검사와 채점, 결과해석이 이루어지는 평가방법이다. 표준화 검사는 이미 신뢰도와 타당도가 검증되었고 대규모 규준으로 만들어졌기 때문에 객관적 자료를 얻을 수 있고, 이를 바탕으로 개별 영유아의 행동이나 성취에 대한 비교도 가능하다. 그러나 검사문항에 포함될 수 있는 언어의 범위나 인위적 검사상황에 대한 피검사자의 친숙도 등과 같은 문제가 나타날 수 있어 표준화된 검사 하나만으로 영유아의 발달수준을 판단한다는 것은 무리가 될 수 있다. 따라서 다른 평가방법들과 병행해서 사용하는 것이 바람직하다.

영유아를 위한 표준화 검사의 종류에는 지능검사, 적성검사, 성격검사, 학력검사, 태도검사 외에도 자아개념검사, 인지양식검사, 창의성검사, 흥미검사, 사회성검사 등 다양한 검사가 있으므로 목적에 따라 적절한 것을 선택하도록 한다.

우리나라 영유아들에게 사용할 수 있는 영유아용 표준화 검사는 다음과 같은 것들이 있다.

〈표 2-1〉 표준화 검사의 종류

검사 종류	검사 명	측정영역	대상
지능검사	한국웩슬러 아동용 지능검사 K-WISC-III (곽금주 · 박혜원 · 김청택, 2001)	언어성, 동작성, 전체IQ	만 6~16세
	한국유아용 웩슬러 지능검사 K-WIPPI (곽금주 · 박혜원 · 박광배, 1995)	지각-운동 소검사, 언어성 소검사, 전체점수	만 3~7세
	카프만 지능검사 K-ABC (문수백 · 변창진, 1997)	인지처리능력과 습득도	만 2~12세
	스텐퍼드-비네검사 S-B IV	언어적 추리, 양적 추리, 추상적/시각적 추리, 단기기억	만 2~23세
	그림지능검사 PTI (서봉연 · 정보인 · 최옥순, 1986)	어휘력, 수계산능력, 지각적 조직능력, 기억력, 추리력	만 4~7세
	유아지능검사 KISC (행동과학연구소, 1993)	언어의미, 지각속도, 양화능력, 운동조절, 공간능력검사	만 4~7세
학업 및 성취검사	기초학습능력검사 (한국교육개발원, 1987)	정보처리, 셈하기, 읽기, 쓰기	만 5~12세
	한국판 종합학습능력 진단검사	지각, 주의집중, 기억, 언어, 수리, 추리, 사회성숙도, 정서성, 학습 긴장도	유치원생
언어 사회 정서	그림 어휘력 검사 (김영태 · 장혜성 · 임선숙 · 박현정, 1981)	수용 의미론적 측면	미국 PPVT-R을 2~8세 아동에게 표준화한 것
	사회성숙도검사 (김승국 · 김옥기, 1985)	자조, 이동, 작업, 의사소통, 자기관리, 사회화	0~30세
	적응행동검사	개인의 기술 및 습관, 성격 및 행동장애	만 3~7세
	유아성격검사 (송인섭, 1993)	훈육/자기 통제력, 사회성, 내재화, 신체적 증후, 인지발달	만 4~7세
	취학 전 아동 행동목록표 PBCL	품행, 정서적 · 사회적 관계문제, 놀이능력, 떼쓰기, 언어 습관	만 2~5세

2 교사 평가

"교육의 질은 교사의 질을 넘지 못한다"라는 말처럼 영유아들을 교육하는 데 있어 교사의 역할은 매우 중요한 위치에 있다. 좋은 교육 프로그램과 교육시설이 갖추어져 있다 하더라도 이를 실행하는 교사의 자질이 따라가지 못한다면 교육의 질이 높아지기 어렵다.

교사 평가는 교사의 역할 수행에 대한 정보를 수집하고, 수집한 정보를 분석하여 가치를 매기는 행위이다. 교사 평가를 통해 교사는 질 높은 교육 프로그램을 운영할 수 있는 자질을 함양함으로써 교사로서의 전문성을 개발할 수 있으며, 원장은 교사의 임용, 승진 혹은 봉급 등과 같은 행정적 문제와 관련된 의사결정을 하는 데 도움을 받을 수 있다.

교사 평가를 위해서는 먼저 평가받는 교사가 평가의 목표를 인식하고 평가의 필요성에 대해 동의하는 것이 필요하며, 평가의 준거와 평가방법 및 절차에 대해서도 의논하도록 한다. 교사 평가를 위한 준거는 주로 교사로서 갖추어야 할 바람직한 인성적 측면, 교사 역할 수행을 위한 건강을 포함한 신체적 측면, 다방면의 풍부한 지식과 창의력과 같은 지적 측면, 교육 신념과 책임감의 교직 측면, 수업과 영유아지도에 필요한 교수학습능력, 소속기관의 교육철학이나 교육과정에 대한 지식과 같은 전문적 측면 등을 포함한다.

교사 평가의 방법은 주로 자기 평가, 동료 및 주임교사 혹은 원장에 의한 평가, 외부 관찰자에 의한 평가가 있다.

자기 평가는 교사 스스로 자신의 교수행위에 대해 반성과 고찰을 함으로써 자신의 전문성을 증진시키는 활동으로 볼 수 있다. 자기 평가의 방법은 평가척도 양식, 반성적 교수, 포트폴리오, 다른 교사와의 경험비교, 저널 쓰기, 비디오나 DVD, 녹음기를 활용한 수업사례 분석 등을 활용할 수 있다. 동료 평가는 동료 교사나 주임교사에 의해 이루어지며 2회 이상의 직접적 관찰을 통해 평가하도록 한다.

교사 평가는 교사의 자발적 참여가 중요하며 평가 준거에 대한 협의 및 평가 과정에 대한 지속적 피드백을 주고받는 것이 필요하다.

외부 전문가나 원장이 하는 교사 평가방법은 주로 장학의 형태로 이루어지는 경우가 많다. 장학은 교사의 교수활동 개선을 위해 지도하고 조언을 제공하는 것을 의미하며, 교육기관에서 설정된 교육의 목표를 효율적으로 달성하기 위해 협력하는 모든 활동을 포함한다.

〈표 2-2〉 교사 자기평가척도

각각의 문항에 대해 교사의 견해와 일치하는 곳에 ∨표 하면 된다. 예를 들면, 아래의 질문 가운데 '협동심 정도는 어떠한가' 에 대해 자신이 해당하는 곳의 번호에 표시하면 된다.

① 아주 부족한 상태이다(0~20%), ② 부족한 상태이다(21~40%)
③ 보통이다(41~60%), ④ 우수한 상태이다(61~80%)
⑤ 아주 우수한 상태이다(81~100%)

특성		문항	①	②	③	④	⑤
일반적 특성	신체	신체적 건강상태는 어떠한가?					
		활동성 정도는 어떠한가?					
		예의 바른 태도의 정도는 어떠한가?					
		바른 자세 정도는 어떠한가?					
	인성	적극성 정도는 어떠한가?					
		정서적 안정감 정도는 어떠한가?					
		자제력 정도는 어떠한가?					
		협동심 정도는 어떠한가?					
		융통성 정도는 어떠한가?					
		성실성 정도는 어떠한가?					
		사려성 정도는 어떠한가?					

특성		문항	①	②	③	④	⑤
일반적 특성	인성	긍정적인 인간관 정도는 어떠한가?					
		공정성 정도는 어떠한가?					
		정직성 정도는 어떠한가?					
		부모, 동료 교사와의 원만한 관계 정도는 어떠한가?					
		자신에 대한 긍지 정도는 어떠한가?					
	교양 및 지적 능력	다방면에 걸친 풍부한 지적 능력 정도는 어떠한가?					
		순발력 정도는 어떠한가?					
		유창하고 명료한 언어사용능력 정도는 어떠한가?					
		창의력 정도는 어떠한가?					
전문적 특성	교직에 대한 태도	교직에 대한 사명감 정도는 어떠한가?					
		교육활동에 대한 열의 정도는 어떠한가?					
		전문성 신장을 위한 노력 정도는 어떠한가?					
		책임감 정도는 어떠한가?					
		영유아에 대한 수용적 태도는 어떠한가?					
		자신의 교사로서의 적합성 정도는 어떠한가?					
		교직에 대한 신념 정도는 어떠한가?					
		직업윤리 정도는 어떠한가?					
		보육과정 재구성 능력 정도는 어떠한가?					
	교육 기술	보육과정 실천 능력 정도는 어떠한가?					
		부모와 관계전문가를 참여시키는 능력 정도는 어떠한가?					
		보육내용, 보육자료, 교수방법 및 유아의 발달에 대한 평가 능력 및 활용 정도는 어떠한가?					
		활동에 대한 적절한 자극 및 개입 정도는 어떠한가?					
		보육활동을 다양하고 균형 있게 제공하는 능력은 어떠한가?					
		보육활동을 융통성 있게 운영하는 능력 정도는 어떠한가?					
	전문적 지식	소속기관의 보육철학에 대한 이해 정도는 어떠한가?					
		보육과정에 관한 지식 정도는 어떠한가?					
		생활지도 및 상담지식 정도는 어떠한가?					
		개별 유아에 대한 지식 정도는 어떠한가?					

특성		문항	①	②	③	④	⑤
	전문적 지식	영유아의 발달단계와 특성에 대한 지식 정도는 어떠한가?					
		보육활동을 위한 다양한 교수방법에 대한 지식은 어떠한가?					
		실내 · 외 환경구성에 대한 지식 정도는 어떠한가?					
		평가에 대한 지식 정도는 어떠한가?					

출처 : 정주원 · 이인실 · 강상희 · 한미숙 · 김민정(2000)에서 일부 용어 수정.

3 프로그램 평가

영유아 프로그램 평가는 실시된 프로그램의 질적 수준과 효과를 평가하고자 하는 것으로서 프로그램 운영 평가와 기관 평가로 이루어질 수 있다(황해익 외, 2008). 프로그램 운영 평가는 주로 프로그램이 영유아들에게 미치는 효과를 살펴보는 것을 말하며, 기관 평가는 프로그램의 정책과 실제와 같이 교육의 과정 변인들을 전체적으로 살펴보는 평가이다.

프로그램 평가는 주로 기관의 질적 수준 개선과 향상을 목적으로 수행되며, 평가하고자 할 때 프로그램 평가의 목적, 평가 기준, 프로그램 구성요소, 평가 절차에 대한 이해가 선행되는 것이 필요하다. 이를 위해 자율적인 평가기구의 구성뿐 아니라 정부, 지방자치단체 관계 부서, 교육청, 보육정보센터의 적극적인 지원체계가 필요하다.

한편, 영유아교육 프로그램의 질적 수준 향상을 위해서는 교사교육, 기관의 질적 수준 평가, 정부의 일관성 있는 지원정책, 교육에 대한 부모 인식 등 다양한 노력들이 필요하지만 최근 프로그램의 질적 수준을 향상시키고 관리하려는 노력의 일환으로 부각되고 있는 것은 기관 평가이다. 우리나라에서는 1980년대까지는 프로그램의 포괄적 측면보다는 영유아발달과 성취, 개별 프로그램이나 수업방법, 교육의 질에 주로 초점을 두어 기관 평가가 이루어져 왔다. 이러한 평가는 각 기관의 교육성과를 전체적으로 살펴보고 지원할 수 있는 중요요소들을 평가하기 어려운 문제를 가지고 있다. 따라서 최근에는 기관의 인적 · 물리적 요소와 프로그램 등 시설의 제반 구조 및 요인들이 교육목표 달성에 어떤 영향을 미치는지 전반적이고 총체적으로 살펴보는 방향으로 전개되고 있다.

3 CHAPTER 평가인증제

학습 목표
1. 평가인증제의 정의와 내용에 대해 알 수 있다.
2. 국 · 내외 평가인증제에 대해 이해할 수 있다.

1 평가인증제의 정의 및 내용

어느 나라에서나 '교육기관에서 제공되는 교육의 질 개선'은 교육문제의 일차적인 관심사로 중요하게 다루어지고 있다. 일반적으로 학교나 유치원 · 어린이집 평가는 그 교육기관이 처한 제반 상황과 여건을 객관적으로 진단하고 그 결과를 학교교육의 개선을 위한 자료로 활용하는 일련의 체계적인 과정으로 볼 수 있으며, 교육의 질 향상을 지속적으로 이루어 내기 위해서 반드시 필요한 작업이다.

1) 정의

최근 우리나라에서도 유아교육 기관평가가 강조되어 평가인증제가 도입되어 실시되고 있다. 유아교육기관 평가의 목적은 주로 다음의 네 가지로 제시되고 있다. 첫째, 유아교육의 질적 수준을 진단하고 정보를 수집한다. 둘째, 유아교육의 발전방안을 모색한다. 셋째, 유아교육기관의 발전과 개혁을 위한 지원방안을 모색한다. 넷째, 유아교육기관 현장의 실태에 근거한 교육정책을 제안한다(장명림, 1999, 2000).

최근의 교육 평가의 방향도 학생 평가에 초점을 두었던 전통적인 교육 평가의 범위를 확대하여 프로그램 평가, 교육과정 평가, 학교 평가, 인사 평가, 학생 평가 를 포함해야 함을 강조하고 있다(Nevo, 1995). 교육기관 평가의 개념은 기존의 평가 개념에서 벗어나 학업성취는 물론이고 학교의 인적 · 물리적 요소 및 교육 프로그램 등 제도적이고 운영적인 측면을 총체적으로 진단하는 것을 의미하게 되었다.

기관평가방법 가운데 교육의 질을 향상시키는 데 가장 긍정적인 영향을 준다고 알려진 것은 평가인증제도(accreditation system)이다. 평가인증은 프로그램 평가의 한 영역으로서 프로그램 실제가 선정된 기준에 일치하는 정도에 따라서 프로그램의 전문성을 평가하여 인증한다. 평가인증제도는 대표적인 학교평가체제 모형으로 인정받고 있으며 유아교육영역에서도 이를 인정하여 미국, 호주, 벨기에, 독일 등 세계 여러 나라에서 적용하고 있다(이기숙 외, 2000, 2002; Bredekamp et al., 1996; Goodwin et al., 1980).

평가인증제도란 특정 프로그램이나 기관을 대상으로 인증기준에 따라 기관의 현재 질을 진단하고 체계적인 개선과정을 거쳐 최종적으로 기관의 질을 평가하는 과정을 모두 포함하는 평가체제이다. 다시 말해서, 이는 특정 프로그램이 전문가 집단이 이미 동의한 기준에 합치하거나 도달하고 있음을 인증하는 과정이라고 정의할 수 있다.

평가인증제도 실행의 주된 목적은 교육을 실행하는 교사와 기관 운영자에게 자신의 교육 실제의 질을 확인하여 전문성을 고양시키고, 교육기관 및 프로그램의 미비점을 파악하여 기관의 질에 대한 정보 제공 및 양질의 교육을 유도하여 궁극적으로 유아교육 전체의 질을 향상하는 데 있다. 실제로 평가인증제도는 유아교육기관의 질적 향상에 도움을 주었다는 많은 연구결과들이 보고되고 있다.

2) 종류 및 내용

평가인증의 내용은 어떤 관점에서 어떤 준거에 비추어 무엇을 강조하여 평가할 것인가에 관한 실질적인 부분으로 평가의 내용은 평가의 목적에 따라 달라진다. 평가인증이 실시되면 질적으로 우수한 프로그램에 대한 기준이 명확해져 유아교육기관에서는 그 기준에 따라 자체적으로 프로그램을 평가하고 평가 기준에 미흡할 경우 이 부분에 대한 개선노력을 기울일 수 있다. 궁극적으로는 평가인증을 통해 유아교육기관의 질적 수준을 제고해 볼 기회가 생기는 것이다.

외국에서는 우리나라보다 일찍 평가인증이 도입되어 실시되고 있다. 미국의 경우 오래전부터 NAEYC에서 영유아교육 프로그램 실제를 객관적으로 평가하는 기준을 개발하고, 이 기준에 적합한 프로그램 실제를 운영하는 기관을 인정해 주는 평가인증제를 운영하고 있으며 영국과 호주 등에서도 평가인증체제를 구축하여 유아교육기관 평가를 실시하고 있다.

우리나라에서도 1980년대 이전에는 기관 평가 시 주로 프로그램을 전체적으로 평가하기보다 세부적인 부분, 즉 영유아발달과 성취, 프로그램이나 수업 등에 관심을 가져왔다. 이러한 평가는 유아교육기관의 성과를 지원해 주는 주요한 요소들을 모두 포괄하지 못해 프로그램의 질적 수준을 향상시키는 데 한계를 나타내었다. 따라서 최근에는 인적·물리적 요소 등 유아교육기관의 전반적인 요소들을 모두 포함하는 총체적인 평가를 실시하게 되었다.

이러한 프로그램 평가의 방향과 함께 유아교육과 보육의 질적 수준 제고에 대한 관심이 증가함에 따라 1980년대 이후 유아교육과 보육의 질을 평가하기 위한 도구들이 다양하게 개발되어 왔다. 프로그램 평가도구들은 평가의 영역을 구체적으로 구분하고, 기관운영의 전반적 측면을 평가하기 위한 척도나 평가체제를 개발하였다. 각 척도들은 평가의 목적과 평가대상기관에 따라 평가내용이나 강조점에 차이를 보여준다.

영유아 프로그램 평가 척도는 유아교육기관에서 제공하는 프로그램의 효과 및 목표달성 정도에 대한 유용한 정보를 제공해 주고 이러한 평가를 근거로 의사결정을 할 수 있다는 측면에서 바람직한 것이라 볼 수 있다. 학자들이 개발한 프로그램 평가 척도의 항목을 종합하여 살펴보면 대부분의 척도에서 교육과정 영역이 포함되어 있고 이외에도 물리적 환경, 교사-유아 상호작용, 교직원 영역도 중요하게 고려된다.

유아교육 프로그램 평가의 가장 대표적인 도구는 NAEYC(1984)에 의해 개발된 '유아교육 프로그램 인준기준(Accreditation Criteria and Proceduers of the National Academy of Early Childhood Programs)'을 들 수 있다. 이 인준체계는 0~8세까지의 발달에 적합한 유아교육 및 교육환경을 측정하는 10개의 구성요소에 84개 기준으로 구성되어 있다. 10가지 구성요소란 ① 교사-유아의 상호작용, ② 교육과정, ③ 교사-부모 상호작용, ④ 교사 자격 및 발달, ⑤ 운영, ⑥ 교사편제, ⑦ 물리적 환경, ⑧ 건강 및 안전, ⑨ 영양 및 급식, ⑩ 평가이다. 또한 유아들을 대상으로 한 유아교육 환경평정척도(Early Childhood Rating Scale : ECERS)는 환경의 정의를 폭넓게 내려 기관에 있는 유아와 성인에게 직접적인 영향을 미치는 공간적인 측면과 프로그램의 상호작용적인 면을 포함하였다. 그 내용은 ① 생활지도습관, ② 시설 · 설비 및 유아작품 전시, ③ 언어개념 학습활동, ④ 대 · 소근육활동, ⑤ 창의성활동, ⑥ 사회성활동, ⑦ 교사 · 부모환경 등 7개 영역에 35개 문항으로 구분하여 평가하고 있다. 이 척도의 개정판에서는 ECERS에서 다루지 않았던 영역, 즉 건강과 안전, 자연/과학활동, 수학/수활동, TV, 비디오/컴퓨터 사용, 유아 간 상호작용, 교사의 요구 등에 대한 항목이 추가되었다. 또한 문화적 다양성과 가족에 대한 관심, 개별 유아의 요구를 더욱 강조하여 특수아 통합문제나 문화적 민감성을 포함하였다.

다양한 국내 · 외 영유아 프로그램 평가척도를 제시하면 〈표 3-1〉과 같다.

〈표 3-1〉 영유아 프로그램 평가도구

도구명	개발자	평가방식	문항 수	하위영역
NAEYC	NAEYC (1998)	3단계 평정	10 (102)	교사-유아 상호작용, 교육과정, 교사-부모 상호작용, 교사의 자격 및 발달, 운영, 교사편제, 물리적 환경, 건강 및 안전, 영양, 평가
ITERS	Harms, Cryer, Clifford(1990)	7단계 평정	7(35)	일상적 양육, 공간과 설비, 듣기 · 말하기, 학습활동, 상호작용, 프로그램 구성, 부모와 교직원
ECERS-R *임재택(1983)이 ECERS(1980) 번안	Harms, Cryer, Clifford(1998)	7단계 평정	7(43)	일상적 양육, 공간과 설비, 언어 · 개념학습, 학습활동, 상호작용, 프로그램 구성, 부모와 교직원
FDCRS	Harms & Clifford(1989)	7단계 평정	6(34)	양육과 학습을 위한 공간 설비, 일상적 양육, 언어와 사고, 학습활동, 사회성발달, 부모와 교직원, 특수아를 위한 준비
유아교육 프로그램 평가파일 (APECP)	강숙현 역 (1994)	예/아니오	4 (524)	운영관리, 영아기 프로그램, 유아기 프로그램, 학동기 프로그램
유아교육 프로그램 평가척도	이은해, 이기숙(1996)	3단계 평정	기본형 10(169) 간편형 5(80)	〈기본형〉 일과계획, 교육과정, 상호작용, 물리적 환경, 교재 · 교구, 영양 · 건강 · 안전, 운영관리, 교직원, 가정 및 지역사회 관계, 평가활동 〈간편형〉 일과계획 및 상호작용, 교육과정, 물리적 환경, 영양 · 건강 · 안전, 운영관리

도구명	개발자	평가방식	문항 수	하위영역
한국유아교육 시설기관의 표준평가척도	이영석 (1990)	5단계 평정	9(132)	물리적 환경, 교재 · 교구의 양과 질, 영양 · 건강 · 안전, 교직원, 유아교육과정의 운영, 심리적 환경, 유치원 경영 및 운영, 평가활동, 부모교육
유치원교육 평가척도	허형 · 이영석 · 김경선(1994)	5단계 평정	5(60)	물리적 환경, 교육과정 운영, 교사의 전문성, 경영 관리, 가정과 지역사회의 연계
유치원 평가지표	장명림 · 이기숙 · 최수경(2001)	5단계 평정	6(82)	물리적 환경, 교육과정, 운영관리, 유아의 영양 · 건강 · 안전, 교직원, 가정 및 지역사회와의 관계
유치원과 초등학교 저학년 교육환경 평가척도	권영례 · 이영자 · Harms(1999)	5단계 평정	6(156)	실내환경, 실외환경, 건강과 안정, 일과운영 및 상호작용, 교육과정, 운영관리
영유아보육 프로그램의 진단평가척도	임재택 · 조희숙 · 황해익(1996)	5단계 평정	6(160)	물리적 환경, 종사자, 운영관리, 교육과정, 영양 · 건강 · 안전, 가정 및 지역사회와의 연계
어린이집 평가기준	정기원 · 오미영 · 안현애(1995)	5단계 평정	4(93)	물리적 환경, 운영 및 종사자 관리, 보육 프로그램, 상호작용

2 우리나라의 유치원 및 어린이집 평가

현재 우리나라에서는 유아교육과 보육의 효율적 실행과 질적 수준 향상을 위해 국가적 차원에서 '유치원 평가'와 '어린이집 평가인증'을 실시하고 있다. 유치원 평가와 어린이집 평가인증의 내용을 살펴보면 다음과 같다.

1) 유치원 평가

유치원 평가에 대한 근거는 2004년 「유아교육법」 제정 시부터 마련되었으며, 2005년에 관련 시행령이 제정되었다(「유아교육법」 제19조 제1항) 이를 기초로 하여 2007년에는 유치원 시범 평가를 전국 100개 유치원을 대상으로 실시하였고 2008년부터 각 시 · 도 교육청을 통해 유치원 평가를 실시하고 있다.

유치원 평가의 목적은 각 유치원의 교육력을 진단하고 제공되는 교육서비스의 질적 수준을 제고하며, 학부모의 알 권리를 보장하고 유치원의 선택권을 확대하는데 있다. 또한 평가결과의 피드백을 통해 교사의 업무와 교수학습능력 향상을 지원하기 위한 원장의 역량증진과 교육과정 내실화와 같은 전반적 운영관리 시스템을 개선하고 우수 유치원에 대한 지원을 통해 질 관리가 가능하다는 효과를 기대할 수 있다.

유치원 평가는 평가 대상 유치원의 운영 상태를 진단하고 개선점을 제공하기 위한 컨설팅 형태의 평가로 3년 평가주기로 실시하며 자체평가, 서면평가, 현장평가를 포함하고 있다. 평가영역 및 내용은 공통지표와 자체지표로 이원화하여 실시하고 있는데 자체지표는 시 · 도교육청의 역점(특색)사업을 활용하도록 하고 있다. 유치원 평가의 주기별 공통평가지표의 구성 내용은 〈표 3-2〉와 같다.

〈표 3-2〉 주기별 공통 평가지표

구분	평가 지표
1주기 평가 (2008년~2010년)	• 4개 영역 교육과정(65점), 교육환경(45점), 건강 및 안전(40점), 운영관리(40점) • 12개 항목, 28개 지표, 91개 기준
2주기 평가 (2011년~2013년)	• 4개 영역 교육과정(40점), 교육환경(15점), 건강 및 안전(15점), 운영관리(30점) • 9개 항목, 15개 지표, 47개 요소

구분	평가 지표
3주기 평가 (2014년~2016년)	• 4개 영역 교육과정(30점), 교육환경(15점), 건강 및 안전(15점), 운영관리(30점) • 9개 항목, 11개 지표, 30개 요소
4주기 평가 (2017년~2019년)	• 4개 영역 교육과정(29점), 교육환경 및 운영관리(20점), 건강 · 안전(15점), 교직원(13점) • 9개 항목, 20개 지표, 77개 요소

제1차 유치원 평가(2008-2010)는 교육과정, 건강 안전 운영관리영역에 대한 12개 항목, 28개 지표로 구성하였으며, 평가결과는 비공개로 처리하고 참여 유치원의 전반적 운영 진단과 개선에 주력하였다. 제2차 유치원 평가(2011-2013)는 동일한 영역을 평가하였으나 기존의 지표를 축소하여 9개 항목, 15개 지표, 47개 요소로 평가내용으로 이루어졌으며, 평가결과는 미공개하고 평가실시 여부만 공개하였다. 3주기에 해당하는 제3차 유치원 평가(2014-2016)는 평가영역과 항목은 동일하나 중복 및 유사 지표와 요소를 통폐합하여 총 11개 지표 30개 요소로 구성되어 있다. 학부모의 알권리 및 유치원 선택권 보장을 통한 만족도 제고를 위해 제 3차 유치원 평가 결과는 유치원 알리미에 공시하여 공개하였다.

최근 이루어지고 있는 4주기 평가는 「유치원 · 어린이집 평가체계 통합방안」을 반영하여 유치원과 어린이집이 동일한 지표로 평가하고 그 결과를 공개하도록 추진하고 있다. 통합평가지표는 동일한 평정기준을 제시함으로써 평가의 객관성 및 일관성을 제고하고 유치원과 어린이집의 질을 상호 비교할 수 있도록 하여, 학부모에게 평가결과 정보에 기초한 선택이 가능하도록 지원하고자 하는 목적을 지니고 있다. 어린이집은 2006년부터 평가인증을 도입하여 2017년부터 통합평가지표 평가인증이 이루어지고 있다. 4주기 유치원 평가의 구체적인 내용을 살펴보면 다음과 같다.

(1) 4주기 유치원 평가 추진 방향

- 교육부는 유치원 평가를 지원하고 시 · 도교육청 또는 유아교육진흥원이 평가를 주관하여 실시한다.
  - 교육부는 평가 기본 계획 수립 및 공통 지표와 매뉴얼 제공, 평가 데이터베이스 운영
  - 유아교육진흥원은 평가세부계획 수립, 시행, 평가결과 DB 입력, 평가관련 공시정보 자료 제공 및 검증
- 평가 방법 개선으로 현장 부담 경감 및 객관성과 신뢰성 제고한다.
- 평가결과를 공개하여 학부모에게 유치원에 대한 기본정보를 제공, 알 권리 충족시킨다.
- 자체평가 및 평가 결과활용을 통한 유치원 교육의 질을 향상시킨다.

(2) 4주기 유치원 평가 내용

4주기 유치원 평가는 체크리스트 방식에 의해 충족(Y) 또는 미충족(N)으로 체크하는 정량평가 방법을 도입하여 객관성과 예측가능성을 제고하고자 하였다. 평정 방식은 절대평가 방식의 등급제(4등급 : A–B–C–D)를 활용하는데 4개 평가영역 중 '우수' 등급 수에 따라 4개 등급(A, B, C, D) 중 1개를 부여하는 방식이다. 3주기 유치원 평가 내용과 비교하면 〈표 3–3〉과 같다.

〈표 3-3〉 3주기, 4주기 유치원 평가 내용 비교

구분	제3주기	제4주기
법적 근거	• 유아교육법	• 유아교육법
기본방침	• 매년 자체평가 실시 • 서면 · 현장평가, 유치원 정보공시 공개 정보 활용	• 「유치원 · 어린이집 평가체계 통합방안」 반영 • 통합평가지표 사용
평가주체	• 시 · 도교육감	• 시 · 도교육감
평가 기관	• 시 · 도교육청/유아교육진흥원 등	• 시 · 도교육청/유아교육진흥원 등
평가 대상	• 전국 국 · 공 · 사립유치원	• 전국 국 · 공 · 사립유치원
평가 절차	**자체평가** (유치원) ⇨ **서면평가** (평가위원회) ⇨ **현장평가** (평가위원회) ⇨ **평가결과서 송부 및 평가여부 공시** (평가담당기관)	**자체평가** (유치원) ⇨ **현장종합평가** (평가위원회) ⇨ **평가결과서 송부/심의** (평가담당기관/심의위원회) ⇨ **결과공시** (유치원)
평가 지표	• 4개 영역 11개 지표 30개 요소 1. 교육과정(30점, 3지표, 8요소) 2. 교육환경(15점, 2지표, 5요소) 3. 건강 및 안전(15점, 2지표, 5요소) 4. 운영관리(30점, 4지표, 11요소)	• 4개 영역 20개 지표 77개 항목 1. 교육과정(6지표, 29개 항목) 2. 교육환경(5지표, 20개 항목) 3. 건강 · 안전(5지표, 15개 항목) 4. 교직원(4지표, 13개 항목)
지표구성	• 국가공통지표 • 시도자체지표	• 국가공통지표 • 시도자체지표(자율)
평가 방법	• 정성평가 • 요소별 5점 평정(5점 척도)	• 정량평가 • 평가 항목에 대해 충족/미충족 체크
결과공개 및 처리	• 결과 공개 (총평, 영역별 소견, 이력 등)	• 결과 공개(총평, 영역별 소견 등) ※ 유치원 · 영역 등급 공개 권장, 교육감 결정

(3) 4주기 유치원 평가 지표 및 항목

영역	평가지표	평가항목
Ⅰ. 교육 과정 (29)	1-1. 교육 계획 수립 및 실행 (4)	1. 국가 수준의 교육과정에 제시된 목표 및 내용을 반영한다.
		2. 유아의 발달 수준 및 학급 특성을 고려하여 연간, 월간, 주간, 일일 계획안을 작성한다.
		3. 연간, 월간, 주간, 일일계획안의 목표 및 내용이 적절하며, 연계성이 있다.
		4. 누리과정의 영역을 반영하여 교육활동을 실시한다.
	1-2. 일과 운영(5)	1. 계획에 따라 유아의 연령에 적합한 놀이, 활동, 일상생활 경험을 균형 있게 통합적으로 운영한다.
		2. 자유선택활동 시간을 매일 충분히 배정하여 운영한다.
		3. 바깥놀이 시간을 매일 충분히 배정하여 운영한다.
		4. 놀이나 활동을 융통성 있게 운영한다.
		5. (특) 특수교육대상 유아를 위한 관련 서비스(치료지원 포함)를 일과 중에 통합적으로 제공한다.
	1-3. 교수-학습 방법(6)	1. 주제에 적합한 활동계획을 수립하고 그에 적절한 교수-학습방법과 자료를 활용한다.
		2. 교사는 유아가 활동에 대한 흥미나 호기심을 갖도록 한다.
		3. 교사는 다양한 놀이와 활동이 유아의 자발적 선택에 의해 주도적으로 이루어지도록 격려한다.
		4. 교사는 유아의 놀이상황을 관찰하면서 놀이를 지원한다.
		5. 교사는 유아가 다양하게 생각하여 대답할 수 있도록 발문한다.
		6. 교사의 태도가 안정되고 자신감이 있다.
	1-4. 교사-유아 상호작용(6)	1. 교사는 신체적 특성, 가족 및 민족 배경 등으로 인한 편견 없이 모든 유아를 존중한다.
		2. 교사는 유아의 기질, 정서적 상태, 놀이 선호 등을 파악하여 적절히 반응한다.
		3. 교사는 유아의 개별적 요구나 질문을 주의 깊게 듣고, 적절하게 반응한다.
		4. 교사는 유아가 이해할 수 있는 내용으로 눈을 마주치며 이야기한다.
		5. 교사는 위협, 비난, 조롱 등 부정적 언어를 사용하지 않는다.
		6. 교사는 칭찬과 격려를 통해 유아에게 자신감을 준다.

영역	평가지표	평가항목
Ⅰ. 교육 과정 (29)	1-5. 유아 간 상호작용 시 교사 역할(4)	1. 교사는 유아가 일상에서 또래와 긍정적 상호작용을 하도록 격려한다.
		2. 교사는 유아가 자신의 의견이나 생각을 또래에게 말로 표현하도록 격려한다.
		3. 교사는 유아가 적절한 약속과 규칙을 알고 지킬 수 있도록 격려한다.
		4. 교사는 유아 간 다툼이나 문제가 발생하지 않도록 환경을 마련하고, 발생 시 적절히 개입한다.
	1-6. 평가(4)	1. 유아의 행동을 객관적으로 관찰 · 기록한다.
		2. 교육과정 목표와 내용을 준거로 유아의 발달특성과 변화를 평가한다.
		3. 유아 평가결과를 교육과정 편성 및 운영에 반영하고, 부모면담의 자료로 활용한다.
		4. 교육과정 운영에 대한 평가를 실시하고, 그 결과를 다음 계획안에 반영한다.
Ⅱ. 교육 환경 및 운영 관리 (20)	2-1. 실내 공간 구성(5)	1. 교실 내 흥미영역은 유아의 연령 및 발달 특성을 고려하여 충분한 공간에 구성한다.
		2. 유아의 요구를 충족하는 다양한 공간을 마련하고 있다.
		3. 실내 시설 및 설비가 유아의 발달 수준에 적합하다.
		4. 계획안의 주제와 관련된 교재 · 교구들을 유아의 연령수준에 맞게 영역별로 다양하게 구비하고 있다.
		5. 비품과 교재 · 교구를 보관하는 별도의 공간이 있고, 연령별, 주제별 또는 영역별로 정리되어 있다.
	2-2. 실외 공간 구성(3)	1. 실외(옥외) 놀이터 등을 구비하고 있다.
		2. 유아 발달에 적합한 다양한 놀이기구를 구비하고 있다.
		3. 실외 공간에 다양한 활동 영역을 제공하고 있다.
	2-3. 기관 운영(5)	1. 학급을 편성 규정에 맞게 운영하고 있다.
		2. 개별 유아의 생활기록부를 작성 · 관리하고 있다.
		3. 신입유아 적응을 위한 지원을 하고 있다.
		4. 예결산서를 대내외적으로 공개한다.
		5. 입학금과 수업료 외의 기타경비 관련 규정을 마련하여 준수하고 있다.
	2-4. 가정 및 지역사회와의 연계(5)	1. 부모와 상호 협의 하에 유치원을 개방한다.
		2. 부모교육을 다양하게 실시하고 있다.
		3. 부모와 개별면담을 하고 가정과의 소통을 다양한 방법으로 실시하고 있다.
		4. 유아와 가족의 문제를 파악하고 지원한다.
		5. 지역사회와 연계한 다양한 활동을 실시하고 있다.
	2-5. 방과후 과정(2)	1. 특성화 활동을 운영지침에 따라 실시한다.
		2. 방과후 과정을 위한 기본 시설 · 설비를 구비하고 담당인력을 배치하고 있다.

영역	평가지표	평가항목
Ⅲ. 건강 · 안전 (15)	3-1. 실내외 공간의 청결 및 안전 (4)	1. 실내외 공간을 청결하고 쾌적하게 관리하고 있다.
		2. 실내외 공간을 유아의 안전을 위해 위험요인 없이 관리하고 있다.
		3. 실내외 놀잇감이 안전하고, 위험한 물건을 안전하게 보관 · 관리하고 있다.
		4. 안전시설 및 설비를 비상시 효율적으로 사용할 수 있도록 관리하고 있다.
	3-2. 급 · 간식(3)	1. 영양의 균형을 고려한 급 · 간식을 제공하고 있다.
		2. 식자재의 구입 · 보관 및 조리공간을 위생적으로 관리하고 있다.
		3. 조리 및 배식과정을 청결하고 위생적으로 관리하고 있다.
	3-3. 건강증진을 위한 교육 및 관리(3)	1. 손 닦기, 양치질 등 청결한 위생습관을 실천한다.
		2. 교사는 유아의 건강 상태를 살펴보고 적절하게 지원한다.
		3. 유아와 교직원의 건강증진을 위한 예방관리와 교육을 실시한다.
	3-4. 등 · 하원의 안전(2)	1. 유아는 등 · 하원 시 성인의 보호 하에 있다.
		2. 통학차량을 운행할 경우 안전요건을 갖추어 관리한다.
	3-5. 안전교육 및 사고 대책(3)	1. 유아를 대상으로 안전교육을 지속적으로 실시하고 있다.
		2. 교직원은 안전교육을 받고 유아학대예방 지침을 준수 한다.
		3. 영유아, 교직원 및 시설 보험에 모두 적합하게 가입하고 있다.
Ⅳ. 교직원 (13)	4-1. 원장의 리더십 (4)	1. 원장은 자신의 전문성 향상을 위해 노력하고 있다.
		2. 원장은 교직원을 존중하고, 교직원의 발전을 위해 지원하며, 면담을 실시한다.
		3. 원장은 정기적인 교사회의 등을 통해 교직원의 의견을 민주적으로 수렴한다.
		4. (사립) 2년 이상 근속한 교사가 전체 교사의 50% 이상이다.
	4-2. 교직원의 근무환경(3)	1. 교사실과 개인사물함을 별도로 마련하고 있다.
		2. 교사의 업무지원을 위한 자료 및 설비를 충분히 구비하고 있다.
		3. 성인용 화장실/변기를 유아용과 별도로 설치하고 있다.
	4-3. 교직원의 처우와 복지(3)	1. 교직원 인사와 관련하여 공정한 규정이 있으며, 이를 준수하고 있다.
		2. 교직원의 보수와 관련한 규정이 있으며, 이를 준수하고 있다.
		3. 교직원의 복지를 위해 노력하고 있다.
	4-4. 교직원의 전문성 제고(3)	1. 신규 교직원에게 업무 관련 오리엔테이션을 실시하고 있다.
		2. 교원의 전문성 제고를 위한 다양한 연수기회를 부여하고 있다.
		3. 교사의 교수-학습방법에 대한 장학을 실시하고 있다.

출처: 교육부(2017). 4주기 유치원 평가 중앙연수

(4) 4주기 유치원 평가 절차

- 3단계 평가(자체평가 → 현장평가 → 종합평가)로 이루어지며 현장평가와 종합평가를 통합하여 추진할 수 있다.
- 자체평가는 각 유치원에서 통합평가지표에 따라 직접 평가하며, 미흡 부분에 대한 개선계획을 수립하는데 활용된다.
- 현장평가는 평가위원이 3인 1팀으로 구성하여 평가항목별 평가방법(관찰, 면담, 기록 확인)에 따라 현장평가를 실시한다.
- 종합평가는 자체평가와 현장평가, 기타 확인사항 등을 종합하여 평가한 후 최종 종합평가보고서를 작성하는 것으로, 참여기관의 자체평가보고서와 평가위원별 현장평가보고서, 이의제기 사항, 기타사항(법위반, 정보공시 정확성 등) 등을 종합하여 평가한다.
- 평가결과서를 유치원에 통보하고 이의제기가 인정되는 경우 심의를 통해 해당 평가 지표, 평가 영역 등에 대해 등급 조정 가능하다.
- 각 유치원에 평가 결과서를 송부하고 이의제기 등을 검토하여 유치원 알리미(e-childschoolinfo.moe.go.kr)를 통해 평가 결과를 공개하고 있다. 공개 내용은 유치원평가 영역 등급 공개를 권장하나 시 · 도의 여건 등을 고려하여 교육감이 결정하고 총평과 영역별 소견은 반드시 공개한다. 또한 평가 결과에 따라 유치원에 대해 시 · 도교육청별 맞춤형 지원을 실시한다.
- 유치원 평가결과는 컨설팅 지원 방안을 적극적으로 수립 · 추진하는 등 시 · 도교육청의 행 · 재정적 지원 연계에 활용된다.

2) 어린이집 평가인증

어린이집 평가인증제는 영유아에게 안전한 보호와 질 높은 보육서비스 제공을 위해 외국의 평가인증제도 실행 사례나 국내외 어린이집 평가인증 관련 연구에 기반 하여 마련한 평가인증 지표를 기준으로 어린이집의 현재수준을 점검 · 개선하는 목적으로 시행되고 있다(한국보육진흥원, 2016). 우리나라 어린이집 평가인증제도는 2005년 국가 차원의 어린이집 질 관리를 위한 기준에 대한 필요성이 대두되면서 어린이집 1,000개소를 대상으로 한 시범 운영을 거쳐 2006년부터 본격적으로 시행하여 보육현장을 일정 기준에 의해 점검하고 국가가 그 인증자격을 부여하게 되었다. 2009년 제1차 평가인증 시행이 완료되었고, 2010년부터 제2차 평가인증이 2014년부터는 제3차 평가인증이 시행되었다. 2017년부터는 유치원 · 어린이집의 서비스 수준에 대한 비교 가능한 정보제공 및 서비스 질 개선을 위해 평가체계를 통합한 유보통합평가를 시행하게 되었다.

(1) 어린이집 평가인증제의 이해

어린이집 평가인증제는 「영유아보육법」 제30조 '보육서비스의 질적 향상을 위해 어린이집 설치 운영자의 신청에 따라 어린이집의 보육환경, 보육과정 운영 및 보육인력의 전문성 들을 평가하여 해당 어린이집에 대한 평가인증을 실시하고, 평가인증업무는 공공 또는 민간기관, 단체 등에 위탁하여 실시할 수 있다'에 근거하여 운영하고 있다. 어린이집 평가인증 제도는 보육현장을 일정한 평가기준에 의해 점검해 보고 국가가 그 인증자격을 부여하도록 되어 있다(2010, 보육시설 평가인증 지침서, http://kca.childcare.go.kr/). 이러한 평가인증제도는 일정한 기간을 주기로 하여 점진적으로 보육의 질적 수준을 향상시켜 나갈 수 있도록 중 · 장기적 계획을 가지고 시행되고 있다.

우리나라 어린이집 평가인증제의 주요목적은 어린이집에 다니고 있는 영유아가 안전한 보육환경에서 건강하게 성장할 수 있도록 돕기 위한 것이다. 또한 부모들이 안심하고 자녀양육을 맡길 수 있는 다양하고 수준 높은 보육서비스를 제공하기 위한 제도이다.

우리나라 어린이집 평가 인증제는 다음과 같은 목적과 특징을 가지고 있다.

첫째, 효과적인 어린이집 질 관리 시스템을 구축함으로써 모든 어린이집을 대상으로 보육서비스의 질적 수준 향상을 도모한다. 이를 위해 평가인증제도에서는 '인증 통과'의 개념을 강조하기보다는 어린이집에서 실행하는 보육의 강점과 미흡한 점을 파악하고 이를 토대로 보육서비스의 질적 수준을 향상시키기 위한 방안을 모색하도록 돕는다.

둘째, 영유아가 건강하게 성장하고 발달할 수 있는 안전한 보육환경을 조성하도록 한다.

셋째, 평가인증과정을 통해 원장과 교사 등 어린이집 교직원의 역량과 전문성이 증진되도록 한다.

넷째, 부모들이 합리적으로 어린이집을 선택할 수 있는 기준과 정보를 제공하고 부모교육과 양질의 보육서비스 제공을 통해 부모의 자녀양육을 지원하고자 한다.

다섯째, 평가인증을 통해 영유아를 위해 투자하는 정부예산의 합리적인 집행과 효율적인 지원 및 관리가 가능하도록 한다.

(2) 제3차 어린이집 평가인증

보육의 질적 수준 향상을 위해 2005년부터 도입 · 실시된 어린이집 평가인증에서 나타난 여러 문제점 (어린이집 질 관리 사각지대, 현장평가의 부담, 인증 어린이집의 학대 사건 등)을 보완하고, 유치원과 어린이집의 통합평가체계를 적용 · 추진하기 위해 제3차 어린이집 평가인증을 2017년부터 추진 · 시행하게 되었다. 평가인증의 개정된 측면을 살펴보면 다음과 같다.

첫째, 어린이집 현장의 평가 부담을 완화하기 위해 평가항목을 감축하고(218개 → 123개, 44% 감축), 현장에 대한 관찰과 면담 비중을 확대하여 어린이집 운영중심 평가에 주안점을 둔다.

둘째, 평가 인증된 어린이집만 공개하던 방식에서 인증 평가받은 모든 어린이집에 대한 평가결과(인증, 불인증)와 평가인증 미참여 및 변동(취소, 종료 등) 등에 관한 정보를 공개하게 된다. 또한 평가결과에 대한 어린이집의 소명신청, 재참여 및 재평가 기회를 확대하여 권리구제 와 어린이집 품질관리 강화를 강조한다.

셋째, 어린이집에서 2차 지표와 3차 시범지표 중 선택하던 방식에서 통합지표로 단일화하여 실시한다.

① 평가인증 과정

평가인증과정은 인증신청 이후 참여확정, 현장평가, 종합평가 3단계로 4개월 정도 소요되며, 구체적인 평가인증 과정 및 운영체계는 [그림 3-1]과 같다.

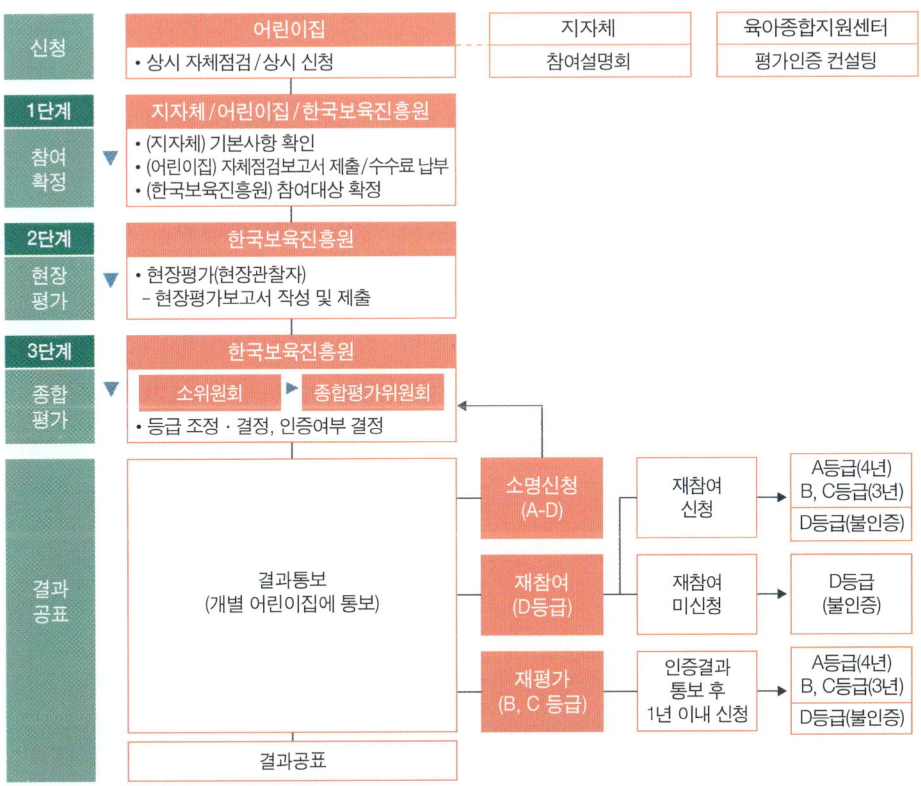

[그림 3-1] 어린이집 평가인증 운영체계

출처: 보건복지부 · 한국보육진흥원(2017). 제3차 어린이집 평가인증 설명회 자료

평가인증 참여(신규인증, 재인증)를 희망하는 어린이집은 연초 접수 개시일로부터 상시 신청이 가능하며, 어린이집 지원시스템에서 원하는 기수(신규인증) 또는 정해진 기수 · 시기(재인증)에 대해 신청할 수 있다. 신규인증은 영유아보육법 제12조, 제13조, 제14조에 의하여 설치된 국공립 어린이집, 사회복지법인 어린이집, 법인 · 단체 등 어린이집, 직장 어린이집, 가정 어린이집, 협동 어린이집, 민간 어린이집(방과후 전담 어린이집 제외)으로서 현재 미인증 상태인 어린이집이 그 대상이다. 재인증은 현재 인증을 유지하고 있는 어린이집으로서 인증 유효기간 만료시점이 도래한 어린이집에서 신청하게 된다. 현장평가 직전 3개월간 운영 실적으로 평가받게 되며 평가인증 참여 신청 이후의 평가인증 과정을 살펴보면 다음과 같다.

• 1단계 : 참여확정

평가인증 참여확정을 위한 어린이집의 자격 조건은 평가인증 참여 확정 마감일 기준으로 행정처분(영유아보육법 제45조의2, 제46조, 제47조, 제48조)이 종료된 어린이집, 영유아보육법 제40조 제2호 또는 제3호의 반환명령을 이행 완료한 어린이집으로서, 지자체의 기본사항 확인결과 필수 항목 전체에 대한 준수이다. 필수항목은 총 정원 준수, 예결산서 회계서류 구비, 안전사고에 대한 보험(상해, 화재, 배상보험) 가입, 영유아보육법 관련 행정처분, 어린이집 설치기준, 보육실의 설치기준, 보육교직원 배치 기준, 보육교직원의 정기 건강 검진, 비상대피시설 설치로 총 9개 항목이다. 자체점검과 기본 사항 확인을 마친 어린이집에서 참여수수료를 납부하면 참여대상으로 확정된다.

• 2단계 : 현장평가

현장관찰은 어린이집 1개소당 2인(정원99인 이하 어린이집) 또는 3인(정원 100인 이상 어린이집)의 현장관찰자가 방문하여 1일간 평가를 실시한다. 평가인증지표에 따라 어린이집의 질적 수준을 객관적으로 관찰, 보고하는 과정으로 하루일과 전반에 걸쳐 관찰, 문서검토, 면담 등의 방법으로 진행된다.

• 3단계 : 종합평가

현장평가가 완료되면 소위원회와 종합평가위원회가 구성된다. 위원회에서는 기본사항확인서, 자체점검보고서, 현장평가보고서 등을 검토한 후 종합평가 기준에 따라 최종 등급을 결정하고 어린이집의 질적 개선 방향을 제시하는 평가결과서를 작성한다. 어린이집 평가등급은 4등급(A, B, C, D)으로 등급에 따라 인증(A, B, C,)과 불인증(D등급)으로 구분하게 된다.

평가인증 결과는 어린이집지원시스템을 통해 통보되며, 어린이집은 인증결과에 대한 소명신청이 가능하다. 인증참여 어린이집에 대한 평가결과는 통합정보공시 홈페이지(www.childinfo.go.kr)를 통해 공개된다. 인증결과는 3년간 인증유효하며 A등급은 4년간 유효하다.

② 평가인증 통합지표

3차 어린이집 평가인증 지표는 1차, 2차, 3차 시범지표에서 나타난 문제점을 보완하고 유보통합평가체계 적용을 위해 통합지표로 단일화 하였다. 2017년부터 운영되는 통합지표는 지표 타당도와 현장 부담 완화를 위해 2차 지표와 3차 시범지표 중 유사성이 높은 영역 및 지표를 통합 · 감축하여 실시하게 되었다(2차 지표 218개, 3차 시범지표 308개, 3차 통합지표 123개, 44% 감축). 통합지표에서는 보육 질적 향상과 연관이 높은 보육과정 및 상호작용(2차 35.7%→통합지표 40.3%), 교직원 영역 항목(2차 4.3%→통합지표 18.1%) 비중을 높이고 안전 · 건강을 강화하는 방향으로 지표내용을 구성하였다. 평가방식에서도 기존의 기술평정척도를 이용한 점수평정 방식에서 절대평가 방식의 등급제를 도입하였다. 즉 4개 평가영역의 등급 종류 수에 따라 어린이집 등급(A, B, C, D)을 부여하는 방식이다. 어린이집 평가인증지표 체계와 세부내용을 구체적으로 살펴보면 〈표 3-4〉, 〈표 3-5〉와 같다.

〈표 3-4〉 시행 시기에 따른 평가인증 지표 체계

<table>
<tr><th colspan="2">구성</th><th>1차 지표
(2005~2009)</th><th>2차 지표
(2010~2016)</th><th>3차 시범지표
(2014~2016)</th><th>통합지표
(2017~현재)</th></tr>
<tr><td rowspan="3">지표구성</td><td>40인이상</td><td>7개 영역, 80항목</td><td>6개 영역, 70항목</td><td rowspan="3">–6개영역
(보육환경, 건강, 안전, 보육과정 운영, 보육활동과 상호작용, 운영관리)
–50개 지표
–308개 평가단위</td><td rowspan="3">–4개영역
(보육과정 및 상호작용, 보육환경 및 운영관리, 건강 · 안전, 교직원)
–21개 지표
–79개 평가항목
–123개 평가단위</td></tr>
<tr><td>39인이하</td><td>5개 영역, 60항목</td><td>5개 영역, 55항목</td></tr>
<tr><td>장애아 전문</td><td>7개 영역, 75항목</td><td>6개 영역, 75항목</td></tr>
<tr><td colspan="2">평가 방식</td><td>–점수평정</td><td>–점수평정</td><td>–점수평정</td><td>–절대평가
–등급제(A,B,C,D)</td></tr>
</table>

〈표 3-4〉 평가인증 통합지표 평가영역 및 항목수

평가영역	평가지표	평가항목수
1. 보육과정 및 상호작용 (31)	1–1. 보육계획 수립 및 실행	4
	1–2. 일과 운영	5
	1–3. 교수–학습방법 및 놀이지원	6
	1–4. 교사–영유아 상호작용	6
	1–5. 영유아간 상호작용 시 교사역할	4
	1–6. 평가	4
	1–7. 일상생활	2
2. 보육환경 및 운영관리 (19)	2–1. 실내공간 구성	5
	2–2. 실외공간 구성	3
	2–3. 기관 운영	4
	2–4. 가정 및 지역사회와의 연계	5
	2–5. 어린이집 이용 보장	2
3. 건강 · 안전(15)	3–1. 실내외 공간의 청결 및 안전	4
	3–2. 급 · 간식	3
	3–3. 건강증진을 위한 교육 및 관리	3
	3–4. 등 · 하원의 안전	2
	3–5. 안전교육 및 사고 대책	3
4. 교직원(14)	4–1. 원장의 리더십	4
	4–2. 교직원의 근무환경	3
	4–3. 교직원의 처우와 복지	3
	4–4. 교직원의 전문성 제고	4

직무능력 평가

1. 다음 중 평가의 기본 원리에 해당되지 않는 것을 고르시오. (　　)

① 평가과정은 개방적이어야 하고 자신의 평가결과에 대한 정보를 제공받아야 한다.

② 평가는 프로그램의 목적 및 목표와 관련이 있어야 한다.

③ 평가받는 개인은 이유, 시간, 장소, 방법에 대한 정보를 알아야 한다.

④ 평가는 프로그램 내에서 자주하지 않고 일회에 그쳐야 한다.

2. 다음 영유아 평가방법과 설명을 바르게 연결해 보시오.

가. 일화기록	나. 시간표집법	다. 사건표집법
라. 행동목록법	마. 평정척도	

① 특정한 행동특성이나 성격, 사건 등을 미리 정해놓은 범주에 따라 행동 출현 유무를 표시하는 형태이다. (　　)

② 관찰자가 영유아 행동 가운데 발달에 중요하다고 생각하는 행동이 나타날 때 관찰된 사건을 있는 그대로 사실적이고 객관적으로 기록하는 것이다. (　　)

③ 정해진 시간 동안 시간 간격에 맞추어 반복적으로 관찰하는 것이다. (　　)

④ 관찰하고자 하는 특정 행동이나 사건이 발생할 시에만 기록하는 방법으로 초점이 관찰하고자 하는 행동이다. (　　)

⑤ 미리 정한 범주에 따라 평가하지만 관찰자가 행동의 정도와 질에 대해 판단하도록 한다. (　　)

3. 다음 설명에 맞는 평가방법을 적으시오.
( )는 영유아들의 작업결과나 작품 혹은 어떤 수행의 결과를 목적을 가지고 모아 놓은 자료집이나 서류철을 의미한다.

4. 다음 각 나라의 평가인증제에 대한 설명으로 가장 부적절한 것은? ( )
① 미국은 연방정부에서 평가인증제를 총괄하며 민간단체인 전미유아교육협의회(NAEYC)가 기준을 제공하여 유아교육기관 평가가 시행되고 있다.
② 영국에서 학교평가에 가장 큰 영향을 준 것은 1988년 교육개혁법이며 유아교육기관 평가도 국가수준 평가기관이 주관한다.
③ 유아교육기관에 대한 인증평가제도를 국가적 차원에서 처음으로 실시한 나라이다.
④ 영국에서 유아교육기관 평가는 국가수준 교육과정이 제대로 수행되는 지 그로 인한 효과는 어떠한지 등을 평가가는 책무성에 관심을 둔 평가체제이다.

5. 다음 중 우리나라 유치원 평가의 순서 가운데 빈 곳을 채워 넣으시오.

자체 평가	→	( )	→	현장 평가	→	평가결과서 송부
(유치원)	→	( )	→	(평가위원회)	→	(교육지원청)

6. 다음 중 유치원 평가영역에 해당되지 않는 것을 고르시오. ( )
① 교육과정 ② 교육환경
③ 건강 및 안전 ④ 상호작용과 교수법
⑤ 운영관리

7. 40인 이상 어린이집 평가인증 지표에서 영역에 포함되지 않는 것은? (　　)

① 보육환경　　② 운영관리
③ 교사 및 교직원　　④ 상호작용과 교수법
⑤ 건강과 영양

〈정답〉

1. ④
2. ① 라, ② 가, ③ 나, ④ 다, ⑤ 마
3. 포트폴리오
4. ①
5. 서면 평가. 평가위원회
6. ④
7. ③

참고문헌

강문희 외(2002). **21세기 유아교육**. 학지사.

강상희(1993). **발도르프 교육학에 관한 연구**. 연세대학교 석사학위논문.

강숙현(1994). **유아교육 프로그램 인준평가 척도의 이해와 활용**. 동문사.

강혜정(1997). 레지오 에밀리아 접근법에서의 기록의 효과에 대한 연구. 중앙대학교 대학원 석사학위논문.

경희대학교 아동연구센터(1999). **과정이 살아 있는 창의성 프로그램**. 다음세대.

고문숙, 권민균, 김수영, 김수향, 인영심, 임춘금, 정정희(2008). **보육과정**. 양서원.

고영희(1982). 뇌연구와 교육. **교육개발**, Vol. 4.

______(1983). 뇌의 기능과 교육. **새교육**, Vol. 4.

______ 역(1986). **인간 뇌와 교육**. 중앙적성출판사(원저 Wittrock, M. C.(Eds.), The Human Brain).

교육부(1988). **제6차 유치원 교육과정**(교육부 고시 제 1988-10호).

______(2000). 유치원 교육활동 지도 자료 1. 총론.

교육과학기술부, 보건복지부(2012). **5세 누리과정 해설서**.

교육과학기술부, 보건복지부, 육아정책연구소(2012). **3~5세 연령별 누리과정 운영을 위한 교사연수자료집**.

구대회(1997). 발달장애유아의 유치원 통합교육 연구. **정서 · 학습 장애연구**, 13(2), 97-121.

구본권(1999). 소외된 아동의 실상과 사회적 책임, 그리고 아동전문가의 역할. 한국아동학회 학술발표논문집(제4주제 발표: 장애아동의 실상과 아동전문가의 역할).

보건복지부, 중앙정보센터(2012). **표준보육과정**.

곽노의(1996). 발도르프 유치원의 교육이론과 활동. **유아교육연구**, 16(1), 5-22.

______(1999). **자유발도르프 유아교육**. 밝은 누리.

곽은복(2005). 생태지향적 관점에 근거한 유아환경교육의 전망. **아동교육**, 14(1), 83-96.

권미량, 김은주(2005). 생태유아교육과정 개발을 위한 탐색적 연구. **유아교육연구**, 25(6), 111-129.

권영례(1999). 유치원교육환경 평가척도 개발, '98 열린유아교육학회 국제학술대회-유아교육 · 보육기관 평가의 질적 준거, 83-108.

권영자, 박정태(2013). **생명을 돕는 몬테소리 유아교육이론과 실제**. 양서원.

김경은, 김숙령(2001). **유아 창의성 교육의 이론과 실제**. 교육아카데미.

김경중, 김용숙(1998). **상황 중심 유아교육 프로그램 I**. 형설출판사.

____________(1998). **상황 중심 유아교육 프로그램 II**. 형설출판사.

김광웅(1990). 장애영유아통합교육 효과에 관한 연구. 단국대학교 대학원 박사학위논문.

김대현(2002). 교육과정개발의 개념과 모형. 한국교육과정학회 편.

김대현, 왕경순, 이경화, 이은화(1999). 프로젝트 학습의 운영. 학지사.

김명순, 이미화, 삼성복지재단(2005). 포괄적 보육 서비스: 아동교육 프로그램. 다음세대.

김미경(1996). 장애아 통합교육을 위한 유치원 프로그램 모델. 총신 유아교육 학술대회자료, 총신대학교 유아교육과, 53-75.

김미숙(2002). 루돌프 슈타이너의 교육예술론 연구 -오이리트미를 중심으로-. 성신여자대학교 박사학위 청구논문.

김보선(1999). TTCT에 대한 미국인과 한국인의 반응결과의 차이 연구. 성균관대학교 대학원 석사학위논문.

김수영, 김수임, 정정희(2013). 영유아 프로그램 개발과 평가. 양서원.

김성원(2001). Rudolf Steiner의 유아교육론 연구. 대구가톨릭대학교 대학원 박사학위논문.

______(2002). Rudolf Steiner의 유아교육론 연구. 열린유아교육연구, 197-223, 열린유아교육학회.

김숙령, 김경은(1999). 2세아를 위한 놀이 및 교육 활동. 양서원.

김숙자(2001). 유아교육 프로그램. 문음사.

김숙자, 곽상신, 우수경, 이진향, 서성미(2001). 영유아교육프로그램. 문음사.

김억환, 박은혜 역(1998). 정신의 도구: 비고츠키 유아교육. 이화여자대학교 출판부.

김연화(1999). 방과후 아동지도 프로그램에 대한 사회계층별 요구조사. 연세대학교 대학원 석사학위논문.

김영옥, 김수영(1999). 유아교육기관의 질에 따른 교사의 상호작용, 유아의 놀이활동 및 인지활동. 교육학연구, 37(1), 407-425.

김영채(1999). 창의적 문제해결: 창의력의 이론, 개발과 수업. 교육과학사.

김온기(2000). '유아의 창의적 사고력 증진 프로그램' 개발연구-과학활동을 중심으로-. 연세대학교 대학원 박사학위논문.

김은희(1996). 다상징적 접근에 의한 유아의 사고과정 변화. 중앙대학교 대학원 박사학위논문.

______(2001). 레지오 에밀리아 접근법의 이해와 현장 적용. 창지사.

______(2001). 레지오 접근법에 기초한 협력적 교사교육을 통한 미시수준의 유아교육과정 변형에 관한 연구. 2001년 한국유아교육학회 학술대회, 218-254.

______(2002). 사회적 구성주의 패러다임의 적용에 따른 유아교육 현장의 변화. 2002 레지오 에밀리아 국제학술대회, 98-140.

김재은(1991). 천재, 그 창조성의 비밀. 교보문고.

김재은, 주희정 역(1989). 토랜스, E. P. 창의성을 흔들어 깨워라. 토탈디자인.

김종안(1987). 우뇌-경험 프로그램을 통한 창의성 증진에 관한 실험적 연구. 성균관대학교 대학원 석사학위논문.

김지연(2007). 레지오에밀리아 프로젝트 전개 과정에서 나타난 집단 탐문 분석. 서울여자대학교 대학원 박사학위 청구논문.

김지영, 성연승(2011). 알기 쉬운 몬테소리 유아교육. 양서원.

김창환(2001). 상황중심이론과 독일의 통일에 대한 토론. 변화하는 세계 속의 유아교육-한국의 통일과 상황 중심 교육이론-한독교육학회 · 열린유아교육학회, 67-76.

김춘일(1999). **창의성 교육, 그 이론과 실제**. 교육과학사.

김혜경, 김홍은, 문혁준, 박은혜, 유애열, 임혜영, 장영희, 조혜진(2003). **효과적인 영아 보육을 위한 지침서**. 다음세대.

김희연(2001). 구성주의와 유아교육: Piaget의 구성주의의 분석을 통한 구성주의 유아교육론의 개념적 확장. 21(4), 157-188.

김희진(2005). **포괄적 보육 서비스: 부모지원 프로그램-진행자 매뉴얼**. 다음세대.

김희진(2007). 바람직한 영아 보육의 방향: 영아보육의 특성과 영아에게 적합한 보육활동. 한국유아교육학회 대구 · 경북지회 춘계학술대회자료집.

김희진, 오문자(1996). **레지오 에밀리아의 유아교육**. 정민사.

독일 청소년연구소 취학전교육연구반 편저(1985). **상황 중심 교육의 자료**. 보육사.

류지후, 반은경, 장영희, 정완식(1992). **상황 중심교육의 실제 Ⅰ**. 보육사.

__________________(1992). **상황 중심교육의 실제 Ⅱ**. 보육사.

__________________(1992). **상황 중심교육의 이론**. 보육사.

류진희(2000). 창의성 신장과 유아교육. 부산광역시 보육시설 연합회 하계교사 연수 자료집.

문미옥(1999). 유아의 창의성 증진을 위한 교사역할 평정척도 개발연구. **아동학회지**, 20(4), 25-43.

문영희(2003). 유아를 위한 생태학적 관점의 교육에 대한 프로그램 운영의 실제. **한국영유아보육학**, 33, 227~249.

문정화(1993). **지혜사다리**. 과학과 예술.

문태형(2000). 창의성 체계이론과 교육환경-Csikszentmihalyi의 체계모형을 중심으로. **대구대학교 인문예술논집**, 21, 235-255.

박경미(1998). 방과후 교육활동 프로그램의 계획과 운영에 대한 분석. 부산대학교 대학원 석사학위논문.

박만상(1988). **한국인의 두뇌개발 Ⅲ(정상인과 기억력 개발)**. 지식산업사.

박병희, 박선희 역(2002). **유아, 공간, 관계 유아를 위한 포괄적 교육환경 프로젝트**. 다음세대.

박성은, 이태옥(2009). **몬테소리 프로그램 이론과 실제**. 양서원.

박숙희(1999). 영재를 위한 창의성 증진 프로그램 개발. **교육심리연구**, 13(3), 229-259.

박은혜(2001). **지체장애 학생교육**. 학지사.

박은혜(2006). **유아교사론**. 창지사.

박은혜, 김명순, 신동주, 정미라(2000). **세계의 유아교육제도**. 양서원.

박은혜, 백혜리, 이진우(2000). 미국 · 영국 · 호주의 유아교육 평가제도 비교. 한국유아교육기관의 질적 향상을 위한 인준평가.

체제 방향 모색. 이화여자대학교 유아교육과 BK21 핵심사업팀.

박의수(1996). Rudolf Steiner의 유아교육론. **강남대학교 인문과학논집**, 창간호, 189-207.

박현진(2001). 상황 중심 교육이론의 역사와 실천에 관한 연구. 상명대학교 대학원 석사학위논문.

박화윤(2001). 미술 작품 감상 활동이 유아의 창의성 발달에 미치는 영향. **아동학회지**, 22(2), 277-

290.
방인옥, 박찬옥, 이기현, 김은희(1999). 유아교육과정. 정민사.
배지희, 조미영, 봉진영, 김은혜(2011). 유아교육기관에서의 부모교육 및 참여에 대한 부모들의 경험과 기대. 유아교육연구, 31(3), 279-304.
백영애(1997). 창의성 개발 프로그램이 유아의 창의성 발달에 미치는 영향. 유아교육연구, 18(2).
백혜리, 노은호, 황성원, 조미환, 박종옥, 이순영, 곽혜경, 최효영(2007). 보육과정. 창지사.
보건복지부, 중앙정보센터(2012). 표준보육과정.
보건복지통계포털, http://stat.mohw.go.kr
삼성복지재단(2001). 보육시설에서의 포괄적 보육 서비스, 제9회 국제학술대회.
삼성복지재단(2007). 삼성어린이집 영유아프로그램 총론. 다음세대.
삼성아동교육문화센터(2006). 포괄적 보육서비스: 지역사회연계 프로그램-사회복지사 매뉴얼. 다음세대.
서영숙, 서지영(2002). 레지오 에밀리아 접근법. 학지사.
서유헌(1992). 신경전달물질. 민음사.
서현석(2014).한국 학부모 교육의 발전방향에 관한 일고찰. 학습자 중심 교과교육연구, 14(8). 363-380.
서현아(2000). 효과적인 통합교육을 위한 유치원교육과정의 운영에 관한연구. 발달장애학회지, 4, 133-159.
성용구(2000). 발도르프 학교의 인간교육. 교육학연구, 38(1), 59-75.
송규운, 윤정진, 황동주(2001). 가족과 함께하는 창의성경진대회 평가연구. 영재교육연구, 11(2).
____________(2001). 유아창의성 프로그램 개발의 통합적 접근을 위한 기초연구. 한국유아교육학회 2001년도 연차학술대회 논문집.
____________(2001). 유아창의성 프로그램의 실제적 개발을 위한 모형탐색연구. 교육학논총, 22(2).
____________(2002). 유아창의성 프로그램 개발과 적용에 관한 연구. 유아교육연구, 22(2).
송규운, 윤호열, 이순종(2001). 창의성과 부모교육. 창지사.
신명희(2000). 다중지능이론에 기초한 교수-학습 방법 연구. 교육학연구, 38(4), 1-23.
신은수, 김은정, 유영의, 박현경, 백경순(2011). 놀이와 유아교육. 학지사
신인숙(2001). 음악프로젝트활동이 유아의 창의성에 미치는 영향. 유아교육연구, 21(3), 351-370.
신현정 역(1994). Colin Martindale. 인지심리학 : 신경회로망적 접근. 교육과학사.
신혜영, 유민임(2002). 방과후 아동지도. 창지사.
신화식(2006). 몬테소리 이론의 탐구. 학지사.
신화식 외(2004). 영유아교육 프로그램. 교문사.
심성경(1988). NAEYC 기준에 의한 한국 유아교육 프로그램의 질에 관한 분석. 이화여자대학교 대학원 박사학위논문.
심성경, 백영애, 김나림(1998). 창의성 개발 프로그램이 유아의 창의성 발달에 미치는 영향. 아동교육연구, 18(2).

안영주(1997). 레지오 에밀리아 접근법 고찰. 이화여자대학교 대학원 석사학위논문.

오문자(1998). Reggio Workshop 강의록.

_____(2000). 레지오 에밀리아의 유아교육 실제와 레지오 접근법: 한국 현장 적용 실태와의 연결. 162-200.

오문자, 김희진(1999). 레지오와의 만남, 귀향 그리고 적용. 양서원.

오문자, 김희진, 박은혜 역(2002). 어린이들의 수많은 언어. 다음세대.

오영희, 하순련(2003). 유아와 함께하는 프로젝트 접근방법의 이론과 실제. 양서원.

우명자(1998). 레지오 에밀리아의 접근법에 따른 자전거 프로젝트의 전개과정. 중앙대학교 교육대학원 석사학위논문.

윤선영(2001). 상황 중심 교육의 한국적 적용사례. 변화하는 세계 속의 유아교육-한국의 통일과 상황중심교육이론-한독교육학회 · 열린유아교육학회.

_____(2004). 서남재단 부설 서남 발도르프 어린이집 프로그램- 어린이를 자유롭게 하는 한국적인 생활교육-. 한국유아교육학회. 한국유아교육 현장의 정체성 확립을 위한 노력. 한국유아교육학회 2004 정기학술대회.

이경랑(1998). 자유 발도르프유치원에서의 생활. '98열린 유아교육학회 춘계학술대회, 683-697.

_____(2005). 한국에서의 발도르프 유아교육 내용에 관한 연구. 강남대학교 교육대학원 석사학위청구논문 .

이경임(1989). 서독의 상황중심 유아교육과정에 대한 연구. 동아대학교 동아논총, 26, 73-100, 135-160.

이기숙(2000). 유아 교육과정. 교문사.

이기숙, 강숙현(2012). 영유아 프로그램 개발과 평가. 정민사.

이기숙, 박은혜(2002). 한국 유아교육기관 인정기준 및 체제의 개발. 2002년 제10회 국제 학술대회, 영유아교육기관의 인정제:한국 · 일본 · 미국 · 영국 · 호주, 이화여자대학교 유아교육과 BK21 핵심사업팀.

이기숙, 이영자(1990). 유아교육 프로그램. 교문사.

__________(1997). 2~3세를 위한 유아교육 프로그램. 창지사.

이기숙, 홍용희, 강숙현, 최일선(2000). 유아교육기관 인정평가제에 관한 개념화 연구. 한국유아교육기관의 질적 향상을 위한 인준평가체제 방향 모색. 이화여자대학교 유아교육과 BK21 핵심사업팀.

이대균, 이기우(1999). 유치원 기관 평가 도구 개발을 위한 연구. 열린유아교육연구, 4(1), 213-235.

__________(2000). 민간전문단체 주관의 유아교육 및 보육기관 평가 모형개발을 위한 기초 연구. 열린유아교육연구, 5(2), 1-21.

이명환(1999). 독일 상황 중심 유아교육. 독일 상황 중심 유아교육이론과 한국적 적용. 한독교육학회 · 열린유아교육학회 국제학술대회, 21-40.

_____(2001). 상황 중심 유아교육이론, 통일 이후를 지향하는 이론인가?, 변화하는 세계 속의 유아교육-한국의 통일과 상황중심 교육이론-. 한독교육학회 · 열린유아교육학회, 37-63.

이명환(2003). 독일의 숲 유치원에 관한 연구. **유아교육연구**, 23(4), 23-48.

이명환(2007). **독일의 숲 유치원**. 교육아카데미.

이명희(1998). CAPA 모델 프로그램이 유아의 창의성에 미치는 효과. 건국대학교 교육대학원 석사학위논문.

이부미(2002). 레지오 에밀리아의 공동 육아의 교육체제 및 운영원리 비교: 협력을 중심으로. 2002 레지오 에밀리아 국제학술대회, 142-177.

이선형(1999). 레지오 에밀리아 접근법을 통한 유아미술교육. 이화여자대학교 교육대학원.

이소현, 박은혜(1998). **특수아동교육**. 학지사.

이숙희(1999). 영유아보육 프로그램 평가 준거를 위한 질적 연구. **열린유아교육연구**, 4(1), 123-151.

이순형(1999). 한국 영아보육시설 평가의 준거. '98 열린유아교육학회 국제학술대회-유아교육·보육기관 평가의 질적 준거, 39-57.

_____(2005). **영유아보육 교육 프로그램의 이해**. 학지사.

이완정, 양선영(1999). 보육시설인준에 대한 학부모와 보육종사자의 인식: 보육시설 인준체계 개발을 위한 기초 조사. **열린유아교육연구**, 4(2), 127-144.

이연섭, 이성숙 역(2002). **분수**. 다음세대. Malagozzi, L(1995). The Fourtains, Reggio children.

이영숙(2000). **몬테소리, 그 교육의 모든 것**. 창지사.

이윤경, 석춘희 역(1995). **유아들의 마음 사로잡기: 프로젝트 접근법**. 이화여자대학교 출판부.

이은해, 이기숙(1996). **유아교육 프로그램 평가 척도, 청삼아동연구시리즈 9**, 창지사.

이은화, 배소연, 조부경(2005). **유아교사론**. 양서원.

이인순(1987). 창의성의 구성요인과 훈련효과. 성균관대학교 대학원 박사학위논문.

이화여자대학교 교육과학연구소 아동교육연구부(2011). **영아를 위한 프로그램의 이론과 실제**. 창지사.

임연기, 신상명(1998). 학교평가 국제비교 연구. 연구보고 98-23. 한국교육개발원.

임선하(1993). **창의성에의 초대**. 교보문고.

_____(2001). **창의성 교육의 실천적 접근**. 대구교육.

_____(2002). 창의성 교육을 하는 마음. 전국 창의성교육 워크숍 자료집.

임재택(1983). 유아교육환경 평정 척도의 표준화를 위한 예비 연구. **교육논집**, 10, 부산대학교 사범대학, 107-112.

_____(2005). **생태유아교육개론**. 양서원.

임재택, 김은주, 하정연, 권미량, 조채영(2006). **생태유아교육 프로그램 운영**. 공동체.

임재택, 박재환(2000). **유아교육과정**. 양서원.

장명림(2000). 학회주관 유치원 평가 준거 개발. 2000년 열린유아교육학회 가을 학술대회, 43-61.

장명림, 나정, 이기숙, 최윤정(1999). 유아교육의 공교육화 촉진을 위한 유치원 평가체제 구축. 수탁연구. CR 99-36, 한국교육개발원.

장영희(1996). 유아를 위한 다문화교육의 개념 및 교수방법에 대한 이론적 고찰. 성신여대 연구논문집, 제35집, 295-314.

_____(2000). **영아교육과정**. 양서원.

_____(2005). 영아교육과정. 양서원.
장희정(2011). 숲유치원 설립에서 프로그램까지. 호미.
전경남(1999). 창의성 훈련 효과에 대한 메타 분석. 고려대학교 대학원 석사학위논문.
전경원(1997). 나는 창의적으로 문제를 해결할 수 있어요!. 창지사.
_____(2002). 창의력 배양을 위한 교과교육 내실화 방안. 전국 창의성교육 워크숍 자료집.
_____ 역(1988). 창의성과 동기유발. 창지사.
정범모(2000). 창의력은 기를 수 있는 것인가?. 한국교육개발원.
조석희(2001). 창의성계발과 교육 평가. 대구교육.
조연순, 조석희, 홍용희, 김정효(1996). 유아를 위한 창의성 프로그램 개발. 인간발달연구, 24, 29-48.
조옥희, 권영자(2001). 몬테소리 유아교육. 중앙적성출판사.
조인숙, 오선영, 유정은(1997). 방과후 아동 보육시설 운영의 이론과 실제. 창지사.
전풍자(1983). 상황중심 유아교육. 한국어린이 교육협회, 41-52.
정미라(1998). 슈타이너의 전기분석을 통한 인지학의 탄생 및 발전배경에 관한 연구. 열린유아교육연구, 3(1), 897-929.
정영수(1996). 발도르프 교육학의 이론과 실제. 한독교육학연구, 1(1). 33-49.
정혜영(1997). 발도르프 학교의 초등교육 실제 탐색. 초등교육학연구, 11, 5-26.
조경서 외(2007). 부모용 소책자: 유아의 세계이해 및 다문화교육을 위한 지침서. 교육인적자원부.
조민영, 임재택(2006). 유아교육기관의 생태건축 기법 도입을 위한 기초연구. 영유아보육연구, 12, 45-68.
조부경, 김효남, 백성혜, 김정준(2001). 구성주의 이론, 관점 그리고 실제. 양서원.
조성연(1990). 아동의 창의성 발달 및 관련된 생태학적 변인에 관한 연구. 연세대학교 대학원 박사학위논문.
주혜영, 이대균(2001). 보육시설 유형에 따른 질적 수준 비교 연구. 열린유아교육연구, 6(1), 21-40.
지성애, 김영주, 엄정례, 조경서(1995). 영아 프로그램의 이론과 실제. 정민사.
지옥정(1997). 유아교육현장에서의 프로젝트 접근법.
최미현 외(2000). 영유아 보육의 이해. 창지사.
최은미(2001). 상황 중심 교육의 특성과 한국에의 시사점, 변화하는 세계 속의 유아교육-한국의 통일과 상황 중심 교육이론-. 한독교육학회 · 열린유아교육학회, 105-131.
하순련, 오영희(2001). 유아와 함께하는 프로젝트접근방법의 이론과 실제. 양서원.
하정연(2006). 신명나는 아이세상 이야기.
_____(2004). 생태유아교육의 교육관에 관한 연구. 유아교육연구, 13(1), 67-84.
_____(2002). 생태유아교육의 기본체계 탐색. 영유아보육학, 8, 1-21.
한국교육개발원(2001). 창의성 계발교육 실태분석 및 전략 구안.
한국여성개발원(1993). 방과후 아동지도원 교육 프로그램 모형.
__________(1996). 방과후 아동지도 프로그램 개발.

한국교육과정학회(2002). **교육과정: 이론과 실제**. 교육과학사.

한기정(1993). 유아의 창의성 교육을 위한 철학적 · 심리학적 기초. 단국대학교 대학원 박사학위논문.

허경철, 김홍원, 임선하, 김명숙, 양미경(1991). 사고력 신장을 위한 프로그램 개발 연구(V). 한국교육개발원.

황해익(2000). 유아교육기관 평가에 관한 연구. 2000년 열린유아교육학회 춘계학술대회, 120-162.

황해익, 송연숙, 정혜영(2003). **유치원 교육과정에 따른 유아행동관찰법**. 정민사.

황해익, 이경화, 이순례, 문연심(1997). **보육 프로그램 개발**. 양서원.

황해익 외 5(2008). **영유아프로그램 개발과 평가**. 공동체.

홍순정(1999). **지능과 창의성**. 양서원.

행정자치부 홈페이지, http://www.moi.go.kr

Abbott-Shim, M. & Sibley, A.(1987). *Assessment Profile for Early Childhood Programs*. Atlanta, G. A.: Quality Assist.

Amabile, T. M.(1989). *Growing up Creative : Nurturing a Lifetime of Creativity*. Armstong. (1994). *Multiful intelligence in the classroom*. Alexandria, VA: Association for supervision and curriculum development.

______________(1993). Motivational synergy: Toward new conceptualization of intrinsic and extrinsic motivation in the workplace. *Human Resource Management Review*, *3*, 185-201.

______________(2000). **창의성과 동기유발**. 전경원 역. 창지사.

Barns, H.(1998). Education and the Four Births of the Human Being. *A Journal for Waldorf Education*, *7*(2).

Barron, F. & Harrington, D. M.(1981). Creativity, Intelligence and personality. *Annual Review of Psychology*, *32*, 439-476.

Berk, E. L. & Winsler, A.(1995). **어린이들의 학습에 비계설정: 비고스키와 유아교육**. 홍용희 역, 창지사(1995).

Blackslee, J. R.(1980). *The right brain*. New York: Anchor Press.

Bogen, J. E.(1969). The other side of the brain Part I, II and III. *Bulletin of the LosAngeles Neurological Society*, *34*, 73-105, 135, 162, 191-203.

Bredekamp, S. & Apple, P. L.(1986). How early childhood programs get accredited: An analysis of accreditation decisions. *Young Children*, Nov., 34-37.

Bredekamp, S. & Copple, C. (ed.) (1987). Developmentally Appropriate practices in early childhood programs serving children from birth through age 8. 강숙현, 최미숙 공역(1995). **발달에 적합한 유아교육 실제**. 전남대출판부.

Bredekamp, S. & Glowacki, S.(1996). The first decade of NAEYC accreditation: Growth and impact on the field. In S. Bredekamp & B. A. Willer(Eds.), *NAEYC Accreditation: A decade of learning and years ahead*. Washington, DC: NAEYC.

Bredekamp, S. & Rosegrant, T. (ed.) (1992). *Reaching potentials: Appropriate Curriculum and Assessment for Young Children*. NAEYC.

Bronfenbrenner(1989). *Ecological systems theory*. JAI press.

Chard, S. C.(1992). *The project approach: A practical guide for teachers*. Alberta: Alberta Printing Service.

___________(1994). *The project approach: A Second practical guide for teachers*. Alberta: Quality Color Press Inc.

Childs, G.(1998). *Steiner Education in Theory and Practice*. Edinburgh: Floris Books.

Collings, E.(1923). *An experiment with a project curriculum*. NY: McMillan.

Covington, M. V., Crutchfield, R. S., Davis, L., & Olton, Jr, R. M.(1974). *The productive thinking program : A course in learning think*. Columbus, OH: Charles E. Merill.

Cropley, A. J.(1995). 교육과 창의성. 김선 역. 집문당.

Csikszentmihalyi, M.(1988). Society, culture, person: A systems view of creativity. In Sternberg(Ed.), *The nature of creativity*. Cambridge Univ. Press.

Csikszentmihalyi, M., & Wolfe, R.(2000). New conceptions and research approaches to creativity: Implications of a systems perspective for creativity in education in Sternberg(Ed.), *International handbook for research on giftedness and talent*. Oxford: Pergamon.

Dansky, J. L., & Silverman, I. W.(1975). Play: A general facilitator of associative fluency. *Developmental Psychology*, 11, 104.

Derman-Sparks, L., & A. B. C. Force(1992). Anti-bias curriculum: Tools for empowering young children. Washington DC: NAEYC.

DeVries, R. & Kohlberg, L.(1987). *Programs of early education*. New York: Longman.

Downey, C.(1998). Generalization of creative tool improvisation training in preschoolers. DAI, 59, no. 04A: 1833.

Eisner, W. E. (1994). 표상의 형식(김인용, 김대현 역). 학지사.

Eliason, Dlaudia F.(2008). *A practical guide to early childhood curriculum*. Pearson Merrill/Prentice hall.

Ellis, S. & Siegler, R. S.(1994). Development of problem solving. In R. J. Sternberg, *Thinking and problem solving*(pp.333-367). New York: Academic Press Inc.

Elliot, G. H.(1997). Motor creativity in preschool children in inclusive and general physical education environments(inclusion, adapted physical education). DAI, 58, no. 05A:1636.

Eysenck, H. J.(1994). The measurement of creativity. In M. A. Boden(Ed.), *Dimensions of creativity*. London, England: Bradford Book.

File, N., & Kontos, S.(1993). The relationships of program quality to children's play in integrated early intervention settings. *Topics in Early Childhood Special Education, 13*(1), 1–18.

Firlik, R. J.(1994). Reggio Emilia, Italy Preschools: The Synergies of Theory and Pratice, ED 382 313.

Fogarty, R.(1997). Problem–based learning and Other curriculum models for the multiple intelligence Classroom. RI/skylight.

Forman, G.(1994). Different Media, Different Languages. In L. G. Katz(Ed.), Reflections on the Reggio Emilia Approach, ED 375 986. 41–54.

Fraser, S. & Gestwicki, C.(2002). *Authentic Childhood: Exploring Reggio Emila in the Classroom*. Delmar.

Fyfe, B.(1994). Images from the United Stead: Using Ideas from the Reggio Emilia Experience with American Educators. In L. G. Katz(Ed.), *Reflections on the Reggio Emilia Approach*, ED 375 986. 19–32.

Gandini, L.(1993). Foundations of the Reggio Emilia approach. In J. Hendricks(Ed.), *First steps toward teaching the Reggio way*. N.J.: Prentice–Hall.

__________(1993). Fundamentals of the Reggio Emilia approach to early childhood education. *Young Children*, *49*, 4–8.

__________(1997). Foundations of the Reggio Emilia approach. In J. Hendricks(Ed.), *First steps toward teaching the Reggio way*(pp.14–25). N.J.: Prentice–Hall.

Gardner, H.(1993). Multiple Intelligences. *Instructor*, 1–2.

__________(1993). *Creating minds*. N.Y.: Basic.

__________(1985). *Frames of mind*. New York: Basic Cooks Inc.

__________(1982). *Art, Mind, and Brain : A congnitive approach to creativity*. N.Y.: Basic Books.

__________(1993). Forward: Complementary perspectives on Reggio Emilia. In C. Edwards, L. Gandni & Forman(Eds.), *The hundred languages of children*. Norwood, New Jersey: Ablex Publishing Corporation.

Gazzaniga, M. S.(1974). Cerebral dominance views as a decision system. In Dimond, S. & Beaumont, J.(Eds.). *Hemispheric function in the human brain*. New York: John Wiley & Sons.

Goffin, S. G.(2002). Succeeding with Accreditation, 2002년 제10회 국제 학술대회. 영유아교육 기관의 인정제: 한국 · 일본 · 미국 · 영국 · 호주, 이화여자대학교 유아교육과 BK21 핵심사업팀.

Goodwin, W. O. & Driscoll, L. A.(1980). *Handbook for Measurement and Evaluation in Early Childhood*. San Francisco, CA: Josey–Bass Inc. Publisher.

Grant, C. A. & Gomez, M. L.(1996). Making Schooling multicultural: Campus and

Classroom. Englewood cliffs, NJ: Prentice Hall.

Guilford, J. P.(1952). *Creativity. American Psychologist, 5*, 449–454.

______(1986). *Creative Talents. Buffalo*, N.Y.: Bearly limited.

Harms, T., Clifford, R. M., & Cryer, D.(1998). *Early Childhood Environment Rating Scale*(Rev. ed). New York: Teachers College Press.

Harms, T. & Clifford, R. M.(1989). *Family Day Care Rating Scale*. New York: Teachers College Press.

______(1990). *Infant/Toddler Environment Rating Scale*. New York: Teachers College Press.

Harms, T., Jacobs, E. V., & White, D. R.(1996). *School–Age care environment Rating Scale*. New York: Teachers College Press.

Helm, J. H. & Katz(2001). *Young Investigators: The project approach in the early years*. N.Y.: Teachers College Press.

Helm, J. H., Beneke, S., & Steinheimer(1998). *Windows on Learning: Documenting young children's work*. N.Y.: Teachers College Press.

Hill, R.(1992). Finding Creativity for children. Eric No. ED348169.

Hoerr, T. R.(1994). How the new city school applies the multiple intelligences. *Educational Leadership,. 52*(3), 29–33.

Howes & Smith(1995). Relations among child care quality, teacher behavior, children's play activities, emotional security, and cognitive activity in child care. *Early Childhood Research Quarterly, 10*, 381–404.

Howes, C. & Galinsky, E.(1996). Accreditation of Johnson child development enter. In S. Bredekamp & B. A. Willer(Eds.), *NAEYC Accreditation: A decade of Learning and years ahead*. Washington, DC: NAEYC.

http://www.seonam.org

Lubart, T. I.(1994). Creativity. In R. J. Sternberg, *Thinking and problem solving*(pp.289–332). New York: Academic Press.

Kaufman, M. J., Gottlieb, J., Agard, J. A., & Kukic, M. D. (1975). Mainstreaming: Toward and explication of the construct. In E. L. Meyen, G. A. Vergason & R. J. Whelan(Eds.). Alternatives for teaching exceptional children(pp.35–54). Denver: Love.

Katz, L. G.(1994). Images from the world: Study Seminar on the Experience of the Municipal infant–Toddler Centers and Preprimary Schools of Reggio Emilia, Italy, In L. G. Katz, (Ed.), *Reflections on the Reggio Emilia Approach*, ED 375 986. 1–18.

Katz, L. G. & Chard, S. C.(1996). T*he Contribution of Documentation to the Quality Early Childhood Education*. ERIC Digest.

_______________________(1996). 유아들의 마음 사로잡기. (이윤경, 석춘희 공역). 이화여자대학교 출판부.

Kilpatrick, W. H.(1918). The project method: The use of the purposeful act in the educative process. *Teachers College Bulletin*, July, pp. 3-18.

Kilpatrick, W. H.(1918). The Project Method. *Teachers college Record*, *19*, 319-335.

Kontos, S. & Fiene, R.(1987). Child care quality, compliance with regulations and children's development. In Phillips, D. A.(Eds), *Quality in child care: What does research tell us?*. 57-79. Washington, D.C.: NAEYC.

Koral, D. G., Collker, L. J., & Dodge, D. T.(1993). *The what, why, and how of high-quality early childhood education: A Guide for on-site supervision*. NAEYC.

Lillard, P. (1994). Montessori ; A morden approach. New York: Schocken Books, Inc. 몬테소리 교육에 대한 현대적 접근(조선희 역). 학문사.

Martha T. D. & Renee C. F.(2008). *Foundations and change in early childhood education*. John Wiley & Sons.

Montessori. M.(1981). *The Secret of childhood*. New York: Ballantine Books. Inc.

Montessori. M.(1995). *The absorbent mild*. New York: Buccaneer Books.

Morrison, G. S.(2000). Fundamentals of ealy childhood education, Merrill.

______________(2001). *Early Childhood education today*. N.J.: Prentice-Hall.

______________(2007). *Early Childhood education today*. Merrill Prentice-Hall.

NAEYC(1984). *Accreditation Criteria and Procedures of the National Academy of Early Childhood Programs*. Washington, DC: Author.

______(1998). *Guide to Accreditation* Washington, DC: Auther.

Nevo, D.(1995). *School-based Evaluation: A Dialogue for School Improvement*. Pergamon.

New, R. S.(1994). Reggio Emila: Its Vision and Its Challenges for Educators in the United States. In L. G. Katz(Ed.), *Reflections on tho Roggio Emilia Approach*, ED 375 986. 33-40.

_________(2000). *Reggio Emilia: An Apptoach or An Attitude?, Approaches to Early Childhood Education*. Roopnarine, J. L. & Johnson, J. E., Merrill Prentice-Hall.

OFSTED(2000). A guide for nursery education providres in the private, voluntary and independent sectors. http://www.ofsted.gov.uk/pubs/i-guide.htm

Ornstein, A. C. & Hunkins, F. P.(1998). *Curriculum: Foundations, Principles, and Issues*. MA: Allan Bacon.

Parkay, F. W., & Stanford, B. H.(1998). *Becoming a Teacher*. Pearson/Allyn and Bacon.

Phillips, D. A. & Howes, C.(1987). Indicators of quality in child care: Review of research quality in child care. In Phillips.

D. A.(Eds.). *What does research tell us?*. Washington, DC: NAEYC.

Piaget(1962). *Play, dreams and imitation in childhood*. N.Y.: Norton.

Prochner, L.(1996). Quality of care in historical perspective. *Early Childhood Research Quarterly, 11*, 5–17.

Reggio Children(1997). *The Hundred Languages of Children*. UNIPOL.

__________(1999). *The Municipal Infant–Toddler Centers and Preschools of Reggio Emilia*.

Rinaldi, C.(1993). The emergent curriculum and social constructivism. In C. Edwards, C. Gandini & G. Forman(Eds.), *The Hundred Language of Children: The Reggio Emilia Approach to Early Childhood Education*. Norwood, N.J.: Ablex.

Roopnarine, J. L. & Johnson, J. E.(2000). *Approaches to early childhood education*. N.J.: Prentice– Hall.

Sassalos, M. C.(1999). Discovering Reggio Emilia: Building connections between learning and arts. ED 456 890.

Scarr, S., Eisenberg, M., & Deater–Deckard, K.(1994). Measurement of quality in child care centers. *Early Childhood Research Quarterly, 9*, 131–151.

Sciarra, D. J. & Dorsey, A. G.(2007). Developing and Administering a Child Care Center–(4th ed.). Delmar Publisher.

Steiner, R.(1998). *Rhythms of Learning: What Waldorf Education Offer Children, Parents & Teachers, Selected Lectures by Rudolf Steiner: edited & introduced by Trostli Rogerto*. New York: Anthroposopoic Press.

Strain, P. S.(1983). LRE for preschool children with handicaps: what we know, what we should be doing. *Journal of Early Intervention, 14*, 291–296.

Sparks, L. D.(1992). *Reaching potentials through antibias, Multicultural curriculum*. In S. Bredekamp & Rosegrant(Eds.). Reaching potentials. NAEYC.

Sperry, R. W.(1968). Hemisphere diconnection and unity in concious awareness. *American Psychology, 23*, 723–733.

Suwantra, P.(1994). Effects of the creativity training program on preschoolers. DAI, 56, no. 07A:2558.

Thomas, M. R.(1985). *Comparing theories of child development*. CA: Wadsworth.

Torrance, E. P.(1963). *Education and the Creative Potential*, Mineapolis: The Unv. of Mineapolis Press.

__________(1966). *The Torrance Test of Creativity Thinking: Technical–norms manual* (reaarch ed.). Princetion, N.J.: Personnel Press.

__________(1972). Can we teach children to think creativity. *The Journal of Creative Behavior, 6*, 114–143.

__________(1979). *The Search for satori and creativity*. Buffalo, N.Y.: Creative Education Foundation.

______________(1998). *Torrance Tests of Creative Thinking: Norms-Technical Manual-Figural(Streamlined) Forms A & B.* Bensenvill, Illinois: Scholastic Testing Service Inc.

______________(1988b). The nature of creativity as manifest in its testing. In R. J. Sternberg (Ed.), *The nature of Creativity*. Cambridge University Press.

Torrance, E. P., Ball, O. E., & Safter, H. T.(1998), *Torrance tests of creaive thinking streamlined scoring guide figural A and B*. Bensonville, IL: STS.

Teyler, T. T.(1977). An Introduction to the Neuroscience Beatty. In Jackson et al., *The human brain*. New Jersey: Prenice-Hall Inc.

Urban, K. K.(1995). Creativity-a componential approach. Post conference China mooting of the 11th world conference on gifted and talented children. Beijing, China, August. 5-8.

Vygotsky, S. L.(1978). *Mind in society*. Cambridge, MA: Harvard University.

Wallas, G.(1970). The art of thought. In P. E. Vernon(Ed.), *Creativity*. N.Y.: Penguin Books.

Walley, R. E. & Weiden, T. D.(1973). Lateral inhibition and cognitive masking: A neuropsychological theory of attention. *Psycholgical Review*, *80*, 284-302.

Woodman, R. W. & Schoenfeldt, L, F.(1994). An interactionist model of creative behavior. *Journal of Creative Behavior*, *24*, 279-290.

Zellman, G. L., Johansen, A. S., & Van Winkle, J.(1994). *Examing effects of accreditation on military child development center operations and outcomes*. Santa Monica, CA: Rand.

Zimmer, J.(1979). 사회교육학적 개념 설정을 위한 독일 유치원의 개혁. 취학 전 교육에 관한 심포지엄, 대한유치원교육협회.

__________(1984). Preschool Curriculum Development and Kindergarten Education Based on Life Situations. German, Asian and Latin American Experiences. ED273 355.

찾아보기

[인명]

[내용]

ㄱ

저자 약력

김수영 이화여자대학교 대학원 유아교육과 졸업(문학 박사)
University of North Carolina(미국) 객원 교수
현재, 대구가톨릭대학교 유아교육과 교수

김수임 이화여자대학교 유아교육과 졸업(문학사, 문학 석사)
대구가톨릭대학교 대학원(교육학 박사)
현재, 대구공업대학교 유아교육과 교수

정정희 남 일리노이주립대학교 철학 박사(유아교육 전공)
현재, 경북대학교 생활과학대학 아동학부 아동학전공 교수

천신현 대구가톨릭대학교 대학원(교육학 박사)
현재, 수성대학교 유아교육과 교수

영유아 프로그램 개발과 평가

1판 1쇄 발행 — 2016년 8월 20일
1판 2쇄 발행 — 2019년 1월 31일

저　　자 - 김수영　김수임　정정희　천신현
발 행 인 - 강철원
발 행 처 - 양성원
주　　소 - 경기도 파주시 검산로 173번길 29-20
전　　화 - 031-946-3861(代)
팩　　스 - 031-946-3864
이 메 일 - tnwpub@naver.com
홈페이지 - tnwpub.co.kr
출판등록 - 2015년 8월 31일 제 2015-000211 호

ISBN 979-11-87118-69-5

정가 19,000원